职业应用型人才培养通识课教材

简明管理方法与艺术

主　编　沈　波

副主编　蒋新宁　肖立刚

葛　静　季晓云

东南大学出版社

·南京·

内容简介

本教材针对高职院校财经类、工商管理类各专业学生的培养目标和应掌握的知识基础，在多年管理学教学实践所积累的经验基础上，参考大量管理著述、文献与案例材料编写而成。本教材以介绍管理方法与艺术为主，有重点地阐述常用的管理方法与技巧，教材联系企业实际，特别是举了一些中外成功企业家和优秀管理者的实例来讲解实用的管理方法与技巧，教材编写力求体系清晰，内容精炼，深入浅出，通俗易懂，讲求实用。书中引用了较多的管理案例材料，以增强学生的感性认识和对管理方法的理解与应用。

本教材内容由十一个单元和附录所组成，主要从管理过程和管理职能运用的逻辑思路阐述了管理与管理者、管理的基本原理及应用、计划与决策的方法与艺术、组织结构设计方法与艺术、选人与用人的方法与艺术、领导方法与艺术、激励方法与艺术、协调方法与艺术、沟通方法与艺术、控制方法、危机管理方法等内容。

本教材是由包括行业专家、企业管理专家在内的教学团队组织编写的。不仅适用于高职院校工商管理学生，也可作为开放教育、继续教育、社区教育的成人学生以及在职员工管理培训的教材或参考书。

图书在版编目(CIP)数据

简明管理方法与艺术 /沈波主编. —南京：东南大学出版社，2014.1

职业应用型人才培养通识课教材

ISBN 978-7-5641-4715-0

Ⅰ.①简…　Ⅱ.①沈…　Ⅲ.①管理学—教材

Ⅳ.①C93

中国版本图书馆 CIP 数据核字(2013)第 314682 号

简明管理方法与艺术

主　编	沈　波	责任编辑	陈　跃
电　话	(025)83795627/83362442(传真)	电子邮箱	chenyue58@sohu.com
出版发行	东南大学出版社	出 版 人	江建中
地　址	南京市四牌楼 2 号	邮　编	210096
销售电话	(025)83794121/83795801		
网　址	http://www.seupress.com	电子邮箱	press@seupress.com
经　销	全国各地新华书店	印　刷	南京雄洲印刷有限公司
开　本	700mm×1000mm　1/16	印　张	22.25
字　数	449 千字		
版 印 次	2014 年 1 月第 1 版　　2014 年 1 月第 1 次印刷		
书　号	ISBN　978-7-5641-4715-0		
定　价	46.00 元		

*本社图书若有印装质量问题，请直接与营销部联系。电话：025-83791830

前　　言

管理学是一门系统地研究管理活动的普遍规律和一般方法的科学。而管理方法与艺术是管理者在掌握一般管理理论、职能与方法的基础上，面对不同的对象、任务、情景、关系等，为了更有效地达到组织目标，灵活地运用管理理论和方法。因此管理方法与艺术主要体现为管理的应用性、实践性、技巧性。

管理方法与艺术是一门建立管理学、人力资源管理、行政管理学、心理学、组织行为学、社会学等基础之上的独立的应用课程，以它为基础派生出相关专业的一些操作应用课程诸如经营策略与技巧、商务谈判与技巧、公共关系方法与技巧、推销方法与技巧等。

管理方法与艺术是把管理理论灵活运用于管理实践活动的一种实用课程。具体内容包括：管理与管理者、管理的基本原理及应用、计划与决策的方法与艺术、组织结构设计方法与艺术、选人与用人的方法与艺术、领导方法与艺术、激励方法与艺术、协调方法与艺术、沟通方法与艺术、控制方法、危机管理方法等内容。

对高职院校来说，"管理方法与艺术"是高职各专业方向公共选修课，同时也是职业应用型人才培养的一门通识课。学生们通过本课程的学习，要求首先正确认识课程的性质、任务和课程的基本内容，对管理方法与艺术有一个总体的认识；其次在学习中要紧密联系实际，学会运用管理的基本原理、原则和方法对具体的管理实践问题进行分析，切实提高分析问题、解决问题的能力和灵活应用管理方法的技巧。

《简明管理方法与艺术》教材针对高职院校财经类、工商管理类各专业学生的培养目标和应掌握的知识基础，在多年管理学教学实践所积累的经验基础上，参考大量管理著述、文献与案例材料编写而成的。本教材以介绍管理方法与艺术为主，有重点地阐述常用的管理方法与技巧，教材联系企业实际，特别是举了一些中外成功企业家和优秀管理者的实例来通俗易懂地讲解实用的管理方法与技巧，教材编写力求体系清晰，内容精炼，深入浅出，通俗易懂，讲求实用。书中引用了较多的管理案例材料，以增强学生的感性认识和对管理方法的理解与应用，使学生比较易于领会并初步掌握现代管理的基本方法与技巧。

本教材内容有十一个单元和附录，主要从管理过程和管理职能运用的逻辑思路来阐述了管理与管理者、管理的基本原理及应用、计划与决策的方法与艺术、组织结构设计方法与艺术、选人与用人的方法与艺术、领导方法与艺术、激励方法与艺术、协调方法与艺术、沟通方法与艺术、控制方法、危机管理方法等内容。教材编写以任务为导向，每个学习任务又以案例为前导，编写内容与方式上尽量避开设计枯燥繁琐的理论叙述，凡是定义及说明、性质、特点、分类、意义、作用等不写或少写，主要侧重于方法及方法的灵活具体应用编写，为了便于学生自学、复习和检验自己对所学内容的熟悉与掌握程度，在各单元后配置了包括读一读、想一想、练一练、做一做等内容的单元实训与练习内容。附录主要对案例教学的方法和案例分析方法做了阐述，同时还收集了一些常用的管理定律。

本教材是由包括行业专家、企业管理专家在内教学团队组织编写的。参加编写的有：沈波、蒋新宁、肖立刚、葛静、季晓云、汪发成、肖永红、孙国楠、吴晓晨、严维红、张承祥（南京现代服务业联合会秘书长）、李靠山（南京金陵商务旅行社总经理）。最后由沈波、蒋新宁、肖立刚、葛静、季晓云对教材进行总纂定稿。

本教材不仅适用于高职院校工商管理学生，也可作为开放教育、继续教育、社区教育的成人学生以及在职员工管理培训的教材或参考书。本书编写过程中，借鉴吸收了一些教材和资料（参考书目见附录），并得到中央广播电视大学出版社雷宁编辑的大力支持与帮助，在此一并表示感谢。

由于我们编写水平有限，加之管理方法在不断发展，管理实践在不断地深化，教材中的疏漏和不当之处在所难免，敬请广大读者批评指正，我们将加强对学生学习的跟踪、调查工作，及时收集学生和广大读者的意见和建议，不断对教材做出必要的修订，使之更趋合理、完善。

《简明管理方法与艺术》教材编写组

二〇一三年十二月

目　录

学习单元一

管理与管理者

❖学习目标与任务

1. 理解管理、管理的对象、管理的职能、管理的性质、管理的作用
2. 认识管理的要素和管理环境
3. 理解管理者的分类、角色、技能与作用
4. 学习管理艺术的重要意义

学习任务1 掌握涉及管理的几个最基本的问题

【案例引入】

韦尔奇和张瑞敏的思想接力

一个是全球最受尊崇的公司，一个是中国最具全球性格的跨国公司。一个是世界头号经理人，一个是中国第一CEO。——引自迈克尔·波顿《通用筹码与海尔策略》一书。如果你知道韦尔奇，你应该同时知道另一个企业巨人——海尔CEO张瑞敏；如果你不知道韦尔奇，你起码应该知道张瑞敏——一个正在被美国、日本当作研究对象的企业管理人。

韦尔奇创造的管理模式丝毫没有因为他的退隐而暗淡，张瑞敏探索的经营思想正随着海尔在全世界范围的扩张而日益受人瞩目。张瑞敏不止一次公开说过GE是榜样，最尊敬韦尔奇，那么，究竟海尔中有几多GE，张瑞敏中有几分韦尔奇？美国《华尔街日报》的首席记者迈克尔·波顿通过对两位管理人和两个企业的管理思想的梳理，撰写了一本正在畅销的著作——《通用筹码与海尔策略》，民主与建设出版社把该书的中文版奉献给了广大“韦尔奇迷”和“张瑞敏迷”。在这本书中迈克尔·波顿给出了他的答案。

韦尔奇在任期中的20年里对GE实施无数次手术，把它变成世界上最具赢利能力和增长能力的公司，变革似乎成为韦尔奇的同义词，他创造的管理经验成为当今世

界上最先进和最流行的经验。“无边界”、“6个西格玛”、“通力合作”如今已经成为管理界通用的词汇。

张瑞敏在过去17年里一直没有停止过对海尔的创造性建设，在一片废墟上建起世界上增长最快的家电企业，创新是张瑞敏的口头禅，中国原本没有真正的企业，张瑞敏在海尔的探索和实践的企业模式将会成为教材，中国家电业红火的昨天和凄惨的今天告诉我们，像海尔那样做不敢说一定成功，但如果不按海尔的模式来运作一定很难成功。“日清管理法”、“三只眼”、“赛马”、“吃休克鱼”这些有中国特色的管理术语里蕴藏的哲理和策略一点也不比英文字母缩写的术语差。本书的中文版序言是这样说的：“海尔不做搬运工，它很明确通用是什么，海尔是什么，它要同化通用，将这个世界上最强大公司的管理经验内化为自己的东西。”

书中的一段话可以举例佐证：

“不向消费者提供劣质产品是企业生产的道德底线，所以即便是韦尔奇和张瑞敏，这两个各自集团里的最高管理人也从来没有在这个问题上放松。GE用的是‘6个西格玛’这一源于摩托罗拉的综合质量管理体系，韦尔奇曾经狂热地推行它，直到‘6个西格玛’成为GE的最普遍的语言。张瑞敏也采用了‘6个西格玛’，但是针对中国员工的特点，他又独创了一套由抓人而到抓质量的OEC(日事日毕、日清日高)管理法。

事实是，中国的企业家目前知道‘6个西格玛’含义的人不多，但不知道日清管理法的却不多。海尔不但没有照搬GE的方法，而且对它进行创造性地建设，创新了适合中国员工素质水平的管理法。”

杰克·韦尔奇有个外号，叫“中子弹杰克”或“强力杰克”，如果用词语来详细描述这个外号，那是：自信、热情、严厉、果断、好学、喜欢冒险、变革。他独创的“韦尔奇式管理”，代表了世界最先进的管理经验。而张瑞敏，最常听到的称谓是“儒商”或“像哲学家的企业家”，如果同样描述这个称谓，应该是：自信、淡泊、和蔼、聪敏、好学、讷言敏行、推崇创新，他独创的OEC管理法，在中国是最有影响的管理经验。有变革就有牺牲，有创新就有代价。韦尔奇也为他的革命付出了代价：无论是他的裁员决定，还是收购或出售业务的决定，总是遭到媒体的大肆攻击和无情嘲讽。尤其是当他在公司内部启动模拟考核评级程序以决定应当解雇谁时，媒体批评他太残忍。“强力杰克”和“中子弹杰克”的绰号就是这么来的。韦尔奇说：“虚伪地告诉一个经理他20年来干得不错，然后在他53岁、两个孩子都在上大学时解雇他，这才是残忍的定义。”

张瑞敏付出的代价有过之而无不及，毛泽东同志说过，革命不是请客吃饭。海尔的流程再造和全球化战略就是海尔正在进行的两场革命，这两场革命，前者因彻底打破了员工心理上的国有企业情结，后者彻底打破了过去中国家电企业之间小富即安的心态。普通的员工不可能真正理解张瑞敏的“革命”理想，同行业的企业更不能想象海尔能有今天。和韦尔奇不一样，他更多的是寂寞。

美国是英雄的天堂，中国不是。传统文化决定了美国企业家和中国企业家的角色差异，但中国企业家应该为张瑞敏自豪，因为张瑞敏和韦尔奇并肩而立的时候，他已经不仅仅是海尔的领袖，他必然是中国企业家的象征。中国人也应该更大胆地表达自己的崇拜之情，因为海尔和通用在美国家电市场短兵相接的时候，海尔产品用质量和创新赢得了尊严。在实力悬殊的比赛中，赢得尊严比什么都重要。或许是GE太强大，美国的作者把海尔定位在学习并消化吸收"通用经验"的范例，其实，我们更愿意相信，这是一场接力。美国和中国的接力，GE和海尔的接力，韦尔奇和张瑞敏的接力，也是过去和未来的接力。

问题：

通过阅读本案例，你怎样认识管理对组织的作用？

一、认识管理

什么是管理？这是每个初学者首先遇到的问题。由于管理的广泛性、复杂性以及研究的出发点不同，因此对于管理的含义，不同的管理学派有着不同的观点，迄今没有一个统一的、为大多数人所接受的定义。例如，科学管理之父泰罗认为，管理就是要"确切地知道别人干什么，并注意他们用最有效、最经济的方法去干"；古典管理学创始人之一法国管理学家亨利·法约尔指出："管理就是计划、组织、指挥、协调、控制"。而美国管理学家、诺贝尔奖获得者赫伯特·A. 西蒙（H. A. Simon）则认为，决策贯穿于管理的全过程，所以"管理就是决策"。行为科学学派创始人梅奥和美国的罗特利斯伯格等认为管理就是做人的工作，它的主要内容是以研究人的心理、生理、社会环境影响为中心，激励职工的行为动机，调动人的积极性。管理科学学派的代表人物美国的伯格等人则认为，管理就是用数学模式与程序来表示计划、组织、控制、决策等合乎逻辑的程序，求出最优的解答，以达到企业的目标。而在西方管理学界很有影响的管理学家彼德·德鲁克则认为管理包括五项基本活动：(1) 确定目标；(2) 组织实施；(3) 考核结果；(4) 激励与沟通；(5) 培训人才。

上述观点都只是从某个侧面强调了管理的内容和重要性。要对管理下一个比较确切、全面的定义，则需要把握管理的主体、对象、目的、过程以及管理所面临的环境。因此，本单元从上述五个方面来对管理进行定义，即管理就是在一定的外部环境条件下，由管理者对管理对象行使决策、计划、组织、人事、管理、激励、控制、协调、沟通等一系列职能与方法，从而高效地达到某一确定目标的过程和活动。

上述定义说明：

(1) 管理的主体是管理者；

(2) 管理的客体(对象)是以人为主体的,包括人、财、物、时间、技术、信息、环境等基本要素所构成的有机整体或系统;

(3) 管理是在一定的外部环境制约条件下进行的,同时管理也能对外部环境产生积极的影响和作用;

(4) 管理的任务是高效率地实现组织所确定的目标,这一目标可以表现为某种经济效益或社会效益,所以管理的目的是达到效率与效益的统一;

(5) 管理是一个活动过程,从广义上讲,管理就是人们为达到一定目标而运用决策、计划、管理、激励、控制、协调、沟通等职能与方法来对各种要素、资源进行优化配置的活动过程。同时,由于管理对象是一个以人为主体的一个系统,所以管理活动还是一个调整人们协作与利益关系的过程。

二、管理是科学与艺术的统一

1. 管理的科学性

管理的科学性是指管理工作有其内在的客观规律,这种内在必然性反映了管理过程各方面、各要素、各职能之间的相互关系,这些关系是从长期管理实践中总结出来的知识理论,是由相互依存的概念、原理、原则、职能等构成的管理知识框架或组合,管理的科学性反映了其理论知识的准确性,所以它对管理实践具有重要的指导作用。当然,管理作为一门科学,处于不断发展完善的过程当中,受到各方面条件的限制,不可能达到尽善尽美的程度。它要在发展当中不断充实、完善,有些内容还要进行修正,使之能够更有效地去指导实践。

2. 管理的艺术性

管理的艺术性就是强调管理的实践性,由于管理工作面临的许多变量是极其复杂的,所有停留在书本上的管理理论,靠背诵管理原则、管理原理进行管理活动是不能保证其成功的。管理人员必须在管理实践中,发挥积极性、主动性和创造性,灵活地将管理知识与具体管理活动相结合,才能有效地进行管理。

3. 管理是科学与艺术的统一

从上面分析可见,一方面,管理是一门科学,它以反映管理客观规律的管理理论和方法为指导,有一套分析问题、解决问题的方法论,要搞管理工作,必然要按管理科学理论与方法办事;另一方面,管理是一种实践活动,它体现在管理工作中必须灵活地把经过组合的管理知识理论运用于管理实践,才能取得好的效果。因此,管理要求科学与艺术二者兼备,即管理活动除了要掌握一定的理论和方法外,还要有灵活运用这些知识和技能的技巧和诀窍。

三、管理的作用

1. 管理的聚集、整合与放大作用

一个组织通过科学管理能把人、财、物、知识、时间、文化等有形资源与无形资源

有机地加以聚集、整合并放大，创造出各种要素在孤立状态时所不具备的功能和能量。

2. 管理的有序与效率作用

一个组织通过科学管理可以将组织目标任务合理地分解，落实到各部门、单位和个人，用合理的组织结构与明确的制度规范来确定上下隶属关系和平行协作关系，并通过目标、计划、定额、标准等手段来控制组织内各部门、单位、个人的活动过程与行为，从而保证高效完成目标任务。

3. 管理的沟通与调节作用

一个组织通过科学管理能够保证上下层之间、平行部门之间以及组织与外部环境之间保持畅通的信息传递与交换渠道，同时也能通过管理来调节组织内外各种关系、利益、矛盾等，使组织保持旺盛的活力。

4. 管理的激励作用

一个组织通过科学管理，针对各个单位和各个人在不同时期的不同动机、需求运用相应的物质、精神、信息等手段激发组织成员的内在潜力、主动性与创造性，并有助于增强组织的凝聚力，从而实现组织目标。

学习任务 2

了解管理职能与管理要素

【案例引入】

升任公司总裁后的思考

郭宁最近被一家生产机电产品的公司聘为总裁。在就任此职位的前一天晚上，他回忆起自己在该公司工作二十多年的情况。

郭宁在大学里学的是工业管理专业，大学毕业后就到该公司工作，最初担任液压装配部门的助理监督。刚开始时他每天手忙脚乱，经过努力学习和监督长的帮助，最后胜任了此项工作。经过半年多的努力，他已有能力担任液压装配部的监督长工作。可是，当时公司没有提升他为监督长，而是直接提升他为装配部经理，负责包括液压装配在内的四个装配单位的管理工作。

在他担任助理监督时，主要关心的是每天的作业管理，技术性很强。他担任装配部经理后，要求自己不仅要关心当天装配工作状况，还要做出此后数周乃至数月的规划，同时还要完成许多报告和参与很多很多会议，因而没有时间去从事技术工作。在他担任装配部经理后不久，就发现原有的装配工作手册已经过时，于是他花了整整一年时间去修订工作手册。由于该公司的生产工艺频繁发生变化，工作手册也不得不经常修订，郭宁对此都完成得很出色。几年后，他将工作手册交给助手，自己则腾出更多的时间来规划工作和帮助他的下属，同时他花更多的时间去参加会议、批阅报告和完成自己向上级的工作汇报。

在他担任装配部经理6年之后，公司负责规划工作的副总裁辞职，郭宁便主动申请担任这一职务。在与另外5名竞争者较量之后，郭宁被正式提升为规划工作副总裁。他自信拥有担任这一职务的能力，但由于此职务工作复杂，刚到任的郭宁遇到了不少麻烦。经过努力，他逐渐适应了新职位，并获取了很好的成绩。之后，他又被提升为负责生产工作的副总裁，这一职位通常是由该公司资历最深、辈分最高的副总裁担任的。现在，郭宁又被提升为公司的总裁。他知道，一个当上公司最高主管的人应该相信自己有处理任何状况的才能，但他也明白自己尚未达到这样的水平。想到自己明天就要上任了，今后数月的情况会是怎么样？他不免为此而担忧。

问题：

你认为郭宁提升为公司的总裁后，最需要哪些管理技能？

一、管理职能

管理具有合理组织生产力和维护与完善一定的生产关系这两种基本职能。把这两种基本职能结合在一起，共同作用于生产过程时，又表现为决策、计划、组织、人事、领导、激励、控制、协调、沟通等具体职能。下面将这些职能简述如下：

(1) 决策职能。决策职能是指组织根据外部环境和内部条件的变化，按照组织的根本任务，确定决策目标，拟定实现目标的方案，并做出选择和决定。

(2) 计划职能。计划职能从广义上说，包括决策职能。它是指为完成决策所确定的目标对未来的各种要素资源和各种活动所进行的筹划。

(3) 组织职能。即根据组织的目标将实现这个目标所需进行的各项活动和工作加以适当的划分和归类，设立必要的部门和单位，挑选和招聘适当的人员，授予适当的权力，分工负责，并进行协调的一系列管理活动。其目的在于，使组织的全体成员分工协作，共同努力，保证最有效地实现组织目标。

(4) 人事职能。人事是指组织根据任务需要，通过选拔、培训、开发等活动为组织各部门、各岗位配备合适人选的活动。因此，做好人事管理工作，无论对什么性质的组织来说都是十分重要的。

(5) 领导职能。领导与管理工作的其他职能如计划、组织、控制等的区别，主要体现在与人相联系的特征上。领导是指指导和影响个人或群体，在一定条件下使人们为实现共同的组织目标而做出努力和贡献的过程或艺术。

（6）激励职能。激励就是引发和促进人们去进行某种特定行为的活动。在一个组织中，当管理者制定出计划，并通过组织活动以及建立有效的控制系统后，组织成员便可以投入到为实现组织目标而必须进行的个人活动中去了。但是管理者如何保证组织成员能够真正投身于有利于组织目标实现的个人活动中，并使组织成员在这一行为过程中充分发挥个人的主动性、积极性和创造性呢？这就涉及管理的激励问题。

（7）控制职能。控制职能也称监督职能，就是根据组织内部和外部的反馈信息，按既定的目标和计划，对组织的活动及其成果进行监督和检查，以便发现偏差，寻找原因，并及时采取纠正措施，使之符合计划，如若不能消除差异，则必须调整计划。

（8）协调职能。协调就是正确处理组织内外各种关系，为组织正常运转创造良好的条件和环境，促进组织目标的实现。

（9）沟通职能。沟通是人与人之间传达思想和交流情报、信息的过程。沟通职能广泛存在于各类组织的管理活动中，在管理过程中具有非常重要的意义。沟通职能的主要内容是分析和研究沟通的过程、类型、渠道与网络以及克服沟通障碍等。

二、管理的要素

管理的要素是指管理系统的构成因素，有时亦称管理系统的资源。对于管理的要素，有不同的分类方法。最早人们认为人、财、物是构成管理的三个最基本的要素，后来又加上时间、信息要素。随着社会分工协作的发展、科技进步、日益激烈的竞争环境以及对管理系统研究的深化，一些重要的、无形的资源也列入了管理的要素。所以，目前比较普遍的看法是把管理要素分为人员、资金、物、文化、技术、信息、时间、组织、环境、社会关系等十大要素。我们按这些要素是否具有实体性，将其分为两大类，即有形要素与无形要素。

（一）管理的有形要素

管理的有形要素是指具有某种实体形态的资源，主要包括：人员、资金、物。

1. 人员

人员这个管理要素是系统中唯一起能动作用并可以决定系统其他要素作用发挥程度的关键要素，它包括管理组织中的管理者和被管理者。管理者在管理工作中居于主导地位。一个组织中的管理者通常是指在组织中担负对其他人的工作进行计划、组织和控制等工作的人员。所谓被管理者，是指处于从属地位的人，一个组织中的被管理者是指在组织中接受管理指令具体实施任务和执行操作的各类人员。被管理者的素质包括政治、文化、技术、业务、操作、心理、生理等方面，是管理系统整体素质中的重要构成部分。首先因为组织的一切活动都要依靠组织的全体成员来展开，组织的目标能否有效地实现，取决于所有员工的各方面素质、他们的组织能力和劳动积极性。其次，员工的素质也决定着最新科学技术成果在各领域的应用程度。任何科学技术成果，包括新设备、新工艺，新型原材料、新产品以至新的管理方法，都必须通过人的活动才能转化为现实的生产力，而全体员工的文化技术素质又决定了他们对于这些科技成果的掌握程度和应用程度。因此，拥有一支凝聚力强、事业心强、文化素质高、业务技术熟练、体魄健康、组织合理的员工队伍，对于一个组织的管理目标实现是至关重要的。

2. 资金

资金是管理组织中财产和物资的货币表现，是管理运转的润滑剂，是进行经济活动，创造社会产品，增加社会价值的必要条件。在商品经济条件下，任何管理组织如果缺乏资金，其管理机器就难以运转。

3. 物

物这一要素包含的内容比较广泛、具体。从大类上讲，包括原料、能源、设备、厂房等劳动手段和劳动对象。

（二）管理的无形要素

与有形要素对应的无形要素，主要是指一些不具有实体形态的，但对于管理系统的运行以及组织目标的实现，仍具有重要影响作用的要素。它们主要是：组织文化、技术、信息、时间、组织、环境、社会关系等。

1. 组织文化

组织文化是指一个组织在其组织活动中，长期倡导和实践并为全体成员普遍奉行的共同价值观、道德准则、行为规范的总和。其中价值观念是组织文化中的核心内容。一个企业的价值观念包括以下两个方面：(1) 创造物质财富所持有的价值观念，如产品创新意识、质量意识、效益意识等。(2) 处理基本社会关系方面的价值观念，如企业对社会、国家要讲责任观念，企业对用户、消费者要讲服务观念，企业对协作者、竞争者既要有竞争观念，又要有共存共荣的观念，企业内部职工之间要讲团结协作的观念等。

组织文化由三个层次的内容组成：一是器物文化，又称为行为文化，是最表层文化，它是组织文化的载体与外在化，是一种外显文化。器物文化主要包括组织特有的环境、建筑风格、形象以及声誉、产品与服务质量、公共关系等一切表征现象。如一个企业的厂容厂貌、厂旗厂歌、产品形象、职工风貌等。二是制度文化，又称规范文化，是中间层文化，它包括组织管理风格、宗旨、目标、礼仪、制度、行为习惯、传统、作风等，它规定着组织每个成员的行为规范。如一个企业的规章制度、管理方式和方法、组织体制等。三是心态文化，是核心层文化，它是组织文化的核心。它包括潜藏在管理者和员工内心深处及组织中的某些思想、意识、信仰、价值观念等。如海尔集团提出的“真诚到永远”，无锡小天鹅集团的“全心全意小天鹅”，麦当劳提出的“Q、S、C、V”(即质量、服务、清洁、有价值)，IBM 的“IBM 意味着服务”等企业理念。上述组织文化的三个层次是相互渗透、相互影响的，在不断的运动和升华过程中逐渐形成了具有特色的整体组织文化。三个层次的文化中，器物文化与制度文化较易变化，而心态文化则相对稳定。

组织文化是管理中的无形要素，有人将其比喻为看不见的手，它可以左右其他诸如人员、技术、制度、组织结构等要素，从而推动管理向前发展。也有人将组织文化视为管理之魂，它启动着管理的各个方面，决定着组织行为的方向，指导着一个组织走向成功之路。具体来说，组织文化在管理者中的作用主要表现在以下四个方面：

(1) 组织文化能培育出具有特色的"组织人"。因为组织文化它的根本特征是强调人的作用，把调动人的积极性作为管理的中心。所以，通过组织文化建设，能够提高员工的文化素养和道德水平，陶冶情操，树立正确的人生观和价值观，增强凝聚力，从而培养出富有本组织特征的"组织人"。

(2) 组织文化建设能形成的巨大的精神动力。经过长期的组织文化建设，能为组织培育出具有自身特色的组织精神，从而为组织发展创新形成精神支柱。一个组织的理念、精神、价值观一旦形成，便会产生强大的吸引力、凝聚力和辐射力，为塑造组织形象提供内在的精神动力。组织文化所产生的吸引力、凝聚力、辐射力的力度越大，组织文化建设在组织形象塑造中所发挥的作用就越大。

(3) 组织文化建设能为组织创造良好的内部文化氛围。组织文化建设是一种"软管理"，是一种无形的管理资源。它强调尊重人、关心人、注重人的思想、情感、价值观念等。组织文化建设能在组织内部形成和谐的人际关系和营造良好的文化氛围，使每个员工能在良好的心态下，以最大的热情和干劲去激发自己的潜能。

(4) 组织文化建设能为组织创造良好的外部环境。组织在同外部公众接触、交往的过程中，也是组织文化的传播过程，组织通过输出具有本组织文化特点的产品、服务、公关、广告的过程，就在公众的心目中塑造了组织的形象。良好的组织文化有助于组织形象的塑造，而良好的组织形象又有利于获得社会公众的信任和支持，从而为组织在竞争过程中创造有利的外部环境。

2. 技术

技术作为管理要素包含两方面的内容：一是相应于一定组织特点的自然科学技术，如工业上的各种生产技术，学校的教学方式和方法，医院的医疗技术，农业的种植、养殖技术等等；二是相应于各种组织的管理技术，主要指管理程序、管理方法、管理手段、管理工具等等。上述技能的两个方面内容均对管理系统运行有很大的影响，所以是管理者所不可忽视的一个管理要素。

3. 组织

组织是管理赖以展开的物质基础，是管理系统的核心要素之一，它是各种管理要素联结的纽带。一方面，观念和目标决定了组织的方式，另一方面，组织的方式又决定了人员、物资、技术等一系列管理资源要素的构成特点。具体来说，组织这一要素，对管理系统的作用主要表现在以下几个方面：

(1) 形成团队精神

任何一个团体，都是许多人集合起来的，两个人就应该有主有从或称正副，从者或副者要服从主者或正者，三个人就需有一个人为领袖，将其余二人管理起来，这样，才能同心协力完成一个共同的目的。

组织的主要作用就是发挥团队精神。即我们在前面系统原理中所论述到的，系统的整体优化所形成的“1+1>2”的效应。因为合理的组织能够产生一种新的合力，使系统功能放大，形成各个孤立的要素简单相加时所不具有的功能。人们常说三个和尚没水吃，为什么没水吃？就是因为他们没有组织起来。还有人说，三个臭皮匠，顶个诸葛亮，为什么？就是因为他们组织起来了。若不是组织起来，一百个精巧的皮匠也是顶不过一个诸葛亮的。

三五个人发挥团队精神比较简单，人数较多时要发挥团队精神就比较困难了。因为“人上一百，形形色色”，要想使很多人步调一致，同心协力向着一个目标前进，就必须目标明确，指挥灵活，联络方便，分工清晰，就是说，必须形成一个合理的组织结构。

(2) 分工协作

所谓分工，就是规定各个部门和各个员工的工作内容、工作范围，即明确“干什么”的问题。所谓协作，就是规定各个部门和各个岗位相互之间的关系以及协作配合的方法，即明确“如何干”的问题。任何一个群体活动要提高效率，都必须进行分工协作。例如社会上有工、农、商、学、兵……军队里有步、骑、炮、工、辎……乐队里有吹、打、弹、拉、唱……车间里有车、钳、铣、磨、刨……为什么集体活动要分工协作呢？这是因为分工协作可以极大地提高效率并由此给各个经济主体带来经济效益。社会劳动与生产发展的实践证明，只有分工合理，协作明确，才能够提高工作效率，尽快完成预定的目标。至于现代化大规模社会生产活动，就更需要分工协作了。

(3) 统一指挥

统一指挥是任何群体达到共同目标所必须具备的条件。海上行船要靠一个人掌舵，演奏要有一个人指挥……所以如果缺乏统一指挥这一条，就必然没有统一步调，那就不能起到管理的作用。在企业中，统一指挥体现在从组织最高层——厂长(经理)开始，由上到下，必须建立指挥路线清晰、有权威的、强有力的生产经营行政指挥系统。恩格斯曾说：“想消灭大工业中的权威，就等于消灭大工业本身。”再如，1944年6月6日，在法国的诺曼底，由欧洲盟军为开辟消灭德国法西斯的第二战场，发动了著名的诺曼底登陆战役。这次战役，动员了来自美国、英国、法国和加拿大等国的287万名军队，15 000余架各式飞机，6 000多艘各类舰船。战役由欧洲盟军最高统帅部统一指挥，打破了国与国之间的界限，也打破了三军司令各自为政的惯例，由艾森豪威尔任最高统帅。由于海陆空兵力组织合理，指挥得当，最终取得了辉煌的胜利。

(4) 组织能满足人们的心理需要

组织能够满足人们的心理需要，如安全、交往、归属、自尊等，增强人们的自信心和力量。

4. 信息

信息、物质与能量是构成大千世界的三大要素。广义的信息概念是指：由发生源发出的，被某一接收体所接收和理解的信号、消息及各种内容情报的总称。管理信息是反映事物在管理过程中的活动特征及其发展情况的多种消息、情报和资料等信息的统称。管理对象的所有活动，都各自产生着信息，这些信息通过接收、传递、处理和反馈、沟通了管理过程各方面的情况和变化，使管理者能借此及时控制，实现管理环节之间的联系和协调。

5. 环境

任何管理系统都存在于一定的环境之中，环境对管理系统运动会产生各种影响，同时，组织系统的活动也会作用于环境。

环境指存在于组织外部，并影响组织绩效的各种因素和力量，既包括政治、经济、社会、文化、科技、法律等宏观环境要素，也包括行业、上下游关联组织、顾客等中观、微观环境要素。各种环境要素对组织活动的影响是错综复杂、相互交织的。有些因素有利于组织的生存和发展，给组织带来机会；有些因素会给组织带来不利的方面，即孕育着风险。

组织环境具有差异性、动态性和可测性三个特征。

(1) 差异性是指两个活动范围和性质相同的组织面对同一环境因素的影响会有不同的体验和反映。

(2) 动态性是指任何一种环境因素的稳定都是相对的，变化则是绝对的。当今世界发展的经济环境与技术环境的变化不仅是明显的，而且有显著的趋势，市场供求关系变化的频率也在不断加快，所有这些变化既有渐进性，又有突变性，因此要求组织必须以相应的战略和策略去适应这种变化。

(3) 可测性是指各种环境因素之间是互相关联和相互制约的。因而某种环境因素的变化大都是有规律可循的。不过，这种规律性有的比较明显，有的比较隐蔽；有的作用的时间长，有的作用的时间短，变化规律性明显且作用时间长的环境因素，其可测性较高，反之，其可测性较低。所以，任何组织要发展，就必须对环境变化趋势进行科学的调查、预测和分析。

根据对组织绩效影响的程度，可将组织环境分为一般环境和具体环境：

① 一般环境

一般环境指可能对组织的活动产生影响，但与组织的相关性尚不清楚的各种因素，一般包括经济、政治、社会文化和技术因素。

a. 经济因素。外部经济因素是指社会整体的经济发展形势和景气状况对组织的影响因素，如经济发展趋势、物价水平、财政金融政策等等。经济因素一般从资金来源、人员供给、市场需求等方面影响组织的投入和产出，从而对组织的管理活动起制约作用。就企业而言，一般来说，如果经济形势良好，企业会处于有利地位；如果经济萧条，则企业会面临各种困难。

b. 政治因素。政治因素指社会政治形势和各种政治事件所构成的对组织的影响因素，如国家政局的总体稳定性、国际关系、不同党派执政、重大国际事件的发生和发展等。政治因素对各种组织的管理活动都会产生影响，比如一个国家的政局稳定，有利于组织长期计划的制定，也会吸引国外投资不断涌入；在国际关系上两国关系的融洽，常会促进跨国公司的投资和合资企业的建立。对管理者而言，在投资决策中考虑政治风险是一项重要的任务。

c. 社会文化因素。社会文化因素指一个社会中形成的传统文化、社会风俗、道德观念、价值取向和知识水平等因素的总和。任何组织都是由人构成的，组织及其人员都处在一定的社会文化环境之中，要受到社会文化因素的影响和渗透，从而反映在组织行为和人的行为之中。管理者要考虑到社会因素对组织和员工的影响，根据社会文化环境的不同特点，采取不同的管理方法和手段，这一点在跨国公司的管理中尤为重要。

d. 技术因素。技术因素是指科技水平的提高、新工艺和新技术的发明和应用等对组织生存与发展带来影响的各种因素。

② 具体环境

具体环境指对组织的目标实现有直接影响的各种外部因素，一般包括供应者、竞争者、顾客、政府机构和利益集团等。

a. 供应者。任何组织的正常运营必须拥有一定的人力、物力、财力和信息资源。供应者是指向组织提供资源的单位，如对企业而言，原材料供应商、银行、学校都是它的供应者，分别为其提供原材料、资金和各类专业人才。组织在资源供应方面得不到充分保证，就无法完成组织任务、实现组织目标。组织的管理者应寻求以尽可能低的成本保证所需投入的持续和稳定的供给。

b. 顾客。顾客是组织要满足其某种需求的服务对象。一个组织能否成功，关键在于是否能满足顾客的需要，使顾客满意。因此组织中的管理工作的重要方面就是要正确分析市场需求及其变化趋势，及时开发出满足顾客需要的产品和服务，形成广泛而稳定的顾客群体。

c. 竞争者。能够提供相同或可以替代产品或服务的组织相互成为竞争对手。组织之间的竞争是多方面的，主要表现在市场和资源方面的竞争。由于竞争对组织的市场条件和资源条件会造成直接影响，因此组织的管理者必须正确估计自己和竞争对手的实力，根据竞争环境的特点，制定有效的组织发展战略，以期在激烈的竞争条件下立于不败之地。

d. 政府机构。政府机构作为行政管理部门，利用其行政管理职能制定的各种政策和法规在很大程度上制约着组织能做什么和不能做什么，因而对组织目标的实现具有直接的影响。一切组织都应该在政府政策的指导下，在法律允许的范围内进行活动；而一旦政府的政策和法规发生了变化，组织的战略和策略也要进行适应性调整。

e. 利益集团。利益集团是指社会上代表某一部分人的特殊利益的群众组织，如工会、消费者协会、妇联、残联、环境保护组织等。利益集团虽然没有政府机构那样的权力，但同样也可以对各类组织施加相当大的影响。他们可以通过直接向政府部门反映情况，以各种宣传工具制造舆论，从而影响组织的管理活动。事实上，政府所制定的某些政策和法规，很多都是对某些利益集团要求的反应。

环境对管理的影响主要表现在：

（1）环境对管理职能的发挥具有重要影响。管理的基本职能的发挥，都要受到环境因素的影响和制约，如在市场竞争十分激烈的条件下，计划工作更要强调灵活性和预见性；管理组织模式必须随着环境因素的变化而变化，以确保有效地履行职能，完成其目标。管理者应根据环境条件及其变化，选择适当的管理方式和方法。

（2）环境对管理者具有选择作用。作为一个开放系统，组织不可避免地要受到环境因素的影响，管理活动成效的高低在很大程度上取决于管理者对环境因素了解、掌握、分析和反应的程度，但要弄清环境因素的特点和影响程度并非易事。环境的复杂程度不同，对管理者的素质和能力的要求也不同，如在快速变革的环境中，往往对管理者的胆识和魄力有较高的要求。

当然，环境可以作用于管理活动，管理活动也可以反作用于环境，即管理活动的结果会导致环境条件发生变化。管理者的行为要适应环境，同时还可以根据组织和环境的特点有意识地采取一些对策，使环境因素更加有利于管理职能的发挥和组织目标的实现。例如管理者与政府、银行等部门搞好关系，多请示、主动汇报，往往能取得主管部门和银行的关心、支持，使得制定的有关政策有利于组织的生存和发展。

6. 时间

时间从管理上来讲，是分配组织中各种活动过程所需要的周期及其起点和终点，规定各种活动衔接和循环的连续性。任何组织的管理活动都需要精确地计算时间分布，因此时间是构成管理的基本要素。当代管理活动的一个重要特点是时效性日益突出，同样的管理结果或问题处理，在不同的时间就会表现出不同的效益，有的是高效益，有的是低效益或者无效益。从管理资源的角度看，时间是管理的最稀有和最特殊的资源。

7. 社会关系

管理从某种角度来说，就是协调和处理各种关系的一种活动。作为管理系统的关系要素，具有内容多、范围广、性质复杂等特点，如人际关系、正式组织之间的关系、正式组织与非正式组织之间的关系、部门与部门之间的关系、上级与下级的关系、社会关系等等。关系是一种非常重要的无形资源，如良好的人际关系、融洽的上下级关系以及合理的组织层次、组织结构、组织沟通等关系对激发员工的积极性以及管理活动的高效进行，有着重要的意义。再例如，随着市场经济的发展和社会分工的日益发达，企业外部联系越来越广泛，良好的社会关系对于企业生存和发展有着极为重要的作用。建立、维持和发展企业的社会关系，包括企业同大众传媒、企业同社会公众、企业同用户和顾客、企业同协作者、企业同竞争者、企业同国家经济管理部门以及企业与社区等等多方面的社会关系，这些关系对企业生产经营能否顺利进行和发展具有极为重要的影响，所以，管理者必须重视处理好社会关系这个重要因素。

学习任务3
理解管理者及角色和技能

【案例引入】

管理者干什么

蒋华是某新华书店邮购部经理。该邮购部每天要处理大量的邮购业务，在一般情况下，登记订单、按单备货、发送货物等都是由部门中的业务人员承担的。但在前一段时间里，接连发生了多起A要的书发给了B，B要的书却发给了A之类的事，引起了顾客极大的不满。今天又有一大批书要发送，蒋华不想让这种事情再次发生。

问题：

1. 邮购部经理的职责是什么？
2. 邮购部经理是否应该亲自核对这批书？

一、管理者及其分类

（一）管理者的含义

管理者是组织管理活动的主体，具体来说，管理者就是在组织从事并负责对组织资源（人、财、物）进行计划、组织、人事、管理、激励、控制、协调等管理活动的人员。例如，公司的经理、医院的院长、学校的校长、系主任、机关中的局长、处长、科长等。

这里强调“从事并负责”是十分重要的。一个人不从事上述管理活动当然不是一个管理者，而仅仅从事管理活动但并不“负责”，或者说没有扮演负责人的角色也不能成为管理者。

（二）管理者的分类

组织中的管理者，由于他们的责任和权限不同，他们所处的地位和所起的作用不同，因此可以按不同的标志把一个组织中的管理者划分成不同的类型。最基本的划分方法是按照管理的层次和管理的内容来进行划分，即从组织的纵面和横面来进行划分。

1. 按不同的管理层次来划分

按不同的管理层次进行划分，管理者可以分为高层管理者、中层管理者和基层管理者，如图 1－1 所示。

（1）高层管理者。组织的高层管理者是站在组织整体的立场上，对整个组织实行综合指挥和统一管理的人员。高层管理者所考虑的问题和所从事的管理活动，都是与组织的总体发展和长远发展密切相关的。具体地讲，高层管理者的主要职责是制定组织长远发展的战略目标和发展的总体战略，制定政策，使用干部，分配资源，评价组织的活动成效和业绩等。公司的总经理、学校的校长、医院的院长、机关行政首脑等都是高层管理者。

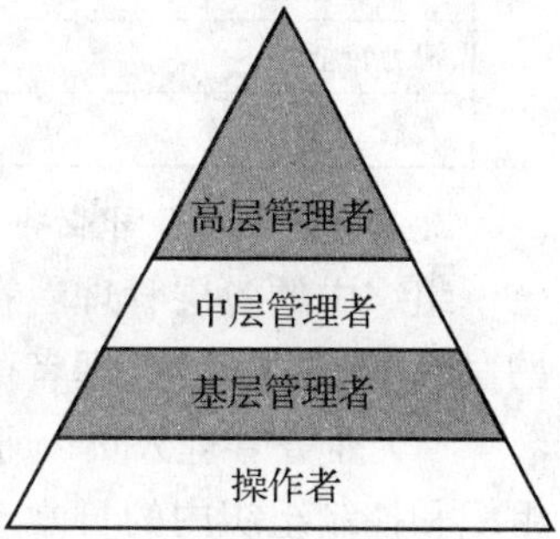

图 1－1　组织管理层次

（2）中层管理者。中层管理者的职责主要是执行高层管理者所做出的决策和大政方针，并使高层管理者制定的目标、战略付诸实现。他们或者对组织的某个部分（如车间）负责，或者管理某个职能部门（如人事处）。中层管理者要为他们所负责的部分或部门制定为达到组织总目标的次一级的管理目标；筹划和选择达到目标的实施方案；按部门分配资源；协调组织内各单位的活动；制定对偏离目标的行动的纠正方案。他们向组织的最高管理层直接报告工作，同时负责监督和协调基层管理者的工作，起着承上启下的作用。公司的部门经理、工厂的车间主任、学校的系主任、政府机关的处长等都属于中层管理者。

（3）基层管理者。基层管理者的主要职责是按中层管理者指示的程序，组织、指挥和从事组织的具体管理活动，给下属人员分配工作、监督下属人员的工作情况等。基层管理者又称一线管理者，如工厂里的工段长、班组长，学校里的教研室主任、机关里的科长、股长等，都属于基层管理者。

上述 3 类管理者的工作特征和内容如表 1－1 所示。

表 1-1 各层次管理者的工作特征和内容

工作特性	高层管理	中层管理	基层管理
经营方针	重要	适当考虑	不重要
管理目标	适当考虑	重要	重要
考虑管理问题的时间范围	1～5 年以上	1 年	每日
工作活动范围	极为广泛	全部工作职能	单项工作职能
复杂程度	非常复杂，变量很多	不太复杂	简单易行
工作计量	困难	不困难	较易
工作内容	计划、政策、战略	按计划实施	最终活动
采用信息来源	组织外部	组织内部	组织内部
智力特征	创造性	有效性	业务性
人数	少数	适当人数	多数

2. 按管理的不同业务内容划分

组织中的各层管理者在实际工作中，所从事的管理工作性质和业务内容是不同的，如以企业为例，管理者可分为如下几种：

(1) 业务管理人员。业务管理人员对组织目标的实现负有直接责任，负责计划、组织和控制组织内的日常业务活动的开展，如企业中的生产部、市场经营部、技术设计部等部门的负责人都属于业务管理人员。

(2) 财务管理人员。任何一个组织的运转都离不开资金的有效运作，财务管理人员主要从事与资金的筹备、预算、核算和投资、使用等有关活动的管理。

(3) 人事管理人员。人事管理人员的主要职责是从事对人力资源的管理。具体地说，人事管理人员的任务是制定人力资源的计划，招聘和选择组织所需要的合格人才，并对这些人才进行有效的培训和合理使用，建立合理而有效的业绩评估、晋升、奖励、惩罚及报酬制度。

(4) 行政管理人员。主要负责后勤保障工作，以保证其他各部门各项工作的正常运转。

(5) 其他管理人员。就是除了上述几类管理人员以外的各类管理人员。除了上述各类管理人员以外，在许多组织中还有其他一些专职管理人员，如公共关系人员，负责处理与传媒界之间的关系，提高组织的形象；跨国公司中的国际管理人员等。这些专业管理人员就其人数、性质及重要性来看，因组织的不同而异。

二、管理者的角色

管理者虽然有不同的种类，所从事的工作也不尽相同，但从特定的管理行为范畴来看，管理者具有相同之处。加拿大学者明茨伯格在实际调查研究的基础上，提出了关于管理者的角色理论，对管理者(主要指高层管理者)所扮演的角色进行了分类，对我们认识管理者的具体角色很有启发。他认为管理者的角色可归纳为三个方面共十种角色：

（一）人际关系方面

1. 挂名首脑。管理者必须履行礼仪性、象征性和法律性的义务。如参加剪彩仪式，签署法律文件等。

2. 管理者。管理者要负责为组织配备和培训人员，并指导和激励人员。

3. 联络员。管理者要维护自行发展起来的外部联系网络，与提供信息的来源接触。

（二）信息传递方面

1. 监听者。管理者要寻求和获取各种特定的信息，以便对组织和环境有清楚的了解。

2. 传播者。管理者要将从组织内外获得的信息传递给组织的有关人员。

3. 发言人。管理者代表本组织，向外界发布有关组织的信息。

（三）决策制定方面

1. 企业家。管理者要寻求组织和环境中的机会，发起和实施变革，并监督和检查方案的执行情况。

2. 混乱驾驭者。当组织出现重大的、意外的混乱时，要面对现实，解决矛盾，排除障碍。

3. 资源分配者。管理者要根据需要，合理分配组织的各种资源。

4. 谈判者。管理者需代表组织在各种谈判中为组织的利益与对方议价和商定成交条件。

上述角色描述及典型活动见表 1－2。

表 1－2　明茨伯格的管理者角色理论

角色		描述	特征活动
人际关系方面	1. 挂名首脑	象征性的首脑，必须履行许多法律性的或社会性的例行义务	迎接来访者，签署法律文件
	2. 管理者	负责激励和动员下属，负责人员配备、培训和交往的职责	实际中从事所有的有下级参与的活动
	3. 联络员	维护自行发展起来的外部接触和联系网络，向人们提供信息	发感谢信，从事外部委员会工作，从事其他有外部人员参加的活动
信息传递方面	4. 监听者	寻求和获取各种特定的信息（其中许多是即时的），以便透彻地了解组织与环境；作为组织内部和外部信息的神经中枢	阅读期刊和报告，保持私人接触
	5. 传播者	将从外部人员和下级那里获得的信息传递给组织的其他成员——有些是关于事实的信息，有些是解释和综合组织中有影响的人物的各种价值观点	举行信息交流会，或用打电话的方式传达信息
	6. 发言人	向外界发布有关组织的计划、政策、行动、结果等信息；作为组织所在产业方面的专家	举行董事会议，向媒体发布信息

续 表

角色		描述	特征活动
决策制定方面	7. 企业家	寻求组织和环境中的机会，制定“改进方案”以发起变革，监督某些方案的策划	制定战略，检查会议决议执行情况，开发新项目
	8. 混乱驾驭者	当组织面临重大的、意外的动乱时，负责采取补救行动	制定战略，检查陷入混乱和危机的时期
	9. 资源分配者	负责分配组织的各种资源——事实上是批准所有重要的组织决策	高度调度、询问、授权，从事涉及预算的各种活动和安排下级的工作
	10. 谈判者	在主要的谈判中作为组织的代表	参与工会进行的合同谈判

三、管理者的技能与作用

1. 管理者的技能

管理者要在不同的环境中扮演好自己的角色，必须具备一定的管理技能。一般而言，管理者应当具备三种技能：技术技能、人事技能和概念技能。

(1) 技术技能。指使用技术完成组织任务的能力，即从事自己管理范围内的工作所需的技术和方法。对于管理者来说，虽然没有必要成为精通某一领域技能的专家，但还是需要了解并掌握与其所管理的专业领域相关的基本技能，以便更好地了解情况，更有效地与有关技术人员进行沟通，从而对其所管辖范围内的业务活动和管理工作进行具体的指导。相对而言，技术技能对基层管理者更为重要。

(2) 人事技能。指与人打交道和与人共事以实现组织目标的能力，通常与人际关系如何处理有关。从某种意义上说，管理者的活动是围绕着人进行的，因此怎样和组织内外的各种人打交道，对外争取到有利的合作，对内与上下左右实现有效的沟通，是管理者必须掌握的基本技能。

(3) 概念技能。指洞察组织与环境之间相互影响的复杂性的能力，即要在复杂多变的环境中，综观全局，辨清各种要素，抓住问题的实质，权衡利弊和风险程度，从而做出正确的决策。实际中，越是高层的管理者，越是可能经常面临复杂而混乱的环境，所做的决策也越无先例可循，因此更需要具备概念技能。

不同层次管理者的技能要求虽然都包括以上三个方面，但它们所要求的范围大小是不同的，见图 1-2。

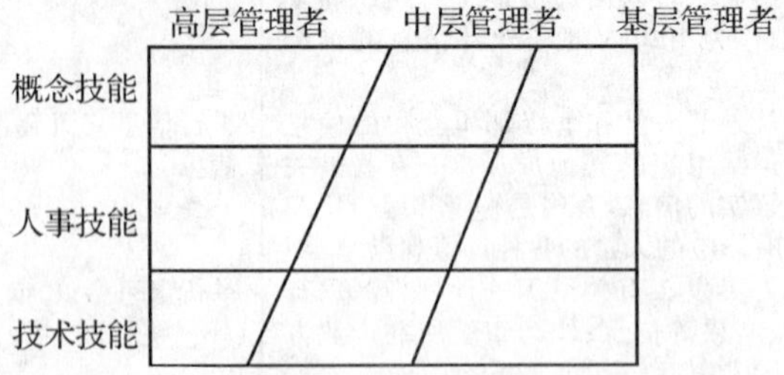

图 1-2 不同层次管理者的技能范围示意图

2. 管理者的作用

管理者在组织活动中的地位和作用是不言而喻的。对一个组织的高层管理者来说,其主要作用表现在以下三个方面:

(1) 管理者必须为组织确定一个长远的发展目标,并动员下属去实现其目标。

(2) 管理者必须合理地运用组织内外的各种资源要素,来最优地实现其管理目标。

(3) 管理者必须为一个组织确立某一种共同信仰、价值观和文化理念,以凝聚全体员工,形成团队力量。

学习任务4

深刻领会学习管理艺术的重要性

【案例引入】

杨钊的管理艺术

(情形一):一个50岁的职员,工作能力差,但已在公司工作10年,要离开公司另找一份称心的工作很难。他被屡屡投诉,说其办事不力,老是找借口。

判案:虽然不力,但无破坏行为,唯有再三教育,甚至警告,不作辞退处理。准则:仁慈。

(情形二):一个38岁的经理工龄10年,曾为公司立下一些苦劳,但现在却完全不负责任,常常不在岗位,屡被投诉,屡次谈话无效。

判案:辞退。准则:不能无纪律。

(情形三):一个经理,曾在公司工作8年,心地善良,工作负责,但头脑不够清醒,工作常犯错误,多次离开公司另外谋生,不如意后又要求回公司工作。

判案:接受。准则:仁慈。

(情形四):有一个经理,工作满口怨言,喜欢评论上级缺点,工作讨价还价,离开公司后,希望重新返回公司工作。

判案:不接受,准则:严明。

(情形五):一个主管,大公无私,处事公正,勤奋为公司奔劳,为公司立下了功劳,其亲属有小生意与集团来往。

判案:支持。

(情形六):一个主管,处事平平,工作喜欢计较,其亲属新开一公司,欲做主管属下生意。

判案:反对。理由:利益冲突,防不能公正处理。

以上六个情形，有时以仁慈为准则，有时以严明为准则，到底什么情况下用什么准则才能正确，才能收到恩威不失的效果呢？杨钊的看法：

(1) 对己要严，对人要宽，对近身要严，对远身要宽。

(2) 对上要严，对下可宽。

(3) 对不善的要严，对善者要宽。

(4) 对搞小动作的人要严，对无心犯错误者要宽。

(5) 对自私自利者要严，对大公无私者要宽。

(6) 对搞派别的人要严，对无派别者要宽。

(7) 对突出个人英雄者要严，对讲集体主义者要宽。

(8) 对斤斤计较者要严，对合情合理者要宽。

(9) 对搞形式主义者要严，对搞效果主义者要宽。

总之，处事要严，待人要宽，工作认真，做人要随便。可见旭日集团董事长杨钊在仁慈严明的管理方式上，是根据具体情况，灵活地运用管理之道的。

一、管理艺术的含义

管理艺术是管理者在掌握一般管理理论、职能与方法的基础上，面对不同的对象、任务、情景、关系等，为了更有效地达到组织目标，灵活地运用管理理论和管理职能的技巧。管理艺术主要体现为管理的应用性、实践性、技巧性。

管理艺术是建立在一定知识、经验基础上的非规范化的、有创造性的、给人以美感的管理技能，也就是非程序化、非模式化、非定量化的管理技能。管理方法同管理艺术是普遍性同特殊性的关系。科学的管理方法是管理工作规律性的反映，具有普遍性。而管理艺术则是管理者根据不同环境，结合个人特点，对科学方法的具体应用，它具有特殊性。管理艺术的特殊性，具体表现在以下四个方面：

第一，随机性。即管理艺术不是一成不变的，也无一定的模式，它会因人、因事、因时、因地而异。它体现为管理者在思考和处理具体问题时所具有的变通能力，并能很好地把原则性与灵活性有机结合起来。例如，在设岗用人问题上，"因事设人"是符合管理组织原则的科学方法。但在特定条件下，为了留住某些有特殊专长的专家人才，或为调整、搞好管理关系的需要，高明的管理者，则会实行"因人设事"，专门为特定的人破例设置一个新职或虚职，这就是一种管理艺术。

第二，多样性。即不同的管理者在处理同一问题时，由于个人性格、经历等的不同，会表现出生动活泼、千姿百态的技艺。例如，有些管理者处理问题时大刀阔斧，办事风格果断泼辣，有些管理者则是稳健细致、分步到位。这就是两种不同的管理艺术。这两种方法都可以达到同样的目的。当然，其后果是会有差别的，前一种方法可能会令行禁止，见效快，但也可能留下一些容易反复的后遗症，而后一种做法则可能职工反映较好，成果容易巩固，但是工作量大，时间较长。

第三，创造性。创造性是管理工作尤其是高层管理工作的本质要求，而管理工作的创造性则集中体现在管理者在处理问题时不因循守旧，而是构思新颖，奇招迭出，给人以耳目一新的感觉。例如，三九集团的管理人赵新先首先提出了“四能”机制，即干部能上能下、机构能撤能并、职工能进能出、收入能高能低。再例如，邯郸钢铁公司的管理人刘汉章不是照抄照搬，而是审时度势，根据自身特点，创造出以市场能接受的价格为准，倒推成本，目标分解到部门、车间、班组及个人，形成以成本为中心，实行“成本否决”的目标管理模式，取得了“千斤重担众人担”的良好效果，这就是管理艺术的创造性。

第四，经验性。管理艺术来源于管理者长期的管理经验的积累，然后逐渐形成具有个人特色的管理艺术。所以，管理者的管理艺术总不免存在或多或少经验的痕迹，而不是纯粹的逻辑性推理。

二、管理方法与管理艺术的关系

管理方法与管理艺术是普遍性与特殊性的关系。管理方法是管理工作规律性的反映，是管理艺术的归纳和总结，是管理艺术实践中规范化的知识结晶，具有普遍性和指导性；而管理艺术则是管理者根据不同环境结合个人特点对管理科学方法的具体巧妙运用，其目的是为了增强管理工作的有效性，使管理行为达到最佳效果。所以管理艺术生动直观，具有特殊性。管理者在工作中，必须把二者结合起来，只讲管理方法，不讲管理艺术，会形成管理工作中的教条主义；反之，只讲管理艺术，而不讲管理方法，就会造成管理工作中的经验主义。

单就一个组织的不同层次的管理者来说，所需要掌握的管理方法与管理艺术其比重是不相同的。一般而言，中层管理者在工作中应用的管理方法与管理艺术基本相等；而越到基层，应用管理艺术则较少；越往高层，应用管理艺术则较多。因为在高层管理者面临的工作对象中，往往是头绪纷繁，情况复杂，局势多变，事物随机性很强，难以规范化的例外事件，所以高层管理者往往是利用建立在科学管理方法基础上的高超的管理艺术来驾驭组织管理工作运行的。

三、管理艺术与玩弄权术的区别

在讨论具体的管理艺术之前，首先必须在思想认识上澄清管理艺术与玩弄权术的界线。由于管理艺术重在方法运用的技巧方面，所以有时表面看来它与玩弄权术似有相近之处，以致人们对管理艺术产生了种种曲解甚至嘲弄，其实二者是有本质区别的。具体表现在它们的目的、方式和后果这三个方面：

1. 二者的目的不同。管理艺术是为国家和集体利益、为实现组织既定的管理目标谋取更高的经济效益，所以运用管理艺术者可以公开宣告自己追求的目的；而玩弄权术者往往是为了达到个人或小集团不可告人的目的，往往遮遮掩掩，以假象骗人。

2. 二者的方式不同。运用管理艺术者诚心诚意，以诚相待，又注重方式、方法，而玩弄权术者往往假心假意，两面三刀，模棱两可。例如，对某人开会的发言有不同看法时，运用管理艺术者往往利用会后个别交换意见，这样既不伤人面子，又达到了效果，而且决不在其他场合胡讲乱说；而玩弄权术者则采取当面天花乱坠，迎奉拍马，背后却骂得一钱不值。再例如，对下级送来的报告、批文处理时，玩弄权术者往往对吃不准的事情采取回避责任的办法，如“原则不同意，具体由你们定”，这样不管事情发展的结果怎样，他都能左右逢源。

3. 二者的后果不同。由于管理艺术是从实际出发，巧妙地运用管理方式与方法，使管理行为达到最佳效果。这种效果在近期或长期都会起作用，并且它可以积累，使管理效能越来越好。而玩弄权术者由于采取了不正确的手段，追求近期效果，也许一时会欺骗一些人，但由于只想损人利己，最终必然暴露其庐山真面目。美国前总统林肯曾说：“你可以在一段时间欺骗所有人，也可以在所有时间欺骗一些人，但不能在所有时间欺骗所有的人。”这是对玩弄权术者的鲜明写照。

四、培养管理艺术的方法

在我们对管理艺术有一个基本了解之后，如何学习这种艺术，如何掌握这种艺术则是每个企业管理者需要思考的问题。由于管理艺术是一种具有创造性、有效性的管理行为，且具有几乎截然不同的表现，往往使人觉得无从学起，而又不能不学。所以，掌握一定的管理艺术不是一件容易的事情。然而，管理艺术仍然是可以学习的，虽不易言传，但却可意会，有意识地培养自己的管理艺术水平也是有思路可循的。管理艺术的培养过程是一个自我训练的过程。

管理艺术的培养是企业管理的自我学习、自我完善。对于企业管理，这种自我学习和完善，是要做到寻常人做非常事，成为非常人，成为出类的企业管理者，成为改革的企业家。

提高自身的管理艺术水平，更多地依赖于在经验中提炼、在实践中升华。这种经验既包括理论知识的间接经验，也包括以往实践的直接经验。而更重要的是在管理实践中再认识、再创造，使经验得以升华，创造出新经验。这就需要企业管理有一种勤于思考、身体力行、弃旧图新的精神，在学习和培养管理艺术上要特别注重多思、躬行、研求，这应是提高管理艺术水平的有效方法。

我们所能知道的许多有效的管理者、优秀的管理者，都是形形色色的，他们脾气不同，能力也不同；他们所做的事不同，做事的方法也不同；他们的个性、知识和志趣也都各不相同。可以说事实上他们每一方面都各不相同。但是，他们却有一个共同的特点，就是都具有做对事情的能力，都具有做好事情的能力。管理的有效性、管理的艺术性，是一种后天的习惯，是一种实务的综合，是完全可以学习和训练的。这种习惯是一种心智上的习惯，就是说企业管理者要知道时间和精力应该花在什么地方，应重视什么，应做些什么。明确这些是管理艺术自我训练的基础，多思、躬行是培养管理艺术的方法，研求是追求管理艺术的态度。

1. 多思

一个人可以无所事事，但不可能没有自己的想法。企业管理者作为企业的头脑，就更不能没有思想。所以，作为管理者必须要养成多思的习惯。只有肯于思考、勤于思考、善于思考，才能提高自身的思维能力和思想水平，才有可能提高管理水平。

企业管理应集中精力于少数主要的领域并做出有效的决策，这是由企业高层管理的职责所决定的。但是，要做到这一点和做好这一点，并不是一件轻而易举的事情，必须深思熟虑、三思而行。

企业管理首先需要思考的基本问题就是经营理念，即为何经营，如何经营的基本思想。这种思想产生的过程也是一个不断深化和完善的过程。所以，企业经营不仅包括企业经营本身，也包括管理者的人生经营。谁也不能说企业管理不是企业经营，企业经营不是企业管理。企业管理者管理的不仅是员工，而且是企业。因此，我们探讨的管理艺术不是所谓管理技巧，而是管理企业的艺术，而这种管理艺术的产生离不开对企业经营观念和管理思想的探求。正像松下幸之助所说的那样，我们所经营的事业，是生产和满足人类生活不断提高所需要的物质产品，是不可少的神圣的事业。

对于我国的企业来说，企业经营的这一基本问题，很值得企业管理者反思和深思。否则，再高超的管理艺术也无济于事。不仅如此，企业管理对于面临的新的问题和重要问题，都应三思而行。养成多思的习惯，才能施行有效的创造性管理。

斯隆对于人事问题，从来没有在第一次提出时就做出决定。他总是先做一个初步判断，就此也要花费好几个小时。然后他将问题搁置一旁，隔几天甚至几星期后，再来重新考虑而且好像是一个从未见过的新问题似的，且往往要如此一而再、再而三地重新考虑好几次。斯隆先生一向以能知人用人闻名。有人问他秘诀，他的回答是："我没有秘诀。我只认为凡是我第一念就想到的人选，大概不是最适当的人选。我总要反复再三，才做最后决定。"可见，对于企业的重要问题，三思而行并不是优柔寡断。企业的重大事项，也往往不是可以当机立断的，即便需要当机立断，也必须具备思想敏锐的基础。斯隆用人如此谨慎，并不是由他的性格决定的。事实上，在别的方面他却不是一位有耐心的人。

多思作为培养管理艺术的方法，需要在实践中体会，更需要在实践中学习、在实践中锻炼。林肯当初任命格兰特将军为总司令，也是好不容易学会的。在此之前，他曾先后选用了三、四位将领，选用标准都要求所用之人必须无重大缺点。但其结果，虽然北军拥有人力物力的绝对优势，而在1861年至1864年间却一无进展。反之，南方在李将军管理下，从贾克森起，几乎没有一个将领不是满身都是大小缺点。但李将军并不在意，他知道每一位都各有所长。李将军正是善用和充分发挥了他们的长处。在此期间，林肯麾下每一位"无缺点"的将领都被李将军指挥下的"一技之长"的将领击败。从这里我们可以看到，对于采取的管理行为，都应多问几个为什么。不仅要了解物象本身，而且要考虑行为效果。对棘手的问题，有时候往往要重新思考管理准则和判定标准。

2. 躬行

松下幸之助在评价创造世界第一的通用汽车公司的斯隆时说，斯隆先生的伟大，在于其躬行。尽管有不少人跟斯隆有同样的想法，且常挂在嘴边。但绝大多数人都未能将其想法付诸实施。尤其是往往有许多人没有实行的能力，但嘴上却总有许许多多冠冕堂皇的道理。想到这些，就更觉得斯隆先生的躬行是多么了不起。对于经营者来说，最重要的，就是为其所当为。不论拥有多么杰出的构想，口中说着多么堂皇的理论，如果不能将其实行，充其量不过是画饼充饥。松下先生认为斯隆是理想的经营者，是因为斯隆对什么是当为之事，有正确的认识，并能严格地督促自己付诸实施、贯彻始终。

可以说，躬行是实现决策目标和管理成果的必然途径，也是体现管理艺术的基本所在。作为企业管理，最基本的就是要坚信对应该做的、所在做的事情一定能成功，只有坚定这一信念，才能身体力行将所做的事情做好，才能亲身感受到管理艺术的魅力。

当初林肯总统任用格兰特，就是坚定了这一信念，并且力排众议，对南北战争的转折起到了重要的作用。松下先生也是这样做的，且对企业经营有着自己独到的见解。他的基本观点是企业经营本来不是受外界所左右的，应该确信在任何情况下都是顺利的，成功靠运气，失败在自己。如果顺利的时候，认为是靠自己的能力取得的话，就会产生骄傲和疏忽大意，从而招致失败；如果不顺利的时候，把原因推到运气上，就不会取得失败的教训。松下先生的经营方式，就是“坚信一定能够成功”，并从平常就贯彻“失败的原因在于我”的观点，一面严格要求自己的经营，一面做该做的事情。下面的实例很能说明“躬行”所产生的效果。

松下电器在1923年制造和销售了自行车的电池灯。当时市场上的自行车灯有蜡烛、电石和电池灯三种，各有问题。蜡烛灯一吹就灭，电石灯点灯费事，电池灯用时太短。松下想对其中电池灯进行改进，并用了6个月的时间，反复试制了一百多个，才制造出炮弹形的电池灯。这种电池灯能点30～50个小时，与当时只有两三个小时的电池灯相比，寿命长多了，价钱也比蜡烛灯便宜得多，可以说是划时代的产品。然而一开始销售就碰到很大困难，因为以往用电池灯的人吃尽了苦头，认为它寿命太短，不愿用它；在批发商处也受到冷遇。但是，松下先生百分之百地相信这种电池灯的优越性，冷静思考后找出了最大的原因，即这种新产品是从未有过的，还未被认识的。应该采取的办法是让大家知道这种电池灯的优越性。松下先生决心向困难挑战，果断实行了免费发放样品的办法，请经销店实际观察能用多长时间。这对当时资金紧缺的松下电器来说，不得不说是非常危险的赌博和冒险。但松下敢于牺牲，才能取胜，只要顾客认识了新产品的优越性，就一定能卖出去。可想而知，其结果是非常成功的。

可以说，松下的经营行为是有效的，是富于创造性的，从中也体现了松下先生管理或经营企业的艺术和产生这种成果的坚韧不拔的躬行精神。

3. 研求

植物多年生长，如果任其种子自生自灭，植物就会退化。特别是经济作物，更是这样。管理艺术，就是企业管理者应该不断培育的优质品种。多思和躬行，只是一种外在要求；而研求，则是对管理者培养自己的管理艺术素质、提高管理艺术水平的内在要求。这种要求是管理者对自身的要求，即要有一种研究探求的精神，这对提高管理艺术有着不可忽视的作用。

要具备这种研求的精神，首先要有一种虚心的品德。

亨利·福特在 1905 年从一无所有开始，15 年后建立起一个世界上最大和盈利最多的制造型企业。他采用划时代的输送带生产线大量生产 T 型汽车，结果使这种车型占领了当时美国汽车市场的 40%，获得了极大的成功。尽管他创造了新的生产方法，且对汽车的机械性能很重视，但却似乎觉得自己在大众运输工具上找到了完美的答案，以为没有更进一步改革的必要。在第一次世界大战期间，福特汽车公司达到了必须转为大公司的转折点。当时，他最亲密的同事和合伙人詹姆斯·卡鲁斯及其姻兄弟、财务顾问欧内斯特·坎茨勒敦促福特改变公司的结构及经营方式，结果被福特赶出了公司。他抱有的信念只有一个，即“You can have any color as it is black”(你可以要任何颜色，只要是黑色)。1944 年亨利·福特二世接管后，虽然汲取了祖宗的教训，使福特汽车公司得到拯救。但是，随后他认为自己“已经毕业了”，结果再次使公司重蹈覆辙。

这里我们想说明的是，管理的创新、管理的艺术是无止境的。福特祖孙二人，一个是顽固不化，一个是自以为是。这是每个企业管理者的一面镜子。无论多么伟大的成功者，如果不能日新又新、力求变化，终将沦为失败者。所以，管理者时时当以日新又新为追求，永葆心灵的朝气。这是每一位渴望事业有所成就的企业管理者所必需的。

培养管理艺术，不仅要有研求的进取精神，也要有一种虚心的学习态度。对于位居管理地位的人特别要引起重视。一般职工略欠谦虚，管理者可以提醒他、指正他。但对管理者，一般职工是不敢或极少这样说的。管理得好坏，必须要自己警惕自己，要经常反省是否谦虚、是否有一种研求管理艺术的虔诚。研求管理艺术，要有一种“天天做新梦”的追求。世上一切事物，都是日新月异、变化发展的。企业管理者必须不断地自问“我应如何经营企业，我想如何管理企业”。世上没有办不到的事情，能够办的事情，如果认为不能办到，实际上就不可能办到。相反，本来办不到的事情，如果想办法努力去做，往往却会有出人意料的结果。1961 年松下通信工业公司收到丰田汽车公司大幅度降低价格的要求，即要求公司提供的车用收音机即日起降价 5%，半年后再降价 15%，合计降价 20%。对这种要求表示不可能而拒绝，也是一个办法，但一开始就认为不可能是不明智的。松下先生首先抛弃了不可能的想法，而是站到丰田公司的立场上，考虑他们为什么提出这样的要求。即如果松下电器也站在丰田迎接贸易自由化的立场上，也会有同样的要求。但是，当时的产品再降价20%，事实上是不可能的，需要从头考虑开发新产品。于是松下先生指示：性能绝对不能降低；设计也照对方的要求做，不能改变。在维持以上两点的情况下，可以全面地改变设计，在降低20%以后还要有合理的利润。在完成新的设计之前，暂时的损失是不可避免的。这样做不仅是为了接受丰田的降价要求，而且是为了维持和发展日本的汽车工业。一年多后，松下通信工业公司不但按要求降低了价格，而且还保证了合理的利润。大幅度降价要求，竟成了松下通信工业公司的一大转机，他们经过艰苦努力，成功地完成了产品的根本性改革。

培养管理艺术也需要这样一种态度，而且这也是研求管理艺术的最基本要求。

培养管理艺术，也必须从管理艺术的特性和效用出发，要按照管理艺术包含的内在要求去研究和探求。把握基本特征，增强管理的应变能力；把握主要特征，提高管理的思辨水平；把握个性特征，扬长避短和造就风格；把握内在特征，发挥管理的创造潜力；把握目标特征，追求管理的有效卓越，是企业管理者研求管理艺术的基本途径。培养管理艺术的根本目的是管理好企业，以艺术手段来提高管理效率、增进管理效果和增强管理效能，是管理者研求管理艺术的基本目的，也是管理者提高管理素质的必然手段。

管理艺术产生于管理实践，更直接地产生于做对事情和做好事情。要做对事情，就必须多思；要做好事情，就必须躬行。所以，企业管理者既要勤于思考，提高思维的能力和水平；也要身体力行，实现决策的目标和成果；更要弃旧图新，追求管理的水准和绩效。只有用科学的态度对待管理问题，研究管理问题，才有可能探求管理艺术的真谛。

五、学习管理方法与艺术的重要意义

1. 学习管理方法与艺术是做好实际管理工作的基本需要

我们谈管理，不只是单纯形式上的管理、理论上的管理，而是多姿多彩的管理实践。在实际管理中，因为管理的对象首先是人，而不是机器，所以要讲究方式、方法，这就是艺术。有些管理者懂管理理论，但不会做人的工作，结果事与愿违，有些管理者可能不是很懂理论，但会做工作，结果与希望相一致。这就是管理的艺术所在。只有将两者有机地结合在一起，才能充分发挥管理的作用。所以通过本课程的学习，可以使同学们掌握在实践中总结出来的一些常用的管理方法与技巧，为做好实际管理工作奠定基础。

2. 学习管理方法与艺术是修炼管理者自身魅力的需要

管理者魅力主要包括以下四个方面：

一是高瞻远瞩的眼光。特别是决定组织未来的高级管理者，一定要具备超人的眼光，即所谓善于发现潜在利益，无论是经营还是用人都是如此。面对激烈竞争和纷繁变化的世界，他能够找到正确的方向，带领部下全力以赴去争取胜利。此外，他还要有合理的冒险精神，即敢为天下先的精神，只墨守成规是无法适应新世纪的竞争的。

二是睿智敏锐的头脑。在知识管理的时代，员工大都有自己的事业规划，从而不会把一生的命运交给某个组织。睿智是指作为高级管理者，首先应当有清晰的人生观，引领自己克服人生的困难；其次要有洞察力，在员工面临人生选择时为他们提供好的指导，这会极大提高管理者的威信和组织凝聚力。敏锐是指作为高级管理者，应当善于从复杂的现象中抓住主要矛盾，界定问题，保证方向不被偏离；其次要有创新精神，能及时从其他组织和其他人那里发现对自己组织有利的事物，善于学习和运用，保持组织的活力。

三是海纳百川的胸怀。首先要听得进意见。人人都明白兼听则明，偏信则暗的道理，但现实中许多管理者还是在重复这种错误。因此，一定要身体力行，广开言路，保证每个成员都可以诚实地发表自己的意见，而且好的意见会得到鼓励。时间久了，组织内部会形成一种诚实的文化，这也是提高决策效率的最好办法之一。其次要容得下缺点。知识员工的个人特点往往比较鲜明，作为高级管理者一定要取人之长，为员工创造好的环境。使得人尽其才、物尽其用。当然，如果某人的个性到了伤害组织文化的程度，绝不可以姑息。

四是从容优雅的风度。所谓从容，是指面对变化和困难表现出来的强烈自信和快速反应能力。首先要有泰山崩于前而色不变的大将风度，管理者要以自己的信心和能力推动组织前进。其次要有风趣高雅的谈吐和得体的举止，因为高级管理者是组织的形象代言人，需要用自己的良好形象为组织得到尽可能多的认可，这对个人和组织拓展事业都有益处。

那么怎样提高魅力呢？主要是两个方面：一是要勤于积累。首先要多从书本学习。管理者需要是通才，对天文地理等各方面都应当有所了解，因此一定要养成学习的习惯。其次要多向别人学习。人的时间和精力有限，要善于通过与别人的交流来提高自己，无论是高人还是凡人，都有闪光点，可以成为管理者知识的源泉。二是要勇于实践。魅力同其他真知一样，都是需要反复提高的过程。魅力中很重要的一条是对度的把握，这没有长期的磨炼是达不到的。同时，魅力也是一个动态过程，年轻时意气风发是魅力，中年时坚定果断是魅力，老年时睿智纯真是魅力。只有不断实践，才能真正达到自觉。

本单元实训与练习

【读一读】

该怎么学习管理？该怎样运用管理？

企业面临的主要问题无非就是企业如何组织、如何运营，企业的经营目标和发展战略如何制定、如何修正、企业文化如何形成、如何发展，人才如何吸引、如何管理、财务如何结算、如何统筹等等。但在不同的发展阶段，这类问题出现的形式和方式不同，解决的办法也不一样。如果这些问题都解决好了，企业的发展也就顺理成章了。

现在人们对管理重要性的认识已经毋庸置疑，不论走进哪一家企业，都可以听到对优质管理的赞扬和劣质管理的声讨。但仅有这样的共识并不一定能带来管理水平的提高。只要想一想目前绝大多数国有和民营企业的管理相当糟糕，便知这一点儿也不奇怪了。

这时既不能责怪人们奢谈管理，也不能怪罪人们不抓管理，事实上许多企业管理的失败不在于不搞管理，而在于实施管理的旗号下犯下错误。

到底该怎么学习管理？到底该怎样运用管理呢？

管理不是做给人看的

经营大师艾科卡说："在企业里最重要的决定是由个人而不是由委员会做出的。"可是有的企业经常把管理解读为开会、树典型。开会很容易流于形式，有的时候还成了主管负责人推卸责任的一种绝妙方式。树立典型由于在客观性和可模仿性方面都可能有所不足，未必能起到应有的作用，而且一旦有好的榜样得不到褒扬和坏的案例不能及时处置的情况出现，接下来的副作用会像流行感冒一样四处扩散。

管理不是掉书袋子

为了跟上管理潮流，许多企业在拼命输入西方管理学经验。从知识普及的角度讲，这是件好事。但是，将管理简单化为几十个概念，将管理定义去掉企业在业务、规模和层次等方面的特殊性内容，其结论很难对具体的企业产生有效的指导。

管理不是新瓶装旧酒

当前市面上推出各种各样的企业管理模式，有A模式、K模式等等，如果不仔细分析便拿来套用，很可能因为脱离了产业背景和人文精神使其没多大意义。如果不知道这些模式应该在什么条件下使用，那么，这些教条就是背得再熟也没有用，甚至可能起反作用。

管理创新不是全盘否定传统

据科学家考证，铁路两轨之间的国际标准距离是由测量马屁股的宽度产生出来的。原来英国的铁路是由造电车的人设计的，他把电车轨道的距离标准照搬于火车轨道。造电车的人以前是马车匠，他把马车两轮的距离标准用于电车轨道。马车轮距又是依照古罗马军队的战车轮距制作的。最后追问下去，古罗马人的战车轮距其实就是两匹战车的马的屁股的宽度。他们以两匹马屁股的宽度作为战车的轮距，可以使马车平衡行驶。于是，“古色古香”的马屁股，就成了当今世界现代化铁路的标本，而且相沿承袭被当做国际惯例。

从这个例子中可以得出一个启示：不能把传统和创新对立起来。传统的东西不是毫无价值的东西。现在新的、好的东西，将来也会成为传统。

要树立业务即管理的概念

管理的核心内容是业务管理，企业最高管理者关心的焦点应该是理顺业务流程的各个环节并使之效率更高。至于企业的财务管理、人力资源管理，那是为业务管理服务的，企业里这类基础管理的特点必须根据业务管理的特点来决定。

管理要注意阶段性

政治经济学原理告诉我们，生产力必须适应生产关系的发展，上层建筑必须适应经济基础的发展。在企业里，管理就是生产关系，管理就是上层建筑，如果它不能随着企业的业务发展而同步前进，企业的运行机能就不可能协调，企业的综合实力也就不可能得到增强。也就是说，管理的阶段性特征很明显。

企业在发展过程中，必须不断地抛弃过去某些行之有效的东西，同时逐渐吸纳一些新的活力因素，这样才能够与时俱进。

管理不是做给别人看的，加强管理是为减少企业内部的交易成本，只要这个目的达到了，是否符合理论都是次要的。企业的目标就是盈利，就是要自始至终地争胜。只要能够达到这个目的，不管什么管理模式，哪怕表面上再不“合理”，都应该考虑接受。

管理的普遍性和管理者的互换性

小克劳德. S. 乔治的《管理学思想史》中曾描述了这样一个故事：有一天，苏格拉底看见尼科码奇提前从选举市长的会场出来，就问他：“谁被选为将军了?”尼答：“雅典人选了安提斯沁尼司。此人从未在重兵器陆军服过役，也未曾在骑兵中做过什么了不起的事。实际上他一无所知，只知道如何弄钱。”苏说：“知道这个有何不好，因此他就能为他的队伍取得给养品。”尼说：“但是商人们都能积钱，而不能带兵。”苏说：“安有好胜的天性，做将军的人就应当有这种气质。你知道吗？当他任歌舞团经理时，他就把歌舞团弄得比其他歌舞团都强。”尼说：“哪里的话！管理一个歌舞团和管理一支军队完全不同。”苏说：“虽然安对于音乐和指挥都不内行，但他能找到有关的专家。”尼叫道：“你是说这样一来，他也能找出为他整顿队伍和替他指挥作战的人吗!”苏答:“是的,如果他找出来,并且选用对军事擅长的人,正如他领导的歌舞团一样,也会出人头地。”尼问:“你是不是说同一个人有把握将一个歌舞团管理好,也会将一支军队带好。”苏答:“我是说,一个人无论领导什么,只要知道他的需要,而且能提供出来,就会成为一个好领袖,无论他是指挥一个歌舞团、一个家庭、一个城市,或一支军队。”尼叫道:“哪里话!我从未听说,一个好的家务管理人也会是一个好的将领。”苏接着问:“喂,让我们想想他们每种身份的职责是什么,就可以了解他们是否一样,或者在有哪些方面不同。”尼说,“当然,当然。”苏问:“是不是两种职务都要使他们的属下听命与服从他们?”“毫无疑问。”“是不是两种职务都要有适当的人来承担各项事务呢?”“也毫无疑问。”“我想两种职务都应奖善罚恶。”“毋庸置疑。”“是不是在两方面都要使他们的部下对他们发生好感?”“当然如此。”“您想他们能相辅相成,是否能易于谋求共同的利益呢?”“当然,可是在有战争时,治理家庭的技巧又有什么用呢?”苏答:“毫无疑义这种技巧对作战是有用的!因为一个好的治家者,知道当与对手竞争时,没有比战胜对手更有益,更有利,或更应当全力以赴,也没有比失败更不利和更应当避免。所以他会积极地筹思并准备一切,以求有益于胜利,同时小心地观察与防备所有足以使其致败之事。如他看到取胜之道,就会大力进行,同样的,如他发现准备不够,就会小心而避免行动。”苏最后告诫说:“所以,你不要藐视管理家务,因为处理私事与处理公事,只是范围大小不同而已。在其他方面,两者是相同的。最重要的是两者均需要管理者,而并非管理家事的是一种人,管理公事的又是另一种人。因为处理公事的人所用的人并非与管理家事的人所用的人在性质上有差异。知道用人的人会明智地处理私事或公务,而不知用人的人,在管理任何一方面时均会发生错误。”

【想一想】

一、案例情景分析

案例情景1:小张是班长,负责本班级50人的秋游计划。小张自己花了大量的时间进行准备,他写好了秋游计划,并做好了初步的路线安排。可是正在这时,小张因病要住院几天。小张只好请室友小王帮忙进行下面的工作。小王也是个热心人,忙里忙外,终于使班级的秋游计划按时成行。但是,在游玩过程中,却出现了很多不顺之处,如有些具体工作无人负责,路线错误,账单搞错,同学走失,等等。同学们都抱怨这次活动组织得很差。搞得小张很是恼火,小王也感到很没有面子。

问题:

通过以上案例,根据本讲所学,谈谈你对管理工作的认识。

案例情景 2: 小陈作为一名学习优秀的工商管理专业学生,已经学习并掌握了很多管理学方面的知识,也因此被任命为分院学生会办公室主任。但是他在管理办公室事务方面却不成功,经常造成工作的拖延,令别的部长都对他很有意见。前几天办公室承担了制作迎新宝典的任务,小陈定了宝典的基本框架后就交给了副主任去做,让其在 2 天成稿,之后就撒手不管这件事情了。副主任之前没有做过类似工作,对情况也不是很了解,但小陈对此却没有做过多解释,令副主任很是苦恼。2 天后,副主任将成稿交给小陈,小陈没有过目就将宝典交给了主席。主席拿过一看发现错误极多,连框架都不合理,只能紧急召集其他部门进行返工。

问题:

通过以上案例,根据本讲所学,谈谈你对管理工作的认识。

案例情景 3: 我国的永久、飞鸽自行车都是国内外久负盛名的优质产品,但在卢旺达却十分滞销。因为卢旺达是一个山地国家,骑自行车的人经常要扛车步行。我国的永久、飞鸽车重量大,令当地人感到十分不便。日本人瞅准这一空子,在做了详细的市场调查后,专门生产一种用铝合金材料作车身的轻型山地车,抢夺了市场。我国的企业由于只知己不知彼,错过了一个很好的占领市场的机会。20 世纪 80 年代初,我国向某阿拉伯国家出口塑料底鞋,由于忽视了研究当地人的宗教信仰和文字,设计的鞋底的花纹酷似当地文字中"真主"一词,结果被当地政府出动大批军警查禁销毁,造成了很大的经济损失和政治损失。

问题:

案例中反映了组织与外部环境的关系问题,组织外部环境主要有哪几类?案例中涉及的是哪种环境?社会环境对组织的作用有哪些?

二、案例分析

张瑞敏的领导观

1984年，张瑞敏由青岛市家用电器工业公司调任青岛电冰箱总厂厂长，在短短14年时间，把一个亏损147万元的小厂一跃发展成为1998年销售收入高达190亿元的国家特大型企业集团，成为中国家电行业的排头兵。张瑞敏现任海尔集团总裁兼党委书记，是中国企业管理协会理事，中国空调制冷协会理事长，全国工商联合会执行委员，山东省企业管理协会常务理事，青岛工商企业联合会副主席。并曾先后荣获“全国劳动模范”、“全国优秀企业家”、“全国优秀青年管理专家”、“中国经营管理大师”、“全国环保先进工作者”、美国优质服务科学协会“五星钻石个人终身荣誉”等称号。

海尔集团的高速发展备受世人瞩目，每天都有来自全国各地甚至国外的企业领导人来到海尔集团取经问道。也有不少企业把海尔的管理模式学习揣摩以后照搬到本企业中，但效果都不太理想。原因是多方面的，但张瑞敏认为很重要的一个原因在于，没有搞清楚企业领导人在企业中应该扮演什么角色。

如果把企业比做一艘船的话，企业领导应该是什么？按照习惯的说法：领导是舵手，是船长。张瑞敏却认为这样的领导充其量是计划经济体制下的优秀企业的领导，是计划经济时代的企业领导人的角色。在计划经济向市场经济的转轨过程中，企业领导人不应该仅仅是舵手是船长，更应该是这艘船的设计者，是船主。

他以人才问题为例加以说明，“企业的成败靠的是人，谁有高素质人才谁就可以在竞争中获胜。但作为一个企业的领导者，你的任务不是去发现人才，今天看看培养一下张三，明天考虑一下李四，如果这样你就本末倒置了。你的职责应该是建立一个可以出人才的机制，这就是造船。这个人才机制自身就能够源源不断地产生出人才，对一个大型企业来说，这种机制的建立要比老板具有敏锐的发掘能力更为重要。即便是我们开始时的600多人的企业，也不能今天看好张三，明天看好李四，我建造人才机制就是要给每个人相同的竞争机会。像运动比赛一样，赋予个人参与竞争的可能，关键看你的能力。海尔设有干部处，他们的任务不是去发掘干部，而是研究现行机制能不能把所有人的潜能发挥出来。我们的干部每年都有调整，每年都有人上来，也有人下去。”

对于一名成功的企业家，张瑞敏认为有两方面的素质是必须具备的：

“首先，要有善于把握大局的能力。在眼前一堆事情里你能不能找出一个最关键的问题来，找出制约发展的根本问题来，在解决这个问题时是否会对其他问题产生影响？这种很快抓住主要矛盾的能力是企业的老总必须具备的。

另一方面，要有一种对一件事一抓到底的韧劲。在中国企业里，往往是领导做出一个决策之后，在向下传达过程中都有衰减或偏差。如果你不能一直盯住，很多事你以为已经到位，下面往往还没开始干。我们的做法：一件事从头到尾抓出一个模式来。再去'克隆'它，成功率非常高，这恐怕也是一种中国特色吧。虽然我是10 000多人企业的老总还要亲自到基层去抓某一件小事，但你不过去做就不行。有时候必须抓得非常具体，当然是属于带有全局性的问题。我们集团的副总裁杨绵绵，就非常善于去抓出一个很容易操作的模式来。当我们在北京的商场海尔专柜上具体地过问某些事的时候，一些同行业的老总说："你都做到这么大的老板了，还抓这么细小的事，真不可思议。"企业管理中有这么一句话："每天只抓好一件事就足够了。抓而不紧等于不抓。实际上抓好一件事等于抓好了一批事，因为每一件事都不是孤立的，抓好了一件事会连着把周围的一批事都带动起来了。"

张瑞敏是土生土长的中国企业家，他善于从我国传统文化精髓中汲取营养，并应用到管理实践上。他对老子的《道德经》非常推崇，而且通读过数遍，从中得到很多启发。

他说："《道德经》里有两点是我一直当座右铭来记取的：一是强调无形比有形的更重要，'天下万物生于有，有生于无'。对于企业现存的最大的弊病：从各级领导一直到下边，看有形的太多、无形的太少，哪一位上级领导来检查都是看利润多少，生产是多少，没有谁注重企业的文化，而且许多单位也没有企业文化，一个企业没有文化就等于没有灵魂。老子《道德经》中无形就是灵魂，就像'道生一、一生二、二生三、三生万物'。万物的根源是道，而道恰恰是非常重要但看不见的东西。

再一个对我感触很深的是：'柔弱胜刚强'。这句话在旧的版本里面的评价是消极的。它说明了一种转化的过程，弱可以转强，小可以转大，问题是你怎么来看待。做企业你永远处在弱势，如果你能把自己放在一个弱者的位置，你就有目标可以永远前进。"

问题：

1. 领导人在企业中应该是什么角色?
2. 请对张瑞敏的领导观予以评价。

【练一练】

一、名词解释

1. 管理
2. 管理者
3. 监督职能
4. 无形要素
5. 组织文化
6. 管理信息
7. 管理艺术

二、选择题

1. 法约尔指出：管理就是（　　）。
   A. 计划、组织、沟通、协调、控制　　B. 计划、组织、指挥、协调、控制
   C. 决策、组织、领导、协调、控制　　D. 计划、组织、指挥、激励、控制
2. “管理就是决策”是（　　）提出的。
   A. 西蒙　　B. 卡斯特　　C. 孔茨　　D. 杜拉克
3. 组织环境具有差异性、动态性和（　　）三个特征。
   A. 不可测性　　B. 稳定性　　C. 连续性　　D. 可测性
4. 管理的任务是（　　）。
   A. 实现组织确定的目标　　B. 协调人际关系
   C. 节约资源　　D. 平衡组织内外矛盾
5. 控制职能又称（　　）。
   A. 指挥　　B. 组织　　C. 计划　　D. 监督
6. 高层管理者相对于基层管理者应更多地掌握（　　）知识。
   A. 专业管理　　B. 管理技术　　C. 管理学基础　　D. 人才管理
7. 就管理知识结构而言，中层管理者应均衡掌握（　　）知识。
   A. 专业管理　　B. 管理技术　　C. 管理学基础
   D. 人才管理　　E. 管理伦理
8. 组织文化在管理中的作用主要表现在（　　）方面：
   A. 能培育出具有特色的“组织人”
   B. 能形成巨大的精神动力
   C. 能为组织创造良好的内部文化氛围
   D. 能为组织创造良好的外部环境
   E. 组织外部的信息
   F. 能优化组织结构

9. 领导者在决策制定方面的角色表现在(　　)。

A. 企业家　　B. 混乱驾驭者
C. 资源分配者　　D. 谈判者
E. 联络员　　F. 发言人

10. 管理者在人际关系方面的角色表现在(　　)。

A. 挂名首脑　　B. 领导者
C. 联络员　　D. 监听者
E. 企业家　　F. 谈判者

11. 管理者的角色一般包括以下(　　)。

A. 人际关系　　B. 信息传递
C. 技术管理　　D. 公共关系
E. 决策制定　　F. 业务关系

12. 组织对管理系统中的作用主要表现在(　　)。

A. 形成团队精神　　B. 形成良好的公共关系
C. 能够有利于筹集资金　　D. 分工协作
E. 统一指挥　　F. 满足人们的心理需要

三、问答题

1. 简述管理方法与管理艺术的关系。
2. 管理艺术的特殊性表现哪些方面?
3. 简述组织文化的作用。
4. 简述管理有哪些基本职能。

【做一做】

项目:走访一家组织及其管理者。

内容:选择一家企业、医院、学校或政府机关等组织,与管理人员进行谈话,观察并了解他们的工作。

完成以下问题:

1. 他属于哪一层次的管理者?
2. 他在组织中担任的职务是什么?
3. 他管理的下级人员的数量是多少?
4. 他认为胜任其工作所必需的技能有哪些?
5. 观察他如何安排一天的工作,并记录下来。

(注:应对所走访组织进行简单介绍。)

学习单元二

管理的基本原理及应用

❖学习目标与任务

1. 理解管理的系统原理、人本原理、控制原理、效益原理
2. 初步掌握管理的基本原理在管理实践活动中的运用

学习任务1

掌握系统原理及应用

【案例引入】

管理理论真能解决实际问题吗

海伦、汉克、乔、萨利四个人都是美国西南金属制品公司的管理人员。海伦和乔负责产品销售，汉克和萨利负责生产。他们刚参加过在大学举办的为期两天的管理培训班学习。他们在培训班里主要学习了权变理论、社会系统理论和一些有关职工激励方面的内容。他们对所学的理论各有不同的看法，现正展开激烈的争论。

乔首先说："我认为系统管理理论对于我们这样的公司是很有用的。例如，生产工人偷工减料或做手脚、原材料价格上涨等，都会影响我们的产品销售。系统理论中讲的环境影响与我们的情况很相似。我的意思是，在目前这种经济环境中一个公司会受到环境的极大影响。在油价暴涨期间我们还能控制自己的公司，现在呢？我们在销售方面前进一步，都要经过艰苦的战斗。这方面的艰苦你们大概都深有感触吧？"

萨利插话说："你的意思我已经了解了。我们的确有过艰苦的时期，但是我不认为这与系统管理理论之间有什么必然的联系，我们曾在这种经济系统中受到过伤害。当然，你可以认为这与系统理论是一致的。但是我并不认为我们就有采用系统管理理论的必要。我的意思是，如果每个东西都是一个系统，而所有的系统都能对某一个系统产生影响的话，我们又怎么能预见到这些影响所带来的后果呢？所以，我认为权变理论更适用于我们。如果你说事物都是相互依存的话，系统理论又能帮我们什么

忙呢?”

海伦对他们这样的讨论表示了不同的看法。她说:“对系统管理理论我还没有很好地考虑。但是,我认为权变理论对我们是很有用的。虽然我们以前也经常采用权变理论,但是我没有认识到自己是在运用权变理论。例如,我经常听到一些家庭主妇顾客讨论关于孩子如何度过周末之类的问题,从他们的谈话中我就知道她们要采购什么东西了。顾客不希望'逼'他们去买他们不需要的东西。我认为,如果我们花上一、两个小时与他们自由交谈的话,那肯定会扩大我们的销售量。但是,我也碰到过一些截然不同的顾客,他们一定要我向他们推销产品,要我替他们在购货中做主。这些人也经常到我这里来走走,但是不是闲谈,而是做生意。因此,你们可以看到,我每天都在运用权变理论来对付不同的顾客。为了适应形势,我经常都在改变销售方式和风格,许多销售人员都是这样做的。”

汉克显得有些激动地插话说:“我不懂这些被大肆宣传的理论是什么东西。但是,关于系统管理理论和权变理论问题,我同意萨利的观点。教授们都把自己的理论吹得天花乱坠,他们的理论听起来很好,但是却无助于我们的管理实际。对于培训班上讲的激动要素问题我也不同意。我认为泰罗在很久以前就对激励问题有了正确的论述。要激励工人,就是要根据他们所做的工作付给他们报酬。如果工人什么也没做,就用不着付任何报酬。你们和我一样清楚,人们只是为钱工作,钱就是最好的激励。”

问题:

你同意哪个人的意见?他们的观点有什么不同?

一、系统原理

管理的基本原理,应当是对管理活动的实质内容和基本规律的表述。基本原理与实质内容之间应该有着内在的、逻辑的对应关系,所以认真研究和掌握管理基本原理对做好管理工作有着普遍的指导意义。那么,管理的实质究竟是什么呢?我们认为,管理的实质是为了达到某一目标,管理者运用一系列职能对以人为核心的管理对象及其运动过程进行动态的控制。因此,管理的实质内容,表现为管什么(管理对象)、管理的核心是什么、管理的过程是什么、管理的目的是什么这四个方面,从对这四个方面的认识我们可以得出管理的系统原理、人本管理原理、控制原理、效益原理。下面将从上述四个原理的基本内容及在管理中的应用两个方面展开阐述。

1. 系统的概念与特征

系统是指由相互作用和相互依赖的若干组成部分(要素)结合而成的、具有特定功能的有机整体。就人们研究问题的特定对象而言,系统的存在是一种普遍现象。大至自然界的宇宙、太阳系、地球,小至一个社区、院落,都可以看成是一个系统。

总之,由于客观事物之间的联系是客观的、普遍的,因而系统也是客观的、普遍的、无所不在的。系统的范围大小完全取决于我们研究或处理问题的特定对象而定。

2. 系统的特征

要运用系统原理解决管理问题,首先必须了解系统的特征:

(1) 整体性。指系统是由不同要素所组成的有机整体,这一整体具有各个要素在孤立状态中所没有的新的性质与运动规律,包括新的特性、新的功能、新的行为等,即亚里士多德所说的"整体大于部分之和"。

(2) 相关性。指系统的各组成要素不是彼此隔离、毫无联系的,而是相互依存、相互作用的,它们当中任何一个要素发生变化,其他要素也要相应地调整和改变,这样才能保持系统整体的最佳状态。系统的相关性特征告诉我们,任何系统都有个结构问题,即系统的各组成要素之间相互联系的形式与数量关系。系统结构的优化,即前面所说的"整体大于部分之和",就在于系统诸要素相互联系而形成一定的结构,依赖这个结构产生协同作用,形成诸要素各自没有的新的整体功能。

(3) 目的性。即每个人工系统都应有明确的目的,不同的人工系统有不同的目的。目的不明确,或者混淆了不同的目的,都会导致管理的混乱。

(4) 层次性。任何一个复杂的系统都是有层次的。对于某一个系统来说,它既是由一些组成部分(子系统)结合而成的,同时又要充当一个子系统去作为更大系统的组成部分。所以系统的层次性要求管理者必须看清自己系统在全局中的地位,同时还要分清各层次系统的相互关系。

(5) 环境适应性。任何系统在任何时候都存在于某种环境之中,它必然要与环境进行物质的、能量的和信息的交换,因而系统必须适应所处环境的要求和变化,只有系统内部关系和外部关系相互协调、统一,才能全面发挥出系统的整体功能,保证系统整体向最优化方向发展。

(6) 动态性。由于系统内部各要素之间以及系统与外部环境之间的相互作用,系统的状态是随着时间的推移而变化的。凝固不变的系统,无论在自然界,还是人类社会,都是不存在的。所以我们只有按照系统动态的特点去观察和思考问题,才能搞好管理工作。

3. 系统原理的应用

管理的系统原理是指从管理的对象是一个系统这一根本性质出发,按照系统特征的要求,对管理系统进行优化,从而最佳地实现管理的目标。

系统原理是各管理要素及其组织关系的反映,其内容包括:组织的系统特征、系统性质、系统的优化等内容。系统原理为管理者从事管理活动提供了一种正确的思维逻辑，即如何系统地考虑问题，如何处理经常面临的各种全局与局部的关系。它为管理者建立合理的组织体系提供了理论基础，为管理者正确决策也提供了一种优化技术。

(1) 把握系统原理的基本思想

根据上面对系统特征的阐述，我们可以总结出以下系统原理的基本思想：

① 系统的各个要素之间、各要素与系统之间、系统与外部环境之间保持着有机的联系。系统内部诸要素之间的联系为内部联系，表征这种联系的范畴称为功能。

② 各要素在系统中的地位、功能、作用以及相互联系均由系统整体所决定，任何要素都不能摆脱系统整体的控制。否则系统整体功能就难以发挥。

③ 系统整体具有各个要素所没有的性质和功能。系统整体功能不等于系统内各要素简单、机械的相加。系统整体功能的大小取决于各要素排列、组合的方式。

④ 若干要素集合在一起，是为了实现一定的目标，没有目标若干要素的集合就没有意义。目标的优化程度与要素的组织、有序和集成化的程度有直接的关系。

⑤ 系统内部各个要素之间的相互作用以及系统与外部环境之间的相互作用是推动系统发展的动力。系统功能发挥的程度取决于系统自身的调节能力和对外部环境的适应能力。

(2) 管理的任务就是要实现系统的整体优化目标

管理活动的任务是为了实现系统的整体优化，创造整体的管理效益。因此，要做到以下五点：

① 要确定科学、统一的管理目标。目标科学、明确、统一，管理系统活动效率就高，效果就好。否则，就会导致管理系统活动的无序、低效甚至无效。在实际工作中，应及时地发现和精简管理系统中与实现管理目标无关的机构和人员，消除各种不利于实现目标的因素。

② 要建立最佳的系统结构。科学合理的结构会提高系统的功能。

③ 要正确处理局部与全局的关系。一方面局部的优化要服从整体优化的要求和需要；另一方面整体优化为局部优化起保证作用。

④ 要按照优化的程序办事。程序优化，系统各要素的活动就能协调，并促进系统顺利运作；如果程序混乱，系统活动就难以正常进行，就必然过多地消耗人力、物力和财力。

⑤ 要不断增强系统自身的应变能力。一个系统特别是人造的管理系统不能自我封闭，而应该是开放的，它只有不停地与外部环境交换物质、能量、信息，才能增强系统自身的生命力。

(3) 贯彻整分合原则

整分合原则是系统原理在管理实践中具体运用的一条准则，其主要含义是：要实现高效率管理，必须在整体规划下明确分工，在分工的基础上进行有效的整合。

就现代社会这个大系统而言，合理的分工一般表现为以下几种形式：

第一，按社会功能进行专业化的合理分工。现代社会是一个宏观的管理系统。它由政治、经济、司法、工、农、商、学、兵等许多子系统构成。这些子系统都有自己特定的社会功能。它们在现代社会这个大系统整体规划中，按各自特定的社会功能进行专业化管理活动。这些众多的管理活动构成了现代社会有序的管理运动，从而产生整体的管理效益。各个系统根据社会分工，形成自己特定的管理范围和职权范围，彼此不能互相替代，否则会造成职权不分、职责不明的局面。例如，人们以前经常抱怨的"工厂办社会"、"学校办社会"、"机关办社会"，实际上就是管理功能混乱的一种表现。

第二，按自然资源特点进行专业化合理分工。自然资源的分布是客观的社会现象，是谁也改变不了的客观事实。但是，现代管理可以顺从大自然的规律，充分有效地利用自然资源，以创造更高的生产力。例如，我国东北平原是大豆、高粱作物区，黄淮平原是小麦、玉米作物区，长江中下游平原是水稻、油料作物区，内蒙古、青海、西藏是畜牧区，海南岛、云南是橡胶、甘蔗作物区。这些农业专业区域的形成发挥了各地自然条件的优势。可是令人担忧的是我国现在的工业发展并不总是按自然资源特点进行分工，相当多的省市片面强调"地区配套"、"自成体系"、"经济效益"，结果重复引进了大量冰箱流水线、彩电流水线、汽车流水线、各类饮料流水线等。重复引进，重复生产，不但浪费了国家的财力和物力，而且严重束缚了我国民族工业的发展。

第三，按产品的构成进行专业化的合理分工。例如美国的波音飞机制造公司，其子公司遍及许多国家和地区。每一个子公司根据波音飞机每一个零部件的技术要求进行专业化零部件生产。设在美国西雅图的波音总公司只是一个整机装配工厂。波音公司这种以产品构成进行专业化生产的生产管理形式体现了该公司的宗旨：高质、高效、高能。

第四，按照作业程序进行专业化的合理分工。现代企业已经不是传统意义上的工厂了。它集管理、经营于一体。按照企业的经营程序，它包括预测部门、研究部门、生产部门、销售部门、售后服务部门等。按照企业的管理过程，它包括人、财、物、时间、信息等。每一程序的管理部门，都有自己的作业程序。它们之间的相互关系是统一目标下的分工合作。每一个作业程序都有特定的功能，都起着承上启下的作用。

上述四类分工及有机的组合，是现代管理整分合原理的基本内容。然而，分工仅仅是现代管理的过程，不是终结。要使分工取得恰到好处的效果，必须要有强有力的组织管理。通过有效管理，协调每一个环节，创造出真正高水平的生产力。这就是整分合原理的真谛——有分有合，分而后合。

整分合原则要求把握整体，科学分工，协调整合，见图 2-1。例如，目标管理就是整分合原则的一个直接体现。例如，企业推行目标管理，由厂长责成计划等职能部门提出初步方案，经职工代表大会讨论通过后，形成企业的整体目标。然后将总目标分解为各科室、各车间、各班组直至个人的分目标和子目标。为了保证目标的统一性，促进目标的实现，必须通过建立内部合同制，以此为纽带，把分散的目标重新统一协调起来，同时各部门(人员)在目标执行过程中产生的诸如时间、进度、数量、质量、人员等一系列矛盾或困难，由上一层系统按整体目标的要求来协调整合部门(个人)之间的矛盾或摩擦，只有这样才能推动企业提高经济效益，实现整体目标。

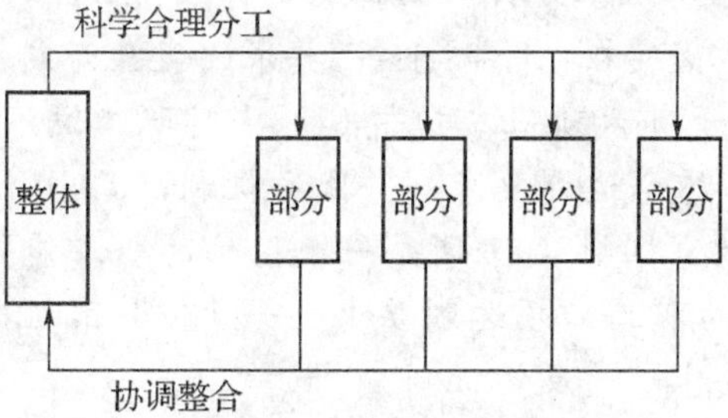

图 2-1 整分合原则示意图

学习任务 2

掌握人本原理及应用

【案例引入】

广西玉柴"人为本、争第一、零起点"

广西玉柴机器集团公司是国内最大的内燃机制造基地。它的前身是广西玉林柴油机厂。1984 年，2 000 人的工厂，1 000 台柴油机的产量，年利税 96 万元，是当时玉柴的历史最高水平。当时玉柴在国内同行中排名第 173 位。

1985 年，玉柴出炉了玉柴人称之为灵魂的玉柴精神："顽强进取、刻意求实、竭诚服务、致力文明"，当年实现了 3 010 台的生产计划，完成了玉柴历史上的一次大跳跃。

当年年底，玉柴"跳"过了"在国内拿第一"的目标，直接提出要"跻身国际内燃机强手之林"。伴随着目标追求，诞生了危机哲学：零起点！后来 1994 年公司在纽约上市，美国的投资银行、律师事务所在撰写募股说明书时，问及玉柴的管理哲学。董事长王建明回答了 9 个字："人为本、争第一、零起点"。

1985 年玉柴突破 3 000 台大关时，告诫自己"零起点"；10 年后，玉柴在中国内燃机行业的主要经济技术指标排名终于跃居第一位时，仍然提"零起点"；进入新世纪，2002 年玉柴已经月生产 2 万台发动机，还是告诫自己"零起点"。当视质量为生命的玉柴实现了柴油机可靠性运行目标达到 3 万公里不出故障时，是“零起点”；达到 10 万公里不出故障时，是“零起点”；达到国际标准 30 万公里不出故障时，还是“零起点”，玉柴称之为“三级跳”。于是，2002 年玉柴正式提出：5 年内，玉柴要打入国际前 4 强，闯进半决赛！要想争第一，就永远是“零起点”！永远零起点的玉柴需要不寻常的人才发挥。玉柴的育人方针是：为每一个岗位的发展创造机会，为每一个层级的攀登创造条件。玉柴的用人方针是：尊重、爱护、发挥、发展。尊重员工的主体利益，玉柴的人本思想体现为：“人本方针”，侧重的是育人、用人；“人本保障”，侧重的是对责任的公正分配。具体落实在：干部“十字”要求(民主、开朗、顽强、竭诚、约束)和干部的“六项基本功”。“干部六项基本功”：(1) 要对职工说清楚要求——目标机制；(2) 要使绝大多数职工愿意达到要求——民主机制；(3) 要使每一个岗位的职工懂得如何达到要求——教育机制；(4) 使每一个岗位的职工能够达到要求——投入机制；(5) 使每一个岗位的职工必须达到要求——责任分配机制；(6) 集思广益、反复检讨、周而复始、完善要求——反馈机制。

今天玉柴已经成为中国最大的内燃机生产基地，其内燃机生产能力在世界上排行第二位。

问题：

结合案例谈谈你对人本原理的理解。

一、人本原理及意义

历史唯物主义认为，社会的主体是人民，任何社会活动都是由人进行的活动。马克思主义关于生产力三要素中的第一要素也是人，而人是具有生理、心理、物质、精神需要的能动物，所以，要实现管理目标，最重要的是要依赖于人的能动性和创造性，尤其是在依靠知识创新和技术创新的当今社会经济条件下，更是如此。同时，管理对象的其他要素和管理过程的不同环节，都要靠人去掌握，去推动。因此，现代管理工作的核心和动力，只能是人的主动性、积极性和创造性。由此，我们可以引申出管理的一个基本原理——人本管理原理。

人本管理原理，就是指一切管理工作都应该以调动人的积极性，做好人的工作为根本。为了使组织活动能取得预定的目标，最关键的应该是这一组织必须具有充足的动力。而动力来自于组织成员的主动性、积极性和创造性。

学习人本原理，就是应当要求每个管理者必须从思想上明确，要做好整个管理工作，要想管好财、物、技术、时间、信息等，都必须紧紧抓住做好人的工作这个根本，使全体人员明白整体目标、自己的职责、工作的意义和与整体目标的关系等，并能主动地、积极地、创造性地完成自己的任务。同时遵循人本原理就是要反对和防止见物不见人、见钱不见人、重技术轻视人，否则，就不能做到科学地管理。

二、人本管理原理的应用

1. 遵循能级原则

能级原则就是指根据人干事能力的大小来分层、分级，使管理得以有规律地运动，以便获得最佳的管理效率和效益，管理者的任务，就是建立一个合理的能级，使管理的内容动态地处于相应能级中去。

能级原则实际上就是量才用人、层次用人的原则。根据能级原则，在管理上就是要按人的能力大小而科学地将其安排在相应职级的岗位上，做到人尽其才，以获得最佳的管理效果。为此，一要准确、全面地了解、掌握员工的能力结构和特长；二要对各种工作岗位进行科学的职位分析；三要对不同能级的职位明确相应的责任、权力和利益，做到在其位，谋其政，行其权，尽其责，取其值，赋其荣，如果失职，要究其责；四要根据人的能力变化和职级的要求及时调整，实现管理能级的动态对应。

2. 运用动力原则

动力原则是指管理是一个活动过程，必须具有强大的动力才能运转，必须正确运用动力才能持续有效地运转。一般来说，在管理中有三种不同而又相互联系的动力。

(1) 物质动力。物质动力主要是通过工资制度、物质待遇和奖金、福利等物质鼓励来调动人的积极性，在管理中是一种基本动力。但运用物质动力时还必须考虑组织的经济效益，也就是把对组织的贡献与从组织得到的物质利益紧密结合起来，这样才能形成持久的动力。

物质动力对满足人们基本需求作用很大，但也并非是全能的，也不是组织的唯一动力，并且要注意到物质用得不是地方还会有一定的副作用。例如，有的单位过多、过滥地发奖金、发物品，实际上根本没有起到激励的作用。因此还必须用其他类型的动力作为补充。

(2) 精神动力。精神动力指组织及其成员的观念、理想、信仰(如爱国主义、英雄主义等)等精神方面的追求和精神鼓励(奖状、先进称号、思想工作等)所形成的管理动力。人们经常讲“榜样的力量是无穷的”，讲的就是精神的动力。精神动力是客观存在的，人以及由人组成的组织是有精神意识、理想、观念的，精神意识和理想观念对人及其组织的活动起着巨大的推动作用。精神动力不仅可以补偿物质动力的不足，而且在特定情况下，也可以成为决定性的动力。

(3) 信息动力。信息动力，是指信息的传递所构成的反馈对人及其组织活动发展的推动作用。从管理的角度看，信息作为一种动力，有超越物质和精神的相对独立性，能对个人和组织活动起到直接的、整体的、全面的促进作用。一个国家、一个组织如果封闭了信息通路，就会坐井观天，缺乏前进的动力。在管理实践中信息冲击产生的压力会转变成你追我赶的竞争动力。例如企业能经常把自己的各项指标与本行业先进的企业相比，就能找到差距，形成奋力追赶的动力。企业若能经常了解和反馈市场需求的信息，就能够促使企业开发新产品、满足需求的动力；从个人来说，在事业上经常与比自己强的朋友、同学、同事相比，也能够激发个人奋发向上的动力。

以上三种动力都有正确运用的问题，否则不仅会使其效能降低，有时甚至会起截然相反的作用。

首先，三种动力要综合协调地运用。对任何管理组织系统而言，三种动力都会同时存在，但又不会绝对平均，必然有所差异，同时随着时间、地点、内容等条件的变化，三种动力的比重也会随之变化。管理就是要及时洞察和掌握这种差异和变化，使这三种动力有机组合起来，产生协调推动作用。

其次，要正确认识和处理个体动力与群体动力的辩证关系。没有个体动力就没有群体动力，只有让各个个体在大方向基本一致的前提下充分自由地发展，才能使组织取得最佳效益。但是个体动力具有局限性和狭隘性，个体动力只有与群体动力结合，才能得到支持和强化。同时一般来讲个体动力较注重眼前，群体动力注重长远，两者必须结合起来。

最后，在运用管理动力时需要重视刺激量这个概念。忽视刺激量的把握，就不能有效地运用动力原理，刺激量必须与它承担的使命相适应。刺激量过小，固然难起作用；刺激量过大，往往适得其反。

3. 贯彻人的全面发展原则

人的全面发展包括两个内容：人的素质的全面增强和人的解放。无论是人的素质全面增强还是人的解放，只有当人不再受制于自然，不再受制于技术与物质财富，人可以掌握自己的发展时才有可能。应该说这样一个状况，目前并未达到，但可以证明的是社会进步、技术发展、经济增长均朝着这个方面前进，正在创造人的全面的自在的发展的条件。作为社会中一个经济组织，在追求自己的功利目标时，应该为本组织的员工创造全面发展的条件与空间，这不仅是对员工的一种培养、一种提高，也是对社会的一种贡献。

当然，在任何组织的管理中，应当协调好员工的个人发展与组织发展的关系。从社会发展、时代进步的角度看，组织本身的发展应与以人为本的管理方式相适应，即组织体系、架构以及运作功能都要逐步凸显人本主义理念，改变金字塔科层制结构，建立学习机制，从而极大地激发人的潜能并使之成为组织发展的内在动力。总之，组织与个人共同发展的最终目标，是在个人的个性化全面发展的基础上建立一个真正的以人为本管理的组织，同时，使组织中的每个成员在体魄、智力、思想、品德、心理等方面都得到健康、全面的发展。

学习任务3
掌握控制原理及应用

【案例引入】

西湖公司的控制体系

西湖公司是由李先生靠3 000元创建起来的一家化妆品公司。开始是经营指甲油,后来逐步发展成为颇具规模的化妆品公司,资产已达6 000万元。李先生于1984年发现自己患癌症后,对公司的发展采取了两个重要措施:① 制定公司要向科学医疗卫生方面发展的目标;② 高薪聘请雷先生接替自己的职位,担任董事长。

雷先生上任后,采取了一系列措施,推行李先生为公司制定的进入医疗卫生行业的计划:在特殊医疗卫生业方面开辟一个新项目,同时开设一个凭处方配药的药店,并开辟上述两个新部门所需产品的货源、运输渠道。与此同时,他在全公司内建立一条严格的控制措施:要求各部门制定出每月的预算报告,每个部门在每月初都要对本部门的问题提出切实的解决方案,每月定期举行一次由各部门经理和顾客代表参加的管理会议,各部门经理在会上提出本部门当月的主要工作目标和经济往来数目。同时他特别注意资产回收率、销售边际及生产成本等经济动向和人事、财务收入及降低成本费用方面的工作。

由于实行了上述措施,该公司获得了巨大的成功。到20世纪80年代末期,年销售量提高了24%,到1990年达到20亿元。然而,进入90年代以来,该公司逐渐出现了问题:1992年出现了公司有史以来第一次收入下降、产品滞销、价格下跌。主要原因有:① 化妆品市场的销售量已达到饱和状态;② 该公司制造的高级香水一直未打开市场,销售情况没有预测的那样乐观;③ 国外公司挤占了本国市场;④ 公司在国际市场上出现了不少问题,推销员的冒进,得罪经销商,公司形象没有很好地树立,等等。

问题:

1. 雷先在西湖公司采取了哪些控制方法?
2. 假设西湖公司原来没有严格的控制系统,雷先生在短期内推行这么多控制措施,其他管理人员会有什么反应?
3. 就西湖公司目前的状况而言,如何健全新的控制系统?

一、控制的含义及特征

现代管理的实质，就是确定目标，组织实施，跟踪变化，调节关系，保证整体系统能够始终围绕锁定的目标而运行。所谓控制原理，也就是根据现代管理对象、管理活动过程以及管理目标具有动态性这一特点，运用控制技术与方法，围绕目标对管理过程进行动态的控制。

1. 控制的含义

控制，是指控制者按照给定的条件和预定目标对控制对象(一个过程或一系列事件)施加影响的一种行动，其目的是为了保持事物状态的稳定性或促使事物由一种状态向另一种状态转换。控制一词最初运用于技术工程系统中，表示按照给定条件和预定目标使系统处于预先规定的最佳运转状态中。自从控制论问世以来，控制的概念便更加广泛地用于有生命机体、人类社会、经济管理等系统之中。

2. 控制的特征

(1) 控制必须有明确的目标。控制是一种有目标的主动行为。没有目标，就谈不上控制。所以目标是控制的前提，这体现在管理控制中就是必须首先明确目标，围绕目标来控制。因为管理者只有事先明确自己进行管理的整体目标是什么，要达到什么具体要求，才能有的放矢地进行管理控制工作。否则如果连管理的组织或企业应完成的任务指标都不清楚，就根本无法调节和控制整体单位的工作。目标与控制的关系是：目标决定控制内容，控制工作是为实现目标服务的。所以控制要时刻以实现目标为中心。

(2) 控制行为由控制主体和控制对象两个部分构成。控制主体即实施控制的部分，由它决定控制的目标，并向控制对象提供条件，发出指令。控制对象即被控部分，它是直接实现控制目的部分。其运行效果反映出控制的效果。按照系统的定义，系统是为了达到一定目的、相互影响、相互作用的诸要素构成的具有特定功能的整体。所以上述两个部分(要素)发生相互作用之后，就具有了控制功能，因而我们可以把控制行为看成是一个系统，即控制系统，见图 2-2。

这里顺便说明一下，由于管理组织系统是一种链式的等级结构，控制主体和控制对象的区分是相对的，变换一个角度，控制主体可能转化为控制对象，控制对象也可能转化为控制主体。鉴于管理组织系统的主体和对象的相对性，就使管理控制活动的目标是按分层逐级展开的，成为宝塔式结构。因而建立上下关联、左右协调的目标体系，是实施管理控制活动的一大特色。

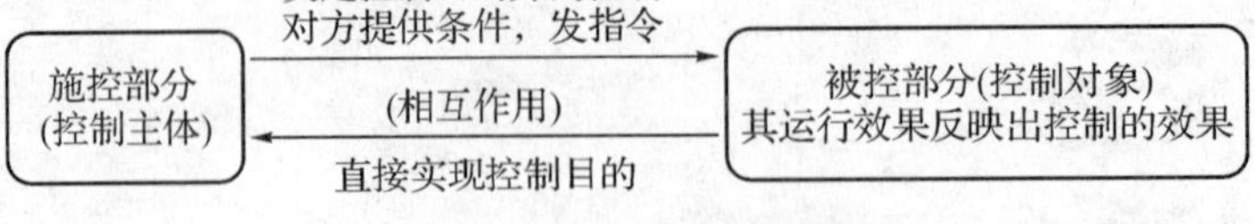

图 2-2 控制系统示意图

(3) 控制对象的行为必须有状态变化，而且状态变化是可以描述、可观察到的。这是因为没有状态变化也就不需要控制，状态变化的情况不能描述出或无法观测到，就不可能找到控制对象的行为与控制目标的偏差，从而无法采取纠正偏差的措施，以达到控制的目的。在管理活动中，控制的根本目的在于实现管理系统的目标。所以对各类管理活动的目标做出具体的、可量化的描述并确定检查、考评方法是实施控制的基本要求。

(4) 控制必须是目标和手段(或能力)的统一。这是一个主观愿望与客观可能性的关系问题。能否对事物变化状态进行有效控制，不仅要有明确的目标，还必须有相应的手段(能力)。在管理活动中，由于管理者的控制能力有一定限度，因而使组织系统成为层次结构。这种系统结构决定了管理控制必须按层次去逐级施加控制。

(5) 控制活动要有组织机构以及规章制度予以保障。因为控制的目的是要对系统的运行过程进行计量，并采取纠正措施以确保计划或系统目标的实现，所以必须知道在实施中发生偏离计划的情况和纠正措施的责任应由哪个单位负责。同时控制活动是要人来进行的，而且是按照一定的组织层次进行的，如果组织职、责、权、利没有明确的规定，就不可能知道哪个部门或哪个人应承担产生偏差的责任，也不知道应当由谁来采取必要的纠正偏差措施。总之，组织机构以及规章制度是控制工作的组织保证，控制工作是组织机构的中心任务和存在的基础之一。建立一级组织机构，总是为了要承担一定的责任，按责任来完成一定控制工作的。否则，这种组织机构就没有存在的理由。

二、控制原理的应用

1. 运用反馈来实施有效的控制

任何一个管理系统，都离不开控制与反馈。决策者(或机关)向执行者(或机构)发出指令(或完成的任务)，执行者把执行的民政部反馈回来，决策者根据反馈的信息再加以控制，通过控制使整个系统正常运行，才能保证实现既定的目标。

所谓反馈，是指施控系统作用于被控系统后，把产生的结果返送回来，并对施控系统向被控系统的信息再输入发生影响的过程。反馈的特点是根据过去操作的情况，去调整未来的行动。用这种方法控制，一般有两种效果：一是加剧系统正在偏离目标的运动，使系统越发不稳定，称为正反馈；二是减弱系统正在偏离目标的运动，使系统趋于稳定状态，称为负反馈。

一个管理系统就是一个控制反馈系统。通过反馈进行控制可以引起三种作用：一是保持系统的稳定性。如果一个社会动荡不稳，那么这个社会就不能发展；一个企业生产经营秩序混乱，这个企业的效益就肯定不好。二是消除偏差。通过反馈和控制，使管理者对管理对象认识得更全面、准确，便可提高决策、计划的科学性。三是实现最优化。通过不断的反馈，及时的控制和采取切实可行的方法、措施，就为实现预期的目标提供了重要保证。

一个管理系统与外部环境不断地进行物质能量、信息的交换,从这个意义上说,管理系统必须是开放的。但从其内部组织结构上讲,管理方式又应是封闭的。管理系统的决策、执行、监督、反馈等环节,应当是首尾相接,形成一个连续封闭的回路(见图 2-3),这样才能进行有效控制,保证管理工作顺利开展下去。

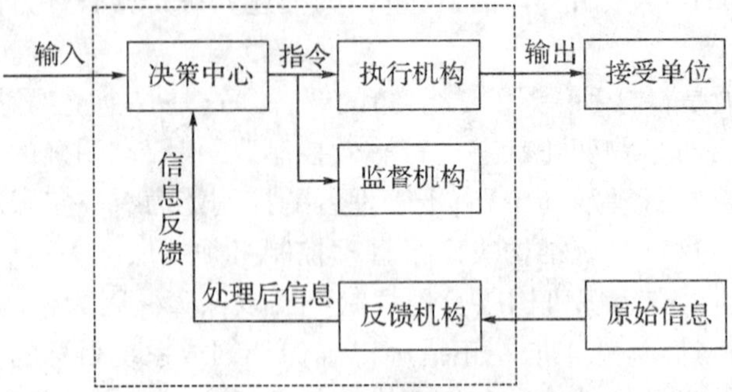

图 2-3　管理系统相对封闭回路

由图可见,一个管理系统可以分解为指挥中心、执行机构、监督机构和反馈机构。指挥中心是司令部,由此发出指令从而开始了管理的起点;指令一方面下达到执行机构实施,同时又输向监督机构,由其监督实施情况,指令实施的效果输入反馈机构,反馈机构对信息处理,比较效果与指令的差距后,把信息反馈回指挥中心,以便根据新的情况发出新的指令,这便形成了管理系统的封闭回路。如果管理内部结构不封闭,就可能出现漏洞,如果下达了指令,执行的好坏没有监督、检查,就不能控制,也就难以完成预定的任务。

2. 按动态管理要求实施弹性管理

弹性管理是指由于客观世界的一切事物都是不断变化发展的,所以管理活动必须保持充分的弹性,以及时适应客观事物各种可能的变化,有效地实现动态管理。

管理弹性在实际工作中可分为两类:

一是局部弹性。就是任何管理必须在一系列管理环节中保持可以调节的弹性,特别是在重要的关键环节要保持足够的余地。例如美国阿波罗登月飞行航向,在全部过程中就有十三次可调节校正的机会,从而保证了一旦遇有故障也可安全地到达目的地。再如企业计划管理,也需要在厂、车间、工段(班组)等一系列层次上保持可调节的余地。

二是整体弹性。每个层次的管理系统都有整体弹性问题,它标志着系统的可塑性或适应能力,整体弹性是局部弹性的综合。例如企业的生产经营系统就应有可塑性,以应付市场对品种、批量、规格等需求方面的变化。

弹性原则的应用很广,如在计划管理上,就要求计划指标要有区间幅度即上限和下限,计划方案要有几套,要有各种应急方案,计划控制要有控制度。在工作时间管理上，有的组织如科研单位采取弹性工作时间，能更好地发挥组织成员的潜力。总之，管理要具有一定的弹性，才能灵活应变。

在应用弹性原则时，还要严格区别另外两种性质的弹性，即消极弹性和积极弹性。消极弹性的根本特点是“留一手”，不去发挥潜力，如计划指标过低，费用预算夸大，人员积压，规章制度松弛，对整个管理系统采取应付态度，墨守成规地维持现状，不善于发挥人、财、物的潜能，等等，这是守摊式的管理，最后必然导致管理混乱，组织生命力衰竭。积极弹性着眼于遇事“多一手”，最大限度地开发管理的潜力，消除管理资源冗余现象，使整个管理系统具有灵活应变的特性。我们应该大力倡导和应用积极的弹性管理。

学习任务4

理解效益原理及应用

【案例引入】

“太湖水”集团公司

被国家批准为“国家旅游度假区”的无锡市马山区，这几年发展步子很大，已经做了大量工作，但要做的事更多：区里的道路上，连红绿灯还未安装。进入该区的一条必经的干道上，车来车往，时有交通事故发生。大家都清楚，迫切需要增加交通管理设施，但有关部门一下子也顾不过来。某家公司正位处这条道路的东侧，面对这种情况，及时拨款6～7万元，帮助区里架设全区的第一个红绿灯。有了这个好的开头，接着有了第二个、第三个红绿灯的陆续诞生。区里有了红绿灯，交通上了规范和档次，区也有了“面子”，全区上下都高兴，交口称赞这家公司。

1997年春，无锡市下决心，花大功夫创建文明城市，得到了全市人民的关注和支持。马山区政府也紧跟市里布置，对全区作了动员，要搞好绿化、美化，但有些单位喊困难、喊忙，行动跟不上。这时，又是这家公司积极响应政府号召，按政府要求制定规划，并拿出10万元作为专款。经过几个月的努力，如今该公司里里外外焕然一新：公司建筑物的外墙经过重新粉饰，那CI战略规定的兰、白色彩，显得格外鲜明；坐落在区主干道旁的公司大门，两侧的花坛里绿叶葱葱、红花相映，吸引了过往行人驻步观赏；一进厂门，一大片如茵的草坪，像一床又厚又软的被褥……该公司的绿化、美化工作取得很大效果，成为了度假区的一个新景点，凡到该区来考察或洽谈业务的客人，区政府都要安排他们来此参观。最近，政府又把这家公司树为榜样，定点为爱国主义教育基地。

这家公司，就是中国江苏太湖水集团公司。中国江苏太湖水集团公司（简称太湖水公司),历来十分重视企业社交工作。长期以来,一直坚持把社交工作纳入经营管理轨道,置于首要位置,由总经理亲自来抓。该公司对市、区政府的政策和号召,一贯积极响应,努力投入,如捐款给希望工程、献血、帮助特困户、组建集团军、企业重建等。公司还参与或主办了许多全市性的大型公益活动,如全市好家庭的评选活动、赞助省运动会和高校校园艺术节、迎香港回归“无锡——香港”长跑纪念活动等。至于全区性的招商贸易活动、重要外事活动、一年一度的国际钓鱼节、文化艺术节之类,该公司更是义不容辞,不是承办,就是赞助并派礼仪、工作人员全套会议服务。该公司还为社区开放公司职工浴室、多功能会议厅、提供参观等,深得社区公众的好感。社区公众以自家有人在太湖水公司工作而感到荣耀。该公司成为社区活动不可缺少的一名好成员。当然,对此也有人不理解。公司总经理说得好:不要只看到我们在为别人做,其实,别人为我们做得更多。

事实也正是如此。

太湖水集团公司的骨干产品之一是啤酒,这两年全国啤酒市场增长速度普遍下降,但是,“太湖水”啤酒却每年有30%的增幅;1997年6月一个月的销售量1万多吨,创建厂以来最高销售纪录,它相当于建厂初期的全年设计产量;近两年的增幅,是前十年的总和。如今,一年上交的税收,就可以建三个原来大小的工厂;固定资产增加30倍!这一切,是谁帮该公司做的?是广大消费者。

回顾过去,该公司曾有过这样的惨境:原来的老产品因销售不出去而倒入阴沟。而今,名声鹊起,闻名遐迩,人们称“太湖水”啤酒是“全国公认名优食品”、“最佳明星啤酒”;1996年还荣获了国际最高啤酒奖项——布鲁塞尔博览会金奖。太湖水的广告词:“太湖美,美就美在太湖水”、“太湖水,我们的啤酒”,已成为无锡人们的一种自豪,扬名于大江南北。这是谁帮助公司做的?是新闻媒介做了大量的工作。

至于上级政府、社区公众,他们对该公司的发展的帮助就更大了。社区把外来洽谈的、最有发展前途的产品项目优先介绍给该公司;为了让该公司有更大的发展空间,区里给它们预备了充足的土地,并且把景区最好的位置留给该公司发展三产。市、区政府领导时常主动关心,征求意见,帮助协调各方关系和解决公司的困难,为公司创造了一个良好的外部环境。比如前年,“太湖水”啤酒已成为区域名牌,产品供不应求,规模已不适应市场竞争的发展需要,必须进行扩建,但技改资金7 000多万元筹措不易。为此,区政府成立了以人大主任为组长的扩建项目领导小组,多方联系,积极协调,终于使二期扩建工程按质、按量提前三个月完成。公司规模大了,产量上去了,人才问题又突出了。市政府有关部门领导了解此事之后,主动上门关心,每年年初派人来问需要什么样的人才;每年大学生分配或从外地引进人才,都及早通知该公司,为它选择最优秀的人才。1995年,是我国啤酒市场最活跃的一年。市场竞争的加剧,导致了企业规模、资金、结构的变化。上级领导总是把最新的信息、最好的新产品介绍给该公司。现今,该集团公司下属的中外合资啤酒公司,外方是世界著名的啤酒集团——新西兰狮王有限公司。狮王公司资金雄厚、酿造技术世界一流，1995年双方合资后，立即产生了技术、装备、质量、资金、品种、市场方面的巨大优势，使质量、销售等都创造了该公司历史最高纪录。这次成功的合作，牵线搭桥的正是市、区政府。同时，他们还为促成这项合作，在政策允许的范围内，提供了各种优惠和便利条件。

问题：

无锡太湖水集团公司是如何处理好经济效益和社会效益之间关系的？

一、效益原理及内容

任何管理活动，都具有目的性。概括地说，这一目的，就是实现组织的目标，而任何一个目标，都可以体现为某一种效益（经济效益和社会效益），否则人类社会就不能向前发展。所谓效益原理，就是指在任何系统的管理中，都必须讲求实效，用尽可能少的资源投入来实现系统的总目标，即经济效益和社会效益的提高。

管理工作确实能够提高劳动和工作效率。而提高劳动和工作效率的结果应当是经济效益和社会效益的提高。也就是说，现代管理的根本目的，在于通过运用科学的方法、手段，协调所管理系统内各个部分、各个人的工作，以高效率的工作来保证创造出更多更好的经济效益和社会效益。

这里必须区分效率与效益两个不同的概念。所谓效率，是指劳动消耗与劳动成果之间的比较。也就是投入与产出之比：

效率＝产出/投入

同等的投入，产出越高，或者同等的产出，投入越少，效率越高；而效益是指投入与有效的产出之比：

效益＝有效产出/投入

可见，效益强调的是投入一定的资源，必须得到尽可能多的、符合社会需要的产出。假如一个企业产出的产品或劳务虽然是质量合格的，但由于不符合社会需要，那么只能积压在仓库，最后甚至变为废弃物资，这样的产出，无论对企业还是对社会都不具有效益，甚至是浪费。所以提高效益，就是用尽可能少的资源投入达到既定的管理目标，即经济效益和社会效益的提高。

在考察效益时，必须把经济效益与社会效益统一起来，经济效益指的是既能节约消耗、降低成本、提高产量、增加收益，又能符合市场交换的需要和人民生活消费需要的效益。它一般表现为可以用货币数量表示的盈利额，如利润、上交税金、收入等；而社会效益指的是从长远和全局看，是否符合人民生活、国家建设和社会发展的根本利益，往往是无形的、长期的、难以用货币来计量的，如生态环境、社会文化、精神文明、后代幸福等。一般地说，在社会主义条件下，社会效益和经济效益往往是一致的，但也必须承认，有时经济效益和社会效益也会产生一定的矛盾，这时应当强调经济效益服从社会效益。

二、效益原理在管理中的应用

1. 在任何组织的管理中必须注重管理效益

从管理上讲，效益和目标是连在一起的。它和一般讲的效率有联系又有区别。目标决策正确，效率和效益成正比，目标决策错误，则效率和效益成反比。可用下式表示：

管理效益＝正确的目标×效率

如果管理者在管理中能把追求管理效益作为根本目的，始终围绕这个目的去计划、组织、控制整个系统，所收到的将是事半功倍的效果。相反，假若管理者没有效益观念，往往会导致劳民伤财。如在评价管理工作的好坏时，不能只看管理者是否辛辛苦苦、踏踏实实，而不看绩效；看一个单位的工作如何，也不能仅看它是否稳而不出问题，而应该看它创造了多少经济、社会效益，当前有的管理干部有一种“没有功劳有苦劳”、“不求有功，但求无过”的风气和安于现状、不思进取的惰性，至于一些干部喜欢做表面文章、好大喜功、形式主义所造成的巨大损失，更是长期违背管理效益原理所带来的恶果。违反效益原理的管理，永远不可能是真正的科学管理。

2. 贯彻价值原则

价值原则就是指在管理过程的各个环节、各项工作中都要紧紧围绕提高社会和经济效益这个中心，科学地、有效地使用自己的财力资源、物力资源、人力资源、智力资源、技术资源和时间资源，以创造最大的经济价值和社会价值。

讲管理工作的效益，必须研究耗费带来了多大的效用，这是现代科学管理中价值原则的集中反应。企业管理的“价值工程”中有一个公式：

$$V(\text{价值})=F(\text{功能})/C(\text{成本})$$

它的涵义是：价值的大小，决定于功能和成本之比，功能越高，成本越低，价值就越大；功能越低，成本越高，价值就越小。按照这个公式，想取得大的价值，有五种方法：

功能提高，成本不变；

成本降低，功能不变；

成本虽提高，但功能提高的幅度比成本提高的幅度大；

功能稍有下降，而带来的成本即大幅下降，因而价值仍有提高；

既提高功能，同时又降低成本。

显然，第五种是最理想的增大价值的办法。如果我们把这种思路和方法运用到各项管理工作中,作为一项原则,就是在管理工作中要把大价值、高效能、低成本作为管理工作的目标,并以此为准则把目标具体落实到每一个人、每一件事。

还要说明,价值工程中所说的功能,其本来意义指的是商品中部件、零件的功能,以及由此而提高的商品使用价值和市场效应。而管理的价值原则中,其效用或功能是指管理工作完成目标和任务的效率,是管理活动的整体效能;价值工程中所说的成本概念,其本来意义只是说花费在商品设计过程、生产过程、流通过程中物化劳动和活劳动的总和,包括研究设计人员的工资,工人和管理人员的工薪,推销费用,服务人员的报酬,仪器、设备、厂房、办公室的折旧,广告费、招待费等,这种成本完全可以折算成货币来表现;而管理价值原则中的价值却不能够完全用货币来表现,其耗费(或成本)不仅包括物力、财力的消费,也包括智力、时间的消费,是一种综合成本概念,是物力资源、智力资源、时间资源等的综合支出。现代管理工作,如果只把成本理解为财力和物力的耗费,不重视、不考虑、不计算智力时间等无形资源的耗费,就不可能正确地运用现代管理工作的价值原则。

价值原则是一个重要的原则。各个管理系统都应在管理工作中,按照价值原则的要求,不断完善自己的组织结构、职责任务,提高管理活动的整体效能,从而以最小的资源投入,来获取最大的经济效益和社会效益。

本单元实训与练习

【读一读】

来了就不想走:惠普留人四原则

人才是企业最重要的资源,选对人,用好人,留住人,是企业最关心的问题,也是一项富有挑战性的工作。由于市场竞争日趋激烈,企业之间的人才争夺战也愈演愈烈,优秀人才的流失会造成企业竞争力严重下降,严重制约着企业的发展。如何防止人才流失,为企业的发展留住人才,已成为各大企业必须面对和解决的首要问题。从1985年进入中国市场以来,惠普公司始终坚持"引进全球先进技术,培养国际一流人才,与中国共同发展"的战略目标。目前,惠普公司在中国拥有超过5 000名员工、9大区域总部、28个分公司和37个支持服务中心,是中国人力资源最雄厚的高科技企业之一。在惠普企业的生态环境中经常提到一个等边三角形,也就是好的人才、好的管理和好的文化,这三者之间是互相支持、和谐统一的,贯穿在其中的主要有四方面的留人原则,包括体制留人、环境留人、事业留人以及感情留人。

在体制留人方面,惠普形成了独特的机制和体制,比如,一系列员工行为准则和管理模式、奖励机制、培训模式等。惠普帮助每名员工设定了清晰的职业标准,建立起员工对本企业的更为稳定和清晰的预期,使其对本企业的长期可持续发展充满信心。同时,他们也会了解清晰的相关决策,只要按照激励政策工作,每名员工都会得到成长，而且这个进步和成长是与公司政策同步的。

另外，一个最佳的工作环境也是每个人所期望的。惠普为大家提供公开、公正、充分给予授权和信任的工作环境。这不仅表现在给员工提供符合国际环保标准的办公环境，而且，员工能够进行很开放的沟通，“惠普之道”、以人为本、尊重人才、人尽其才的机制和氛围，自然会博得人才的好感。

事业留人也是十分重要的。人才需要获得职业发展，以实现价值回报。越优秀的人才越渴求发展，越期望拥有更大的发展空间，这对企业提出了要求：为人才提供事业机会。惠普鼓励和营造员工的内部流动，异地派遣，甚至异国派遣都是常有的事情，只要员工的能力达到了所要求的职位，就有机会获得提升。惠普还有一个让外界非常惊讶的体制，如果员工当初以正当理由辞职，之后如果愿意回来，惠普会敞开返回的大门，依然会像老朋友一样对待他。

有竞争力的薪酬福利是吸引人才的一个重要方面，但要知道，钱不是万能的，每个人都有感性的一面，企业应该更加重视感情留人。惠普的弹性工作时间非常人性化，员工可以选择 7 点钟上班，4 点钟下班或 8 点钟上班，5 点钟下班。特别值得一提的是，在公司高层的支持下，中国惠普还成立了专门的工会组织，工会经常组织各种有利于员工身心发展的文体活动，比如歌咏比赛、运动会、足球、篮球和马拉松长跑等，平衡员工的工作和生活。

为了更好地满足中国惠普快速增长的业务需要，提供更好的客户体验，中国惠普还启动了“聚英 1 000”大型人才招聘活动，计划招募 1 000 多名专业人才，涉及区域销售经理、客户经理、技术顾问、解决方案架构师、软件工程师等岗位。要想真正锻炼自己、迅速提高素质、全面施展才华的业界精英们，只要你具备高速变革能力，注重结果，重视文化，就具备加入惠普的条件。

劳资天然是一家：杜邦分散股权留人才

在第二次世界大战中及战后的发展中，在新技术革命的影响下，杜邦公司更注重高级人才的使用，使之成为杜邦公司发展的永不枯竭的源泉。目前，4 000 多位杰出的科学家在特拉华州白兰地河畔的杜邦实验室进行着创造性的工作。杜邦的工程师和化学家是分成小组工作的，每个人可以按照自己的兴趣和爱好确定研究方向，并参加相应的研究小组。用科学家自己的话说：“在杜邦实验室很容易找到适合自己发展的地方。”这也许就是杜邦公司能够吸引人的诀窍吧。

招来了人才，培养了人才，如何才能留住人才？这是许多企业面临的难题。杜邦采用分散股权的办法，使雇员效忠公司。他们不仅对公司的经理人员、中层管理人员分摊股票，而且允许并鼓励雇员购买 10 股公司债券或股票。除利息和红利外，这些股票在 5 年内每年每股另加额外股息 3 美元，作为雇主对雇员的特别分配。持有股票的员工自然要比股票市场上的投机商更持久地关心杜邦的未来发展，因而工作会更努力。

在杜邦的管理中,始终对员工灌输这样的思想:“拥有股票就是所有者,劳资天然是一家。”显然,这种做法的收益是双重的:一是用小额股票把雇员绑在了公司上,乖乖地听任老板的摆布;二是由此聚集了更多资金。从此,受其影响,通过股票所有权工人就能掌握生产资料的思想遍及美国。事实上,20世纪30年代,有50万靠工资为生的家庭有股票,但他们持有股票的数量仅占已发行股票的0.2%,但是一个杜邦家族拥有的股票相当于全部靠工资为生的家庭持有股票总数的10倍。

杜邦公司用此法有效地吸引了人才,留住了人才,让雇员认识到自己也是公司的主人,这样雇员怎能不全身心地投入杜邦的事业呢?又怎能不使杜邦成为人才荟萃的地方呢?这些都给了杜邦以丰厚的回报。

光环效应带来的问题

所谓光环效应,是人们常有的以点代面、以偏概全的评价倾向,犹如大风前的月晕逐步扩散,形成一个更大的光环迷惑众人,这种效应也称晕轮效应。在现实中表现为如果认为某人具有某个突出优点,这个人就被积极肯定的光环笼罩,并被赋予更多好感;如果认为某人具有突出缺点,这个人就被消极否定的光环笼罩,甚至被认为其他方面都不好。

晕轮效应的危害是一叶障目、以点代面、以偏概全,容易影响企业对人才考核的准确性和对人才评价的可信度。光环效应是一种认识上的误区,指在印象形成过程中一种夸大化的感觉和看法,是一种极为盲目的心理倾向。一旦某人的成绩成为光环并被放大,其不足也就隐藏到光环的背后视而不见了,反之亦然。当某人在某方面有杰出的表现时,人们很自然地会认为他在其他方面也有同样的杰出能力。许多管理者在用人方面就被这种光环所迷惑。

美国一家化学公司,花了1.5亿美元在印度尼西亚新建一座工厂,然后将该工厂的重担交给了远在巴西另一家工厂负责的管理者。此人在巴西业绩不错,并且长期从事技术工作,精通业务,按理可以将这座新建的企业管理好。然而事与愿违。他是一个只懂得技术而不懂市场经济和公共关系的人,连起码的定价策略都说不出个所以然。而总部对此人却十分放心,认为他来自发展中国家,熟悉这些国家的基本国情,又精于技术,应该能够处理好日常工作,因此也没派人前去主持全面工作。

无谓的放心酝酿了不良的结果,最后工厂迟迟不能开工,开工后产品已经很难卖出去,最后总部只好忍痛割爱,将工厂搬到了另外一个国家,但这期间的耗资已覆水难收。

关心员工终身大事:日立“多管闲事”搭鹊桥

在大多数企业,都有不成文的规矩,即禁止内部员工恋爱。其实,这种做法是不合法,也不可取的。棒打鸳鸯只能导致军心涣散,让员工对组织感到寒心。获得如此待遇的员工即便留下,也会身在曹营心在汉。

日本日立公司有一名叫田中的工程师。他为日立公司工作了近12年。对他来说,公司就是他的家,甚至连他美满的婚姻都是公司为他解决的。原来,日立公司内设了一个专门为职员架设鹊桥的婚姻介绍所。日立公司人力资源站的管理人员说:“这样做能起到稳定员工、增强企业凝聚力的作用。”

日立鹊桥总部设在东京日立保险公司大厦的八楼,田中刚进公司,便在同事的鼓动下,把学历、爱好、家庭背景、身高、体重等资料输入鹊桥电脑网络。在日立公司,当某员工递上求偶申请书后,他(她)便有权调阅电脑档案。申请者往往利用休息日坐在沙发上慢慢地、仔细地翻阅这些档案,直到找到满意的对象为止。一旦他(她)被选中,联系人会将挑选方的一切资料寄给被选方。如果被选方同意见面,公司就安排双方约会,约会后双方都必须向联系人报告对对方的看法。终于有一天,同在日立公司当接线员的富泽惠子从电脑上走下来,走进了田中的生活,他俩的第一次约会是在离办公室不远的一家餐厅里共进午餐,这一顿饭吃了大约4个小时。不到一年,他们便结婚了,婚礼是由公司的月老操办的,而来宾中70%都是田中夫妇的同事。

有了家庭的温暖,员工自然能一心一意地扑在工作上。由于这个家是公司促成的,员工对公司就不仅是感恩了,而是油然而生一种鱼水之情。这样的管理成效是一般意义的奖金、晋升所无法比拟的。如果一个人能在公司中体味到家庭般的气氛,便会安心。在无形中士气自然也就提高了。

霍桑效应的由来

霍桑效应,是指管理专家们根据社会心理学原理,在霍桑工厂进行谈话实验所产生的奇妙现象。

霍桑工厂是芝加哥郊外的一家制造电话交换机的工厂。这家工厂娱乐设施完善,医疗养老金制度齐全,而员工们仍然愤愤不平,生产状态不理想。

为探求原因,美国国家研究委员会组织了一个包括心理学家等方面专家组成的研究小组,开展以生产效率与工作物质条件之间的关系为中心课题的谈话试验。即用两年多的时间,专家们找工人个别谈话两万余人次,耐心听取各种意见,不准反驳和训斥。其结果取得了意想不到的效果,全厂产量大幅度提高,原来员工愤愤不平的原因是由于他们长期以来对工厂的各项管理制度和方法有诸多不满,却无处发泄。

谈话实验使人们的不满都发泄了出来,从而心情舒畅,干劲倍增。社会心理学家将这种奇妙的现象称为霍桑效应。

在日本,很多企业都非常注重为员工提供发泄自己情绪的渠道。松下公司就是如此。日本的松下公司为职员设立了出气室,在出气室里存放各级主管人员的照片、橡皮模型人以及逼真的蜡像人。在房子一角,放置一个大工具箱,“十八般兵器”样样齐全。你可以由着性子放任脾气,发泄出心中对其中某位主管的不满,通过拳打脚踢释放心中的怨气和愤懑。

在松下公司的出气室里,还有松下公司总经理松下幸之助的仿真橡皮人,供有怨气的员工打击以发泄内心的情绪。当员士打击完橡皮人之后,那橡皮人嘴里就会响起松下幸之助本人的声音。这是他写给员工们的一首诗,诗中说:“这不是幻觉,我们心心相通,团结合作……”

松下幸之助有句口头禅:“请让员工把不满发泄出来。”他的这一做法使管理工作多了快乐,少了烦恼;人际关系多了和谐,少了矛盾;上下级之间多了沟通,少了隔阂;公司与员工之间多了理解,少了对抗……

【想一想】

案例1　尤尼莱弗公司的经营战略

尤尼莱弗公司是一家已有57年历史的英荷合资的跨国公司,英方总部设在伦敦,荷方总部设在鹿特丹,以经营食品为主。分公司500余家遍布世界75个国家和地区,职工约30万人,年营业额约180亿英镑。

尤尼莱弗取得显赫业绩,当然是多种因素起作用的结果,而最重要的是它确定了原则性与灵活性相结合的经营战略。

该公司英方前董事长肯尼思·德拉姆是这样总结其经验的。他说,公司在拟定经营战略和远景规划的时候,主要依靠两条:一条是公司对问题所采取的灵活而重实效的态度;一条是公司有着始终不渝的根本性的指导原则。这些原则归纳起来有下列几点:

(1) 即使在80年代初经济衰退时期,公司仍坚持管理和发展的长期计划,继续招募和培训将来能够管理公司的第一流人才。

(2) 公司总是保持财政上的强大优势,能够应付任何不测风云,保证经营活动不致因财政困难而受限制。

(3) 公司一直维持高投资水平,并把资源用在最新技术的开发上面,同时通过增加投资和收购其他企业,积极扩大经营规模。

(4) 无论在生产部门,在销售系统,还是在总部,公司坚持不懈地努力提高效率。在总产量未获提高的情况下,劳动生产率却总是得到明显提高。近5年来,平均每年提高了55%。

(5) 公司一方面大做主题广告;另一方面不断提高现有产品质量和开发新产品,以维持名牌。公司把研究与发展看做未来计划的中枢,在欧洲、美国和印度均设有研究中心,在世界40多个国家设有开发实验室。

(6) 公司的管理原则建立在“大权集中,小权分散”的基础上。总部集中抓好对整个公司长远战略目标至关重要的事情,以及与评价计划执行情况有关的问题。在人事、财政、研究与发展、市场销售等方面，总部大权在握。总部任命能够独当一面的人到国外去主管分公司的工作。

在公司总计划范围内，所有分公司都享有高度自主权，可以自由处理分公司的事务。公司最典型的特点之一是各分公司都保持各自特色。有些分公司，比如利华兄弟公司，甚至用自己的字号经营，商品也不贴尤尼莱弗的牌子。

由于分公司最接近当地市场，最了解消费者目前和未来的需要，所以许多商品往往要在分公司所在国利用当地原料和人力，因地制宜地进行生产。这样做既有利于调动分公司的主动性和创造性，也有利于发挥和提高经理的才能。

问题：

试用系统理论来分析尤尼莱弗公司经营战略的成功之处。

案例 2 青蛙法则的由来

19 世纪末，美国康奈尔大学做过一次著名的实验。这组实验的研究人员做了十分完善精心的策划和安排。他们捉来一只健硕的青蛙，冷不防把它丢进一个沸腾的开水锅里。这只反应灵敏的青蛙在千钧一发的生死关头，用尽全力，跃出那将让它葬身的水锅，安然逃生。

隔了半个小时，他们使用一个同样大小的铁锅，这一回往锅里放入冷水，然后把那只刚刚死里逃生的青蛙放进锅里。青蛙自在地在水中游来游去，接着实验人员在锅底偷偷地用炭火加热，青蛙不知究底，在微温的水中享受温暖。慢慢地，锅中的水越来越热，青蛙觉着不妙了。等它意识到锅中的水温已经熬受不住，必须奋力跳出才能活命时，已经为时过晚欲跃乏力，全身发软，呆呆躺在水里，坐以待毙，直至被煮死在锅里。

一个企业的兴衰也在实践着青蛙现象。企业真正的危机并不是突然而来的灾难，而是渐进隐含的危机。许多企业当面临突发的重大威胁时能够众志成城，咬紧牙关，渡过难关，而对于逐渐加剧的危机，却往往习而不察，无动于衷，待到病入膏肓，想全力应对时，却为时已晚。

20 世纪 20 年代，派克制笔公司是美国最大的制笔企业，到 1954 年，派克制笔公司已在 14 个国家设有子公司。

世界上有 120 家经销店和专营经销商经营派克金笔。派克制笔公司年产 500 万支金笔、笔芯 3 200 万个、墨水 300 万吨，拥有 6 800 名员工，成为当时世界上最大的高档金笔生产企业。然而，从 1980 年起，派克制笔公司连续五年亏损，到 1985 年亏损额达500万美元。1986年2月,派克制笔公司被英国一家公司以一亿美元的价格收买。

派克制笔公司的发展过程有着典型意义。早在20世纪60～70年代,派克金笔称雄世界,但在繁荣的背后,已是危机四伏。当时,派克制笔公司的许多竞争对手针对美国市场发生的变化,纷纷调整生产策略,转而生产书法笔和价值昂贵的高档笔;同时还利用生产厂家在美国的市场代理商,向美国市场推销其产品,发展势头咄咄逼人。在这股汹涌浪潮的冲击下,派克制笔公司在美国的市场相继被占,销售额大幅度下降。

面对危机,派克制笔公司却不屑一顾,还在墨水瓶里描绘着辽阔的蓝天。为什么?因为当时派克金笔在国外仍享有很高的声誉,而金笔每年的外销量占总销量的70%。这种繁荣的景象冲昏了派克制笔公司决策者的头脑,他们对国内市场的岌岌可危无动于衷,麻木不仁。在看着许多人上衣兜里别着的已经不是派克笔,签字时亮出的也不是派克笔时,公司自我感觉依然良好。

与此对应的是,公司财务管理松懈,投资目标不明,日常花销甚大,仅制笔公司的总部大楼,年花销竟达1.8亿美元。到了20世纪80年代初,美元升值了,派克制笔公司的王牌顿时倒地,出口严重下降,公司利润随之锐减,原先被粉饰的弊端暴露无遗……就这样,公司用举债度日代替了过去的事业辉煌。

问题:

用系统的动态性说明派克公司经营失败的教训。

案例3　把每个人都放在合适的位置

通用电器公司原总裁杰克·韦尔奇说:“管理很简单,就是将正确的人放在正确的地方。”国际管理大师汤姆·彼得斯也说:“完善有效的人力资源的开发,就是让合适的人在合适的位置上。”做好人力资源配置是做好管理工作的基础,简单地说就是把恰当的人放在恰当的位置上,真正做到适才适所。

大凡去过寺庙的人都知道,一进庙门,就能看见弥勒佛乐呵呵地喜迎八方宾客。在他的后面,则是一脸严肃的黑脸韦陀。这样的组合方式,绝对算得上珠联璧合。其实早先庙堂里的人事安排并不是这样的。相传在很久以前,弥勒佛和韦陀并不在同一座庙堂里供职,而是分别掌管着不同的庙宇。弥勒佛热情快乐,很有亲和力和感染力,所以进庙烧香的人非常多,但他大大咧咧、丢三落四,把账务管得乱七八糟,虽然庙里进项不少,依然入不敷出。

韦陀正好和弥勒佛相反，他虽然严谨细致，把账目管得头头是道，是理财的一把好手，但却整天阴沉着脸，太过严肃，让人望而生畏，弄得大人拘谨、小孩害怕，进庙烧香的人越来越少，到后来香火差点断绝。

佛祖在检查香火时及时发现了这种现象。经过一番考虑，佛祖决定将他们二人安排在同一座庙堂里。由弥勒佛负责公关，笑迎八方宾客，让人们找到了宾至如归的感觉，于是香火大旺；而由于韦陀铁面无私，锱铢必较，精于理财，佛祖就让他管理财务，避免了胡乱花钱和舞弊现象。

经过二人的分工合作，庙里很快呈现出一派人财两旺的繁荣景象，并且历久不衰。这个看似简单的神话故事，其实包含着寓意深刻的“人才学”。佛祖堪称一个知人善任的用人高手。他量才用人，合理配置人才资源，把最恰当的人放到了最恰当的位置上，从而达到了人尽其才、优势互补的用人效果。

俗话说好钢用在刀刃上。只有把关键的东西用在关键的地方，它才能发挥出最佳的效能。企业用人更是如此，管理者的工作就是把合适的人放到合适的位置上去，即根据下属的不同特点，给他们安排不同的岗位，这是各尽其能，各司其职的前提，这样才能对下属及企业的发展有利。

《福布斯》杂志创始人迈尔康·福布斯就是个很会用人的管理者。他最为人们所称道的是，他把自己的弟弟，一个取得高学历的人才安排在了一个微不足道的职位上。

在福布斯企业工作的员工，很少有被埋没的，因为只要有才干，老总就会给你机会表现自己的才能。

福布斯集团有这样的优点，他们的事业发展也相当顺利，不断地壮大。

大卫·梅克的才干是毋庸置疑的，但是这个人的管理方式却受到很多人的指责。他的冷酷和严格常常让人不寒而栗。比如在他手下工作的下属正在忙着审稿时，他会说这个工作结束之前，将会有一个职员被炒鱿鱼。

听到这样的话，所有人都会觉得压力很大，为了避免做那个被炒鱿鱼的人，他们只能卖命地工作。

终于有一次，一个压力太大的员工实在忍无可忍了，就跑去直接询问被要解雇的人是不是自己。

大卫·梅克奇怪地看着这个员工，并告诉他在他来询问之前，自己并没有打算解雇谁，而既然他来了，就选择解雇他吧！这让所有人都感到很吃惊。

但恰恰是大卫·梅克的冷酷、严厉和过人的才气吸引了福布斯，他毅然重用了大卫·梅克，让他做了杂志的总编。

大卫·梅克担任《福布斯》总编的期间，给这份杂志树立了严谨、真实报道的好口碑。在此之前，报道不真实是大众对《福布斯》指责最多的地方。

大卫·梅克为了改变公众对《福布斯》的怀疑，费了很多心血。他让下属们专门去查实一些材料的真实性，并且规定：这些负责查实的员工必须能找出一些漏洞，不然就会被炒鱿鱼。

到了20世纪60年代,《福布斯》已经可以和《商业周刊》、《财富》等影响很大的杂志并驾齐驱。当然,取得这样的成绩是因为他们严格按照事实报道的结果。

正确使用人才的另外一个例子是福布斯对列尼·雅布龙的提拔。列尼·雅布龙在理财方面很有一套,在公司里,他要求大家节约各种资源,也知道如何厚着脸皮拖欠一些债务。

福布斯看上的就是这个人的小气劲头,他认为理财的人不小气是不可能管理好财务的。后来列尼·雅布龙所做出的成绩也证明了福布斯的眼光。

列尼·雅布龙做得最出色的一件事就是卖掉了"美国领土"。

1969年,福布斯花巨资在美国南部买了一个将近700万公亩的牧场。福布斯买这块地的原因是想把它变成一个巨大的狩猎场。但是一切都准备好了以后,他们接到政府的通知,这片土地上的野生动物属于政府,个人不能以任何名义对它们进行侵犯。这无疑是说,福布斯辛辛苦苦建立起来的狩猎场成了一个废墟。

350万美元的资金投入和后期建设的花费让公司不能不考虑这片土地的处置问题。于是列尼·雅布龙发挥了自己这方面的聪明才智。他当机立断,把这一大片土地分成不同的小块,之后,把这些小块的土地卖给其他人。他们在广告宣传中称,这块神奇的土地是人们把梦想变为现实的地方,这里没有受到任何现代化的污染,每个人通过购买就可以拥有一片属于自己的土地。这个方法十分奏效,很多人都来这里购买小块土地。

福布斯在出卖土地时提高了每一块土地的价格,这样一来,他们除本钱,还净赚了3 400万美元,比当年杂志社的总收入还要高。

福布斯合理利用人才的第三个例子是对自己亲弟弟的职位安排。福布斯的弟弟叫华里士·福布斯,是著名的美国高校哈佛大学工商管理学的硕士。他在入职之前已经有了一些经验。在这种家族事业里面,福布斯若是给自己出色的弟弟安排一个好的职位,肯定没人不同意。

可是福布斯却不这么想,他十分清楚弟弟的优势在企划方面,而对于高层管理这样的能力,还需要进一步锻炼,所以他觉得还是让弟弟去投资部门当一个副手比较好。于是他把弟弟安排到这个部门,并且告诉那个主管,不让弟弟拥有大权,而只是处理一些日常的事务就可以了。华里士·福布斯没有让哥哥下不了台,他心甘情愿地做了副手,并且还和那个主管相处得很好。

问题:

结合以上材料,说明能级原则在组织管理中的重要意义。

【练一练】

一、名词解释

1. 系统原理
2. 整分合原则
3. 分层管理
4. 人本原理
5. 能级原则
6. 动力原则
7. 反馈
8. 控制原理
9. 弹性原则
10. 效益原理

二、选择题

1. (　　)指单位时间所取得的劳动成果的数量。

A. 效益　B. 效果　C. 效率　D. 效用　E. 价值

2. (　　)是有效产出与投入之间的一种比例关系。

A. 效益　B. 效果　C. 效率　D. 效用　E. 价值

3. 管理效益是(　　)与效率之积。

A. 投入　B. 功能　C. 产出　D. 价值

E. 正确的目标

4. “三个和尚没水喝”说明的是,人浮于事可能反而不如人少好办事。但是反过来,如果三个和尚都很负责,结果也许会造成水满为患。这两种不同的说法表明:(　　)

A. 管理工作的有效性需要考虑内外部环境各部分的整体效应

B. 即使管理无方,人多还是比人少好办事

C. 在不同的心态作用下会产生不同的群体合作结果

D. 纵使管理有方,也不一定是人多好办事

E. 管理效果与人多少无关

5. 以下哪些属于系统的特征(　　)。

A. 客观性　B. 集合性　C. 层次性　D. 相关性　E. 稳定性

6. 下面哪些不是人本管理的观点(　　)。

A. 职工是企业的主体

B. 人是“经济人”,所以要给予足够的物质激励,就能让他为企业卖力

C. 职工参与是有效管理的关键

D. 服务于人是管理的根本目的

E. 组织中存在非正式组织，对此管理者要给以压制

7. 效益可从(　　)角度去考察。

A. 社会效益　B. 环保效益　C. 经济效益　D. 人文效益　E. 发展效益

三、问答题

1. 学习管理原理的意义。
2. 什么是系统？系统有哪些特征？
3. 什么是系统原理？系统原理对实际有何指导意义？
4. 如何理解系统的整体性原理？
5. 人本管理的含义是什么？人本管理有何主要观点？
6. 简述实现有效管理有何途径，并比较其差别。
7. 什么是效果、效率和效益？人类一切活动为何要遵循效益原理？
8. 管理有效性的实质是什么？管理者如何追求自身工作的效益？

【做一做】

在网上调研一家著名的企业的经验管理案例材料，并用现代管理基本原理来说明企业的成功经验或教训。

学习单元三

计划与决策的方法与艺术

❖学习目标与任务

1. 了解计划的基本方法
2. 掌握目标管理方法
3. 掌握常用的定性和定量决策方法
4. 理解决策艺术

学习任务1 了解计划的基本方法

【案例引入】

阿波罗计划：人类登月梦想成真

千百年来，每当人们站在皓月当空的夜下，不禁都会生出无尽的遐想：有朝一日，要是能够踏上悬在头顶上方的那颗银色星球去一窥究竟，那该是多么令人激动的一件事情。长期以来，登临月球便一直是人们梦寐以求的最大愿望。当时光流逝到20世纪60年代末时，这一千年夙愿一夜之间美梦成真。促成这项伟大的壮举顺利实现的便是举世闻名的阿波罗计划。

二战以后，美国的航天技术迅速发展。美国在战争中劫掠了150名包括火箭之父布劳恩在内的德国火箭专家，将100枚V—2火箭零部件运到国内，奠定了其雄厚的技术基础。50年代，美苏两个超级大国步入了相互争霸的时代，空间技术领域内的激烈竞赛是其竞争焦点之一。1957年8月、9月，苏联相继成功发射了第一颗洲际导弹和人造卫星。苏联人造地球卫星发射成功在全球引起的轰动不亚于12年前美国的原子弹爆炸。在美国引起的震动和反响尤为强烈，举国上下纷纷指责政府的无能和失策，认为美国受到了奇耻大辱。为了挽回影响，笼络人心，扭转被动局面，美国政府采取了一系列紧急措施，诸如设立总统科学顾问，成立火箭和卫星研究小组，通过国家航空和宇宙航行法，成立国家宇航局等。1958年，在布劳恩的主持下，美国终于成功地发射了第一颗人造卫星"探险者1号"。然而，就在美国人还在为其第一颗卫星上天而欣喜不已时，又一则来自苏联的消息使他们由喜转惊，目瞪口呆。1961年4月，苏联成功地发射了世界上第一颗载人卫星"东方1号"，再次在世界各地引起轩然大波。两度航空竞赛中落败的无情事实极大地刺激了美国，令他们觉得颜面扫地。为了在空间技术上超过苏联，挽回被动局面，同时也迫于日益强大的国内压力，1961年5月，肯尼迪总统毅然决定，制定登临月球的飞行计划，要求先于苏联将人送上月球，这就是著名的阿波罗登月计划。于是，一场空前绝后的庞大计划和准备工作拉开了帷幕。

为了保证登月的成功，美国科学家进行了细致地预测论证，从各个方面判断登月项目的技术可行性和合理性，为登月工程奠定坚实的技术基础。1961年，美国成功发射了"土星1号"2级液体火箭，推动力达到725.6吨。事实上这是阿波罗计划的真正起点。1967年又发射了"土星5号"三级火箭，推动力达3 469.3吨，时速高达6 100英里，是音速的10倍。作为登月计划的前期准备，美国在1965—1966年间连续进行12次"双子星座"飞行实验。在这些实验中，宇航员实践了阿波罗计划中的各种技术：学会随意更改飞船轨道，在太空中行走漫步，进入太空舱和应付紧急事故等，掌握了飞船进入轨道会合和与其他太空船对接的操纵方法，并实践证明了在失重状态下并不会对人的行动造成严重影响，因而人完全可以在登上月球后从事一些工作。这一切为阿波罗计划的实施准备了充分的条件。

1961年，肯尼迪任命副总统约翰逊为国家太空委员会主席，从7月份始，开始全面制定阿波罗计划。9月，改组国家宇航总局，这是阿波罗登月计划的执行主体。由于人类登月是一项涉及技术、经济、社会等众多因素的庞大系统工程，任何一项小小的失误都会使整个计划破产，因此，美国宇航总局领导下的一大批科学家们提出了阿波罗计划的三种方案："直接登月计划"、"地球轨道会合计划"及"月球轨道会合计划"。然后，专家们又从技术性能、实现的难易程度、费用和进度等方面对三种方案进行了认真细致地评审论证，最后确定采用第三种方案。在明确了方案的基础上，科学家们建立了阿波罗系统工程的三维结构：逻辑维(解决问题的逻辑过程)、时间维(工作阶段)和知识维(所需的专业学科知识)。从纵向看，阿波罗计划制定了登上月球的具体步骤，采用计划评审技术对工作进度进行协调，发射"游骑兵"、"测量员"、"月球轨道飞行员"三种遥控飞船和水星计划及双子星计划两次有人驾驶飞行，从事收集信息、绘制地图、选择降月地点等准备工作。从横向上看，阿波罗计划采用工作细分结构，把整个计划分为自上而下六个层次，用成本相关法确定各个工作阶段的费用，用方针展开法确定对登月船各个部分、各个零件的技术和质量要求。凡此种种，整项登月计划被分解成相互关联的各个子项目，并且对每个子项目都建立了完善的措施保障，从而确保了整项工程的顺利进行。

尽管阿波罗计划对各方面的情况都考虑细致，准备周详，但在实施过程中却并非一帆风顺。就在各项工作准备就绪,美国政府决定于1967年2月发射第一艘载人阿波罗号飞船时,在预定发射前夕,1967年1月27日,一件不幸的意外事件发生了。在给飞船进行纯氧增压时,舱内突然起火,3名宇航员被烧死。全美举国震惊,于是,登月计划的实施被迫推迟。然而,美国推进人类登月行动的初衷却并未改变,他们一如既往地沿着阿波罗计划规定的目标奋勇前进。此番意外之后,科学家们将重点放在实验飞行上,仔细寻找各种隐患,竭力排除意外事件的影响。1968年10月,3名宇航员驾驶“阿波罗7号”飞船绕地球飞行163圈,11天后安全返回地面。3个月后,又进行了环绕月球飞行10周的实验,宇航员们进行了登月尝试,将登月舱降至离月球仅15公里的地方返回,成功地实行了衔接。至此,登月的最后准备工作大功告成。

在历时将近10年之后,阿波罗计划的最后关键步骤正式开始实施,人类登上月球的梦想即将实现,全世界都在目睹着这一辉煌的时刻。将要载人登月的飞船是“阿波罗11号”,由“土星5号”三级火箭发射。1969年7月16日,由阿姆斯特朗等三人驾驶的“阿波罗11号”射向太空。经过将近50万公里的飞行,7月20日飞临月球,阿姆斯特朗和奥尔德林钻进登月舱。下午4时17分43秒,登月舱安全降落在月球上,着陆约6小时15分后,舱门打开,阿姆斯特朗沿着扶梯,微笑着踏上月球。他们在月球上立了一块纪念板,上面写道:“公元1969年7月,人从行星地球来到这里,第一次踏上了月球。”至此,人类梦寐以求的登月梦想终告实现。

阿波罗计划的成功实施,前后总共动员了42万余人,2万多家公司和研究机构,120余所大学的专家学者,前后共花费300亿美元的资金。历时近10年,最终以成功而告终。

问题:

用所学的管理理论来分析阿波罗计划成功的主要经验。

一、计划概念与地位

计划,即根据组织内外部的实际情况,权衡客观的需要和主观的可能,通过科学的预测,提出在未来一定时期内组织所需达到的具体目标以及实现目标的方法。

计划内容可用“5W1H”来表示,即(1) 预先决定做什么(What to do it),即明确组织未来活动的内容及要求;(2) 讨论为什么要做(Why to do it),即明确制定计划的原因及目的;(3) 决定何时做(When to do it),即规定各项工作的开始和完成时间;(4) 决定何地做(Where to do it),即规定组织活动实施地点;(5) 决定谁去做(Who to do it),即规定由哪些部门和人员负责实施计划;(6)决定如何做(How to do it),即制定实现计划的手段和措施。

计划在组织中的地位十分重要,其重要性可以概括为以下四个方面:

1. 目的性。计划工作就是确立组织的目标,从而指导未来的组织活动朝着实现其目标的方向前进。

2. 主导性。计划在管理各个职能中居首要地位。管理者必须首先制定计划，明确组织的目标，然后他们才能知道需要什么样的组织结构和人员，按照什么方法去领导下属，以及采用什么方法进行控制。图 3－1 表明了计划工作是如何居于首要的地位的。

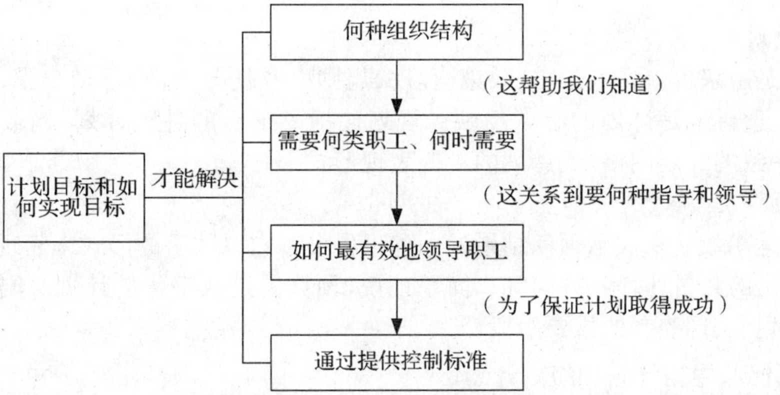

图 3－1　计划工作的重要性

3. 普遍性。计划工作在各级管理人员的工作中是普遍存在的。区别在于，高层管理人员负责制定战略性计划，中低层管理人员负责制定战术性计划或生产作业计划。

4. 效率性。衡量一个计划的效率是看这个计划对实现组织目的和目标所投入的各种资源代价的大小。

二、组织计划的表现形式

组织计划的表现形式是丰富多彩的，常见的形式有：

1. 宗旨

宗旨表明了社会赋予组织的基本职能和基本使命，说明组织是干什么的，应该干什么。所以，不同性质的组织，有不同的宗旨。

2. 目标

目标是宗旨的具体化，是活动所要达到的结果。目标常常是由一系列的指标所组成的，并形成相互关联的目标网络，这构成了计划的核心内容。所以说，目标是计划的重要表现形式。

3. 策略

策略决定一个企业基本的长远目标，以及为实现这些目标所必须采用的行动过程和资源的分配方案。

4. 政策

政策是表现在计划之中的文字说明或协商一致的意见，用于指导或沟通决策过程中的思想或行动。

5. 程序

程序是组织制定的未来活动的例行方法或行动步骤，其实质就是对所要进行的行动规定时间顺序。程序的设置是保证组织活动协调一致和有效控制组织的重要条件，是提高管理规范水平的重要方法。

6. 规划

规划是由宗旨、目标、策略、政策、程序、规则以及任务委派、行动步骤、资源配置等构成的复合体，是计划的综合反映。规划包括了组织的各种计划，构成了相互协调、整体一致的计划网络，是计划的主要表现形式。

7. 预算

预算是用数字来表示预期结果的一种报告书。它以数字的形式来表现计划中的投入与产出的数量、时间、方向等。简单地说，预算就是数字化的计划。同时预算也是检查计划、实现控制的重要手段。

三、长期计划、中期计划和短期计划

1. 长期计划。长期计划的时间跨度至少在5年以上，通常在10～20年。有些组织规模很大，面临的问题比较复杂，其长期计划的时间跨度就更大。长期计划从属于组织战略，是长期战略计划的一个组成部分。战略计划在于从总的方面去阐述一个组织应如何去完成自己的目标，而长期计划则是这些长远的重大战略决策的具体化，并通过长期计划的执行和检查来保证其实现。对一个企业而言，长期计划的内容一般包括：(1) 企业的产品发展方向；(2) 企业生产经营业务的发展规模；(3) 技术的发展趋势和水平；(4) 主要经济技术指标的发展水平；(5) 研究和开发计划；(6) 职工教育培训计划；(7) 员工工薪收入和福利计划；(8) 其他重要问题的专项计划。

2. 中期计划。中期计划的时间跨度一般在1～5年。中期计划通常是长期计划的一个组成部分，与组织的中层和基层管理人员的工作有更多的直接关系，一般都比较稳定，实施中变化较小。策略计划大多属于中期性的计划。由于长期计划的时间跨度长，容易受环境因素变化的影响，因而许多公司往往把制定计划的重点放在中期计划方面。

3. 短期计划。短期计划的时间跨度通常在1年及1年以下，包括季度和月度计划。短期计划依据中、长期计划指出的目标和要求，结合计划期内的实际情况而制定，是中、长期计划的具体落实。与中、长期计划相比，短期计划对管理人员的日常工作有更大的影响，特别是在外部环境发生动荡和快速变化的形势下，人们往往会把更大的注意力集中在短期计划上。对一个企业而言，短期计划一般包括经营计划和适应性计划。经营计划是指导企业日常运行的计划，是为长期的生产经营计划服务的。适应性计划是为了应付未预料到的环境因素的变化而做出的计划。环境因素的变化可能对企业有利，也可能产生不利影响。适应性计划要根据变化了的情况提出相应的对策。

四、常用的编制计划方法

1. 滚动计划法

滚动计划法是一种定期修订未来计划的方法。这种计划是根据计划的执行情况和环境变化情况定期修订计划，并逐期向前推移，使短期计划、中期计划和长期计划有机结合起来。由于这种方法在每次编制和修订时，都要根据前期计划执行情况和客观条件的变化，将计划向前延伸一段时间，使计划不断滚动、延伸，所以称为滚动计划。例如，五年计划规定每年编制一次，每次向前滚动一年；年度计划规定每季(或半年)编一次，每次向前滚动一季。五年计划滚动编制的程序示意图如图 3－2。

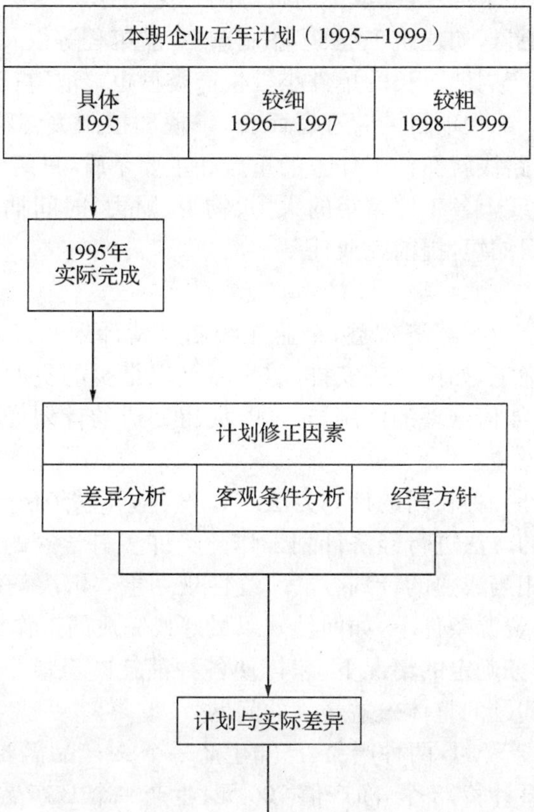

图 3－2　五年计划滚动编制的程序示意图

2. 网络计划法

网络计划即计划评审术，又叫关键路线法，在我国也称统筹法。它是利用网络理论制定计划，并对计划进行评价、审定的技术方法。

这种技术起源于美国，后来在世界各国得到广泛应用。我国 20 世纪 60 年代初开始使用网络计划技术。应用这种方法可以对生产过程和工程项目进行组织、计划和控制，合理安排和有效利用资源，以最少的时间和资源消耗实现预期目标的科学管理方法。

这种方法的基本原理是利用网络图表示计划任务中各项工作之间的相互关系及时间进度，然后通过网络时间的计算确定关键路线，并利用时差进行网络图的优化，以不断改善计划，最终求得工期、成本与资源的最优化方案。网络计划技术适用于一次性的大规模工程项目，如建筑工程、船舶制造、宇航工程等以及新产品试制、机器设备大修理方面，对生产周期较长的单件小批生产类型也能取得良好的效果。

对于一个生产或工程项目的管理者而言，掌握和控制关键路线是网络计划技术的精华，找到了关键路线就抓住了任务的重点和主要矛盾，只要设法缩短关键路线的时间，或将非关键路线上各工序富裕的人力、物力、财力、时间抽出来支援关键路线，就能使整个工期时间缩短，提前完成任务。

3. 线性规划法

为了不断提高企业的经济效益，企业在编制经营计划时必须解决两个问题：一是当计划任务已经确定，如何统筹安排，尽量做到以最少的资源去完成任务；二是在资源有一定限制时，如何合理的使用与分配，使得完成的计划任务最多，这就需要运用线性规划方法。

线性规划是另外一种较新的计划方法。1939 年，苏联经济数学家康托诺维奇首先提出用线性规划的方法进行经济计划工作。经许多科学家的继续研究，目前线性规划已经成为一种相当成熟的计划方法。线性规划主要解决两类问题：一类是最大化问题，即在有限的资源条件下，如何使效果最好或完成的工作最多。另一类是最小化问题，即在工作任务确定的情况下，怎样使各种消耗减至最小。简而言之，所谓线性规划是解决某个问题的整体效益最优的问题。

例如，某企业生产 A、B 两种产品，已知生产一个 A 产品需要用煤 9 吨，电力 4 千瓦时，劳力(按工作日计算)3 个，净产值 700 元；生产一个 B 产品需要用煤 4 吨，电力 5 千瓦时，劳动力 10 个，净产值 1 200 元。该企业有煤 360 吨，电力 200 千瓦时，劳力 300 个，怎样计划 A、B 两种产品的产量才能使所获净产值最大？

对于这样的问题用线性规划方法进行计划效果甚佳。设 x_1 为 A 产品的产量，x_2 为 B 产品的产量，则由已知条件可得下列约束条件：

$$\begin{cases}9x_1+4x_2\leqslant 360,\\4x_1+5x_2\leqslant 200,\\3x_1+10x_2\leqslant 300,\\x_1,x_2\geqslant 0,\end{cases}$$

在满足上列约束条件的情况下，我们希望净产值最大，即希望：

$$\max f(x_1,x_2)=700x_1+1\,200x_2$$

上式称为目标函数。我们可以利用许多办法求解这个问题，最后得到生产 20 个 A 产品、24 个 B 产品获得最大的净产值 42 800 元。

线性规划的一般形式为：

$$\begin{cases}\sum_{j=1}^{n}a_{ij}x_j\leqslant b_i(i=1,2,\cdots,m),\\x_j\geqslant 0(i=1,2,\cdots,m)。\end{cases}$$

目标函数：$f=\sum_{j=1}^{n}C_jx_j$。

利用线性规划的一般形式可以求解具有许多约束条件和未知变量的优化问题。但建立线性规划的数学模型必须具备几个基本条件：

① 变量之间是线性关系；

② 问题的目标可以用数字来表达；

③ 问题中应存在着能够达到目标的多种方案；

④ 达到目标是在一定的约束条件下实现的，并且这些条件能用不等式加以描述。

具备上述条件的情况到处存在，从科学研究到工业、农业、商业、交通以及军事计划等方面，都有大量的问题可以利用线性规划方法使之最优化。

4. 投入产出法

投入产出方法是由美籍经济学家沃西里·里昂惕夫在 1936 年首先提出来的。后来他又在这方面做了大量工作。由于他的突出贡献，1973 年他荣获了诺贝尔经济学奖。目前已有一百多个国家采用投入产出法进行经济方面的研究。我们国家从 1973 年以后正式引用投入产出法编制各种计划。

投入产出法是利用高等数学的方法对物质生产部门之间或产品与产品之间的数量依存关系进行科学分析，并对再生产进行综合平衡的一种现代的科学方法。它以最终产品为经济活动的目标，从整个经济系统出发确定达到平衡的条件。它的基本原理是，任何系统的经济活动都包括投入和产出两大部分。投入是指在生产活动中的消耗，产出是指生产活动的结果。在生产活动中投入和产出之间具有一定的数量关系，投入产出法就是利用这种数量关系建立投入产出表，根据投入产出表对投入与产出的关系进行科学分析，再用分析的结果来编制计划并进行综合平衡。对投入产出表进行分析,可以确定整个国民经济或部门、企业经济发展中的各种比例关系,并且能够为制定合理的价格服务。此外,这种分析可以预测某项政策实施后所产生的效果,能够从整个系统的角度编制长期或中期计划,而且易于搞好综合平衡,还可以用此种办法计算出某个在建项目对整个系统的影响。总之,投入产出法是一种实用的科学的计划方法。该方法将在国民经济核算课中进行详细介绍。

学习任务 2 掌握目标管理方法

【案例引入】

拟订可考核的目标

中兴集团公司是一家拥有 20 家子公司和分公司的大型集团企业,参与六个行业的经营。集团公司对分公司的管理方式是独立经营,集中核算。

一位分公司的总经理最近听了关于目标管理的讲座,激发了他的热情,更加增强了他关于目标管理确实有效的思想。最后他决定,在下一次职能部门会议上介绍这个概念并且看看他能做些什么。在会议上,他详细叙述了这种方法的理论发展情况,列举了在这个分公司使用这种方法的好处,并且要求他的下属人员考虑他的建议。

并不像每个人所想象的那样简单,在下一次会议上,中层经理们的提议提出了好几个问题。财务主任要求知道,“你是否有集团公司总裁分配给你的明年分公司的目标?”

分公司经理回答说:“我没有,但我一直在等待总裁办公室告诉我,他们期望我们做什么,可他们好像与此事无关一样。”

“那么分公司要做什么呢?”生产经理其实什么都不想做。

“我打算列出我对分公司的期望,”这位分公司的总经理说,“关于目标没有什么神秘的,我打算明年的销售额达到 5 000 万,税后利润率达到 8%,投资收益率为 15%,一项正在进行的项目 6 月 30 日能投产。我以后还会列出一些明确的指标,如选拔我们分公司未来的主管人员,今年年底前完成我们的新产品开发工作,以及保持员工流动率在 15%以下等等。”总经理越说越兴奋。

中层经理们对自己的领导人经过考虑提出的这些可考核的目标,以及如此明确和自信地来陈述这些目标感到惊讶,一时不知怎么说好。

“下个月,我要求你们每个人把这些目标转换成你们自己部门可考核的目标。不用说,这些目标对财务、营销、生产、工程和人事将是不同的。但是,我希望把你们的数字加起来就实现了公司的目标。”

问题：

1. 他们没有得到集团公司总裁的目标时，分公司总经理能够拟订可考核的目标吗？怎样制定？这些目标会得到下属的认可吗？
2. 对于分公司来说，要制定可行的目标，需要集团提供什么信息和帮助？
3. 这位分公司总经理设置目标的方法是否是最佳方法？你会怎么做？

一、目标管理的含义和特征

目标管理又称成果管理。它是由美国著名管理学家德鲁克在 1956 年发表的《管理实践》一书中首先提出来的。1965 年，美国另一个管理学家奥迪奥恩进一步发展了目标管理的理论。根据目标管理的理论，目标管理应分为三个阶段：(1) 目标建立。企业首先设置总体目标。企业的下属部门依据企业的总体目标制定各部门的目标。企业的每个职工依据本部门的目标制定个人目标。这样，环环相扣，形成一个目标群和目标锁链。(2) 过程管理。过程管理是指企业在实行目标管理时的一整套控制的方法。通过控制，将企业的一切活动纳入企业的总体目标之内。实行过程管理的目的是为了减少内耗，减少企业的重复管理活动。管理过程的重点是放手发动企业的职工创造实现目标的具体办法和最佳途径。(3) 评议目标实施的结果。由管理部门和职工共同评议目标实施的结果，及时修正管理过程中出现的偏差。通过评议活动，为下一个目标的实施创造更好的条件。

概括地讲，目标管理是指由某一组织自上而下确定一定时期的管理目标和任务，并自下而上地保证目标实现所进行的一系列组织管理工作的总称。

目标管理具有以下特点：第一，始终以计划目标为中心；第二，目标的执行者就是目标的制定者；第三，重点强调自我管理、自我控制、自我测定、自我评价。

二、目标管理的基本过程

目标管理实际上就是动员全体员工参加目标的制定并保证目标的实现。其过程大体分为以下几个步骤：

(一) 建立一套完整的目标体系

目标的确定是目标管理的关键。它一般采取自上而下和自下而上相结合的方式。首先，由组织的最高管理层确定组织在未来一定时期内要达到的总目标。这是目标管理的中心内容。因为任何一项管理活动都是由一个总体目标联系起来的整体，这个总体目标体现了一个组织在一定时期内各项工作的努力方向和管理目的。

然后，经过上下协商，制定出与总体目标相一致的下属各部门及个人的分目标。总体目标指导分目标，分目标保证总体目标，组织内部上下左右都有自己的具体目标，从而形成一个完整的目标体系。

(二) 组织实施

总体目标和分目标确定之后，主管人员应授权给下级成员，靠执行者的自主管理去实现目标，而主管人员则重点抓总括性管理。因为目标体系中各分目标的确定是建立在充分考虑每个人的能力的基础上的。所以，在目标管理过程中，上级管理者应对每项目标和每个人的能力持信任的态度，并对下属的工作进行指导、协助、提出问题、提供信息、创造良好的工作环境；而下属部门或人员应独立地进行工作，自行决定完成目标的方法和手段，在目标规定的范围内自主地开展业务。因此，在目标的贯彻实施过程中，应注意做到以下几点：(1) 根据目标体系的要求，明确各级各部门的协调任务和控制要求；(2) 明确目标管理的组织系统，加强对各个环节的指导和领导作用；(3) 合理调配和利用所需要的各种资源，为目标管理活动的正常开展创造条件；(4) 建立信息反馈系统，完善必不可少的统计工作；(5) 完善必要的规章制度。

(三) 检查结果

在目标实施过程中，应定期检查各项任务的进展情况，以便及时发现问题，采取相应的补救措施。在达到预定期限后，上级管理者必须和有关的下级或人员逐个地全面考核目标的完成情况，将其成果与原定目标进行比较，据此给予奖惩。在这一过程中，应注意做到以下几点：

1. 自检

员工本人对自己所完成的工作进行自检是非常重要的一件事情。因为通过自我测定和评价，可以总结经验教训，具体地找到今后提高自己工作能力、弥补自己不足的关键。

2. 商谈

面对员工本人的自检结果，上级管理者必须采取某种形式——商谈，使其找出制定下一步更高目标的依据。

3. 评价

这反映最终成果，要以一定形式同成绩评价结合起来。在进行成果评价时，要根据目标的完成程度、目标的复杂程度，以及工作的努力程度，将结果分为 A、B、C、D 四个等级：达到预期目标以上的为 A 级；正好完成预期目标的为 B 级；没有达到预期目标的为 C 级；结果与目标相反的为 D 级。

总之，对按期完成目标，成果显著的单位和个人应该予以表彰和奖励，以便鼓舞士气，为做好下一期目标管理而努力；对没有按期完成目标任务的单位和个人给予必要惩罚。

（四）新的循环

根据对目标实施结果的考核情况，制定下一阶段新的目标体系，开始新的循环。一个目标管理过程的结束，也是另一个目标管理过程的开始。目标管理就是这样一个循环往复的过程。如图 3－3 所示。

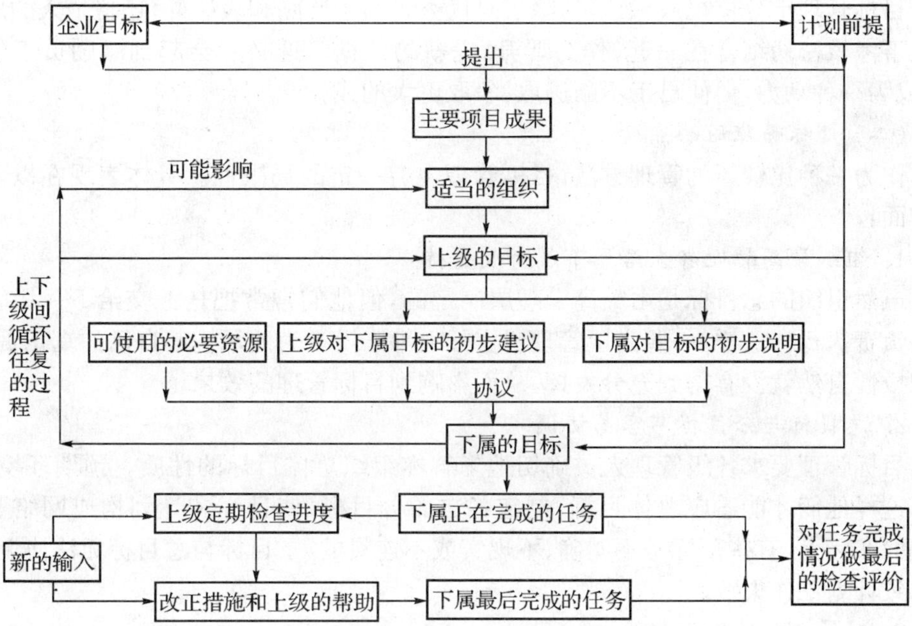

图 3－3　目标管理和评价的工作系统图

三、目标管理的优缺点

（一）目标管理的优点

目标管理是一种科学的管理方法。它对激发员工的积极性，协调企业的全部活动有着重要的作用。具体来说，其优点表现在以下几个方面：

1. 有利于充分调动广大员工的积极性

由于在目标管理的过程中能较好地听取大家的意见，并吸收员工参加管理，员工不再只是等待、执行决策与指导，而是有比较明确的职责，再加上有一个较合理的报酬奖励制度，这就形成了一个调动大家积极性的良好环境。

2. 有利于促进组织中上下级之间的沟通和交流

目标管理明确了各类人员的角色，十分重视上下级之间的协商和意见交流。无论是目标的制定、实施，还是实施结果的评价，都不是只靠上级的严格管理和监督，而主要是靠员工独立自主地工作，从而使达到目标的措施有可靠的基础。

3. 有利于各级管理者对下属进行管理

通过目标管理，组织利用其目标体系将全体成员从上到下地严密组织在一起，使每个人的工作都直接或间接地与企业的总体目标联系起来。在目标实施过程中,大家进行自我管理、自我控制,并进行定期检查,及时发现问题,及时进行调整。这样,既能协调企业的整体工作,又有利于组织长期目标的实现。

4. 有利于激励员工不断进取

目标管理十分重视成果评价,除了对优秀者给予奖励和表彰外,还将个人的成果与人事考核密切结合在一起,作为晋升、提薪的依据。这必然会起到激励员工的作用,成为一种动力,促使员工不断进取,争取更大的成就。

(二) 目标管理的缺点

作为一种比较新的管理方法,目标管理也有一定的局限性。具体表现在以下几个方面:

1. 组织最高管理者未给予下属有效支持

虽然组织的总目标是由最高管理层制定的,但他们常常把任务交给下一级管理者去负责执行。这样,一些高层管理者实际上等于没有为此承担起自己的真正责任,其积极性自然就没有得到充分发挥,从而影响到目标管理的效果。

2. 总目标与分目标不容易协调

目标管理要求各级管理人员确切地了解本组织总体目标的性质。预期环境、政策。这样他们才能适应总体目标,制定各自的分目标,使目标和计划构成网络和连锁。而实际上,有些目标是不明确、不现实或不连贯的,子目标与总目标无法协调,从而导致计划工作失败。

3. 对员工创造性的影响

为了追求目标的可考核性,目标管理有时会过分地追求数量目标,从而降低了目标的意义,影响员工的创造性。

4. 过分灵活与不灵活的倾向

未来存在着许多不确定因素,因此,目标要随着未来情况变化而调整。但如果目标经常改变,说明它没有经过周密的考虑,没有真正把握未来变化的趋势。这样的目标就没有意义,同时会给目标管理带来困难。相反,当预期环境或政策已经发生重大变化,要求放弃既定目标时,如果员工仍追求原有目标,也会给组织带来不利影响。

总之,目标管理是一种有效的管理方法,如果管理者能扬长避短,则能获得较好效果。

四、实施目标管理的方法与艺术

根据前述目标管理的基本过程,结合企业实际,目标管理可分为五大程序。它们是:(1) 组织管理目标;(2) 部门管理目标;(3) 个人管理目标;(4) 实施目标管理的基础工作;(5) 反馈与评估。

管理者在实行目标管理时,必须紧紧抓住这五大程序,才能取得目标管理的最大效益。

1. 组织管理目标

组织存在的价值既在于不断追求新的组织目标，又在于帮助组织内部的每个成员制定与组织目标取向一致的个人目标，以表达共同致力于组织事业的意向。个人目标在组织管理目标指导下，实行规范的管理活动，并从管理的实践中满足自己的需要。因此，组织管理目标犹如一面战斗的旗帜，在这面旗帜下，聚集管理系统的一切管理因素，它是目标管理成功的关键。因此，现代管理者在实行目标管理时，都十分重视组织管理目标的制定。制定组织管理目标必须遵循调查研究、排列矛盾、目标选优这三条原则。

(1) 调查研究

调查研究是组织管理目标的基础。参加组织管理目标制定的领导、专家、智囊团要深入调查研究，准确地获取反映客观事物本质属性的信息。获取信息的要求：一要全面，也就是对各种孤立的、片面的、肤浅的、零碎的消息、情报、数据、资料兼收并蓄；二要准确，也就是要对收集来的信息做好筛选工作，要去粗取精、去伪存真、由此及彼、由表及里地进行制作加工，找出能揭示事物本质属性的信息；三要适时，客观事物处在永恒的发展变化之中，反映客观事物属性的信息也处在变化之中。适时的信息是制定组织管理目标的依据。只有经过深入的调查研究，管理者才能知己知彼，从而制定出催人奋进的组织管理目标。

调查研究首先要了解管理系统人、财、物状况，如人才结构、人才流向、基建情况、财政收入情况等。通过对管理系统人、财、物等的调查，管理者就能对管理系统的承受能力有一个客观的估计。系统的承受能力是设计组织管理目标"适度性"的客观依据。其次，要调查管理系统的组织机构状况。通过调查，管理者可以对管理系统的组织机构设置合理与否有一个基本估价。目标管理对组织机构的合理化程度有较高的要求。比如它需要有一个强有力的信息反馈机构、综合协调部门。管理者一旦发现组织机构不合理，应在实行目标管理前，进行适当的调整。最后，通过调查，确定管理系统目前的主要任务。例如，一个工厂在制定组织管理目标时，厂长务必对本厂产品开发、市场销售、产值完成状况有一个客观的了解，同时还要预测社会环境的变化，对本厂主要任务的完成可能产生的影响。通过以上几方面的调查，就能确定当前的主要任务，提出下一步的管理目标。

(2) 排列矛盾

排列矛盾是确定主要矛盾的方法。它的程序是：

① 先排列出所有的矛盾。

② 对各个矛盾进行定量、定位分析。定量分析是指矛盾的量化过程，即矛盾在管理系统发展过程中所占的比重。定位分析是指将矛盾放在一定的背景中进行分析。

③ 确定主要矛盾。确定主要矛盾后，管理系统的领导就要考虑那些对解决主要

矛盾起举足轻重作用的其他矛盾。这些矛盾既构成了矛盾的层次性，也将构成管理中的目标层次，对组织目标起着重大作用。因为任何一个组织管理目标都必须有实现的可能性，而这个可能性必须要以能解决其他主要层次矛盾为基础，否则，这个组织管理目标会成为空中楼阁，失去现实意义。比如，一所外国语学院的组织目标是从单科性的语言学院向多科性的应用文科大学发展。要完成这个组织目标，必须要解决师资、教学设备、教学用房等问题。这些问题的解决程度决定了组织管理目标实现的程度。因此，这个学院的领导人在确定组织目标之前，必须认真研究师资、教学设备、教学用房改善的可能性。根据可能性的程度，确定实现组织管理目标的具体步骤。如果不能解决师资等问题，实现单科性语言学院向多科性应用文科大学发展的组织管理目标就是一句空话。

(3) 目标选优

确定主要矛盾也就确定了组织管理目标。但是，为了使目标管理更具有科学性和客观性，一定要有目标选优。目标选优的方法是：

① 根据确定的主要矛盾，设计 2～3 个组织管理目标。

② 组成一个目标决策小组。决策小组一般由管理组织的党政领导、部门领导、员工代表、有关专家等组成。

③ 从 2～3 个组织管理目标中选出一个最能体现组织特点、现况的目标。

④ 通过一定的民主程序，组织内部的每一个成员都能了解和支持已经决策的目标。

2. 部门管理目标

组织管理目标是最高层次的目标，起着指导、协调、控制整个管理系统活动的作用。但是，它仍然是抽象的、宏观的概念。要将抽象的、宏观的组织管理目标变为实质性的工作，需要目标分解。目标分解是目标管理的重要环节。制定部门管理目标是目标分解的过程。管理系统中的部门领导在制定部门管理目标时，除了注意调查研究、排列矛盾、目标选优三大程序外，还必须树立两个基本观点：

(1) 部门管理目标必须符合组织管理目标的观点。

部门是整个管理系统中的一个局部，是组织管理目标中的一个环节。因此，任何部门的管理目标都不能超越自己的责权范围，不能超越组织管理目标。

(2) 不能过分强化本部门管理目标的观点过分强化本部门的目标，有可能排斥其他部门的目标，结果导致管理系统的功能性混乱。

各部门的管理目标产生后，领导者要注意以下两方面的工作：

第一，对各部门的目标作综合分析，进行目标指导。由于工作责权、范围的限制，部门管理目标一般很难一下子与组织管理目标完全合拍。不能完全合拍的基本表现是：部门管理目标不能忠实地反映组织管理目标，部门之间的目标出现重复或冲突。这样，就需要管理系统的最高领导进行目标指导。目标指导的基本做法有两条：

① 对中层干部进行目标管理过程的培训，使他们掌握制定目标的程序，懂得与组织管理目标一致的重要性。② 管理系统的最高领导要对各部门的管理目标进行综合分析。通过分析，进行目标协调，通过目标协调，部门之间的管理目标趋向合理和统一。

第二，主要领导向部门下达目标管理书，进行目标分解。部门管理目标在得到上级领导与部门领导双方认可后，就要以目标管理书的形式确定下来。目标管理书是目标分解的内容。部门领导一旦与上级领导签署了部门目标管理书，这个目标管理书在管理系统的活动中就具有了法定的地位。部门管理目标书对部门来说是一种约束，对管理系统来说是一种控制。整个管理系统就是通过这种有序的约束和控制来达到目标管理效益的。

3. 个人管理目标

个人管理目标实际上就是目标再分解。部门管理目标就组织管理目标而言是比较具体的，它组成了管理系统中诸多的行动方案。然而，即使是行动方案，仍然还是纸上的东西。要将具体的工作指标化为具体的管理活动，必须要进行目标再分解。目标再分解的对象是基层的每一个干部或职工。制定个人管理目标必须要遵循以下的程序：

(1) 讨论部门管理目标

在制定个人管理目标之前，应先将部门管理目标交给有关人员讨论。通过讨论，基层人员会逐步加深对部门管理目标的理解。在讨论过程中，中层干部应详细地介绍实现本部门管理目标的有利因素和不利因素，告诉广大基层人员，实现部门管理目标必然会给集体和个人带来利益和实惠。通过宣传和教育激发起基层人员实现组织管理目标和部门管理目标的信心。在讨论过程中，要注意充分发挥人的积极性。

比如，工程师可以在他(她)管理的范围里提出自己的管理目标，销售科长可以在他(她)销售领域里提出目标设想。

(2) 制定个人管理目标

基层人员在深刻领会部门管理目标的精神后，制定个人管理目标，个人管理目标必须能体现组织管理目标和部门管理目标的精神，必须是这两大目标的组成部分。任何脱离整体管理目标的个人管理目标，不管它客观与否都是不可取的。在制定个人管理目标时，中层领导必须尊重基层人员在自己工作范围内的权威性。只有这样，才能保证部门管理目标的实现。

(3) 部门领导下达个人目标管理书

下达个人目标管理书是目标再分解的过程。在下达目标管理书之前，部门领导要对个人管理目标进行目标指导。在下达目标管理书时，部门领导一定要掌握“客观、适当、可行”的六字原则。客观是指分解的目标必同组织管理目标、部门管理目标紧紧相扣，与之相适应。适当是指下达的任务基本上与目标管理对象的能力相等或略高一些。这就要求中层领导要熟识下属人员的能力、擅长、爱好。可行是指下达的每一项任务必须有可行性,基本上能与个人制定的管理目标一致或略高一些。

4. 实施目标管理的基础工作

目标管理是近十年来发展起来的一种新的管理方法。它对于我国大部分已经实行目标管理或将实行目标管理的企事业单位来说,还需要一个不断完善和适应的过程。实施目标的过程是控制管理运动的过程。实践证明,实施目标管理需要有一整套目标控制的措施和程序。

这些措施和程序构成了实施目标的方法。简而言之,在实施目标管理之前,要注意做好以下几项基础工作:

(1) 对各级干部进行现代管理知识培训,提高他们对目标管一理的承受力和适应力。

首先,是通过培训教育干部树立全局观点。目标管理要求各级干部打破以本部门为中心、以我为中心的思维方式。组织管理目标是目标管理的导向。管理系统中的各个管理要素必须无条件服从这个导向,并沿着这个导向进行连续不断的运动。每个干部都要明确部门与整体、个人与集体的正确关系,都要明确自己在目标锁链中所处的位置。干部只有明确了以上这些关系,才能将本部门的工作与整体的工作有机地结合起来,将个人的目标与组织的目标统一起来。这样,当上级领导为了全局的利益要求他们暂时牺牲局部利益时,他们才会顾全大局,忍痛割爱。

其次,是通过培训提高干部授权、分权的能力。目标管理链中的每一级干部在自己的管辖范围内都拥有一定的权力,而他们的权力都是上一级授予的。组织管理目标的层层分解正是在授权、分权的过程中完成的。这就要求干部必须具有授权、分权的能力。目标分解是目标管理的重要环节,目标分解的关键在于识人善任。只有把目标下达给合适的人,并赋予他完成目标的权力,才算是真正完成了目标分解。再次,通过培训使各级干部具备横向联系、横向协调的能力。必须认识到,无论领导者采取什么样的措施,目标与目标、部门与部门之间的冲突,在实践过程中仍然存在。这就需要加强横向联系、横向协调。目标管理中的任何环节出了问题,如果不注意解决,都会影响组织管理目标的实现。因此,它要求各级干部能顾大局、识大体,善于从不同类型的冲突中寻找共同点,携手共进。当然,干部能力的提高和观念的转变是一个渐进的过程,因此,目标管理也不可能一蹴而就。它需要有一个逐步深化的过程。

(2) 建立以实现组织管理目标为核心的规章制度。

"没有规矩,不成方圆"。没有一套与目标管理相适应的规章制度,就无法保证目标管理的顺利进行。

首先要建立责、权、利三位一体的实绩标准。目标管理的目标由一定的量组成,通过量的变化,提高管理工作的质。目标管理通过目标层层分解,将软性的指示变为硬性的指标,将抽象的任务变为具体的任务,从而提高管理的效益。管理工作的量化和具体化,使对各级干部的考核有了一定的实绩标准。干部的实绩应成为提薪、晋级的主要标准。对目标管理中的有功人员给予重奖，鼓励各级人员在各自的工作范围内尽心尽职。而对达不到目标管理要求的人员则应作客观分析。如果是本人不努力，要进行批评教育；如果是能力差，一下子难以适应目标管理要求，就应进行岗位培训。通过批评教育、岗位培训仍然达不到目标管理要求的干部，必须将他们从岗位上撤下来。在这方面，管理者决不能姑息。对于那些工作出色、实绩突出的干部应给予必要的物质和精神奖励。在他们取得某一层次领导经验、具备某一层次管理能力之后，根据条件的可能，应及时给予提拔和重用。

其次，应建立双向信息交流网络。目标管理要求管理系统有一个高效的双向信息交流的网络，及时沟通部门之间、上下级之间、管理系统内部与外部之间的信息，以形成合力，共同作战。信息交流不畅、媒介途径梗塞，会降低目标管理的效益。

再次，要加强思想政治工作，形成组织的向心力和凝聚力。思想政治工作的对象是人，尊重人、理解人、关心人是思想政治工作的基本出发点之一。通过对人的思想教育，形成组织的凝聚力。在目标管理的部门里，思想政治工作大致从四个方面开展：第一，塑造企业精神，建设企业文化。要使全体人员不仅在物质上的追求方面同管理系统的发展联系起来，而且要在精神上的追求方面也同管理系统的发展连在一起，使企业精神成为全体人员的精神支柱和工作动力。第二，注意感情投资，真心实意地为全体人员办实事，为他们排忧解难。真正做到“感情留人，事业留人，待遇留人”。感情投资可以换来全体人员对部门的忠诚、信赖，使他们树立实现组织管理目标的责任感。第三，民主管理。努力创造民主管理的环境，使管理系统中的每一个人都获得参与决策、使用民主权利的机会，从而认识到自我的价值，对实现组织管理目标产生唇齿相依的附属感。民主管理的内容大致包括：职工质询干部制度、民主评议决策制度、领导接待群众制度、领导与职工代表对话制度、领导信箱等。第四，帮助职工树立正确的人生观和世界观，使他们能正确处理个人与集体、集体与国家利益之间的关系，能为国家和民族的振兴、企业的发展多做贡献。

5. 反馈与评估

反馈和评估是目标管理的最后程序。任何一种管理都不可能是完美无缺的，目标管理也是这样。通过反馈和评估，可以不断地完善目标管理的程序，提高目标管理的效益。

(1) 定期召开目标管理研讨会

研讨会可以先由各部门介绍目标管理过程中的情况，然后提出目前存在的问题，通过互相介绍情况，达到交流经验的目的。对于各部门提出的问题，领导者必须给予高度的重视，并采取相应的对策。在研讨会上，可能会出现部门之间的冲突，领导者必须善于引导，善于协调，使他们相互谅解。这样，整个目标管理就能持续、稳定、协调地向前发展。

(2) 定期召开干部考核会

目标管理的对象在各自的管理层中汇报目标实施的情况。考核对象不需泛泛而谈，只要就目标管理书上的任务逐项汇报即可。汇报后，主持工作的领导者对目标管理对象做工作讲评。目标管理的考核重点是求实。一个干部的工作好坏与否只能以工作实绩体现出来。对于那些在工作中作出成绩、有创新者，应给予表扬和奖励。在表扬和奖励的时候，要掌握时效性原则。这样就能及时发现先进，表扬先进，对那些工作尚不努力者亦起督促作用。

在目标管理考核会上，要反对报喜不报忧的现象。报喜不报忧会给目标管理工作带来极大的危害。第一，它使上级领导不明下情，进而无法形成正确的决策进行卓有成效的指挥。第二，它搞乱了人们的思想，助长了弄虚作假的歪风，混淆了是非界线，使人们对正确的东西不敢相信，对错误的东西不敢怀疑，给目标管理带来极大的危机。第三，掩盖矛盾，使局部问题日积月累，导致质变，破坏了组织管理目标的实现。第四，破坏了团结，因为它使一些部门和个人受到不应有的表扬、提拔和重用，而那些敢于讲真话、主持正义的人见此无不感到心寒，这样造成上下级之间、部门之间的关系紧张。第五，腐蚀了干部，降低领导机构的威信。因此，在进行目标管理考核时，要坚决杜绝报喜不报忧的现象。

(3) 定期通报情况

以信息发布会、信息简报等形式，定期向有关人员通报目标管理实施的情况和进程，使目标管理中每一个层次的人员都明确现阶段的主要任务。

学习任务 3
掌握基本的定性决策方法

【案例引入】

铱星的悲剧

2000 年 3 月 18 日，两年前曾耗资 50 多亿美元建造 66 颗低轨卫星系统的美国铱星公司，背负着 40 多亿美元的债务宣告破产。铱星所创造的科技童话及其在移动通信领域的里程碑意义，使我们在惜别铱星的时刻猛然警醒：电信产业的巨额投资往往使某种技术成为赌注。技术的前沿性固然非常重要，但决定赌注胜负的关键却是市场。

铱星的悲剧告诉我们，技术不能代替市场，决策失误导致铱星陨落。

铱星代表了未来通信发展的方向，但仅凭技术的优势并不能保证市场的胜利。“他们在错误的时间，错误的市场，投入了错误的产品。”这是业界权威对铱星陨落的评价。

第一,技术选择失误。铱星系统技术上的先进性在目前的卫星通信系统中处于领先地位。但这一系统风险大,成本过高,维护成本相当高。

第二,市场定位错误。谁也不能否认铱星的高科技含量,但用66颗高技术卫星编织起来的世纪末科技童话在商用之初却把自己的位置定在了"贵族科技"上。铱星手机价格每部高达3 000美元,加上高昂的通话费用,使得通信公司运营最基础的前提——用户发展数目远低于它的预想。在开业的前两个季度,铱星在全球只发展了1万个用户,而根据铱星方面的预计,初期仅在中国市场就要达到10万用户。这使得铱星公司前两个季度的亏损即达10亿美元。尽管铱星手机后来降低了收费,但仍未能扭转颓势。

第三,决策失误。有专家认为,铱星系统在1998年11月份投入商业服务的决定是毁灭性的。受投资方及签订的合约所限,在系统本身不完善的情况下,铱星系统迫于时间表的压力而匆匆投入商用,差劲的服务给用户留下的第一印象对于铱星公司来说是灾难性的。因此,到铱星公司宣布破产保护时为止,铱星公司的客户还只有2万多家,而该公司要实现赢利至少需要65万个用户,每年光维护费就要几亿美元。

第四,销售渠道不畅。铱星系统投入商业运营时未能向零售商们供应铱星电话机。有需求而不能及时得到满足,这也损失了不少用户。

第五,作为一个全球性的个人卫星通信系统,理论上它应该是在全球通信市场开放的情况下,由一个经营者在全球统一负责经营,而事实上这是根本不现实的。

由于以上这些原因造成了铱星的债务累累,入不敷出。

问题:

结合铱星公司破产的案例,谈谈你对企业决策重要性的认识和体会。

一、决策的原则

决策,就是指为了达到一定的目标,从两个以上的可行方案中选择一个合理方案的分析判断过程。

科学决策应遵循以下六点原则:

1. 满意原则

满意原则是针对最优化原则提出来的。最优化的理论假设是把决策者作为完全理性的人,决策是以绝对的理性为指导,按最优化准则行事的结果。但是处于复杂多变环境中的企业和决策者,要对未来作出绝对理性的判断是不可能的。因为决策者不可能全部掌握对决策相关的一切信息;也不可能完全知晓对可供选择的方案及其后果；更不可能准确预测对未来的外部环境及内部条件等等。因此，决策者不可能作出最优化的决策。

我们讲的满意决策，就是能够满足合理目标要求的决策。具体地讲，它包括以下内容：

(1) 决策目标追求的不是使企业及其期望达到理想的完善，而是使它们能够得到切实的改善，实力得到增强。

(2) 决策备选方案不是越多越好、越复杂越好，而是要达到能够满足分析对比和实现决策目标的要求，能够较充分利用外部环境提供的机会，并能较好地利用内部资源。

(3) 决策方案选择不是避免一切风险，而是对可实现决策目标的方案进行权衡，做到"两利相权取其大"、"两弊相权取其小"。

2. *层级原则*

决策在企业内分级进行，是企业业务活动的客观要求。这是因为：

(1) 组织需要的决策一般都非常广泛，复杂，是高层管理者难以全部胜任的，必须按其难度和重要程度分级决策。

(2) 组织管理的重要原则是责权对等、分权管理。实现分级决策，把部分重复进行的、程序化的决策权下放给下属，有利于分权管理。所以说，分级决策是分权管理的核心。

(3) 组织都建立有管理者制度和层级管理机构。而管理者制度和层级管理机构要有效运行，必须遵循一定的规则。其中包括确定决策机构的具体形式；明确决策机构同执行机构之间的关系，等等。这些规则的建立和运行也要以决策的层级原则为基础。

当然，无论决策分几级进行，在每一级中只能有一个决策机构，以免政出多门。实行层级决策既有利于组织高层决策者集中精力抓好战略决策、例外决策，同时又可提高下级单位和管理者的主动性和责任心。

3. *集体和个人相结合的原则*

(1) 决策既要充分利用机会，减少风险，又要有人敢于负责，能够抓住机会，当机立断。否则，就会错失良机。因此，既不能事事集体决策，大家参与；又不能事事个人决策，一人拍板。要坚持集体决策与个人决策相结合的原则，根据决策事物的轻重缓急，对那些带有战略性、非程序化的非确定型的事关组织全局的决策等，应实行集体决策，对其他的应酌情选择个人决策或集体决策。

(2) 决策作为决策者的意志反映，由少数人进行，意见最易统一；而决策要得到顺利实施，就需要有较多的人参与，反映各方面人士的意见，把不同看法、意见、分歧解决在决策过程之中。因此，组织在建立决策体系时，应注意发挥个人的主动性和集体的积极性，把决策的制定和执行紧密地衔接起来。

4. 整体效用的原则

组织作为独立个体,它内部有许多单元。这些单元同组织之间存在着局部与整体的关系。因此,决策者在做决策时,应正确处理组织内部各个单元之间、组织与社会、组织与其他之间的关系,在充分考虑局部利益的基础上,把提高整体效用放在首位,实现决策方案的整体满意。

5. 可执行性原则

这是指一项决策的实现,在市场、生产技术、资金、人力、物力上应是可行的,具有一定的保证程度,并且在经济上能取得一定的效益。也就是说,任何决策都要经过可行性研究。决策必须可行,这虽然为人们所熟知和公认,但不是每个决策者都能认真执行。有的在客观上时间紧迫,来不及详细分析;有的是主观上急于求成或好大喜功,忽视可行性研究。这些都会引起决策错误。

6. 定性分析与定量分析相结合的原则

定性分析是指根据人们对客观情况和客观规律的认识和经验,运用个人或集体的智慧和判断力,对事物的性质及其发展变化趋向进行逻辑判断,做出决定。定量分析是指对事物的数量方面,运用有关的科学原理和数学方法进行计算和分析,揭示事物间的数量关系,来判断事物的特性及其发展变化的规律性。不论定性分析还是定量分析,都要作好调查研究,搜集有关的信息和数据,掌握信息系统。否则,无论定性或定量的分析都无所依据或依据不足。过去,决策往往是依靠决策者进行定性判断,缺乏量的计算和依据。随着科学技术的进步,特别是管理科学的定量分析方法的发展,数学方法与电子计算机在管理上的应用,为决策的定量分析提供了科学原理和科学手段。因此,现代的决策,都要进行定量的分析研究,用数据说话,提高决策的科学水平。同时必须指出,定性分析在决策中仍然是很重要的,人的经验和才智仍是重要因素。西蒙在他的决策理论中指出,在决策中应用定量方法的同时,必须重视心理因素,人际关系等社会因素的作用。我们知道,不是任何问题都可以进行定量计算,有的只能做定性研究,定量分析只提供有价值的参考数据,不能代替人的经验,而决策最后还是由决策者的才智、胆略进行抉择。当然,仅凭经验,不作定量分析,主观武断是十分错误的。定性分析与定量分析必须结合运用,过分强调或忽视任何一面,都不可能作出正确的决策。

二、定性决策方法

定性决策方法是决策者根据所掌握的信息,通过对事物运动规律的分析,在把握事物内在本质联系基础上进行决策的方法。定性决策方法主要有下述几种:

1. 头脑风暴法

头脑风暴法也叫思维共振法,即通过有关专家之间的信息交流,引起思维共振,产生组合效应,从而产生创造性思维。用该法进行决策或预测必须遵守以下原则:

(1) 严格限制预测对象范围,明确具体要求;

(2) 不能对别人意见提出怀疑和批评，要认真研究任何一种设想，而不管其表面看来多么不可行；

(3) 鼓励专家对已提出的方案进行补充、修正或综合；

(4) 解除与会者顾虑，创造自由发表意见而不受约束的气氛；

(5) 提倡简短精练的发言，尽量减少详述；

(6) 与会专家不能宣读事先准备好的发言稿；

(7) 与会专家人数一般为 10～25，会议时间一般为 20～60 分钟。

从过程看，头脑风暴法一般分为三个阶段：第一阶段是对已提出的每一种设想进行质疑，并在质疑中产生新设想，同时着重研究有碍于实现设想的问题。第二阶段是对每一种设想编制一个评价意见一览表，同时编制一个可行性设想一览表。第三个阶段是对质疑过程中所提意见进行总结，以便形成一组对解决所论及问题的最终设想。实践证明，头脑风暴法可以排除折衷方案，对所决策的问题通过客观分析可找到一组切实可行的方案。

2. 特尔菲法

特尔菲法是由美国著名的兰德公司首创并用于预测和决策的方法，该法是以匿名方式通过几轮函询征求专家的意见，组织预测小组对每一轮的意见进行汇总整理后作为参考再发给各专家，供他们分析判断以提出新的论证。几轮反复后，专家意见渐趋一致，最后供决策者进行决策。

特尔菲法是一种广为适用的预测决策方法，其基本步骤如下：

(1) 确定预测题目。预测题目即预测所要解决的问题，预测题目要具体明确，适合实际需要。

(2) 选择专家。选择专家是特尔菲法的重要环节，因为预测结果的可靠性取决于所选专家对预测主题了解的深度和广度。选择专家需解决四个问题：第一，什么是专家？特尔菲法所选专家是指在预测主题领域从事 10 年以上的技术人员或管理者。第二，怎样选专家？怎样选专家要由预测或决策任务而定。如果预测或决策主题较多地涉及组织内部情况或组织机密，则最好从内部选取专家。如果预测和决策主题仅关系某一具体技术的发展，则最好从组织外部挑选甚至从国外挑选。第三，选择什么样的专家？所选专家不仅要精通技术，有一定的名望和代表性，而且还应具备一定的边缘科学知识。第四，专家人数。专家人数要视所预测或决策问题的复杂性而定。人数太少会限制学科的代表性和权威性；人数太多则难以组织。一般人数为 10～15 为宜，对重大问题的预测或决策专家人数可相应增加。

(3) 制定调查表。即把预测或决策问题项目有次序地排列成表格形式，调查表项目应少而精。为使专家对特尔菲法有所了解，调查表中前言部分应对特尔菲法进行介绍。

(4) 预测过程。特尔菲法预测一般要分四轮进行：第一轮把调查表发给各专家，调查表只提出预测主题，让各专家提出应预测的事件。第二轮由决策者把第一轮调查表进行综合整理，归并同类事件，排除次要事件，做出第二轮调查表再返给各专家，由各专家对第二轮调查表所列事件作出评价，阐明自己的意见。第三轮，对第二轮的结果进行统计整理后再次反馈给每个专家，以便其重新考虑自己的意见并充分陈述理由，尤其是要求持异端意见的专家要充分阐明理由，因为他们的依据经常是其他专家所忽略的或未曾研究的一些问题，而这些依据又会对其他成员的重新判断产生影响。第四轮是在第三轮基础上专家们再进行预测，最后由决策者在统计分析基础上做出结论。

(5) 做出预测结论。经过多次反馈后，一般是意见渐趋一致，或对立的意见已十分明显，此时便可把资料整理出来，做出预测结论。

特菲尔法有下述特点：

第一，匿名性。为克服专家之间因名望、权力尊重等心理影响，特菲尔法采用匿名函询征求意见，以保证各成员能独立地做出自己的判断。

第二，多轮反馈。通过多轮反馈可使各成员充分借鉴其他成员的意见并对自己的意见不断修正。

第三，统计性。特菲尔法属定性决策，但对专家成员的意见采用统计方法予以定量处理。

3. 哥顿法

哥顿法是美国人哥顿于 1964 年提出的决策方法。该法与头脑风暴法相类似，由会议主持人先把决策问题向会议成员作笼统的介绍，然后由会议成员(即专家成员)海阔天空地讨论解决方案；当会议进行到适当时机，决策者将决策的具体问题展示给小组成员，使小组成员的讨论进一步深化，最后由决策者吸收讨论结果进行决策。

4. 其他定性决策方法

除了上述三种定性决策外，另有下述几种决策方法也属定性决策。

(1)淘汰法。即先根据一定条件和标准，对全部备选方案筛选一遍，把达不到要求的方案淘汰掉，以达到缩小选择范围的目的。淘汰的方法有：① 规定最低满意度，达不到满意度的方案予以淘汰。如规定投资回收期为 3 年，超过 3 年的方案就予以先行淘汰。② 规定约束条件，凡备选方案中不符合约束条件的便予以剔除。如现可获得的资金来源为 1 000 万元，凡超过 1 000 万元的投资予以淘汰。③ 根据目标主次筛选方案。在多目标决策情况下，并非所有目标都同等重要，决策者可根据目标的重要程度，对那些与主要目标关系不大的方案淘汰掉。

(2) 环比法(0—1 评分法)。即在所有方案中两两比较，优者得 1 分，劣者得 0 分，然后以各方案得分多少为标准选择方案。假如有四个方案，两两对比后各方案得分如表 3 - 1。

表 3-1

被比较方案 / 比较方案	甲	乙	丙	丁	总分
甲		1	1	1	3
乙	0		0	1	1
丙	0	1		1	2
丁	0	0	0		0

由表可知，甲方案的得分最多，应选甲。

(3) 归类法。指先将类似方案归类，然后再进行选择。归类后简化方案选择的方法有两类：一是先从各类方案内部选择一个或两个最优者，然后再把各类方案中的最优方案进行比较。二是先选类，再从所选类中挑选最优方案。

学习任务 4

掌握基本的定量决策方法

【案例引入】

国外某石油公司的决策

国外某石油公司，为了从能源危机中获取巨额利润，对试图从油母叶岩中提取石油制品这一事件进行决策。从目前国际形势看，石油价格可能有 4 种变动状态：(1) 价格下降，低于现价(低价)；(2) 价格上涨，高于现价(高价)；(3) 现价不变；(4) 出现禁运，价格猛涨(禁运)。根据上述情况分析，公司做出在未来 10 年时间内开发油母叶岩的 3 种策略：(1) 研究：集中力量研究该油的炼油过程，以降低成本；(2) 边研究、边开发：两者结合，但开发仍按现有工艺进行，会有亏损；(3) 应急开发计划：按现有工艺尽快开发，风险更大。各方案的损益值见下表。

表 3-2 损益表 (单位：百万元)

方案 / 损益值 / 状态	研究	边研究、边开发	应急开发
低价	−50	−150	−500
现价	0	−50	−200
高价	50	100	0
禁运	55	150	500

问题：

请分别按不确定型决策的五种准则做出方案选择；以你自己的个人价值观来进行决策，你会选取哪一方案？为什么？

定量决策方法是利用数学模型进行优选决策方案的决策方法。根据数学模型涉及的决策问题的性质（或者说根据所选方案结果的可靠性），定量决策方法一般分为确定型决策、风险型决策和不确定型决策三类，下面分别予以介绍。

一、确定型决策方法

确定型决策方法的特点是只要满足数学模型的前提条件，决策方案就肯定会出现模型给出的特定结果。属于确定型决策方法的模型很多，本书主要介绍常用的两种模型：盈亏平衡分析模型和经济批量模型。

1. 盈亏平衡点法

（1）盈亏平衡点法基本原理。盈亏平衡点法是进行产量决策常用的方法。该方法基本特点是把成本分为固定成本和可变量或某一盈利水平的产量。其中可变成本与总收益为产量的函数，当可变成本、总收益与产量为线性关系时，总收益、总成本和产量的关系如图 3－4 所示。

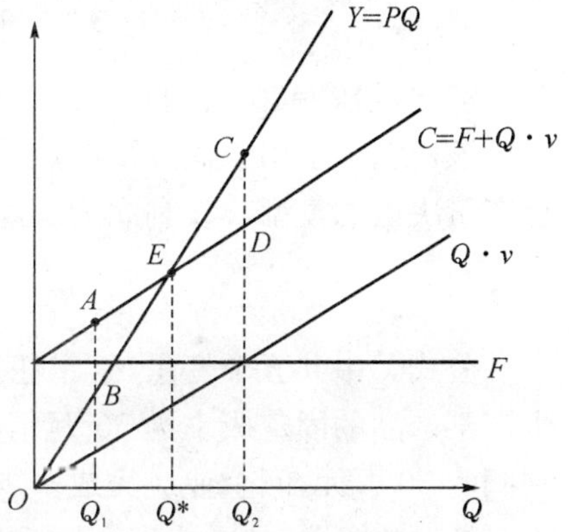

图 3－4

图中，Q 表示业务量，F 表示固定成本，v 表示单位产品的可变成本，C 表示总成本，Y 表示总收益，P 表示单位产品价格。

图中纵坐标表示总收益（Y）、总成本（C）、固定成本（F）及可变总成本（$Q \cdot v$）。横坐标表示业务量（产量或销量，用 Q 表示，该模型假定产销量一致）。总收益 Y 是单位销售价格 P 与产量 Q 的乘积；总成本 C 等于固定成本 F 加上可变成本 $Q \cdot v$。总收益曲线 Y 与总成本曲线 C 的交点 E 对应的产量 Q^* 就是总收益等于总成本（即盈亏平衡）时的产量，E 点就是盈亏平衡点。在 E 点的左边，即 $Q_1 < Q^*$，总成本曲线位于总收益曲线之上，即亏损区域，其中 C 与 Y 之间的纵坐标距离就是相应业务量下的亏损额，如 Q_1 处的亏损额为 AB。在 E 点的右边，即 $Q_2 > Q^*$，总收益线位于总成本之上，即盈利区域，Y 与 C 之间的垂直距离就是相应产量下的盈利额。如 Q_2 对应的盈利额为 CD。

用盈亏平衡点法进行产量决策时应以 Q^* 为最低点，因为低于该产量就会产生亏损。对新方案的选择是如此，对于现有的生产能力是否在 $Q<Q^*$ 时就一定要停产呢？由上图可知，停产时的亏损额为 F，即固定成本支出，而在 OQ^* 区间内的任一点的亏损额$(C-Y)$都低于 F。所以企业生产能力形成后，即使受市场销量的约束使产量进入亏损区也不应做出停产决策，即两害相权取其轻。

上图所示盈亏平衡点基本原理也可由公式来表示。由于在 Q^* 点有 $Y=C$，即：

$PQ^*=F+Q^*\cdot v$，故盈亏平衡点产量

$$Q^*=\frac{F}{P-v} \quad ①$$

公式①中有四个变量，给定任何三个便可求出另外一个变量的值。例如，某公司生产某产品的固定成本为 50 万元，单位可变成本为 10 元，产品单位售价为 15 元，其盈亏平衡点的产量为：

$$Q^*=\frac{F}{P-v}=\frac{500\ 000}{15-10}=10(\text{万件})$$

再如，某公司生产某产品固定成本为 50 万元，产品单位售价为 80 元，本年度产品订单为 1 万件，问单位可变成本降至什么水平才不至于亏损？据题意有：

$$10\ 000=\frac{500\ 000}{80-v}$$

解之得：$v=30$(元/件)

该模型除了用于盈亏平衡点的产量、成本决策外，再增加一利润变量便扩展为任意产量决策的模型。设利润为 Z，根据定义有：$Z=PQ-(F+v\cdot Q)$，即：

$$Q=\frac{F+Z}{P-v} \quad ②$$

公式②中共五个变量，给定任意四个便可求出另外一个变量的值。例如，某企业生产某产品的固定成本为 50 万元，单位售价 80 元，单位可变成本 40 元，若企业目标利润为 30 万元，问企业应完成多少件销量？由公式②可得：

$$Q=\frac{F+Z}{P-v}=\frac{500\ 000+300\ 000}{80-40}=20\ 000(\text{件})$$

再如，上例中固定成本、单位可变成本、产品销价不变，若本年预计销量为 5 万件，求利润额(亏损额)是多少？依题意有：

$$Z=PQ-(F+Qv)=80\times 5\ 000-(500\ 000+5\ 000\times 40)=150(\text{万元})$$

(2) 盈亏平衡点法的其他应用。下面结合示例，系统地介绍多品种经营条件下的量、本、利分析方法。

例如，某企业从事 A、B、C、D、E、F 等多种产品的生产。已知该企业的固定费用为 12 000 元。现给出该企业各产品的销售量、售价、单位产品边际贡献。试计算该企业盈亏平衡时的销售额。

表 3-3　某企业产品生产资料表

产品	销售量	价格	单位产品边际贡献
A	100	50	30
B	100	60	30
C	100	80	44
D	100	60	24
E	100	40	10
F	100	60	27

解：计算各产品的销售额：

$S_A = 5\,000$　　$S_B = 6\,000$

$S_C = 8\,000$　　$S_D = 6\,000$

$S_E = 4\,000$　　$S_F = 6\,000$

计算各产品的边际贡献率

$u_A = 60\%$　　$u_B = 50\%$

$u_C = 55\%$　　$u_D = 40\%$

$u_E = 25\%$　　$u_F = 45\%$

按边际贡献率的高低，依次排列并计算有关参数：

表 3-4

产品	$\sum S$	边际贡献	$\sum_m$	$\sum_m - F$
A	5 000	3 000	3 000	−9 000
C	13 000	4 400	7 400	−4 600
B	19 000	3 000	10 400	−1 600
F	25 000	2 700	13 100	1 100
D	31 000	2 400	15 500	3 500
E	35 000	1 000	16 500	4 500

分析：企业盈亏平衡时，企业的边际贡献总额等于固定费用。如果企业只经营A、C、B三种产品时，企业亏损。如果企业经营A、C、B和其他任何产品，企业就会盈利。很显然，企业的盈亏平衡销售规模在19 000和25 000之间。

解决问题的方法有两个：(1) 在19 000的基础上，加上三种产品亏损的1 600对应的销售额，亏损部分从F产品中补充；(2) 在25 000的基础上，减少F产品带来的1 100对应的盈利部分也从F产品中扣除，即得到企业盈利平衡时的销售额。

总结：根据以上例题的分析，可以归纳以下几点：

① 边际贡献率是计算的一个重要指标。在计算过程中，必须按边际贡献率的高低，优先安排边际贡献率高的产品的生产与经营。

② 在列表计算中，在 $\sum_m - F > 0$ 与 $\sum_m - F < 0$ 之间，存在一条分水岭，计算中所使用的数据均在该分水岭的两侧。

③ 根据以上的计算过程，可以推算出计算公式：$s_0=\sum_{i=1}^{n}S_i+\frac{\left|\sum_{i=1}^{n}S_i-F\right|}{u_{n+1}}$。

④ 多品种的量、本、利公式还可以用于计算最佳规模、固定费用等。

使用盈亏平衡点法决策应注意的问题：

首先应考虑产量适用区间。按上述假定，成本中的固定成本与产量无关，显然，该假定只能在一定的产量区间内有效，当产量超过了现有生产能力并导致规模扩张时，原来的固定成本假定不再成立。

其次是总收益与可变成本与产量之间的线性关系假设。只有在线性假设下，各变量之间才有上述①式和②式的关系。当出现产量的非线性收益或成本时（如因市场约束和价格折扣而产生的价格随销量的增加而下降，因扩大规模产生的单位可变成本随产量增加而下降等），仍可由“总收益＝总成本”求解盈亏平衡点产量，也可由“利润＝总收益－总成本”求解利润量或目标利润下的产量，但不能直接套用上述①式和②式。

2. 经济批量模型

企业在生产经营中不可避免地要存储一定量的物资，如原材料的存储，产成品、在制品的存储等。但存储量为多少最合适是一个很难确定的问题。存储太少，会造成停工待料，影响生产的正常进行，或错过销售时机造成损失。存储太多，又会造成物资积压，流动资金占用过多，影响资金周转速度，甚至会引起物资损坏变质或过时销售不出去。因此，通过定量方法来确定物资的最经济、最合理的存储数量和订购时间是比较科学的，这种方法就是存储论。以下介绍存储论中最常用的经济批量模型。

3. 经济批量

经济批量是指物资的订购费用和存储费用之和最小时所对应的订货批量。这里提出了两种费用：订购费和存储费。一般而言，为了节约订购费，应减少订购次数，提高每次订购数量，加大库存量；但为了节约存储费，又应增加订购次数，减少每次订购数量，压缩库存量，这是互相矛盾的两种费用（见图 3－5）。

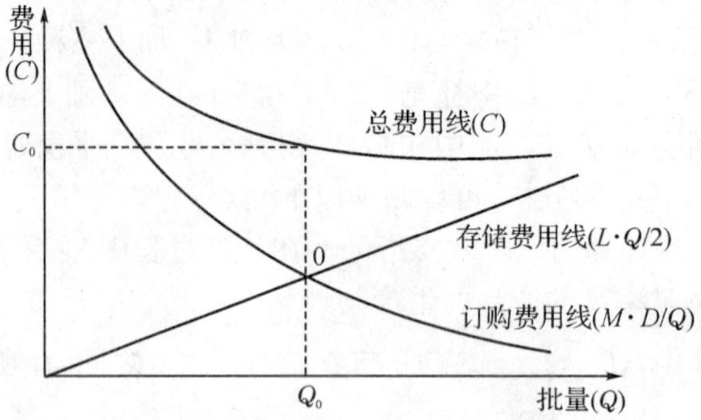

图 3－5

从图中可以看出，存储费与订购费随批量增加分别向相反方向增减，但总会相交于0点。总费用是这两项费用之和，其最低点必定在0点的正上方，说明总费用为最低时，存储费与订购费正好相等，所对应的横坐标 Q_0，就是经济批量。由此引出经济批量存储模型。

$$Q_0=\sqrt{\frac{2DM}{L}}\text{；}C_0=\sqrt{2DLM}\text{；}n_0=\sqrt{\frac{DL}{2M}}\text{；}t_0=\sqrt{\frac{2M}{DL}}$$

式中，Q_0—经济批量；C_0—最小费用；n_0—最佳订购次数；t_0—最佳订购间隔期；D—物资全年需要量；M—每次订购费用；L—单位物资年存储费用。

例　某工厂每年物资需要量为4 500件，缺货后马上可得到补充，每件物资的年存储费用为2元，每次订购费用为20元，为使存储费用和订购费用之和最小，要求：①每次订购批量是多少？②最小费用是多少？③分几次订购？④订购间隔期多长？

解：已知 $D=4\,500$ 件；$L=2$ 元；$M=20$ 元

则

$$Q_0=\sqrt{\frac{2DM}{L}}=\sqrt{\frac{2\times4\,500\times20}{2}}=300(\text{件/批})$$

$$C_0=\sqrt{2DLM}=\sqrt{2\times4\,500\times2\times20}=600(\text{元/批})$$

$$n_0=\sqrt{\frac{DL}{2M}}=\sqrt{\frac{4\,500\times2}{2\times20}}=15(\text{次/年})$$

$$t_0=\sqrt{\frac{2M}{DL}}=\sqrt{\frac{2\times20}{4\,500\times2}}\approx0.067(\text{年})\approx24(\text{天})$$

二、风险型决策方法

当一个决策方案对应两个或两个以上相互排斥的可能状态，每一种状态都以一定的可能性出现，并对应特定的结果，这种已知方案的各种可能状态及其发生的可能性大小的决策称为风险型决策。数学上用概率来量化某一随机事件发生的可能性，即决策方案对应的某种状态的可能性大小可用概率来描述。

风险型决策的标准是期望值。所谓期望值实质上是各种状态下加权性质的平均值。当决策指标为收益时应选取期望值最大的方案；当决策指标为成本时应选取期望值最小的方案。一个方案的期望值是该方案在各种可能状态下的损益值与其对应的概率的乘积的和。用期望值决策既可用表格表示，也可用树状图表示，后者称为决策树法。下面以决策树为例说明风险型决策方法的应用。

决策树是由决策结点、方案枝、状态结点和概率枝四个要素组成的树状图。如下图，它以决策结点为出发点，引出若干方案枝；每个方案枝的末端是一个状态结点，状态结点后引出若干概率枝；每一概率枝代表一种状态。这样自左而右层层展开便得到形如树状的决策树。

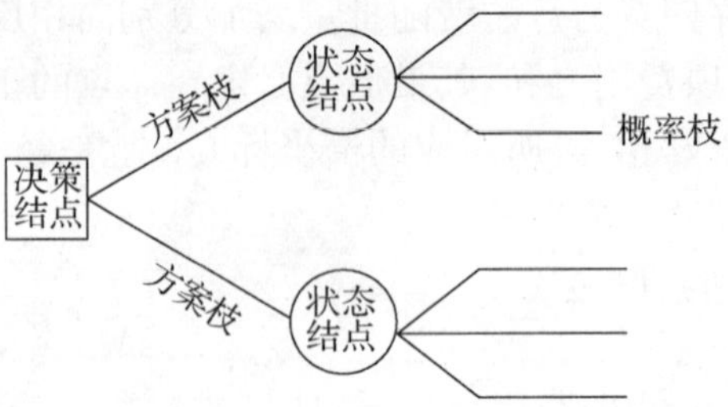

图 3－6

决策树法的决策程序如下：① 绘制树形图。图形自左至右层层展开，根据已知条件排列出各方案和每一方案的各种自然状态。② 将各状态概率及损益值标于概率枝上。③ 计算各方案的期望值并将其标于该方案对应的状态结点上。④ 进行剪枝，用“//”标于方案枝上。⑤ 剪枝后所剩的最后方案即为最佳方案。

例如某企业在下年度有甲、乙两种产品方案可供选择，每种方案都面临滞销、一般和畅销三种市场状态，各种状态的概率和损益值如下表所示。

表 3－5　各方案损益值表　（单位：万元）

市场状态 / 概率 / 损益值	滞销	一般	畅销
概率	0.2	0.3	0.5
方案甲	20	60	100
方案乙	0	80	150

根据所给条件绘制决策树并将表 4－4 所给数据填入决策树中经计算和剪枝便得到如图 3－7 所示的决策树。

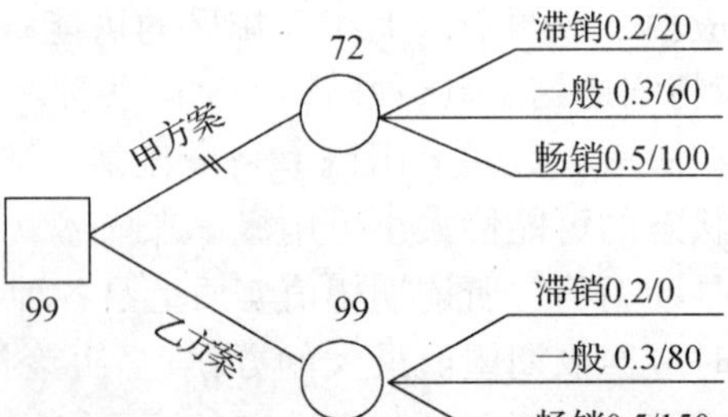

图 3－7

三、不确定型决策方法

在风险型决策中，概率是计算期望值的必要条件，因而也是按期望值标准进行方案选择的必要条件。但在现实经济活动中经常很难知道某种状态发生的客观概率，因此也无法根据期望值标准进行方案选择。这时如何进行方案选择主要依赖于决策者对待风险的态度。

1. 乐观法(大中取大法)

乐观法指愿承担风险的决策者在方案取舍时以各方案在各种状态下的最大损益值为标准(即假定各方案最有利的状态发生),在各方案的最大损益值中取最大者对应的方案。如果企业拟开发新产品,有三种设计方案可供选择。因不同的设计方案的制造成本、产品性能各不相同,在不同的市场状态下的损益值也各异。有关资料如表 3-6 所示(损益值数据只为说明问题,不考虑单位):

表 3-6 各方案损益值表 (单位:万元)

市场状态 / 损益值 / 设计方案	畅销	一般	滞销	最大值
Ⅰ	50	40	10	50
Ⅱ	80	50	0	80
Ⅲ	100	35	−20	100

在不知道各种状态的概率时,用乐观法选择方案过程如下:

(1) 在各方案的损益中找出最大者;(2) 在所有方案的最大损益值找最大者,max{50,80,100}=100,它所对应的方案Ⅲ就是用该法选出的方案。

2. 悲观法(小中取大法)

与乐观法相反,悲观法的决策者在进行方案取舍时以每个方案在各种状态下的最小值为标准(即假定每个方案最不利的状态发生),再从各方案的最小值中取最大者对应的方案。仍以上表资料为例,用悲观法决策时先找出各方案在各种状态下的最小值,即{10,0,−20}然后再从中选取最大值:max{10,0,−20}=10,对应的方案Ⅰ即为用悲观法选取的决策方案。该方案能保证在最坏情况下获得不低于 10 单位的收益,而其他方案则无此保证。

3. 折衷法

悲观法和乐观法都是以各方案不同状态下的最大或最小极端值为标准。但多数场合下决策者既非完全的保守者,亦非极端冒险者,而是介于两个极端的某一位置寻找决策方案,即折衷法。折衷法的决策步骤如下:(1)找出各方案在所有状态中的最小值和最大值;(2) 决策者根据自己的风险偏好程度给定最大值一个系数 $\alpha(0<\alpha<1)$,最小值的系数随之被确定为 $1-\alpha$,α 也叫乐观系数,是决策者冒险(或保守)程度的度量;(3) 用给定的乐观系数和对应的各方案最大、最小损益值计算各方案的加权平均值;(4) 取加权平均最大的损益值对应的方案为所选方案。仍以上例,各方案的最小值和最大值如下:

表 3-7　平均收益值比较表

方案	max	min	加权平均值(α=0.75)
Ⅰ	50	10	40
Ⅱ	80	0	60
Ⅲ	100	−20	70

设决策者给定最大值系数 $\alpha=0.75$，最小值系数即为 0.25，各方案的加权平均值如下：

Ⅰ：$10\times0.25+50\times0.75=40$

Ⅱ：$0\times0.25+80\times0.75=60$

Ⅲ：$(-20)\times0.25+100\times0.75=70$

取加权平均值最大者：max{40，60，70}＝70，对应的方案Ⅲ即为最大值系数 $\alpha=0.75$ 时的折衷法方案。

用折衷法选择方案的结果取决于反映决策者风险偏好程度的乐观系数的确定。上例中如 α 取 0.2，$1-\alpha=0.8$，方案的选择结果是Ⅰ而非Ⅲ。当 $\alpha=0$ 时，结果与悲观法相同；当＝1 时，结果与乐观法相同。这样，悲观法与乐观法便成为折衷法的两个特例。

4. 后悔值法

后悔值法是用后悔值标准选择方案的方法。所谓后悔值是指在某种状态下因选择某方案而未选择该状态下的最佳方案而少得的收益值。如在某种状态下某方案的损益值为 100，而该状态下诸方案中最大损益值为 150，则因选择该方案要比最佳方案少收益 50，即后悔值为 50，用后悔值法进行方案选择的步骤如下：① 计算损益值的后悔值矩阵。方法是用各状态下的最大损益值分别减去该状态下所有方案的损益值，从而得到对应的后悔值。②从各方案中选取最大后悔值。③ 在已选出的最大后悔值中选取最小者，对应的方案即为用最小后悔值法选取的方案。仍以上例资料，其后悔值矩阵如表 4-7 所示：

表 3-8　最大后悔值比较表　　(单位：万元)

市场状态 / 后悔值 / 设计方案	畅销	一般	滞销	最大值
Ⅰ	50	10	0	50
Ⅱ	20	0	10	20
Ⅲ	0	15	30	30

各方案的最大后悔值为{50，20，30}，取其最小值 min{50，20，30}＝20，对应的方案Ⅱ即为用最小后悔原则选取的方案。

5. 莱普勒斯法

当无法确定某种自然状态发生的可能性大小且无法确定其顺序时，可以假定每一自然状态具有相等的概率，并以此计算各方案的期望值，并以此为标准进行方案选择，这种方法就是莱普勒斯法，由于假定各种状态的概率相等，莱普勒斯法实质上是简单算术平均法。以上例，各方案有三种状态，因此每种状态的概率为 1/3，各方案的平均值为：

Ⅰ：$50\times\frac{1}{3}+40\times\frac{1}{3}+10\times\frac{1}{3}=\frac{100}{3}$

Ⅱ：$80\times\frac{1}{3}+50\times\frac{1}{3}+0\times\frac{1}{3}=\frac{130}{3}$

Ⅲ：$100\times\frac{1}{3}+35\times\frac{1}{3}+(-20)\times\frac{1}{3}=\frac{115}{3}$

$\max\left\{\frac{110}{3},\frac{130}{3},\frac{115}{3}\right\}=\frac{130}{3}$，故应选Ⅱ。

学习任务 5　熟悉基本的决策艺术

【案例引入】

开发新产品与改进现有产品之争

南机公司是一家生产和销售农业机械的企业，袁先生是该公司的总裁。2007 年，该公司产品销售额为 3 000 万元，2008 年达到 3 400 万元，2009 年预计销售可达 3 700 万元。每当办公桌前翻看这些数字、报表，袁先生都会感到踌躇满志。

这天下午又是业务会议时间，袁先生召集公司各地的经销负责人，分析目前和今后的销售形势。在会议上，有些经销负责人指出，农业机械产品虽有市场潜力，但消费者的需求趋向已有所改变，公司应针对新的要求，增加新的产品种类，以适应消费者的新需要。

身为机械工程师的袁先生，对新产品研制、开发工作非常内行。他听完了各经销负责人的意见之后，心里很快地盘算了一下：新产品的开发首先要增加研究与开发投资，然后再投资改造现有的自动化生产线，这两项工作约耗时 3～6 个月。增加生产品种同时意味着必须储备更多的备用零件，并根据需要对员工进行新技术的培训，投资又会进一步增加。

袁先生认为，从事经销工作的人总是喜欢以方便自己的业务来考虑，不断提出推出新产品的要求，却全然不顾品种更新所必须投入的成本。事实上，公司目前的这几种产品经营效果还很不错。所以，他决定不考虑增加新产品的建议，目前的策略仍是改进现有产品。他相信，降低产品成本、提高产品质量，制定具有吸引力的价格，是提高公司产品竞争力最有效果的法宝，因为客户们实际考虑的还是产品的价值。尽管他已作出了决策，但他还是自愿听一听顾问专家们的意见。

问题：

1. 你认为南机公司的宗旨是什么？请加以叙述。
2. 如果你是顾问专家，会对袁先生提供怎样的建议？

一、高效的决策艺术

管理者掌握着事物发展的脉搏，因而要有高瞻远瞩的眼光，要比下属想得更深、看得更远，既要能预测事物的发展，又要对未来的前景作好预测，做到有谋在先。而管理者运用智谋最集中之所在就是决策过程，即善断。从方案的提出，决策的确定，到执行修正，无不渗透着管理者的谋略，把握事物规律，往往事半功倍。反之，轻率简单，随意拍板，往往事倍功半，甚至造成不良后果。

决策需要有效，管理需要创新，这是增强管理效能不可少的要素，也是管理者艺术的高超境界。

决策的艺术

决策是一种判断，是若干方案中的选择。但选择通常不是是与非的选择，至多只是似是与似非的选择，且绝大多数的选择，都是任何一项方案均不一定优于其他方案时的选择。把决策当做艺术来讲，是因为决策过程本身包含着许多不确定的因素。决策不是一种直接的判断，不是简单的选择；在进行决策的实际过程中，决策也不是按照教科书所说的那样，是一种收集材料、拟订方案和比较选优的数据处理过程。西蒙的著名论断"管理就是决策"，只说明了决策的重要，而在实际决策中，决策又是一种让人捉摸不定的艺术。

美国标准石油公司的董事长说，他无法全然了解决策的过程，他不清楚同伴的建议、资料库的分析、个人的直觉或经验在决策过程中占多大分量。他不认为刻板地遵循一种决策程序是一种明智之举。哥伦比亚瓦斯公司的董事长克伦则坚持认为有效的决策是遵循一种逻辑和经过周密审慎思考得到的成果。它包含着三个步骤：确认目标，评价可行方案，衡量利益和风险。美国《工业周刊》曾做过的调查则表明，大多数经理人员并没有固定的决策模式。决策的复杂性决定了决策方式往往具有因人而异的独特性，显示出风格迥然的艺术性，但这并不是说决策没有一般的原则可循。

有效的决策、艺术的决策，不是从收集事实开始，而是从本人见解着手。应该遵循这样的原则：什么事需做决策，需要做什么决策，怎样去做出决策，如何贯彻好决策。

(1) 什么事需做决策

管理就是决策，并非事事都要决策。这是企业管理者经常容易犯的错误。管理者需要做的是重大的决策。事事都要管理者拍板，不是有效的管理者方式。特别是我们企业中的一些大事小事，事实上并不需要企业管理者做什么决策。企业管理者之所以面临许多需要做主的事情，大都是因为企业本身的管理问题，是因例常管理的规章制度等不健全或没能顺利地执行。所以，对于问题首先要从观念性的见解出发，确实了解问题的性质，是否确属常态，是否需要建立一种规则或原则的决策才能解决。

(2) 需要做什么决策

对于确属需要做出决策的问题，就要考虑做什么样的决策，是例行性的还是策略性的。有效的管理者对于决策所重视的，正是分辨何者为例行性，何者为策略性；而不重视解决问题，更不在乎操纵变数的决策技巧。管理者解决问题首先应着眼于高层次的观念性认识，即要思考该决定的是什么。具有艺术性的决策，往往是策略性的大文章。美国贝尔电话公司的总裁费尔当初提出"贝尔公司以服务为目的"的观念，在本世纪初是难以让人接受的，但却是使公司得以飞跃的大手笔。

对于由于管理执行过程产生的问题，一般只需依据原则做例行性的决策；对于企业面临的新问题，则应依据实际情况做策略性的决策。

(3) 怎么样做好决策

做出决策，必须基于对问题的认识。这种认识是一种见解，一种尚待证实的假设。通过事实来验证假设，就是决策的基本程序，同科学研究的方法同出一辙。而做好决策，关键是找出解决问题的规范。这种规范包括：确定事实的准则和方案衡量的准则。

所谓确定事实的准则，是要求我们知道，要验证假设是否为真，应该知道什么？应有什么样的事实？可能有些什么事实和应该搜集哪些事实。只有这样，我们才能避免以结论为根据搜集事实来验证结论。之所以要找出衡量方案的准则是因为传统的衡量并非适当的衡量。如果那样，就不需要决策。费尔得出的"公司以服务为目的"的结论，并不符合当时谁都认为企业的目的在于赢利的衡量标准。传统的衡量，反映的是昨天的决策。我们之所以需要一项新决策，正是表明了过去的衡量已不适于今天。

(4) 如何贯彻好决策

在整个决策过程中，最费时的不是决策本身，而是决策的推行；最重要的也不是决策本身，而是决策的贯彻。在决策过程中，要兼顾决策确能执行的方法。要使决策演化成为工作,不同于其他艺术。决策不因一件艺术作品完成而告结束;它是不断生成和发展的,其过程本身就是一种艺术作品。

二、确定组织的战略目标与决策需要实现五个转变

1. 由制定具体目标向长远发展思路转变

即从长远着眼,明确切合本组织实际的发展思路,从近处着手,科学制定阶段性计划,不断向长远的目标推进。

2. 由执行过程向强调效果转变

在部署工作时,只需要向员工交代要达到什么效果、完成哪些指标就行了。管理者实现由追踪过程向注重结果的转变,既有利于充分调动组织成员工作的积极性和创造性,也有利于提高下属的工作能力,还有利于把自己从日常繁琐的事务中解脱出来,有更多的时间和精力研究新情况、提出新思路。当然,在任务布置后,要随时关注下属的动态和工作的进程。

3. 由干事向谋事和用人方面转变

管理者的工作任务主要是“两谋”:一是谋事,即出主意;二是谋人,即用干部。

谋事包括明确工作指导思想,把握重点难点,安排实施步骤,把握最佳时机,采用最优办法。

谋人包括如下内容:

(1) 要认真了解各个部属的特点,充分用人所长,要力求把人用好用活。

(2) 要搞好不下之间气质性格的最佳组合,搞好部下之间的协调。

(3) 要关心激励下属。

(4) 要善于运用激励手段。

4. 由例行向创新发面发展

例行性的工作,即规范性的工作,包括新的体制、机制、程序和惯例等;例外性的工作,即创新的工作。

5. 由抓重点向抓细节转变

细节关系事物发展的命运,反映事物的某种细节本质特征。

(1) 在根本性、关键性的事情上,所有具体的事情都无大小之分。此时,细节是万万不可忽视的。

(2) 在重大事件中,尤其要注重关键性的细节,否则会造成严重后果。

(3) 抓细节是一种重要的工作方面。

美国著名的管理学家托马斯·彼得斯说“获胜者之所以取得成功,不在于他们的聪明,而在于这一事实:企业的每个细小方面都要比一般略高一筹。”

(4) 抓细节有时可以成为抓典型的突破口,以此推动全局性的工作。

(5) 在一定角度上说,真理贮藏于细处,伟大积淀于具体。尼克松在评价周总理时说:“伟大乃处处注意细节的积累。”

三、处理好集体决策与个人决策的关系

集体决策与个人决策的利弊是互为反正的关系，集体决策的优越性在于：第一，可以集思广益、博采众长，避免主观片面性；第二，有利于调动更多人的积极性，有利于决策的贯彻执行。集体决策的缺点是：第一，议而不决，降低决策速度；第二，决策一旦出现严重后果，其责任难以界定。个人决策的优越性在于：第一，决策速度快，能够抓住环境变化带来的机会；第二，决策责任界定清晰。个人决策的缺点是：第一，个体智慧和经验有限，思考问题未必周全，使得决策的准确性难以保证；第二，决策实施比较困难，尤其是在大多数人不理解或利益可能存在不确定的情况下，决策执行很难或走样。

究竟采用个人决策还是采用集体决策，要根据问题的性质、客观情况等因素决定。一般情况下，涉及组织的全局、长远或事关组织成员的切身利益等问题应当采取集体决策，如战略目标、投资、组织调整、人事安排、员工薪酬、奖励福利等，而日常经营管理决策应该主要采取个体决策。

四、注意选择集体决策的具体方式

要使集体决策更有成效，必须对其进行认真的研究。集体进行决策通常有六种方式，它们各有利弊。

1. 缺少反应

缺少反应也叫缺席决策。这种情况是，一个成员提出方案后，无人表示反对或支持，这时难以确定这一决策的质量和可接受性。这可能是个好主意，也可能是个馊主意，谁也不知道。有时，一个建议提出后，无人反应；接着又有人提出一个建议，仍无人反应；接着第二人、第四人……都是同样命运。集体成员互相根本不交流，就如什么也没有发生，集体凝固了。可能你经历过这种情形，会议结束时头脑仍是一片空白。

2. 独裁原则

独裁原则的决策只需很短的时间。在此，管理者的决策就是集体的决策。这种决策有好处也有坏处，就看管理者是否全面拥有制定最佳决策所需的信息和技巧。另外，做出的决策能否被成员接受还要看管理者的权力及与成员的关系好坏等。任务复杂与否对此也有影响，若任务复杂，成员意见必多，则管理者的决策较难被接受。

3. 少数原则

少数原则也就是强行通过原则。它需要少量时间，效果与独裁原则差不多。它是依赖集体中的少数人来制定决策。如果这些人掌握所有有关信息，并与其他成员关系较好，则这种决策比较有效。但往往情况不是这样，有些成员可能会感到是被迫的，不愿接受这种所谓的“集体”决策，因此这种决策通常在实施时比较困难。例如，如果少数决策者提出轮换工作的方案，以避免成员对固定工作的厌烦，这时，其他

在这个圈子以外、没有机会参与决策的人可能会感到不满，他们会认为这样将使情形更糟，因为他们要不断地适应新工作。出于这些原因，他们可能在工作轮换时漫不经心，出些差错以证明这一决策是多么糟糕。

4. 多数原则

多数原则比较民主。在此，解决问题的方案一一提出，经过讨论，最后民主投票决定何种方案中选。投票后，每人都会接受并执行这一多数决策。这一原则比少数原则能得到更好的决策和更多人的接受。但这一方式也有缺点，假设考虑两个方案，集体中有 5 人选第一方案、3 人选第二方案，中选的当然是第一方案。那么其他 3 人会心服口服吗？他们可能根本不同意第一方案，问题是他们会不会在心里愿意执行他们明确反对的中选方案。所以我们说这一决策方式的可接受性程度不是很高。多数原则在复杂情形中能得到好的决策，但也要看最后的决策是否是经过充分的讨论而作出的。另外，这种方式需要费一些时间。

5. 完全一致原则

在完全一致决策中，所有人都认为某一方案最佳，而没有异议。自然，这意味着可接受性程度高，实施起来非常容易。显然，这种决策结果是很理想的，然而，要达成完全一致的意见，必须经过无数次的讨论，即使在简单的问题上也需要花费很多时间。只有一种情况例外，也是管理者要特别注意的，即当集体意识存在时，达成完全一致的意见很快，但看似完全一致，其实是虚假的一致。成员表面上同意，而事实上有所保留。这些保留意见会在决策实施或发现决策错误时暴露出来。例如，经常有这样的会议，会上一致通过决策，而会后人们私下却提出种种质疑，这种情况就是集体意识存在的表现。

6. 基本一致原则

为避免集体意识，可采用基本一致决策。基本一致原则有些方面类似多数原则，有些方面类似完全一致决策。前者如投票选举时，不一定所有人都选同一方案，后者如某一方案中选后，却是所有人都愿意将它付诸实施并尽到自己的努力。虽然讨论的过程中没达成一致，但对最后的决策都心服口服。在复杂情形中，基本一致决策可能是最佳的选择，因为完全一致决策花费时间太多。事实上，在复杂情形中，基本一致决策也花费较多时间，但从决策的质量和可接受程度来看是值得的。

五、集体决策中应避免两种不良倾向

1. 冒险转移现象

一般认为，集体决策由于能做到集思广益，博采众长，比个人决策更为合理，更为有效。但研究结果证明，集体决策与个人决策相比，往往更倾向于冒险。大量的研究表明，冒险转移现象是相当普遍的，这引起了各国学者的浓厚兴趣，并对此进行了探索研究。这类研究都是把个人决策的冒险水平与集体决策的冒险水平进行比较。实验分为两组，一组记录个人决策的冒险水平；另一组是由 3～5 人组成的决策小组，由该小组选择最佳决策方案,要求全组做出一致同意的决策。决策课题的设计要便于数量评定。实验的结果表明,集体决策的冒险水平要高于个人决策的冒险水平。在大学生集体和管理者集体中都观察到了这种现象,此外,几十项心理学和社会学的研究也证明,法国人、美国人和波兰人在采取集体决策时都存在冒险转移现象。为了进一步探讨这一现象的原因,各国学者提出了不同的假设,主要有以下几种:

(1) 责任分摊的假设。

每一种有风险的决策都与一定责任相联系,风险越大,失败的概率也较松散的集体表现出更高的冒险水平。但是,责任分摊的假设并不能说明全部事实,并非所有研究材料证实这个假设,如在一些无需负任何责任的实验里,也表现出冒险转移现象;有些集体成员之间的交往并不密切,对于决策的性并未进行认真的讨论,在这样的集体中也会看到冒险转移现象。

(2) 领袖人物作用的假设。

集体中的领袖人物在集体活动中往往起着特殊的作用,他们显示了自己的才能与胆略,往往会采取冒险水平较高的大胆决策。由于他们在集体中有较大的影响力,在决策中有较大的发言权,他们会采用各种方式证明他采取的决策是有根据的,因而他们的决策会被集体所接受,变成集体的决策。日常生活中常常可以观察到种种现象。

这种假设并没有以令人信服的实验材料为依据,另外,在日常观察中也发现相反的情况。一些领袖人物往往在决策时更加谨慎小心,不能做出大胆的决策。这就说明这一假设也不能解释冒险转移现象的全部事实。

(3) 社会比较作用的假设。

在许多集体中,提出有根据的冒险决策会得到好评。因此,集体中的个人在提出自己的决策意见时,往往要与别人的意见进行比较。如果个人意见的冒险水平低于其他成员的平均水平,则会感到不安,担心集体可能对他有不良的印象。基于这种考虑,个人在参加集体决策时所提出的意见的冒险水平要高于单独作决策时的冒险水平。也就是集体内各成员的相互比较可能产生冒险转移现象。这种假设也没有得到所有实验材料的支持,愿冒风险会得到好评的假定就值得怀疑,在某些集体中更重视小心谨慎的决策。

(4) 效用改变的假设。

这种假设是用效用理论的术语来解释集体决策的冒险转移现象。这种假设认为,在集体中通过讨论彼此交换意见,会影响到个人选择方案效用的改变,同时也会改变冒险的效用,发生趋同现象。这种假设更不能全面解释冒险转移现象,不能解释为什么冒险效用会增加,而不是减少。

(5) 文化放大的假设。

这种假设认为,若一个国家或社会的文化中占主导地位的价值观是崇尚冒险,则这种价值观会被放大，从而扩散到该文化集体中的决策中来。这种假设可以解释美国集体决策中的冒险转移现象。但在我国，对文化中有关冒险还是慎重的价值观以及集体与个人决策的冒险水平都缺乏调查，此假说也有待进一步验证。

这五种假设虽然都试图解释集体决策的冒险转移现象，有一定的意义，但都不能解释全部实验材料。很可能这种现象相当复杂，其发生受多种因素影响和制约，在不同的情况下，可能不同的因素在起主导作用。集体决策中存在冒险转移现象，但不能就认为集体决策向冒险方向转移是必然规律。也有的研究发现，集体决策有向保守方向转移的倾向。

2. 小集团思想

有时会看到这样的现象：由一些经验丰富、知识渊博的专家组成的集体合作做出一般人凭常识也不会做出的荒谬决策。

小集团思想是美国心理学家杰尼斯(l. Janis)提出的，他分析了各种军事和政治决策，发现了这一现象。所谓小集团思想是指参与一个统一集体中的人们的一种思想作风，在这个集体中，认为追求思想比现实地评价各种可能行动方案更为重要。这一集体的成员认为保持集体统一、创造和谐的气氛有特殊的意义。由于把这一目的摆在首位，往往不能理智地分析各种可能的备选方案，使决策质量受到影响。

在具有小集团思想的集体里，如果某一集体成员不接受领袖人物或多数人的意见，会受到孤立、嘲笑或排斥，在这种条件下即使集体成员对决策有怀疑也不敢公开发表意见，这样会造成一批俯首帖耳的顺从者；其成员往往会封锁、怀疑集体决策正确性的消息，而严重影响集体决策的质量。这种集体有时会过高估计成功的概率，过低估计失败的概率，认为本集体的决策一定能成功，或过高估计自己集体所拥有的物质手段、自己组织的专长，而对外部条件、敌方力量估计过低。总之，小集团思想一方面会提高集体的内聚力和集体成员的自我满意感；另一方面却会降低决策的质量，使集体决策的效果比个人决策的效果更差。

杰尼斯的小集团思想的概念是在分析了美国国家一些历史上若干重大决策成败的案例之后所得出的结论，这种研究方法并不是十分可靠的。另外，杰尼斯过分夸大了小集团思想在集体活动中的作用，而没有估计其他因素的作用，是一种把一切社会现象简单地归结为心理因素的错误倾向。尽管如此，小集团思想的现象确实在某些决策集体中出现，在管理中要注意这种现象，并采取适当措施克服和防止其不利影响。

六、遵循科学决策的基本程序

决策是一项非常复杂、非常重要的管理工作。决策者面临重大决策，必须遵循科学的决策程序。美国管理学家赫伯特·西蒙认为，决策程序应该包括四个步骤：找出制定决策的理由；找到可能的行动方案；在诸行动方案中进行抉择；对已进行的抉择进行评价。一般来说，科学的决策程序应包括以下内容：

1. 确定决策目标

确定决策目标是决策的前提。所谓决策目标，就是指在一定外部环境和内部环境条件下，在市场调查和研究的基础上所预测达到的结果。决策目标是根据所要解决的问题来确定的，因此，必须把握住所要解决问题的要害。找到了关键问题后，才能明确决策的目标。明确了决策目标，才能避免决策的失误。所以，确定决策目标是决策的首要环节。

根据决策目标在决策中的地位和重要程度，一般将其分为三类：即必须达到的目标、希望完成的目标和不予重视的目标。必须完成的目标，对组织和决策来讲是绝对重要的，完成它就意味着决策取得了成功；希望完成的目标，对组织和决策来讲是相对重要的，能够全部完成更好，部分完成也算决策的收获，因此，它是一种弹性的要求；不予重视的目标，是对组织和决策重要性不大的，在决策方案中无需专门考虑的目标。

区分决策目标的意义主要在于，分析和判断决策目标结构以及各类目标的具体要求是否合理，并针对存在的问题和缺陷进行调整、补充和完善。

在确定决策目标时，须注意以下几个问题：

(1) 要把目标建立在需要和可能的基础上。

(2) 要使目标明确、具体，并尽可能数量化，以便于衡量决策的实施效果。

(3) 要明确目标的约束条件。直接影响目标实现的条件为目标的约束条件。确定目标，不仅要提出目标，而且要对那些与实现目标有联系的各种条件都加以分析。

(4) 要明确主要目标。任何组织的决策目标往往是多元的，它们之间常常存在着这样或那样的矛盾。确定决策目标时，要取消根本没有条件实现的目标，放弃某些相互矛盾的目标，合并相似的次要目标。然后，分清主次，综合平衡，使次要目标服从主要目标，突出主要目标，保证主要目标的实现。

2. 拟订备选方案

决策目标确定以后，就应拟订达到目标的各种备选方案。拟订备选方案，第一步是分析和研究目标实现的外部因素和内部条件，积极因素和消极因素，以及决策事物未来的运动趋势和发展状况；第二步是在此基础上，将外部环境各限制因素和有利因素、内部业务活动的有利条件和不利条件等，同决策事物未来趋势和发展状况的各种估计进行排列组合，拟订出适量的实现目标的方案；第三步是将这些方案同目标要求进行粗略的分析对比，权衡利弊，从中选择出若干个利多弊少的可行方案，供进一步评估和抉择。由于所拟订的方案都是为了实现相同的目标，因此它们相互之间必然存在着一定程度的互补性，存在着有利于或不利于目标实现的因素。在决策过程中，往往是对众多方案进行取长补短的重新组合，形成两个以上新的备选方案。

3. 评价备选方案

备选方案拟订以后，随之便是对备选方案进行评价，评价标准是看哪一个方案最有利于达到决策目标。评价的方法通常有三种:即经验判断法、数学分析法和试验法。经验判断法是一种依靠决策者的实践经验和判断能力来选择方案的一种方法。对于比较复杂的方案,可用起码的满意程度或关键评价标准淘汰一些方案。数学分析法是一种用数学模型进行科学计算以选择方案的一种方法。当选择重大方案时,既缺乏实践经验,又无法采用数学模型,可选择少数的几个典型环境为试点单位,以取得经验和数据,作为选择方案依据的方法,这就是试验法。

评价的步骤一般分三步:第一步是看备选方案是否满足必须达到的目标要求。凡是满足必须达到的目标要求的,就予以保留,反之就淘汰;第二步是按希望完成的目标要求,对保留下来的方案进行评估。因为希望完成的目标是有弹性的,所以在评估时,应根据它们满足希望完成目标的程度进行评价,以区分方案在希望完成目标上的优劣程度;第三步是按方案在必须完成的目标和希望完成的目标评估中的满意程度,对各方案进行全面权衡,从中选择出最满意的方案。

4. 选择方案

选择方案就是对各种备选方案进行总体权衡后,由组织决策者挑选一个最好的方案。方案的选择方式,依决策事物的重要性程度不同而有所不同。重要的决策方案,首先要将方案印发给有关人员,准备意见;其次是召开会议,由专家小组报告方案评估过程和结论;最后是决策者集体进行充分的讨论,选择出满意的方案。

5. 实施方案

决策制定的目的在于付诸实施。决策的正确与否及其效果如何,要以执行结果来验证。决策执行结果,不仅取决于决策方案的选择,而且取决于执行过程中的工作质量。因此,必须制定相应的实施办法,如明确责任,制定考核标准,建立有关的激励机制等。决策实施过程也是信息反馈过程,尽管各个决策过程都包含了信息反馈,但决策的实施更需要反馈。因为在实施过程中,要想使主观意志与客观条件相统一,就必须在不断的信息反馈中主动寻找问题,补充、修正决策,以争取满意的决策效果。

本单元实训与练习

【读一读】

儒佛尔定律

预测是决策的前提和依据,是决策中不可缺少的环节,预测能为领导者提供决策对象可能发展的方向和趋势。法国未来学家 H. 儒佛尔说:“没有预测活动,就没有决策的自由。”儒佛尔的论断,被人称为儒佛尔定律。

正确的战略决策,必须遵循科学的决策程序。决策程序的第一步是通过调查研究和综合分析来认识现在和预测未来。决策是面对未来的,对未来的事态只能估计和预测。如果决策者对决策所需的信息资料掌握得比较全面、准确、及时,如果决策者对信息资料的分析实事求是而又符合逻辑，那么他对未来的预测就会相对精确，对各种状态的概率估计就会基本符合客观世界的本来面目，他所做出的决策承担的风险就会较小，成功的可能性就会较大。

肯德基公司是世界上继麦当劳快餐店之后的第二大快餐连锁店。它以其独特的肯德基家乡鸡风味和方便迅捷的服务享誉全球。

美国肯德基公司之所以能打入中国市场并获取成功，很重要的一点就在于它对中国市场进行了充分的预测。通过预测，公司广泛收集了信息，并在此基础上进行了科学的决策。起初，肯德基公司派了一位执行董事来北京考察中国市场，他来到北京街头，看到川流不息的车辆、熙熙攘攘的人群，非常兴奋地向总部汇报说："中国的市场潜力很大。"当总部向其询问具体的数据资料时，他却张口结舌，说不上来，最终被公司降职。紧接着，公司又派出了一位执行董事来考察，这位董事没有走马观花，而是实实在在地做了几件事情，精心地进行调查和实测。

首先，这位董事在北京的几个街道上，用秒表测出人流量，大致估算出每日每条街道上的客流量。他还利用暑假，临时招聘了一些经济类的大学生做临时职员，派他们在北京设置品尝点，请不同年龄、不同职业的人免费品尝肯德基炸鸡，并在游人众多的北海公园广泛征求游人的各种意见。他们详细询问品尝者对炸鸡味道、价格和店堂设计方面的建议，不仅如此，这位董事还对北京的鸡源、油、盐、茶及北京鸡饲料行业进行了调查，并将样品数据带回美国，逐一做化学分析，经电脑汇总得出肯德基打入北京市场会有巨大的竞争力这一结论。

1987 年，肯德基公司在北京前门正式开业，他们靠着鲜嫩香酥的炸鸡，一尘不染的餐具，纯朴典雅的美国乡村风格的店容，加上悦耳动听的钢琴曲，赢得了来往客人的声声赞许。肯德基炸鸡店开张不到 300 天，盈利就高达 250 万元，原计划五年才能收回的投资，不到两年就收回了。这一切的获得，在很大程度上靠的是肯德基在预测上的良苦用心——设置品尝点、征询众人意见，以深入细致的调查去开拓市场。

1964 年 10 月，日本松下电器公司总裁松下幸之助在分析了方方面面的情况后，决定停止大型电子计算机的开发生产。这以前，松下公司的通信部已经为此项工作付出了巨大的人力、物力和财力，并且已经试制成功了该项产品。但是，大型计算机的市场前景却不容乐观，需求量极少。鉴于这种情况，松下决定及时放弃这个项目。拟议一经发布，顿时舆论哗然，来自内部、外部的不同意见此起彼伏，不绝于耳。

大家的一致意见是：花费五年时间、耗资十多亿元的项目如此放弃，得不偿失。如果要放弃，日本国内七家生产厂家中的另外六家也可以放弃，又何必是松下公司首先放弃呢？来自外部的舆论则更有许多猜测，认为松下公司要么是由于技术跟不上，要么是由于财政赤字才放弃这个项目的。就连一些久经沙场的高级职员，对松下的拟议也持怀疑态度。当时，松下面临着诸多的困扰和烦恼，但他顶住各种意见和舆论，毅然停止了这个没有前途的项目，把人力、物力和财力用到其他方面。后来的事实证明,松下的这个决策是正确的。因为之后,世界上几个名厂包括独联公司、西门子公司等也都纷纷停止了生产大型电子计算机。

为什么松下公司在花了五年时间,投入了十几亿资金进行开发,眼看就要收获时,偏偏要放弃不干呢?原来,松下发现,电脑市场的竞争日趋白热化,仅在日本就有富士通、日立等公司在做最后的冲刺,如果此时松下公司再加人,也许会生存下来,但也有可能全军覆没,这就等于拿整个公司下赌注。所以,面对这样的市场形势,他毅然做出退出大型电子计算机市场的决策,这实在是一次清醒冷静思考后的勇敢大撤退。

羊群效应的由来

有这样一则幽默的寓言故事。有一位石油大亨到天堂去参加会议,一进会议室,发现座无虚席,自己没有地方落座,于是他灵机一动,喊了一声:"地狱里发现石油了!"这一喊不要紧,天堂里的石油大亨们纷纷向地狱跑去,很快,天堂里就只剩下那位后来的石油大亨了。这时,大亨心想,大家都跑了过去,莫非地狱里真的发现石油了?于是他也急匆匆地向地狱跑去……

在管理学上,这个名为羊群效应的寓言告诉我们:羊群(集体)是一个很散乱的组织,平时大家在一起盲目地左冲右撞。如果一头羊发现了一片肥沃的绿草地,并在那里吃到了新鲜的青草,后来的羊群就会一哄而上,争抢那里的青草,全然不顾旁边虎视眈眈的狼,也看不到远处还有更好的青草。

羊群行为产生的主要原因就是信息不完全。由于未来状况的不确定,导致了人们的判断力出了问题,因而才有了从众的盲动性。

正确全面的信息是决策的基础。在这个时代,信息的重要性是不言而喻的,不重视信息收集的企业和个人无异于自取灭亡。

对一个管理者来说,如果他只会盲从于大众,不提升自己的判断力,那他的决策必将给企业带来不可挽回的损失。

1925年,松下电器公司总裁松下幸之助到东京办事处巡视,在那里他第一次看到真空管。那时候真空管装在收音机里,非常畅销。办事处主任对他说:"这是最近东京最畅销的东西。大阪方面是不是要卖卖看?"

松下听了以后觉得很有意思,希望能够尽早在大阪发售,因此当场就指示和真空管制造厂交涉。结果他发现那家工厂规模很小,资金也不雄厚,生产根本赶不上订货,就当场付款购买了1 000个。

回到大阪后,松下就和真空管的批发商接触,由于当时供货很少,很多经销商都急着赶快订货。这种情况大概持续了五六个月,为此松下公司多了一万多元的收入,这在当时可以说是一笔为备不小的款子。后来制造真空管的厂家慢慢多了起来,各种品牌渐渐出现,价格自然也逐渐便宜。

看到这种情况,松下觉得必须认真考虑一下了,因为照这样下去,松下公司因贩卖真空管而增加的利润必然会很有限。虽说真空管的销售还能带来一些利润,而且销路也还可以,但市场情况已经有所变化,和前一阵子已经大不相同。

此时松下毅然做出决策,不再贩卖真空管了,他把自己的意思通知了生产工厂和客户。工厂方面因为可以无条件获得大阪地区的客户,心里当然高兴得不得了,而客户方面自然也不会反对。于是松下就从这个还能创造可观利润的真空管贩卖项目撤资了。过了四、五个月之后,收音机配件的售价急转直下,使一些获利还不错的工厂和贩卖店一度陷入困境。松下公司因为收手得快,并没有受到任何损失。

【想一想】

案例1 个人价值观与决策

过去11年,佩吉·格利森在某发展中的大城市市区的一家大联营医药商店当药剂师。现在,她每年的薪金为1.4万美元。她工作的这个单位,每年要增加三至五家新店。这样扩大就增加了新的管理职位,其中有些职位,包括优厚的分红在内,公司一年要付给2.7万美元。有时,还提升药剂师为分店的经理。虽然,过去没有让女性担任过这样的管理职位,但佩吉小姐相信,在不久的将来她会得到这样的机会。

佩吉的父亲格利森自己开药店,由于健康原因最近不得不退休。格利森先生便雇了一位刚毕业的药剂师临时经营药店,店里的其他部门继续由佩吉的母亲经营,佩吉的父亲想让女儿回来经营她最终要继承的药店。而且,由于靠近城市的一个大湖滨游乐场所的建成,该店所在小镇的人口也在增长。因此,药店发展和扩大的可能性比前些年大多了。

佩吉和双亲讨论时,得知药店现在一年的销售额大约为10万美元,而销售毛利差不多是3.9万美元。由于格利森先生的退休,他和他太太要提交工资2.2万美元,加上每年大约1.6万美元的经营费用,交税前的净利为每年1 000美元。自格利森先生退休以来,从药店得到的利润基本上和以前相同。目前,他付给他雇佣的药剂师的薪金每年为1.2万美元,格利森夫人得到的薪金每年为1万美元,格利森先生自己不再从药店支取薪金了。

如果佩吉决定担任药店的管理工作,格利森先生打算也按现在的工资数付给她1.4万美元的年薪。他还打算,开始时拿出25%的盈利作为红利分给佩吉;两年后增加到50%。因为格利森夫人将不再在该店工作,就必须雇一个非全日工作的办事员帮助佩吉经营药店,他估计这笔费用大约需要4 600美元。

格利森先生已知有人试图出15万美元买他的药店,这笔款项的大部分,佩吉在不久的将来是要继承的。对格利森老夫妇来说,他们的经济状况并不需要过多地取用这笔资产来养老送终。

问题:

1. 对佩吉来说,有什么行动方案可供其选择?

2. 你建议采取哪种备选方案?
3. 以佩吉的个人价值观她会作出哪种决策?
4. 如果佩吉小姐是男子的话,你的建议会与此相同吗?

案例2 集体决策优于个人决策吗

近年来,北京的高中低各档商场均以各自不同的经营形式与风格出现在首都人的面前。商业网络密布致使许多零售企业的盈利下降,而此时的巴巴拉零售联盟组织的利润却大幅度上升。

巴巴拉零售联盟组织的高级管理人员将这一盈利成绩归功于其相对新型的管理方法。这种方法是从日本同行那里学来的——以集体决策的方式作为企业管理的中心。

现任董事长王勃先生(即将退休)采用协商一致的管理方法,使管理人员有足够的机会参与企业的主要决策。这样做的最大好处是可以帮助管理人员了解公司组织各个层次的工作状况。同时,集体管理的方法有利于培养管理人员。例如,某委员会的工作涉及诸如策略等政策问题时,通过集体参与,许多年轻的管理人员逐渐熟悉了公司所面临的关键问题。尽管巴巴拉零售联盟组织的大多数管理人员认为集体管理方法很成功,但也有少数人持反对态度,马骏就是其中态度最坚决的一位。他认为管理人员参加委员会会议是浪费时间,集体决策是妥协的产物,而且最终产生的可能不是最佳决策。

然而,他的同事们却指出,集体管理方法打破了一些部门之间的壁垒,促进了部门之间的协调。他们承认集体制定计划可能是费时的,但计划的实施却很迅速。再者,他们认为与个人决策相比,集体管理方法鼓励管理人员去探索更多的可供选择的方案,有不同年龄、不同观点的人参加,是一种极佳的投入。马骏不同意这些意见,他指出巴巴拉集体管理之所以行得通,只是由于现任董事长的管理风格在很大程度上影响着大家,一旦他退休了,新的董事长是否会保持这一管理风格并不能肯定。到那时,巴巴拉管理人员之间的合作也就结束了。

看来巴巴拉零售联盟组织内部出现了意见分歧,要解决这一难题,使企业内部所有员工同心协力摆脱目前的僵局,他们首先需要弄清楚几个问题。请你帮助他们分析一下。

问题:

1. 集体决策方法的优点是什么?

2. 集体决策方法有什么缺点？
3. 请你分析出马骏等人对集体决策持否定态度的原因。
4. 怎样才能使委员会或工作组更有效地工作，即减少马骏等人提出的所谓人员浪费？

【练一练】

一、名词解释

1. 决策
2. 决策目标
3. 程序化决策
4. 非程序化决策
5. 确定型决策
6. 风险型决策
7. 决策的定性分析
8. 决策的定量分析
9. 特尔菲法

二、多项选择题

1. 计划按所涉及的时间可以分为(　　)。
   A. 长期计划　B. 中期计划　C. 短期计划　D. 战略计划
2. 计划工作的重要性表现在(　　)。
   A. 长期性　B. 目的性　C. 主导性　D. 普遍性
   E. 效率性　F. 综合性
3. 计划按内容可以分为生产计划、财务计划和(　　)。
   A. 供应计划　B. 劳资计划
   C. 安全计划　D. 人员培训计划
   E. 新产品开发计划　F. 专项计划
4. 一个完整的计划内容包括目的和使命、目标和(　　)等内容。
   A. 战略　B. 政策　C. 规划　D. 程序
   E. 预算　F. 控制

5. 决策的特征是(　　)。

A. 超前性　　B. 目标性　　C. 选择性　　D. 可行性

E. 过程性　　F. 科学性

6. 计划赶不上变化是指管理目标的(　　)。

A. 稳定性　　B. 动态性　　C. 连续性　　D. 效益性

E. 过程性　　F. 科学性

7. 按决策的分析方法可以分为(　　)决策。

A. 确定性　　B. 风险性　　C. 选择性　　D. 可行性

E. 不确定性　　F. 科学性

8. 按决策事件发生的频率,决策可分为(　　)决策。

A. 程序化　　B. 非程序化　　C. 选择性　　D. 可行性

9. 按决策的层次决策可分为(　　)决策。

A. 战略　　B. 管理　　C. 业务　　D. 科学

10. 一个完整的计划内容包括目的和使命、目标和(　　)等内容。

A. 战略　　B. 政策　　C. 规划　　D. 程序

E. 预算　　F. 控制

三、问答题

1. 什么是滚动计划法?
2. 目标管理过程包括哪些步骤?
3. 目标管理有哪些优缺点?
4. 试述决策的特征以及在管理中的重要性。
5. 决策方法有多少种?
6. 决策应遵循哪些基本原则?
7. 决策程序包括哪些步骤?
8. 试述“制定决策是主管人员的首要工作”。
9. 为什么说决策必须遵循一定的科学程序?

四、计算题

1. 某公司生产某产品的固定成本为100万元,单位产品可变成本为1 200元,单位产品售价为1 600元。试用盈亏平衡点法确定其产量。
2. 某公司生产某产品的固定成本为80万元,单位产品可变成本为200元,单位产品售价为600元。试用盈亏平衡点法确定其产量。
3. 某公司生产某产品的固定成本为50万元,单位产品可变成本为400元,单位产品售价为500元。若企业的目标利润是10万元,那么,该企业至少要维持多大的生产规模?
4. 某企业生产某产品的固定成本为50万元,单位售价80元,单位可变成本

40 元，若企业目标利润为 30 万元，企业应完成多少经销量？又问若本年预计销量为 50 000 件，其利润额或亏损额是多少？

5. 某企业准备今后五年生产某种产品，需要确定产品批量。根据预测估计，这种产品的市场状况的概率：畅销为 0.3，一般为 0.5，滞销为 0.2。产品生产提出大、中、小三种批量的生产方案，怎样决策才能取得最大经济效益？有关数据见下表：

各方案损益值表　（单位：万元）

损益值 \ 市场状态 / 概率		畅销	一般	滞销
		0.5	0.5	0.2
方案	大批量	30	25	12
	中批量	25	20	14
	小批量	18	16	15

6. 某企业计划开发新产品，有三种设计方案可供选择。不同的设计方案制造成本、产品性能各不相同，在不同的市场状态下的损益值也不同。有关资料如下：

设计方案 \ 损益值 \ 市场状态	畅销	一般	滞销
方案 A	60	40	20
方案 B	70	30	10
方案 C	90	20	0

试用冒险法、保守法和折衷法分别选出最佳方案。（假设最大值系数为 0.7）

7. 某企业准备生产一种新产品，估计这种产品在市场上的需求量（自然状态）大体有四种情况：需求量较高、需求量一般、需求量较低、需求量很低，对每种情况出现的概率无法预测。为了生产这种产品，企业考虑了三种方案：A 方案是自己动手，改造原有设备；B 方案是淘汰原有设备，购进新设备；C 方案是购进一部分关键设备，其余自己制造。该产品准备生产 5 年，据测算，各个方案在各种自然状态下 5 年内的损益值如下表

各方案损益值表　（单位：万元）

设计方案 \ 损益值 \ 自然状态	需求量较高	需求量一般	求量较低	需求量很低
A 方案	95	60	−12	−15
B 方案	70	45	10	−5
C 方案	80	40	15	5

试分别用冒险法、保守法、折衷法和后悔值法选择最佳方案。

8. 某企业准备今后五年生产某种产品，需要确定产品批量。根据预测估计，这种产品的市场状况的概率：畅销为 0.3，一般为 0.5，滞销为 0.2。产品生产提出大、中、小三种批量的生产方案，怎样决策才能取得最大经济效益？有关数据见下表：

各方案损益值表

(单位：万元)

损益值 \ 市场状态		畅销	一般	滞销
	概率	0.3	0.5	0.2
方案	大批量	30	25	12
	中批量	25	20	14
	小批量	18	16	15

用决策树法选择最佳方案。

【做一做】

以班级学生小组为单位下达项目任务(如市场某商品调研、某商品促销、学生食堂伙食满意度调查、参加技能竞赛、组建创业团队等)要求在小组讨论基础上制定出完成项目任务的具体计划。要求有项目任务名称、总目标、分项和阶段目标、时间进度、措施和手段、可能的困难、问题、风险及应对办法等。

学习单元四

组织结构设计方法与艺术

❖学习目标与任务

1. 掌握基本的组织结构设计方法
2. 理解常见的组织结构设计形式
3. 学会权变地运用组织艺术来解决组织发展与变革的各种关系
4. 基本掌握打造团队组织的方法与艺术

学习任务 1 掌握基本的组织结构设计方法

【案例引入】

X媒体的组织结构

早上8:30,当一般的上班族拎着早点走进公司的时候,X媒体资讯科技公司的经营团队队员早已坐在会议室和董事长翁女士一起开会了。“人才是公司最重要的资产。”翁女士说。技术研究和营销是公司的两大支柱。总经理施先生负责带领技术研发团队,翁女士十分倚重他对于网络未来趋势的分析和软件技术的研发;负责营销的是副总经理柯女士,翁女士对她十分倚重。另外,翁女士相当依赖的幕僚包括技术研发执行长施先生、负责财务的副总经理陈先生和担任公关及发言人的副总经理李女士,这三个人被称为公司的铁三角。翁女士尊重他们的工作,也善用他们的专长。如何使科技人员了解营销,营销人员理解科技,使二者结合发挥乘数效应,“最大的秘密就是建立共同愿景。”翁女士说。对于互联网未来的发展,她充满信心地表示:“我告诉他们,相信我,一定会成功。”翁女士最大的愿景就是结合互联网路、销售渠道与广告媒体,使X媒体成为亚太地区电子通路应用服务商的领导品牌,实现这项愿景最重要的就是人才和资金。

问题:

1. X媒体的组织结构属于哪种形式?请画出组织结构图。

2. 对于日新月异、竞争激烈的网络行业，你认为X媒体的组织结构应如何调整，才能适应市场发展？

一、组织与组织职能

1. 组织

组织一词有两种词性：一种是名词，一种是动词。作为名词的组织又有两种含义：一是指组织机构，即各种执行特定使命的人与物构成的有形的实体，如工厂、学校、商店、医院、政府机关等都可以称作组织。这时组织的含义等同于机构、单位或团体。二是指组织结构，即反映组织的各个组成部分之间的相互联系和相互作用的体制框架。组织的内部结构不同，其效能也会大大的不同，这时组织的含义相当于组织体系，是组织工作取得的成果在某一时点上的静态反映。

作为动词的组织是指管理的重要职能之一——组织职能或组织工作，即为了实现计划活动所确定的组织的共同目标，而对组织的活动进行合理的分工和协作，从而建立起合理的组织结构并使之运转的过程。

2. 组织职能的基本内容

组织职能与其他管理职能一样，是一个动态的活动过程，它应包括以下几个基本内容：

(1) 组织设计。包括组织内部横向的部门划分和纵向层次划分；任务、职责、权力的确定；各部门、职位之间的相互关系的确定等。组织设计合理与否将在很大程度上决定着其运作效率的高低。

(2) 组织运作。组织设计得再好，如果不加以运转，仍然不能发挥其应有的效能。组织运作就是要使设计好的组织运转起来，其中最重要的是为各个岗位选配合适的人员，此外还需要上级人员对下级人员进行适当的授权，有效地进行上下左右的信息沟通联系，制定并落实各种规章制度，以实现组织运转的正常化、规范化。

(3) 组织变革。组织的变革就是对原有组织的调整、革新和再设计。组织是实现目标的手段，并受到所处的外部环境和内部条件等因素的影响，所以当组织目标发生修正或改变时，当环境和内部条件等因素发生变化时，原先设计的组织可能已不能满足需要了，这时就必须对原有组织形式进行修改、调整甚至重新设计，以提高组织的效能，适应新的形势。

二、组织设计的任务与步骤

设计组织的结构是执行组织职能的基础工作。组织设计的最终任务是提供组织结构系统图和编制职位说明书。

组织结构系统图的基本模式如图 4－1 所示。

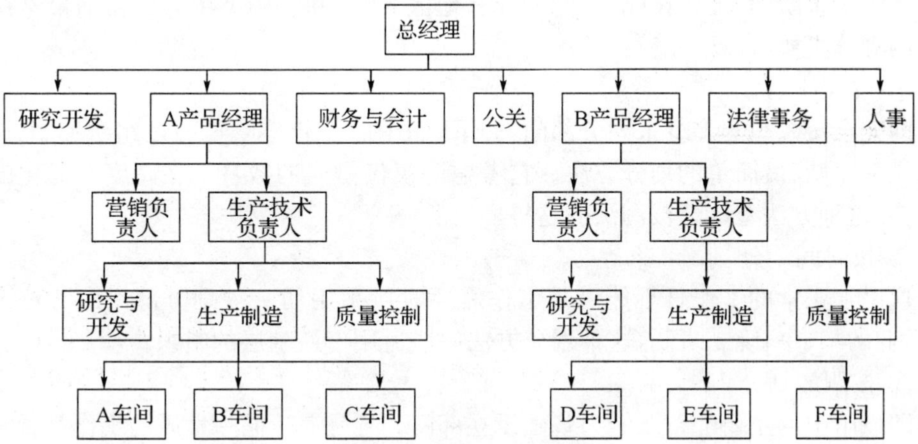

图 4－1　组织结构系统图

图中方框代表管理职位或部门；箭线代表权力指向；通过箭线将各方框连接起来，反映各职位或部门在组织中的地位以及它们之间的相互关系。如 A 产品经理要执行总经理的指示，向总经理报告并负责，同时他又是 A 产品营销负责人和生产技术负责人的直接上司，可对他们发出指示。

职位说明书要对各管理职位（部门）做出明确规定，包括该职位（部门）的工作内容、职责与权力，与组织中其他职位（部门）的关系，职位任职者所必须拥有的基本素质、技术知识、工作经验、处理问题的能力等任职条件。

组织设计要取得上述两项最终成果，需要按照下列步骤开展工作：

(1) 确定目标活动。组织设计工作从分析实现组织目标所必需的活动（简称目标活动）开始，特别是对于实现组织日标贡献最大的关键性活动在设计部门和岗位时要给予重点关注。

(2) 设计工作职位。确定组织的目标活动以后，需要将其进一步细分为各项工作，然后按一定的原则将若干工作项目组合在一起形成各种工作职位。工作内容的差异和任务组合方式的不同，就决定了不同工作职位的特征和要求。从历史上来看，职位设计经历了职位专业化、职位扩大化、职位丰富化和工作团队化。

(3) 划分部门。所谓部门是指组织中主管人员为完成规定的任务有权管辖的一个特殊的领域。划分部门的目的，在于确定组织中各项任务的分配与责任的归属，以求分工合理、职责分明，有效地达到组织的目标。划分部门也叫部门化，即根据各个职位所从事的工作内容的性质及其相互之间的关系，依照一定的原则，将各个职位组合成易于管理的统称为部门的组织单位，如处、科、室、组等。由于各组织活动的特点、所处环境和条件的不同，划分部门所依据的标准也不一样。即使是同一组织，在不同时期也可能采用不同的标准。常用的部门划分标准有如下几类：人数、时间、地点、设备、工艺阶段、工作技能、职能、产品、地区、顾客和营销渠道等。目前最常用的部门的划分主要有以下几种：

① 按人数划分

即完全按人数的多少来划分部门，如军队中的师、团、营、连、排的组织编制方法，这也是最原始、最简单的划分方法。它考虑的仅仅是人的数量。在高度专业化的现代社会，这种方法有逐渐被淘汰的趋势。

② 按时间划分

这是在正常的工作日不能满足工作需要时所采用的一种划分部门的方法。比如，企业的早、午、晚三班制，这种划分方法一般适用于最基层的组织。

③ 按职能划分

即以组织的主要经营职能为基础设立部门。凡是属于同一性质的工作都置于同一部门，比如，企业一般都设有生产、营销、财务、人事等部门。按职能划分部门有利于提高专业化水平，充分发挥专业职能；有利于提高管理人员的技术水平和管理水平；有利于组织目标的实现。缺点是容易形成部门主义，增加部门协调的难度。总体来说，这是目前采用的最普遍的一种部门划分方法。

④ 按产品划分

即把某种产品的设计、制造、销售等工作划归一个部门进行管理。它是为了适应新产品的开发、生产而产生的。目前比较流行的事业部或集团企业就属于按产品划分的部门。按产品划分部门，有利于充分运用管理者的专业知识和技能，有利于组织专业化生产和经营，有利于新产品的开发和研制。

⑤ 按地区划分

即根据地区范围来划分管理部门。比如一些大型的集团公司按地区划分的东北区事业部、华北区事业部、西南区事业部等等。对于一个地域分布广泛或业务领域较广的组织来说，按地区划分部门是十分必要的。它有利于充分发挥各地区的优势，使各部门因地制宜地制定政策，进行决策，提高管理的适应性和有效性。

一个组织在划分部门时，应尽量做到少而精；部门的设置应有弹性，并随组织业务变化的需要而不断调整。当然，部门的划分最终还要以最有效率地实现组织目标为原则。需要指出的是，任何一种划分部门的标准都有其优缺点和适用的情形，因而谈不上哪类标准最好。有必要时（如组织规模较大时），可以在组织内同时采用两种或两种以上的标准划分部门，以集合几种标准的长处。

（4）结构形成。职位设计和部门划分是根据工作要求来进行的。在此基础上，还要根据组织内外能够获得的人力资源情况，对初步设计的部门和职位进行调整，并平衡各部门、各职位的工作量，防止苦乐不均。最后的任务就是根据各自工作的性质和内容，规定各部门、各职位之间的职责、权限和义务关系，使之形成一个严密高效的网络系统，能够协调一致地达成组织的总体目标。

三、组织设计的依据与原则

组织设计时要考虑组织总体战略、环境、技术及组织自身条件等因素。

1. 组织战略。组织的总体战略是对组织的发展目标，实现目标的各种行动方案、方针和方向进行选择的总称。为实现组织的目标，组织可在多种战略中进行选择。以企业为例，企业经营范围方面可采用单一化（专业化）战略，多角化战略或一体化战略；为了使企业自己的因素与环境相适应可分别采用防守型战略、进攻型战略和调整撤退型战略；为了应对同行业竞争，企业可以采用成本领先战略、特色经营战略和重点市场战略等等。由于经营能力和生产条件的不同，企业的经营战略是千变万化的。各个企业必须对经营中各类战略进行识别，以便从中选择正确的经营战略（或战略组合）。

组织结构与战略是相互影响的关系。一方面战略的制定要考虑现行的组织结构，并随组织的发展进程而改变。另一方面战略一经选定，组织结构就必须服从所选择的战略的需要，进行调整或重新设计。

战略选择的不同将在两个层次上影响组织设计。不同的战略要求进行不同的业务活动，从而影响职位的设计；战略重点的改变会引起工作重点的变化，进而导致各部门与职位在组织中的重要程度发生改变。因此在组织设计时要对职位和部门之间的关系做出相应的调整。

2. 环境。这里所说的环境泛指那些存在于组织外部影响到组织行为的因素，如市场结构、政治气候、经济条件等等。

环境对组织设计的影响体现在三个层次上。

一是对职位和部门设计产生影响。组织与外部环境之间也存在社会分工的问题。分工方式的不同就决定了组织内部活动内容，从而所需设立职位与部门不一样。

二是对各部门之间关系产生影响。环境不同，组织中各项工作完成的难易程度以及对组织目标实现的贡献程度亦不相同。

三是对组织结构总体特征的影响。在一个一成不变（或变化很小）的组织环境下，一个组织能够准确地预测其未来，因而也就能够容易地通过规范化来达到协调的目的，从而设计出被称为机械式管理系统的稳固结构。在这种组织结构中，各部门和职位的职责界限分明，工作内容和工作程序有详细的规定，各部门之间的关系固定，等级结构严密。但在一个动荡不安的环境中，如政局不稳、产品需求多变、劳动力成本不定等，组织就很难通过规范化来实现协调，这时就要求采用灵活的被称为“有机型”的组织结构。在这种结构中，各部门的权责关系和工作内容需经常做适应性的调整，等级关系不甚严密。

另外，环境越复杂越要求组织进行分权；而市场竞争加剧、环境恶化时，组织就应集中权力，以快速协调全部力量渡过难关。

3. 技术。任何组织都要利用一定的技术和技术设备来开展活动。技术和技术设备的水平与特点不仅影响组织的活动效率和效果，而且对组织活动内容的划分、组合，从而对职位的设计和部门的设置以及工作人员的素质要求都产生很大(甚至是决定性的)影响。如采用会计电算化技术以后，会计核算业务流程就发生了很大变化，从而会计职位设计亦大不相同。再比如采用数控加工中心等先进设备以后，就要改变原来的车、铣、刨、磨的传统分工方式和相应的组织机构。还有采用连续生产技术的企业(如石油化工企业)与采用非连续生产技术的企业在组织结构上往往有很大差别。

4. 组织自身状况。主要是指组织的规模与所处的发展阶段。大型组织与小型组织在组织结构上必然存在明显的区别。很难想象一个地区性小公司的组织结构能适用于一个跨国性大公司。组织规模往往与组织的发展阶段相联系(虽然并不必然相关)。伴随组织的发展，其活动内容会日趋复杂，人数会逐渐增加，活动规模会越来越大，组织结构也要相应地随之调整、变革，以适应变化了的情况。据有关学者研究，在组织发展过程中，其组织结构往往会经历从不正规到正规，从集权到分权再到集权与分权有机结合的形态变化。

四、组织设计的原则

组织设计(及变革)时应遵循的共通的基本原则。

1. 因事设职与因人设职相结合的原则。因事设职是科学管理的客观要求；而对某些特殊或关键人才却可以灵活变通地采取因人设职的办法，以利于发挥他们的重要才能与作用，这也是管理艺术的表现。

2. 权责对等的原则。组织设计应明确各部门和岗位职责，同时，必须赋予其相应的权力。有责无权或责大权小，会导致职责无法履行；有权无责或权大于责，可能导致权力的滥用。权责不对等，会损害组织效能。

3. 命令统一的原则。又称指挥统一的原则，是指组织中的成员在同一时期只能接受一个上司的命令。因为如果一个下属同时接受两个或更多的上司的领导，而这些上司对他下的指示又不一致的话，那么这个下属就会感到无所适从，他的工作就会出现混乱，影响他的职责的履行，从而对组织目标实现造成损害。因此，命令统一是组织的一条重要原则。组织分工越细，越需要统一步调，该原则也就越显重要。

学习任务 2
常见的组织结构形式

【案例引入】

新光集团公司要进行组织结构变革

新光集团公司要进行组织结构变革，以解决价值 10 亿美元生产项目的生产成本高昂的老问题并且迅速适应引进新产品项目的要求。在过去的 10 年里，公司市场份额及投资回报率一直在下降。为了解决这些问题，公司高层召集了组织以外的组织发展顾问来进行诊断。他们在与各层次的人员进行了几次座谈以后，举行了一个由高级管理层参加的信息反馈会议。对经营问题的诊断认为，原因在于组织的职能不适应已经变化了的、更具竞争性的市场环境。所以，推荐使用矩阵组织结构，并改造企业文化。在一年之内，顾问们与管理层举行了一系列的会议，讨论这些建议及其在组织发展方面的运用。管理部门承认诊断基本上是准确的，但是需要时间来讨论并验证矩阵及其他方面的效用。在一次会议上，确定由三个小组来分析研究职能式、分散化的产品部门制及矩阵组织这三种组织形式的优缺点。总经理的领导风格及所有生产线共享设备能力这一特征，使管理部门确信，选择矩阵组织结构是正确的。

高层管理部门与顾问们就向新的结构转变的计划问题多次碰头商议。最终确定了新的组织的具体框架；开发了双重工作绩效评价程序；决定根据群体的工作绩效对群体成员进行奖励；确定了经营群体的主管及其成员；对新的资金信息，尤其是经营上的投资成本与收益问题也达成了一致意见。与此同时，最高管理层举行了一次团队建设式的会议。每个群体成员都得到了有关个人效率问题的反馈，与效率低下作斗争。其中一名主管人员收到了有关他的作用与领导作风的不良反映。所有成员都感到，团队建设式的会议为增加信任及更公开地表达不同意见做出了贡献。在最初的诊断过去一年之后，宣布矩阵管理层由近 100 人组成，并制定了对这些人进行一天训练的计划。选择了一名组织内的顾问（组织发展方面的专家）来帮助实现这种转变。同时，指定由主管人员组成的组织发展指导委员会协助对进展过程进行诊断并就改进问题提出建议。个人及群体的许多会议的宗旨都在于解决这些问题。每一个经营群体都举行了特别的会议，确定规范及所要解决的问题。一年半之后，矩阵组织结构初具雏形。有两名职能部门经理被另两位更适合矩阵形式的管理人员所取代。然而，还有一系列的问题——例如对经营群体授权问题及与履行决策有关的责任问题——仍然没有得到解决。再者，又出现了一名经营群体的主管人员不能胜任工作的情况。

问题：

1. 新光集团的组织结构变革是如何进行的？
2. 矩阵式组织结构显示了什么优势？带来了什么问题？

企业组织结构形式，从传统管理到现代管理，有多种模式。传统的组织结构模式主要有直线制、职能制、直线职能制、直线职能参谋制。现代组织结构模式主要有事业部制、矩阵制、多维立体制等。虽然组织结构的模式多种多样，但其中最主要的是直线职能制和事业部制两种，其他的结构模式都与前两种有密切关系。

一、直线制组织结构

直线制组织结构形式的特点是：没有管理职能部门。企业依照由上到下的权力划分实施指挥。这种组织结构形式结构简单，权责分明，指挥统一，工作效率高。但这种形式没有专业管理分工，要求生产行政领导具有多方面的管理业务和技能，每日忙于日常业务无法集中精力研究企业重大战略问题。因而，这种形式适用于技术较为简单、业务单纯，企业规模较小的企业。

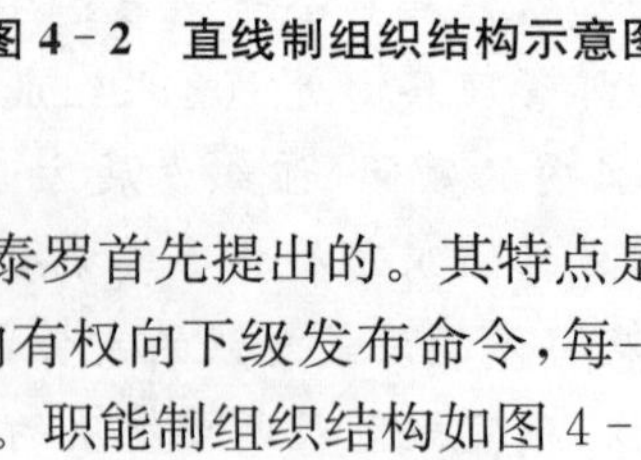

图 4-2 直线制组织结构示意图

二、职能制组织结构

职能制是科学管理之父泰罗首先提出的。其特点是：按专业分工设置管理职能部门，各部门在其业务范围内有权向下级发布命令，每一级组织既服从上级的指挥，也听从几个职能部门的指挥。职能制组织结构如图 4-3 所示。

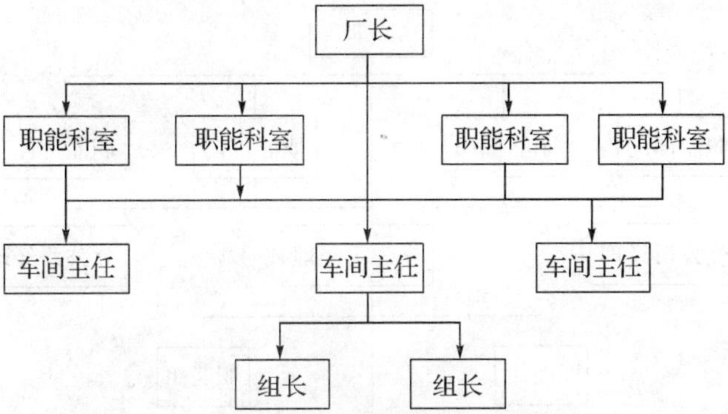

图 4－3　职能制组织结构示意图

三、直线职能制(又称 U 型结构)组织结构

直线职能制又称 U 型结构。它是以权力集中于高层为特征的组织结构。

它的基本特征在于企业的生产经营活动按照功能划分为若干个职能部门，如生产、销售、开发等，每一个部门又是一个垂直管理系统，由企业最高层领导直接进行管理，所以 U 型结构又叫功能型垂直结构。生产过程的主要决定，必须有高层主管和职能部门的同时介入才能做出。

U 型结构的优点是垂直领导有利于企业集中有限的资源投资到最有效的项目上去。同时这种结构还有利于产供销各个环节之间的紧密协调，这一点对于纵向一体化的产品相关度很高的企业来说，尤其重要。因为把原材料供应、产成品制造以及销售的不同环节结合到一个企业中来，其目的就是为了节约市场交易的高额费用，并享受财务、广告等业务上的规模经济效益。U 型结构最早由成立于 1892 年的通用电气公司发展起来的，由铁路公司发展的高层管理方法和家族式企业发展的中层管理方法综合而成。正因为 U 型公司具有以上优势，所以到 1917 年时，U 型结构在美国制造业占据统治地位，当时 236 家公司中有 50％以上采用了这种结构。但是，企业发展到现代阶段，规模扩大，U 型结构越来越不适应企业的发展和市场竞争的需要，它的缺陷也逐渐暴露出来。高层管理者陷入日常经营活动，过多地涉入原本应是中层管理者的业务工作，疏于企业长远的发展战略。同时，由于行政机构越来越庞大，各部门之间的协调也越来越困难，导致体制僵化，管理成本上升。图 4－4 所示就是 U 型结构的企业组织结构图。

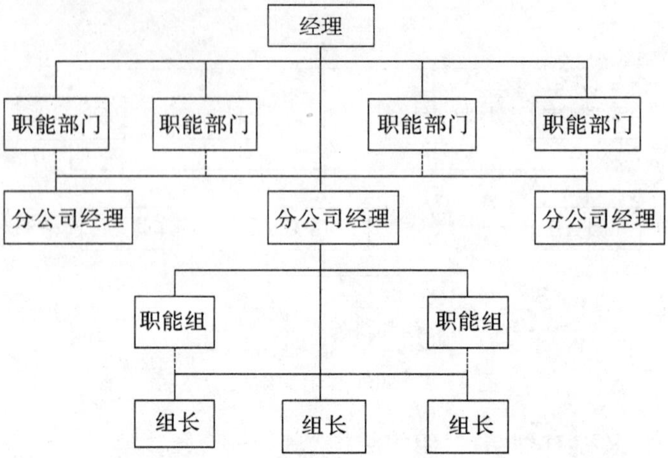

图 4-4　直线职能制组织结构示意图

四、事业部制组织结构(又称 M 型组织结构)

M 型结构是美国管理学家斯隆在 20 世纪 20 年代针对企业实行多样化经营所带来的复杂管理问题而提出来的。最早采用 M 型组织结构的是美国通用汽车公司。正是因为通用汽车公司在 1920 年的危机中发明了这套新型的组织结构,使得通用汽车公司起死回生。M 型结构的初创者是著名管理学家小艾尔弗雷德. P. 斯隆和皮埃尔. 杜邦,后经不断完善,最终形成目前相对标准化的结构模式。图 4-5 所示就是典型的 M 型结构。

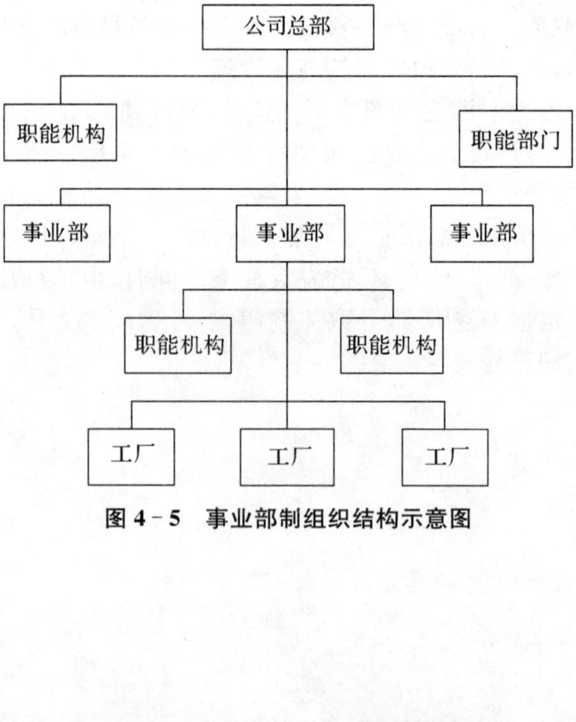

图 4-5　事业部制组织结构示意图

M型结构是一种分权式结构，即事业部制是在总公司领导下按产品、地区或市场划分，统一进行产品设计、采购、生产和销售，相对独立经营、单独核算的部门化分权结构。事业部是总公司控制下的利润中心，拥有很大的生产经营权，能够像独立的企业那样根据市场情况自主经营。事业部下设自己的职能部门，如生产、销售、开发、财务等等，独立核算，自负盈亏。因此，各事业部可以看做是一个个的小公司。在各事业部之上的公司总部机构，除了对各事业部的人事、财务等重要经营活动进行监督、评价和协调并通过利润指标对其进行控制外，主要致力于研究制定重大方针、政策和战略性计划。这就克服了U型结构中高层经理人员深陷于日常经营决策而不能自拔的重大缺陷。概括起来说，M型结构与U型结构相比具有以下几个方面的优点：(1) 权力下放，有利于最高管理层摆脱日常行政事务，集中精力研究企业的大政方针和战略问题。(2) 各事业部独立核算，能充分发挥部门管理的积极性、主动性和创造性，提高企业经营的适应能力。(3) 各事业部之间的竞争有利于提高公司的整体效率。(4) 有利于培养管理人才。

从20世纪60年代以来，随着大企业普遍向多样化经营发展，M型组织结构被广泛运用。据鲁梅尔特对美国《幸福》杂志评出的美国500家大企业组织结构的调查，从1949年至1976年，采用M型结构的企业所占比例从20%增加到60%。与此同时，其他西方国家的许多企业也采用了M型结构。比如，在60年代中期，日本大企业采用M型结构的比例占到35%，其中，一般机械、电机、造纸等部门的大企业采用M型结构的比例高达50%左右。到了70年代，大企业采用M型结构成了一种时尚。M型结构是现代企业成长和规模不断扩大的产物，也是当代大型企业组织结构的主要形式之一。需要特别指出的是，尽管M型组织结构对现代企业的成长发展做出了重大的贡献，但它还不是完美无缺的，还存在许多问题。比如，在上层与事业部内部都要设置职能机构，容易造成机构重叠，管理人员膨胀，管理费用增加；各事业部独立性强，考虑问题容易忽视整体利益，各事业部之间协调难度增大，等等。但无论如何，事业部制对那些实行多样化经营的大型企业具有很强的生命力。

据有关资料显示，目前事业部制的具体形式很多，主要有：(1) 子公司型的事业部。这类事业部实际上是一家独立的公司法人。它有着独立的经营机构和自己独立的利益，但同时又是作为母公司的一个事业部而存在。(2) 参谋型事业部。这是总公司根据产品特点而分别成立的部门。这类事业部的任务就是负责产品的生产计划、销售计划、技术开发、产品开发及设备投资等工作，进行全面综合地规划设计，但不负责计划的决定和实施。因此，这类事业部仅仅停留在职能分权阶段，还不是真正意义上的事业部。(3) 产品型事业部。这是按照不同产品或不同生产线而设置的。这种事业部是最普遍的一种事业部形式，它最能发挥分权管理的效能。(4) 零部件型事业部。这是产品事业部的进一步发展，一般适用于大批量生产某种产品的企业。(5) 工程型事业部。这是按照生产过程中不同工程的特点进行分割后形成的负责某一特定工程的自主经营单位。汽车制造业通常采用这种形式,如技能、发电机、车身、喷涂、总装等等的事业部。(6) 地区型事业部。这是按照不同地区的特点组成的,如有的大型公司所设立的美国某地区事业部,我国一些企业所设立的东北、西南、西北地区事业部,等等。(7) 市场型事业部。这种类型的事业部主要是从产品销售出发,按不同市场的特点组成的。市场划分的类型很多,可按地区、顾客(年龄、性别、文化层次、收入等)、产品、配销渠道等因素进行分类。市场型事业部的建立,要求对市场进行科学的细分,从中找出最主要的几个市场来建立事业部。此外,还有顾客型事业部、营业型事业部、混合型事业部,等等。

五、矩阵制组织结构

矩阵制组织结构,是把按职能划分的部门和按产品(或项目)划分的小组结合起来组成一个矩阵,一名管理人员既同原职能部门保持组织与业务上的联系,又参加项目小组的工作。职能部门是固定的组织,项目小组是临时性组织,完成任务以后就自动解散,其成员回原部门工作。矩阵制组织结构如图 4-6 所示。

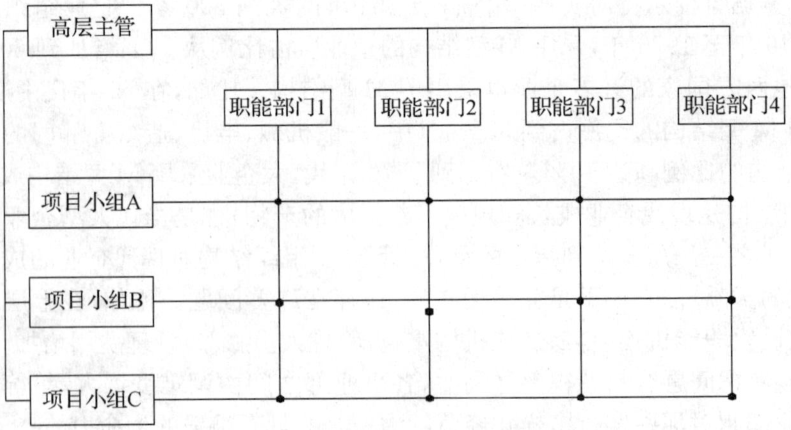

图 4-6 矩阵制组织结构示意图

矩阵制组织结构有下列优点:

(1) 将企业的横向与纵向关系相结合,有利于协作生产。

(2) 针对特定的任务进行人员配置有利于发挥个体优势,集众家之长,提高项目完成的质量,提高劳动生产率。

(3) 各部门人员不定期的组合有利于信息交流,增加互相学习的机会,提高专业管理水平。

矩阵制组织结构的缺点是:由于项目组是临时性的组织,容易使人员产生短期行为。小组成员的双重领导问题会造成工作中的矛盾。

矩阵制组织结构的特点决定了这种形式适用于一些需要集中多方面专业人员集

体攻关的项目或企业。航天航空企业、工程建设企业等采用这种组织结构形式，效益比较明显。

六、多维立体组织结构

多维立体组织结构是在矩阵制组织结构的基础上发展起来的。所谓多维，是指企业中存在多种管理机制。按产品划分的事业部成为利润中心；按职能划分的专业参谋结构成为专业成本中心；按地区划分的管理结构成为地区利润中心。在这种体制下，事业部与专业参谋结构、地区管理结构共同组成产品指导结构，对同类产品的产销活动进行指导。这种组织形式的最大特点是有利于形成群策群力、信息共享、共同决策的协作关系。由于这种组织形式比较复杂，比较适用于规模相当大的企业。

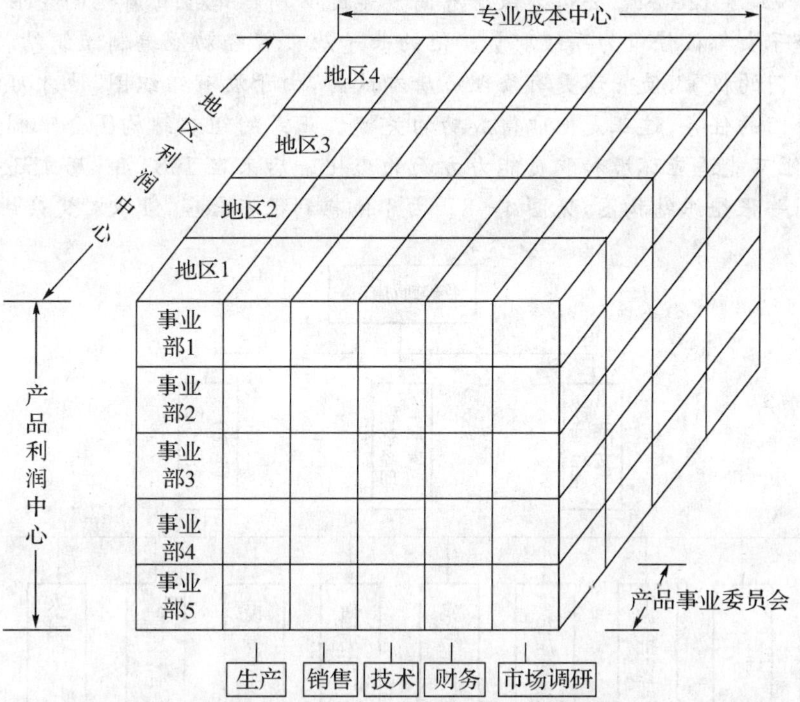

图 4－7　多维立体制组织结构示意图

学习任务3
组织设计与组织变革的艺术

【案例引入】

某面包公司的组织结构变革

某面包公司于1971年开创时只是一家小面包房，开设一间商店。到1980年因经营得法，又开设了另外8间商店，拥有10辆卡车，可将产品送往全市和近郊各工厂，公司职工达120人。公司老板唐济简直是随心所欲地经营着他的企业。他的妻子和三个子女都被任命为高级职员。他的长子唐文曾经劝他编制组织结构图，明确公司各部门的权责，使管理更有条理。唐却认为，由于没有组织图，他才可能机动地分配各部门的任务，这正是他取得成功的关键。正式的组织结构图会限制他的经营方式，使他不能适应环境和职员能力方面的变化。后来在1983年，唐文还是按现实情况绘出一张组织结构图，见图4-8。由于他感到很不合理，没敢对父亲讲。

图4-8 某面包公司1983年的组织结构图

1985年唐济突然去世，家人协商由刚从大学毕业的唐文继任总经理，掌握公司大权。唐文首先想到的是改革公司的组织结构，经过反复思考，设计出另一张组织结构图，见图4-9。他自认为这一改革有许多好处，对公司发展有利。但又感到也会遇到一些问题，例如将家庭成员从重要职位上调开，可能使他们不满(尽管他了解公司职工对其父原来的安排都有些怨言)。于是他准备逐步实施这项改革，争取用一年左右的时间去完成它。

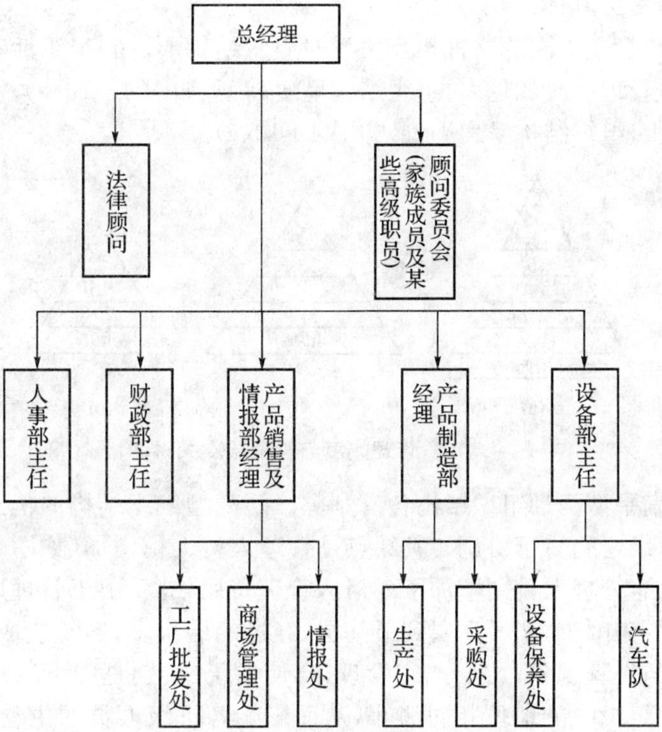

图 4－9　1985 年设计的组织结构图

问题：

1. 唐文为什么要把组织结构改成图 4－9 的样子，原先的结构有什么问题？
2. 唐文改革组织结构可能遇到什么问题？他应当如何分步骤地予以实施？

一、组织设计时要处理好的几个关系

1. 管理幅度与管理层次

所谓管理幅度也叫管理跨度或管理宽度，是指一个管理人员能够直接有效地指挥和监督的下属人员数。

在组织规模固定时，管理层次与管理幅度反向变化。如假设某组织有 4 096 名作业人员，若分别按管理幅度为 4、8 和 16（并假设各管理层次的管理幅度相同）进行组织设计，则相应的管理层次是 6、4 和 3，所需的管理人员总数分别为 1 365、585 和 273 名。如图 4－10 所示。

管理幅度与管理层次的这种相互关系对组织结构形态和组织活动有显著影响。管理幅度越小，管理层次就越多，组织结构呈瘦高型，如图 4－10(a)；管理幅度越大，管理层次就越少，组织结构呈扁平型，如图 4－10(c)。

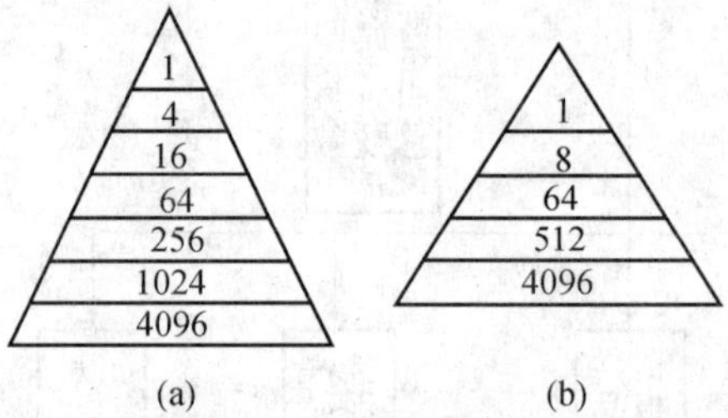

图 4－10 管理幅度与管理层次关系图

瘦高型与扁平型两种组织结构各有利弊。瘦高型组织结构的优点是管理严密，分工明确，上下级之间易于协调。其缺点是管理人员大幅增加（如图 4－10 所示，管理层次增加一倍，管理人员则增加了 5 倍），管理费用较高；由于管理层次多、人员增多使信息联系更为困难，从最高层到最基层，经过的层次多，容易造成信息传递的比较严重的滞后与失真现象；层层严密管理，会使各层（特别是中下层）管理者感到压抑，觉得自己在组织中的地位相对渺小，从而影响各下级人员的主动性和创造性的发挥。

扁平型组织结构的优缺点与瘦高型正好相反。其优点是由于中间层次少，上下信息传递容易且迅速而准确，从而能够对环境变化作出较快的反应；所需管理人员少，管理费用低；中下层管理者具有较大的管理幅度和权限，有利于其主动性和创造性的发挥。其缺点是加大了同级管理人员之间相互沟通联络的分量和协调难度；不便于上级对下级进行有效的监督和控制；每个主管从过多的下属那儿取得信息，众多的信息可能淹没了其中最重要、最有价值者，从而可能影响信息的及时利用等等。

比较而言，扁平型结构可以使官僚主义减少，能较快地对外界环境的变化作出反应和相应决策，较符合当代高速管理的需要。因此近十几年来，出现了明显的趋向扁平型组织结构的走向。

要采用扁平型组织结构，其关键是扩大管理幅度。然而，管理幅度又不能随意扩大。因而，就有必要研究哪些因素可以影响管理幅度的大小。一般认为这些因素包括：

(1) 主管人员及下属的能力。主管人员的综合能力、理解能力、表达能力强，可以迅速地把握住关键问题，就下属的请示提出恰当的指导建议，并使下属清楚地理解，这样就可以缩短与每一位下属沟通协调时所占用的时间。同样，若下属具备较高的能力，则很多问题可以按照组织要求解决，而不必事事都向上级请示，从而减少占用上级时间的次数。这样一来，管理幅度就可以宽一些。

（2）工作内容和性质。包括：

① 主管人员所处的管理层次。主管的工作主要是决策和用人。处于管理组织系统中不同的层次，这两种工作的比重不相同。一般越是高层主管，决策的职能越重要，能用于指导协调下属的时间就越少，因而其管理幅度就应越小。

② 下属人员工作的相似性。下属人员从事的工作的性质和内容相似，主管对每个下属工作的指导和建议也就大体相同，在工作中需要主管协调的次数就越少，从而每个主管指挥、监督更多的下属也就不会有多大的问题和困难，即管理幅度可适当大些。

③ 计划的完善程度。如果计划很详尽周到，对目的和任务要求十分清楚，下属人员只需单纯地执行计划，这时主管对下属进行指导和纠正偏差所用时间就少，管理幅度可大些。反之，计划不完善，下属不仅要执行，还要将计划进一步分解，则对下属人员指导、解释的工作量就会增加，有效管理幅度就要小一些。

④ 非管理事务的多少。主管人员作为组织各层次的代表，往往需要花费一些时间处理一些非管理性事务。处理这些非管理性事务所需时间越多，其有效管理幅度就越小。

（3）工作条件。包括：

① 助手的配备情况。如果给主管人员配备一定的助手，让其与下属人员进行一般的联络，处理一些明显次要的问题，而主管人员只集中精力处理一些重大问题，这样就可以增加其管理幅度。

② 信息手段的配备情况。掌握有关信息是进行管理的基础。运用先进的技术进行信息的收集、传输、处理，可以使主管人员迅速、准确、全面地掌握有关情况，及时对下属提出指导建议，下属也可以及时了解更多与自己工作有关的信息，从而更自如、自主地处理分内的事务。这些均有利于扩大主管的管理幅度。

③ 工作地点的集中程度。如主管人员与下属及下属之间工作地点比较集中，则管理幅度可以大些。如很分散，则主管人员与下属及下属之间沟通比较困难，管理幅度宜小些。

（4）工作环境。

组织环境是否稳定将影响到组织活动内容和政策的调整频率和幅度。环境变化越快，变化程度越大，组织中遇到的新问题就越多，下属向上级的请示就越有必要、越加频繁。而同时，上级能用于指导下属的时间和精力却越少，因为他必须花更多的时间去关注环境的变化，思索对应的良策。因此，环境越不稳定，各层主管的有效管理幅度就越受限制。

以上列举的并不是影响管理幅度的全部因素。组织应根据自己的具体情况来确定适当地扩大管理幅度以减少管理层次的途径。

2. 直线与参谋

在组织结构中，拥有直接对下属进行命令、指挥和监督权力的管理人员被称为直线主管，相应地，其所拥有的这些权力被称为直线职权。一个组织从最高主管到最基层主管之间就形成了一种直线的命令和服从关系，即一条从上而下的权力线，这条线被称为指挥链。指挥链的建立及保持畅通是组织设计及组织运行的一项重要任务，只有这样才能保证整个组织的统一指挥。

随着组织环境的日益复杂多变，组织规模的扩大以及先进的科学技术和现代化设备和手段在组织中的应用，组织活动内容越来越复杂，管理工作也变得越来越艰巨和困难。管理人员特别是高层管理人员越来越感到某些专门知识的缺乏，仅靠个人能力进行决策已力不从心。在这种情况下，主管人员不得不依靠那些在各个领域（经济、政治、技术、社会、法律等）掌握专门知识的专业人员或专家来出主意、想办法、提供咨询建议。这些专业人员或专家便是组织中的参谋，直线主管人员与参谋人员之间的这种建议和咨询的关系便是参谋职权关系。显然，直线职权是一种决策的权力或说是指挥和命令的权力，而参谋职权仅是提供咨询和建议。

要说明的是，任何管理职位都可能同时拥有直线职权，参谋职权和职能职权，只不过各种职权所占比重有所不同而已。如企业的公关部经理，对企业的主要的生产经营活动而言，一般只能提出建议，行使参谋职权；但对于企业的某项公关活动的开展，可以对公关部门的下属人员直接下达指示，行使直线职权。另外，企业总经理可以授权给公关部门经理在处理企业遇到的突发性危机事件时，可以直接对有关部门及人员（如销售和客户服务等）进行指示。这样，他又具有了职能职权。

从理论上讲，设置作为直线主管的助手的参谋职务，不仅可以保证直线的统一指挥，而且能够适应管理复杂的组织活动需要多种专业知识的要求。然而在实践中，直线与参谋往往会产生一些矛盾。这种矛盾激化到一定程度时甚至成为组织缺乏效率的主要原因之一。直线与参谋之间之所以会产生矛盾，主要是没有认清双方工作的性质，没有明确相互的职权关系，没有摆正自己的位置。那些矛盾激化的组织中往往存在两种倾向：一是参谋的作用没有得到充分发挥，积极性受到打击；二是参谋作用发挥失当，干涉了直线主管的工作，破坏了统一指挥的原则。

要解决直线与参谋的矛盾，应从下面几个方面着手：

首先，直线主管人员必须充分认识到，设置参谋职务，利用参谋人员的专业知识是管理现代组织的复杂活动所必需的，因而在工作中应自觉地发挥参谋人员的作用，利用参谋的知识，认真对待参谋的建议，充分吸取其中合理的内容，并勇于对这种吸收以及据此采取的行动的结果负责，而不是在行动中出现了问题后去责怪参谋人员。同时，直线主管还要为参谋人员开展工作提供必要的信息条件。

其次，参谋人员应明确自己工作的特点，认识到参谋存在的价值在于协助和改善直线的工作，而不是去削弱他们的职权。这样才能在工作中不去越权争权，而是努力地提供好的建议，推荐自己的主张，宣传自己的观点，以说服直线主管乐于接受自己的方案。并在方案实施取得成绩后不居功自傲，而是认识到没有直线主管的接受，再好的方案也只能是纸上谈兵，而直线主管采纳何种方案、采取何种行动是要担负一定的风险的，因此，成绩应首先归功于直线主管人员。

最后，应谨慎地授予参谋部门或参谋人员职能职权。因为虽然为了确保参谋人员发挥作用，授予他们一定的权力是必要的，但这也有带来多头领导、破坏命令统一性的危险。谨慎使用职能职权，包括以下几方面的含义：首先是要认真地分析授予职能职权的必要性，只在必要的领域中使用它，以避免削弱直线主管的地位。其次，要明确职能职权的性质、限制职能职权的应用范围，也就是说通常是在主管人员已做出决定"做什么"、"在哪儿做"、"谁来做"等前提下，职能部门解决"如何做""何时做"等方面的问题。第三，要限制职能职权使用的级别，即只能适用于组织结构中关系最接近的那一级，以便保证直线职权不被架空。如总公司的财务部长行使职能职权时只能针对分公司(或事业部)经理，而不能越过分公司(或事业部)直接针对再下一级的工厂厂长。最后，为了避免命令不统一，直线主管要注意，在授出某些职能职权后，就要让相应的参谋人员放手去开展工作，而不能仍然频繁地使用已经授出的权力。

3. 集权与分权

在组织中进行责权分配时必然会遇到集权还是分权的问题。这里的权力是指赋予管理系统中某一职位的权力，即制度权。其实质是决策的权力，包括决定干什么的权力，决定如何干的权力，以及决定何时干的权力。

所谓集权是指决策权在组织系统中较高管理层次的一定程度的集中，而所谓分权则是指决策权在组织系统中较低管理层次的一定程度的分散。集权与分权均是相对的概念，绝对的集权意味着组织中的全部决策权均集中在最高层主管手中，这样最高主管不堪重负，而其他中下层管理职位难以发挥作用；绝对的分权意味着组织中的全部决策权都分散到各个管理部门甚至执行者、操作者手中，没有任何集中的权力。因此，主管职位显然是多余的，一个统一的组织实际已不复存在。

所以现实中绝对集权和绝对分权是不多见的。绝大多数组织都是既有一定程度的集权，又有一定程度的分权，只不过有的集权成分多一点(称为集权制)，有的分权成分多一点(称为分权制)。如图 4-11 所示。

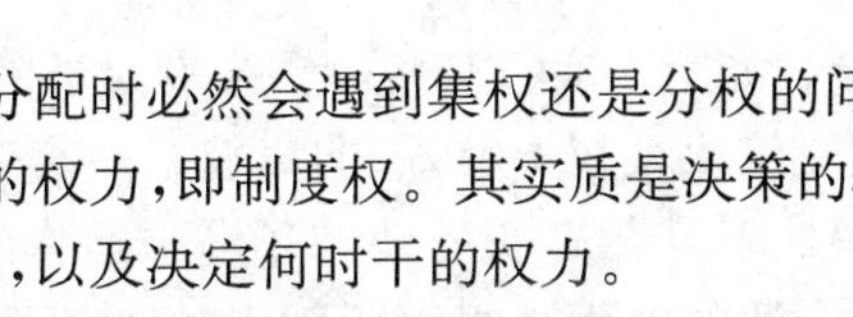

图 4-11　组织中集权与分权的程度

因此，我们所要讨论的不是应该集权还是应该分权，而是那些权力宜于集中，哪些权力宜于分散，在什么情况下集权成分应该多一些，在什么情况下又需要较多的分权。

一个组织什么情况下应该采用集权制，什么情况下应该采用分权制，组织中哪些权力应该集中，哪些权力应该下放呢？一般认为有如下影响因素。

(1) 组织规模。组织规模小，可以采用集权制，这时集权的弊端不明显，却可以充分发挥集权的优势。而当组织规模较大时，则应采用分权制，以避免集权带来的信息失真、反应迟钝等对组织的危害。

(2) 地理分布。组织的各个组成部分相距甚远，他们就会产生分权倾向，而总部也难以解决各地的分部所面对的现实问题，因而，应该采用分权制，正如古语所云：将在外君命有所不受。反之，组织地域分布集中，则可以适当集权。

(3) 决策性质。对于组织有重大影响的、耗费较多的、有一致性要求的决策权，宜集中在组织高层。通常认为，高层主管人员的决策能力和获取的信息量要大于下层，且这些决策正确与否往往责任重大，因而不适宜授权。而非事关重大、耗费不多和无一致性要求的决策宜于下放。如 K. 马尔特连锁商店为了取得成本的优势，实行统一采购货单和仓储，由公司总部集中划一所经营的商品品种。他们通过营销部门对市场作深入透彻的研究，然后规定所有公司经销品种，各地销售经理不得违反公司的统一规定。

(4) 主管人员的数量和能力。实行分权制需要有足够的素质高、经验多、能力强的主管人员。若没有，只能将决策权上移，趋向集权制。

(5) 环境特征。组织处于复杂多变的动态环境中运作时，需要组织结构具有足够的柔性，采用分权制是合适的。而当组织环境相对稳定而且可以预测时，集权制是可行的，因为这时决策慢些或考虑得更仔细一些也无妨。但当组织面临环境突然巨变，事关生死存亡时，组织多选择集权。

(6) 组织发展阶段。组织创设期多采用集权制，而在发展较快时，领导面临繁忙的事务，必须将一部分日常工作中的决策权交给下属，让他们伺机而行。但当组织不景气需要收缩时，往往要采用集权制。

(7) 信息技术的发展。电子计算机的应用和网络通讯技术的迅速发展，大大地改善了组织的信息工作，这对组织领导体制产生了双向的影响。一方面，高层主管利用先进的信息技术可以及时全面地了解基层情况，也可以迅速将决策传达到基层，这有利于实行集权制。另一方面，组织基层主管也可以利用网络等手段掌握与高层主管同样的信息，消除了下层主管在掌握信息上的劣势，从而为实行分权制创造了条件。另外，信息技术发展也有利于高层主管实施对下属的有效控制，从而鼓励他放心地向下授权。

二、组织管理中的授权的方法与艺术

所谓授权是指上层管理者把本来属于自己的一部分权力，委授给下级，指明工作的目的和要求，并为其提供必要的条件，放手让下级努力完成工作任务的一种组织管理方法。作为管理者，合理地授权，既利于充分发挥下属的积极性、主动性，增强下级的责任心，使下级在工作中得到锻炼和发展，又能帮助上级管理者从繁杂的、有章可循的日常工作中解脱出来，集中精力来研究和解决主要问题。在具体运用授权方法中，有以下成功的经验、艺术值得参考：

(1) 授权留责。管理者把权力授给下级以后，下级如果在工作中出了问题，下级要承担负责，但上级管理者却不能因此而使自己的责任减少。“士卒犯罪，过及主帅”就是这个道理。所以授权以后，上级不是一身轻松了，授权下属不等于放弃责任。把权力交给下属，将责任留给自己。也正因为这样，才能使下级大胆工作，不怕失败，充分发挥他们的聪明才智。

(2) 视能授权。管理者向下级授什么权，授多大权，要根据下级能力的高低而定。下级能力强，不妨让其多负一点责任、多取得一点权力；能力弱，就要缩小授权程度，随着以后能力的提高，再逐步增加授权，力求做到权和能的统一。

(3) 权责确定。授权时，管理者必须向被授权者明确所授工作职务的目标、责任和权力范围等，不能含糊不清、模棱两可。否则，其职务便形同虚设，被授权者将无所适从，搞不好，还会争功诿过，而管理者也没有考核的客观依据。这样，整个管理组织就会失去战斗力。

(4) 逐级授权。管理者只能对自己的直接下属授权，绝对不可越级授权。如果上层管理者把本来属于中层管理者的权利直接授予基层领，这必然导致中层领导的被动，不利于发挥他们的积极性。

(5) 适度授权。管理者必须分清哪些权力可以下授，哪些权力应该保留。如果把应予保留的权力也统统下放，那就是过度授权，等于放弃职守，可能造成下级滥用权利，甚至使管理失控。如果授权不足或根本不授权，往往造成上级管理者的工作太多，下级的积极性受挫。一般说，管理者的核心权利是不可以下放的。

(6) 相互信赖。管理者向下级授权以后，就应信任下级，不得干预下级在职权范围内独立处理问题的权力，更不能不和下级商量，随意另行决定和下达指令。否则，上级对下级疑虑重重，事事过问，而下级对上级也怀有戒心，不敢放开手脚工作，那就无所谓授权了。

(7) 适当控制。授权以后，管理者对下属的工作要进行合理的也就是适度的监督，对此要防止两种偏向。一种是把授权变成了放任自流，另一种是对授权不放心，因而不断地检查工作，连细节也不放过，使下属缩手缩脚。这两种控制，前者不足，后者过度，都是不合理的。管理者授权以后重点在于推动下级行使职权，对于充分行使职权、工作搞得好的人，上级将不断地委以新的职权。相反，对于不敢负责、未能行使职权的人,就要逐步收回授予的职权。

三、组织发展与变革的方法与艺术

(一)组织发展与变革的基本内容

现代社会的发展,正深刻地影响着各种组织,各种组织只有顺应历史潮流迎接挑战,不断调整与完善自身的结构和功能,提高自身的灵活性和适应能力,才能求得生存和发展。组织发展与变革的目标就是要实现组织行为的合理化,组织行为合理化就是组织在适应社会发展的进程中,如何使自身的结构和功能更加完善和合理,以提高组织的灵活性和适应性,创造出更和谐的组织环境和更高的社会经济效益的过程。具体包括组织结构的合理化、组织运行要素的有效性、组织气氛的和谐性等方面。

组织结构的合理化,是指组织内部各运行要素的合理有效的配置及运行机制功能的有效发挥。组织结构的合理化程度决定着组织的指挥系统与意见沟通系统的有效性,并对组织目标的实现、组织整体功能的发挥及组织成员的心理都将产生深刻的影响。组织结构合理化的标志主要有下列四个方面:第一,组织目标设置的合理性与适应性;第二,组织管理层次与管理幅度的合理性;第三,组织权责体系的合理界定与授权行为的合理性;第四,组织结构的功能优化。

组织发展是指组织依据外部环境、内部情况的变化,及时地调整并完善自身的结构和功能,以提高其适应生存和发展需要的应变能力。

在组织变革实践中,首先应该确定要解决的问题,也就是组织变革冲突的焦点。组织变革大致涉及四个方面的内容:组织的人员,组织的任务、技术,组织的结构和组织的环境等。不同的变革内容所采取的变革对策措施是不同的。

(1)以人员为中心的变革。通过对组织成员的知识、技能、行为规范、态度、动机和行为的变革,来达到组织变革的目的。

(2)以任务、技术为中心的变革。通过对组织工作与流程的再设计,对完成组织目标所采用的方法和设备的改变以及组织目标体系的建立达到组织变革的目的。

(3)以组织结构为中心的变革。通过对组织的目标体系、权责体系的改变,角色关系的调整、沟通,协调体系的有效建立来达到组织变革的目的。

(4)以适应组织环境为中心的变革。即以调节和控制外部环境为中心的组织变革。组织的发展和变革,不仅要适应外部环境的迅速变化,而且还要主动地调节和控制外部环境,使之在最大的限度内有利于组织目标的实现。因此,除了对组织的内部环境进行变革与调整来适应环境之外,还应该创造一种新的环境使之有利于组织的发展。例如,开辟新的市场,建立广泛的社会联系,加强同外界的信息交流,增加有关的资料输入,等等。

组织变革的四个方面以及在各自基础上制定的各种变革对策是相互依赖、相互影响、互相促进的。在制定组织变革对策的过程中,它们往往构成一个完整的变革规划整体。当然,由于不同组织所处的变革环境及组织内部状况不同,在选择变革内容时，其侧重点是不同的。

（二）应对组织变革阻力的对策

组织变革的阻力主要来自以下五个方面：

1. 来自观念的阻力

由于长时期生活在相对稳定、变化不大的组织环境中，一些人形成了照章办事、按部就班、因循守旧的思想。特别是组织的一些上层领导认为一动不如一静，存在求稳怕乱、不愿担风险的思想，成为组织变革的巨大阻力。

2. 来自地位的阻力

一项变革常常会因改变了原来的体制或结构，调整了人事关系，使组织中权力和地位的关系重新进行配置，造成一部分人丧失或者削弱了原来的地位和权力，从而产生不满和抵触情绪。例如，机构的精简或合并，等级层次的减少或撤销，都可能使一些原来占有重要地位、握有权力的人，想方设法进行抵抗。他们可能利用掌握着的权力和重要信息去影响别人，包括下级和上级，从而阻碍机构变革的顺利进行。他们人数虽不多，但能量极大，对变革的威胁也大。这个问题不妥善解决，变革将无法向前推进。

3. 来自经济的阻力

在商品经济社会，金钱在实际生活和人们的心目中占有重要地位。如果一项变革引起人们的收入直接或间接地下降，就将遭到反抗。这里有几种情况：有的人担心采用新技术或新制度，将会使自己失去工作；有的人则害怕改变职务可能降低薪水；有些计时工资制的工人则担心改成计件工资制后，因不熟练而减少收入；如此等等。这些都将形成抵制的力量，从而增加组织变革的困难。

4. 来自习惯的阻力

人们总是按照自己的习惯对外界事物作出反应。在一定的组织中生活和工作长期形成的习惯，可能成为个人获得满足的根源。一旦改变了原来的生活方式和工作方式，就不免产生某种不安全感，心里不踏实，产生抵触情绪。例如原来习惯于依靠技术独立操作，现在要改变成自动化流水线操作，使自己原来的技术无用武之地，面对新的规范的动作一下子又适应不了，这样势必产生不满和抱怨。工作制度的变革可能对职工的工作习惯冲击更大。例如，原来从事日班工作的职工，要改变为从事早、中、夜三班或夜班工作，将使他们不得不改变许多惯常的生活秩序和行为。这就很可能招致他们强烈的抵制。

5. 来自社会方面的阻力

任何工作群体，比如一个班组成科室，其成员之间的关系不仅仅是工作关系，而且也是社会关系。它包括成员之间的交往和友谊，以及由此而产生的共同的价值观念和行为。良好的社会关系是取得良好的工作绩效的有力保证。假如某项改革的实施，破坏了这种社会关系，同群体的价值观念与行为规范发生冲突，就必然会受到强烈抵制,使变革的进程受阻。

应对组织变革阻力的措施主要有:

(1) 教育。注意在变革以前作好思想教育和宣传工作,经过充分的讨论和沟通,使干部、职工认识组织发展和变革的基本目标和需要,做好心理准备。这种方法特别适用于信息不准确或信息沟通不良的情况,可以使人们明确目标,积极投入改革。但教育不是一朝一夕能够见效的,需要在变革之前尽早开始这项工作,并在变革中做好试点,以变革的实际成效教育干部群众。

(2) 参与。让职工群众有机会参与组织发展计划的制定和实施,使他们对变革有发言权。这样就能大大提高职工的积极性,使变革措施既深入人心,又为人接受。同时,可以集思广益,使组织发展方案更符合组织各级部门的实际需要。参与活动应该有组织、有领导地进行,充分发挥各类人员的主动性和创造性。

(3) 促进与支持。许多情况下,组织发展和变革在心理上、技能上对人们提出了更高的要求,帮助他们适应这些要求,就能够有效地克服可能产生的抵触与阻力。因此,应该在变革的各个阶段、因人而异地给干部、工人以心理上的支持和技能上的培训。例如共同订立工作指标、交流变革中遇到的问题、学习新的技术与知识等,从而使人们尽快适应新的形势,推动组织发展和变革。

(4) 奖惩。鼓励先进、教育后进,这也是克服组织发展和变革中阻力的一条有效途径。在组织发展和变革中,要及时对先进单位和个人给予奖励,对阻碍变革的部门或个人作出批评和调整,形成积极向上、勇于变革的气氛。对于变革中出现的问题,应及时进行研究,采取相应措施,保证变革的顺利进行。

(5) 利用群体动力。组织发展和变革并不是少数几个人的事情,而是整个群体和组织的共同任务。积极地利用群体动力,将有利于克服组织发展和变革中可能出现的阻力。其中重要的一条是注意使个人、集体和企业组织的变革目标保持一致,运用群体在人们心目中的威望和对于群体的归属感,使群体成员积极投入组织发展和变革活动中。还应该特别强调各群体之间的协调一致和相互支持,使这个活动成为整个组织上下一致的行动。

(三) 组织发展与变革环节的选择和措施

组织变革的环节是指在组织变革中,那些对变革的各个方面都会发生强烈影响的关键点或中心环节以及与此相关的变革的配套环节。在组织系统中,组织内部各要素及与外部环境的各个方面都是相互依赖、相互影响的,因而在制定组织变革对策时,众多相关的改革都是重要的。然而关键环节的选择以及辅助环节的配套却是最重要的,整个改革的成功将主要取决于关键环节的选择及其改革的成功,以及围绕关键环节所建立起来的配套改革措施体系。

1. 变革的关键环节的选择

变革的关键环节是对改革的各个方面都会发生强烈影响的关键点。要想准确地找到组织变革的关键环节，必须对组织管理的各个方面及其相互关系具有深刻的认识。

(1) 分析组织变革的现状。对变革前的组织管理现状进行深入的分析，其范围包括管理的各个环节。从管理思想到管理实践，从静态分析到动态分析，从组织运行到组织结构进行全面的分析。其基本任务是揭露出组织管理各个方面、各个环节中的主要问题和弊端，找出产生问题的原因、为制定变革对策提供可靠的理论依据。

(2) 明确应变革的问题。在进行组织变革现状分析的基础之上，应明确所要变革的问题，主要包括：明确变革的任务与目标；明确变革的主体与实体，明确变革什么，由谁来实行变革；明确变革的组织程序及变革到什么程度；明确变革的环节，分析各环节之间的关系；明确变革的关键点。在众多相关的变革点之中寻找对各个方面都会产生强烈影响的关键点，寻找变革的突破口或中心环节。

2. 组织变革其他环节的配套

在组织变革中，仅找到变革的关键点是远远不够的。从系统的角度看，任何组织的活动都是一种多因素相互制约、相互影响的活动。在变革中如果没有其他环节的配套，关键环节的变革是难以实现的。所谓配套环节主要包括两层含义：第一，它们不是主要的环节，仅起辅助性作用。第二，既然要配套，就应当形成完整的成套体系。对此需要从外部环境和内部结构两方面进行分析。当然，在众多的配套环节中又有主要配套和次要配套之分，对于那些主要配套环节的分析应务求全面。尽管配套环节改革在整个组织变革中只起辅助作用，但是如果忽视其中某一环节的作用，同样会给变革活动造成很大的损失，甚至会导致变革的失败。

组织的变革措施是指组织在实现变革目标的过程中，针对有关的成员或群体所采取的各种干预活动与方式。组织的变革措施，可以有许多不同的分类方法，一般来说，按组织变革措施的作用、对象来划分，可将组织变革措施分为以人为中心的变革措施，以任务和技术为中心的变革措施，以及以组织结构为中心的变革措施。

(1) 以人为中心的变革措施主要包括调查反馈、群体建议和咨询活动三种变革措施。

调查反馈是以数据为基础的一种组织变革。它是调查法和行动研究的综合应用。调查反馈通常在外部的咨询专家和组织工作人员合作下进行。其主要内容包括三个组成部分：收集和分折数据、小组讨论和过程分析。

群体建议是对组织群体进行诊断，使他们为提高工作效益而协同工作，并进行有计划的变革。西方学者认为这是最主要的组织变革干预性措施之一。群体建议包括四个方面：分析问题，完成工作任务，协调群体内部关系，以及改进群体和组织的活动过程。

咨询活动是应用智囊力量帮助个人或群体考察采用什么方法来完成任务的过程。咨询活动主要是通过设计变革人们的态度、价值观和个人技术，改变群体规范和内聚力，以及改变其他活动过程的变量来达到促进组织变革的目的。

(2) 以任务和技术为中心的变革措施主要包括工作再设计、目标管理、建立社会技术系统等措施。

工作再设计是为了提高职工的积极性、增加工作的内容、提高工作效率、改善工作绩效而进行的各种精心的、有计划的重新安排工作方式的一种方法。其主要内容包括工作扩大化、工作丰富化、自治工作群体、工作轮换等等。

目标管理是管理者和他们的下属共同为工作绩效和个人发展确定目标，对规定目标的情况进行评价，以及把个人、部门和组织的目标有机结合起来并制定目标的过程。以目标管理来进行组织变革，管理者可以使职工的工作成果与实际变革目标相结合，并在未来的特定时间内，评定职工达到目标的程度。实践证明，它是组织变革的一项十分有效的措施。建立社会技术系统是指为了提高组织效益而采用同时集中于技术和社会两方面的变革，使他们相互关系最佳配合的一种有计划的组织变革方法。这种方法强调组织的技术和人的因素的最佳结合，强调对完成工作的方法重新设计。它是现代组织变革活动中较为流行的方法之一。

(3) 以组织结构为中心的变革措施主要包括建立必要的规章制度；确定合理的奖惩制度；完善信息沟通系统；调整管理层次与管理幅度；建立矩阵组织；采用弹性工作时间制等。

四、建设组织文化的方法与艺术

(一) 组织文化的含义和特征

任何组织都有自己的文化——组织文化。组织文化是一个组织存在和发展的首要条件。组织的生存和发展，不仅依赖于先进的科学技术和管理，而且有赖于全体成员劳动潜能和创建势能的充分发挥，有赖于与之相适应的思想、观念、精神状态、文化素质和社会心理的不断更新。这些都必然涉及组织文化。

关于组织文化的含义和内涵，有着多种不同的说法和意见，较为全面的一种解释是：组织文化是组织成员在较长时期的生产经营实践中逐步形成的共有价值观、信念、行为准则及具有相应特色的行为方式、物质表现的总称。组织文化包含以下四个方面的内容：

(1) 最高目标和价值观。这里的最高目标不是指组织经营的物质成果，而是指激励全体人员为之奋斗的理想和精神，共同的价值观。

(2) 组织中的人员，特别是领导者和所谓英雄人物的作风，包括领导作风、事业心和献身精神的典型事例等。最高目标和价值观不是空洞的东西，它们正是通过这些作风和典型事例而体现出来，成为组织中全体人员的努力方向并流传下去。

(3) 保证最高目标和价值观得以实现的组织和制度。这里面既包括正式的组织机构，也包括群众自愿结合的非正式组织；既包括明文规定的规章制度，也包括不成文的传统习惯和做法。

(4) 有助于体现和实现最高目标和价值观的物质设施。如能体现组织人员精神面貌的美化环境，能体现组织人员文明生产的物质设备以及体现组织对职工关心的物质设施等。

组织文化作为一种文化现象，必然带有一切文化都具有的特征，即具有精神性、社会性、集合性、独特性和一致性。但组织文化同时作为一种亚文化，又与民族文化相区别。研究组织文化的特征，关键是要提示组织文化作为一种管理理论，作为一种独特的文化同其他文化及管理理论的根本区别。

组织文化具有以下几个方面的特征：

(1) 实践性。每个组织的文化，都不是凭空产生或依靠空洞的说教就能够建立起来的，只能在组织中人们的社会实践过程中通过有目的地培养而形成。同时，组织文化又反过来指导、影响人们的实践活动。因此，离开了实践过程，企图靠提几个口号或短期的教育来建设组织文化是不可能的。

(2) 独特性。每个组织都有自己的历史、类型、性质、规模、心理背景、人员素质等因素。这些内在因素各不相同，因此在组织运行和发展过程中必然会形成具有本组织特色的价值观、行为准则、作风、道德规范、发展目标等。在一定条件下，这种独特性越明显，其内聚力就越强。因此，在建设组织文化的过程中，一定要形成组织的个性特征。

(3) 可塑性。组织文化的形成，虽然受到组织传统因素的影响，但也受到现实的管理环境和管理过程的影响。而且，只要充分发挥能动性、创造性，积极倡导新准则、精神、道德和作风，就能够对传统的精神因素择优汰劣，从而形成新的组织文化。

(4) 综合性。组织文化包括了价值观念、行为准则、道德规范、传统作风等精神因素，这些因素不是单纯地在组织内发挥作用，而是经过综合地系统地分析、加工，使其融合成为一个有机的整体，形成整体的文化意识。

(二) 组织文化的结构和内容

从管理的角度看，一般认为组织文化由两部分构成：一是组织文化的显性部分，即管理的对象、管理的手段、管理的结果等；二是组织文化的隐性部分，即隐藏在管理手段背后的管理思想，包括组织哲学、价值观、道德规范等。组织文化的结构分为以下三个层次：

(1) 物质层。它是组织中凝聚着本组织精神文化的行为过程和行为结果的总和，还包括实体性的文化设施，如带有本组织文化色彩的组织环境、生产经营技巧、图书馆、俱乐部、公园等。物质层是组织文化中的最表层的部分，是人们可以直接感受到的，是从直观上把握不同组织文化的依据。

(2) 制度层。制度层是具有本组织文化特色的各种规章制度、道德规范和职工行为准则的总和，以及在组织内人们的交往方式。制度层是组织文化的第二层或称中介层，它构成了各个组织在管理上的文化个性特征。

（3）精神层。精神层是本组织职工共同的意识活动，包括生产经营哲学、以人为本的价值观念、美学意识、管理思维方式等。它是组织文化的最深层结构，是组织文化的源泉。它是组织文化比较稳定的内核。

物质层、制度层、精神层由外到内的分布就形成了组织文化的结构，这种结构不是静止的，他们之间存在着相互联系和作用。

首先，精神层决定了制度层和物质层。精神层是组织文化中相对稳定的层次，它的形成是受社会、政治、经济、文化以及本组织的实际情况所影响的，如世界经济状况的影响、组织管理理论的影响等。精神层一经形成，就处于比较稳定的状态。精神层是组织文化的决定因素，有什么样的精神层就有什么样的物质层。举例来说，美国的埃克森公司的价值观是高度尊重个人的创造性，绝对相信个人的责任感，但同时，默认在做出一项重要决定前要达成一致。这就决定在制度层方面表现为随便的衣着和沟通方式：没有等级标志，相互之间争论等。而另一家总部设在欧洲的麦迪公司，它的价值观是尊重资历、学识和经验，注重通过服务时间的长短，整体工作情况和个人的教育背景来评价职工，因此在制度层和物质层就表现为：一切都是规范化的、正式的，大楼中各办公室都有正式标志；大厅中的静默气氛；人们在大厅中见面时周全的礼节；专门的经理人员餐厅；文件中使用正式的学术语，以及注意计划、程序和正式的会议文件等。埃克森公司和麦迪公司精神层的不同使它们的制度层和物质层表现为完全不同的内容。

其次，制度层是精神层和物质层的中介。精神层直接影响到制度层，并通过制度层而影响物质层，因此，制度层是精神层和物质层的中介。基于领导者和职工的组织哲学、价值观念、道德规范等，使他们制定或形成一系列的规章制度、行为准则来实现他们的目的，来体现他们特有的精神层的内容。由此可见，精神层对制度层的影响是最直接的。在推行或实施这些规章制度和行为准则的过程中，组织的领导和职工又会创造出一定的工作环境、文化设施等，从而形成独特的物质层。可见，精神层对物质层的影响一定是间接的。制度层的中介作用，使得许多卓越的组织家都非常重视制度层的建设，使它成为本组织的重要特色。

最后，物质层和制度层是精神层的体现。精神层虽然决定着物质层和制度层，但精神具有隐性的特征，它隐藏在显性内容的后面，它必须通过一定的表现形式来体现。就领导者和全体职工来说，他们的精神活动也必须付诸实践，因此，组织文化的物质层和制度层就是精神层的体现和实践。物质层和制度层以其外在的形式体现了组织文化的水平、规模和特色，体现了组织特有的组织哲学、价值观念、道德规范等方面的内容。因此，当我们看到一个组织的工作环境、文化设施、规章制度，就可以想象出该组织的文化精髓。组织文化的物质层和制度层除了体现精神层的作用以外，还能直接影响职工的工作情绪，直接促进组织哲学、价值观念、道德规范的进一步成熟和定型。所以，许多成功的组织都十分重视组织文化中物质层和制度层的建设，明确组织的特征和标志，完善组织制度的建设和规范的形成，从而以文化的手段激发职工的自觉性，实现组织的目标。

组织文化的物质层、制度层和精神层是密不可分的。它们相互影响、相互作用，共同构成组织文化的完整体系。其中，组织的精神层是最根本的，决定着组织文化的其他两个方面。因此，我们在研究组织文化的时候，要紧紧抓住精神层的内容，只要抓住了精神层，组织文化的其他内容就顺理成章地揭示出来。这就是为什么许多人对组织文化的研究重点都放在组织哲学、价值观念、道德规范上的原因。

从组织文化的形式看，其内容可以分为显性和隐性两大类。所谓显性内容就是指那些以精神的物化产品和精神行为为表现形式的，人们通过直观的视听器官能感受到的、又符合组织文化实质的内容。它包括组织标志、工作环境、规章制度和经营管理行为等几部分。

(1) 组织标志。组织标志是指以标志性的外化形态来表示本组织的文化特色，并且和其他组织明显地区别开来的内容，如在企业里包括厂牌、厂服、厂徽、厂旗、厂歌、商标、标志性建筑等。在许多先进的组织中，都有一整套的组织标志。这些组织标志的形成是为了明显而形象地概括组织文化的独特色彩，使人们能很快地找出本组织和其他组织的区别。因此，组织标志不是可有可无的。它有助于组织文化其他方面的建设，有助于组织形象的塑造，有助于激发职工的自豪感和责任感，使全体职工自觉地维护本组织的形象。因此现在许多组织都越来越重视组织标志的建设，组织标志已成为组织最表层但又不可缺少的重要组成部分。

(2) 工作环境。工作环境是指职工在组织中办公、生产、休息的场所，包括办公楼、厂房、俱乐部、图书馆等。过去组织往往只重视职工在严格的规章制度下的生产经营活动，而忽视了工作环境对职工积极性的影响。当以人为本的组织哲学确立以后，工作环境就成了组织文化的一个重要内容。一方面，良好的工作环境是组织领导爱护职工、保障职工权利的表现；另一方面，良好的工作环境能激发职工热爱组织、积极工作的自觉性。因此，以改善职工工作环境为主要内容的环境建设是组织文化的一个组成部分。

(3) 规章制度。并非组织所有的规章制度都是组织文化的内容，只有那些激发职工积极性和自觉性的规章制度，才是组织文化的内容，其中最主要的就是民主管理制度。过去组织制定的往往是一些对职工的生产经营活动严格要求的规章制度，这些规章制度对职工虽然能起到约束作用，使职工按既定的要求进行生产经营活动，但是这些规章制度不利于职工积极性和自觉性的发挥，这仅仅是一种硬性的约束。组织文化的理论更侧重于软约束的作用。它要求在组织中建立起一套有利于领导和职工之间的沟通，有利于职工畅所欲言，鼓励职工发明创造的民主管理制度和其他有关制度。组织的这些规章制度是组织以人为本的组织哲学的直接体现，是使职工自觉维护组织利益的重要手段。

（4）经营管理行为。同样，并非组织所有的管理行为都是组织文化的内容。我们知道，文化包括精神性的行为，而组织文化所包含的一部分内容就是在以人为本的管理哲学的指导下的领导行为，和以全体职工共同意志为基础的自觉的活动。如组织的思想政治工作、在生产中以质量第一为核心的生产活动、在销售中以顾客至上为宗旨的推销活动、组织内部以建立良好的人际关系为目标的公共关系活动等。这些行为都是组织哲学、价值观念、道德规范的具体实施，是它们的直接体现，也是这些精神活动取得成果的桥梁。再好的组织哲学或价值观念，如果不能有效地付诸实施，就无法被职工所接受，也就无法成为组织文化。组织文化总是在观念——实践——观念的过程中形成的，脱离了实践活动，组织文化就成为空中楼阁，失去了实际作用。

组织文化的显性内容主要表现为以上四个方面。它们是组织文化的重要组成部分，但它们毕竟是精神的外化，还不是组织文化的根本内容，因此，我们必须进一步研究组织文化的隐性内容。

组织文化的隐性内容是组织文化的根本，是最重要的部分。它虽然隐藏在显性内容的背后，但它直接表现为精神活动，直接具有文化的特质，而且它在组织文化中起着根本的决定性作用，组织文化的隐性内容大致包括组织哲学、价值观念、道德规范、组织精神几个方面。这些内容都是在组织长期的生产经营活动中形成的，存在于人们的观念中，成为一种精神文化，它们必须通过一定的方式表现出来。这些内容的整合性使它直接影响组织的各种活动，给组织带来高效率和高效益，使组织充满生机和活力。

（1）组织哲学。组织哲学和其他哲学一样，是组织理论化和系统化的世界观和方法论。它是一个组织全体职工所共有的对世界事物的一般看法。用它指导组织的生产、经营、管理等活动，处理人际关系等便成为方法论的原则。

（2）价值观念。价值观念是人们对客观事物和个人进行的评价活动在头脑中的反映，是对客观事物和人是否具有价值以及价值大小的总的看法和根本观点，包括组织存在的意义和目的，组织各项规章制度的价值和作用，组织中人的各种行为和组织利益的关系等。价值观念是组织文化的重要组成部分，它为组织的生存和发展提供了基本的方向和行动指南，为职工形成共同的行为准则奠定了基础。

（3）道德规范。“道德”在拉丁文中意即“风气”、“习俗”之意，在我国一般是指人的品质和人们的行为准则，而规范就是人们行为的依据或标准。

（4）组织精神。组织精神是指组织群体的共同心理定势和价值取向。它是组织的组织哲学、价值观念、道德观念的综合体现和高度概括，反映了全体职工的共同追求和共同的认识。组织精神是组织职工在长期的生产经营活动中，在组织哲学、价值观念和道德规范的影响下形成的。主要包括：创业精神、奉献精神、主人翁精神、集体主义精神、创新精神、竞争精神、民主精神、服务精神等。

（三）组织文化建设的方法与艺术

1. 组织文化建设的程序

（1）研究树立阶段。这个阶段首先要调查研究组织的历史和现状，然后在此基础上，有针对性地提出组织文化建设目标的初步设想，经各有关部门审议之后，向组织全体职工发起组织文化建设的倡议，并动员广大群众积极参加组织的文化建设活动。

（2）培育与强化阶段。这一阶段是将组织文化建设的总任务分解成组织内部各部门各业务环节明确分工的工作任务，使各部门根据自己特点而有意识激励本部门职工形成特有的精神风貌和行为规范，把组织文化建设变成具体的行动。

（3）分析评价阶段。这个阶段首先是根据信息反馈将整个组织文化建设工作开展以来的工作成绩和存在的问题进行剖析，研讨深层次的原因，评价前阶段的成功与失误，具体内容应该看组织文化建设的目标和内容是否适合本组织实际需求，各基层机构的风气、精神面貌是否体现了组织文化建设的宗旨。

（4）确立与巩固阶段。这个阶段的工作包括处理问题与归纳成效两部分内容。前者是在评价基础上摈弃原来组织文化中违背时代精神的内容；后者是将符合时代精神的组织文化建设经验加以总结，并加工成通俗易懂的、有激励作用的文字形式，用以进一步推广。

（5）跟踪反馈阶段。随着组织经营环境的变化，组织文化的内容也要适应这种变化。这是意识形态上应变的需要。然而，现有业已确立的组织文化是否能及时地迎合环境变化，不应该依靠组织管理者的主观判断，而应依靠来源于基层实际情况的反应。这就是反馈信息。但检验组织文化适应性的反馈信息必须是经常性和系统性的。所以，组织文化建设程序的第五阶段，或者说某一循环期的最后阶段的工作是有布置的信息跟踪。这种有意安排的跟踪，一方面能保证及时解决组织文化应变问题，同时也是组织文化建设下一轮循环的基础和起点。

2. 建设组织文化的方法与艺术

在上述五个阶段的组织文化建设过程中，还需要有适当的具体塑造方法。塑造组织文化的方法有多种，一般而言，有成效的方法是：

（1）示范法。即通过总结宣传先进模范人物的事迹，发挥党员、干部的模范带头作用，表扬好人好事，等等。通过这种方法给广大职工提供直观性强的学习榜样。这些榜样的事迹和行为，就是组织文化中关于道德规范与行为准则的具体样板。做好这种工作，就是把组织所要建立的文化意识告诉给广大职工。

（2）激励法。即运用精神的与物质的鼓励，或者二者相结合的鼓励，包括开展竞赛活动、攻业务技术难关活动、提口号、提目标、提要求、评先进等一切使职工能感到自己的事业进取心将有满足的机会，从而使其主动努力工作，并把自己的工作岗位、自己的组织看做是自己工作能否有成绩的基础。与此同时，还必须从生活方面关心职工，通过不断改革分配制度去满足职工物质利益上的合理要求。

(3) 感染法。即运用一系列的文艺活动、体育活动和读书活动等，培养职工的自豪感和向心力，使之在潜移默化的过程中形成集体凝聚力。

(4) 自我教育法。即运用谈心活动、演讲比赛、达标活动、征文括动等形式让职工对照组织的要求找差距，进行自我教育，转变价值观念和行为。

(5) 灌输法。即通过讲课、报告会、研讨会等宣传手段进行宣教活动，把组织想要建立的文化目标与内容直接灌输给职工。

(6) 定向引导法。即有目的地举行各种活动引导职工树立新的价值观念，并创造出新价值观念氛围。

学习任务 4
掌握打造团队组织的方法与艺术

【案例引入】

陆振华的蚊香厂

陆振华是一位继承了祖传绝招——巧制一种人称“无敌先锋”的蚊香的农民企业家。他的乡镇蚊香厂，生产“斑马”牌简装和精装等系列蚊香产品。由于质量优秀、灭蚊有奇效，牌子打得很响，市场上产品供不应求。奇怪的是，陆厂长只注意经营这家450人的蚊香厂和分布很广的蚊香销售网，似乎并未注意利用目前的大好形势去扩大纵深。外省的市场没有打开，本省的市场也未占全。陆没有继续扩大生产规模，而是强调质量是生命，决不允许采取危及产品质量。陆的工厂主要设有质量检验科、生产科、销售科、设备维修科、财会科和一个小小的开发科。其实他的产品很少改变，品种不多。他坚持生产陆家一绝这种传统产品，服务对象也是老主顾们。不久前，曾在深圳闯过天下并发了财的表哥鲍发，来访陆厂长。对蚊香厂的发展称赞一番，还想投资入伙。但他说陆振华太保守，不敢开拓。他认为牌子已创出，不必僵守原有标准，应当大力扩充品种与产量，向省外甚至海外扩展。他觉得该厂目前的组织结构太僵化，只适于常规生产，不适应变化与发展；各职能部门局限于本领域；看不到整体和长远，彼此间沟通与协调不畅。他希望陆振华彻底改组该厂结构，按不同产品系列来划分部门，才能适应大发展的新形势，千万别坐失良机。但陆振华听不进去，反生反感。两人话不投机，争执激烈，互相讥讽。最后鲍发拂袖而去，不欢而散。

问题：

1. 根据组织结构理论，陆家蚊香厂采用的是什么类型的结构？它有何优缺点？适合于什么样的环境？

2. 鲍发建议的产品型结构是怎样的？有何优缺点？

一、团队的含义与作用

团队是一种为了实现某一目标又相互协作的个体组成的正式群体。因此，所有的工作团队都是群体，但只有正式群体才能成为工作团体。事实表明，如果某种工作任务的完成需要多种技能、经验，那么有团队来做通常效果比个人好。团队是组织提高运作效率的可行方式。在多变的环境中，团队比传统的部门结构或其他形式的稳定性群体更灵活，反应更迅速。团队的优点是可以快速的组合、重组、解散。

组织团队方式的作用主要有：

(1) 创造团队精神(集体精神)。团队的成员要求相互之间帮助和支持，以团队方式开展工作，团队精神促进了成员之间的合作并提高了员工的士气。团队规范在鼓励其成员工作卓越的同时，还创造了一种增加工作满意度的氛围。

(2) 管理层有时间进行战略性的思考。采用团队形式，尤其是自我管理工作团队形式，是管理者可以脱身做更多的战略规划诸如长期发展计划的重大问题。而在传统机械式组织中，管理者往往要花去大量时间监管他们的下属和解决下属出现的问题，成了救火队长。

(3) 团队中成员可以获得安全需要、情感需要、尊重和认同需要、完成任务等需要的满足。

二、团队的类型与角色

1. 团队的类型

(1) 问题解决型团队

在这种团队里，成员就如何改进工作程序和工作方法相互交换看法或提供建议。例如：每周用几个小时的时间来碰头，讨论如何提高产品质量、生产效率和改善工作环境。但是，这些团队几乎没有权力根据这些建议单方面采取行动。

(2) 自我管理型团队

这种团队通常由 5～10 人组成，他们承担着以前自己的上司所承担的一些责任。一般来说，他们的责任范围包括控制工作节奏、决定工作任务的分配、安排工作休息。彻底的自我管理团队甚至可以挑选自己的成员，并让成员相互进行绩效评估。

(3) 多功能型团队

这种团队通常由来自同一级、不同工作领域的员工组成。他们来到一起的目的是完成一项任务。多功能团队是一种有效的方式，它能使组织内（甚至组织之间）不同领域员工之间交换信息，激发出新的观点，解决面临的问题，协调复杂的项目。

2. 团队成员的角色

（1）创造者。产生创新思想，一般来说，此种角色要求富有想象力，善于提出新观点或新概念，独立性较强，喜欢自己安排工作时间，按照自己的方式，节奏进行工作。

（2）倡导者。倡导和拥有所产生的新思想。他们乐意接受，支持新概念。在创造者提出新创意之后，他们擅长利用这些新创意，并找到资源支持新创意。

（3）开发者。分析决策方案，有很高的分析技能。

（4）组织者。他们设定目标，制定计划，组织人力，建立起种种制度，以保证按时完成任务。

（5）执行者。他们坚持按时完成任务，保证所有的承诺都能兑现。

（6）核查者。检查具体细节，他们善于核查细节，并保证避免出现任何差错。

（7）支持者。处理外部冲突和矛盾，他们在支持内部成员的同时会积极地保护团队不受外来的侵害，他们能够增强团队的稳定性。

（8）建议者。寻求全面的信息，他们在鼓励团队作决定之前充分搜集信息，而不是匆忙决策，起着非常重要的作用。

（9）联络者。倾向于了解所有人的看法，他们是协调者，是调查研究者，他们不喜欢走极端，而是尽力在所有团队成员之间建立起合作关系。

通常人们只愿意承担2～3种角色。因此，管理者必须要进行个人优势分析，将个人特质、个人偏好和角色要求适当匹配，打造一辆能高效运转的团队战车。

三、高效组织团队的特征

1. 清晰的目标

高效团队对于主要达到的目标有清楚的了解，并坚信这一目标包含着重大的意义和价值，而且，这种目标的重要性还激励着团队成员个人目标升华到群体目标中去。在有效的团队中，成员愿意为团队目标做出承诺，清楚地知道希望他们做什么工作，以及他们怎样共同工作，最后完成任务。

2. 具备相关的技能

高效团队是由一群有能力的成员组成的。他们具备实现理想目标所必需的技术和能力，而且相互之间又能够良好合作的个性品质，从而出色地完成任务。后者尤其重要，但却常常被人们忽视。有精湛技术能力的人并不一定就有处理群体内关系的高超技巧，高效团队的成员往往兼而有之。

3. 相互信任

成员间相互信任是有效团队的显著特征。就是说，每个成员对其他人的言行和能力都深信不疑。我们在日常的人际关系都能体会到，信任这种东西相当脆弱，需要花大量的时间来培养。而且，只有信任他人才能换来他人的信任，不信任只能导致不信任。

所以，维持群体内的相互信任，还需要引起管理层足够的重视，组织文化和管理层的行为对形成相互信任的群体内氛围很有影响。如果组织崇尚开放、诚实、协作的办事原则，同时鼓励员工的参与和自主性，他就比较容易形成信任的环境。管理者应该在团队中达成自由与纪律的平衡，使员工在遵守纪律的前提下拥有最大的自主权，让他们在一种宽松又不乏严谨的、愉快的环境中工作，为团队的目标而努力。

4. 一致的承诺

高效的团队成员对团队表现出高度的忠诚和承诺，为了能使群体获得成功，他们愿意去做任何事情。我们把这种忠诚和奉献称为一致的承诺。对成功团体的研究发现，团队成员对他们的群体具有认同感。他们把自己属于该群体的身份看做是自我的一个重要方面。因此，承诺一致的特征表现为对群体目标的奉献精神，愿意为实现这个目标而调动和发挥自己的最大潜能。

5. 良好的沟通

沟通是管理的高境界，也是诸多管理问题的共同症结所在，沟通做好将在很多大程度上帮助你处理人际关系，完成工作任务，达成绩效目标；沟通不好，则可能会生出许多意想不到的问题，如管理混乱，效率低下，员工离职等。

6. 恰当的领导

有效的领导能够让团队跟随自己共同度过最艰难的时期，因为他们能为团队指明前途所在。他们向成员阐明变革的可能性，鼓舞团队成员自信心，帮助他们更充分地了解自己的潜力。优秀的领导者不一定非得指示或控制，高效团队领导者往往担任的是教练和后盾的角色，他们为团队提供指导和支持，但并不试图去控制它。

7. 合作之心

现在管理强调管理者和员工之间的绩效合作伙伴关系，管理者应把员工当成工作当中不可缺少的合作伙伴，强调员工的主动性和自我管理能力，和员工站在平等的地位，把员工培养成为工作的盟友和对话伙伴，共同致力于彼此绩效水平提高。

8. 服务之心

所谓服务就是把员工当成自己的客户。管理者是为员工提供服务的供应商，你所要做的就是充分利用手中的职权和资源为员工提供工作上的方便，为其清除障碍，致力于无障碍的工作环境的建设，让员工体验到管理的高效率和办事的高速度，不断鼓舞员工的士气。

9. 赏识激励

作为管理者，你就是要不断用赏识的眼光对待你的员工，不断地在工作中表达你的赏识，使员工受到鼓舞和激励，尤其是在成员工作优秀的时候。

10. 充分授权

授权赋能既是经理的职责所在，也是高效管理的必备条件。管理者只有把应该授出的权力授予员工，员工才会愿意对工作负责，才会更有把工作做好的动机。经理必须在授权上多加用心，把授权工作做好，让授权成为解放自我，管理员工的法宝。

11. 提倡分享

分享是最好的学习态度，也是最好的管理方式。管理这就是要在工作当中不断地和员工分享知识，分享经验，分享成果。通过分享，管理者能不断地传达理念，表达想法，不断形成个人的影响力，使员工心情舒畅地工作。同时，通过分享，管理者也能不断从员工那里吸取更多有用的东西，形成管理者与员工之间的互动，互相学习，互相进步。

分享应该作为管理者的关键词和座右铭不断强化，使团队成员在分享中带来的愉悦，获得更大的提升和超越。

四、打造高绩效团队的方法与艺术

1. 形成互补能力的团队成员结构

一个团队需要 3 种不同技能类型的人：第一，需要具有技术专长的成员。第二，需要具有解决问题和决策技能、能够发现问题、提出解决问题的建议，并权衡这些建议，然后做出有效选择的成员。第三，团队需要若干善于聆听、反馈、解决冲突及其他人际关系技能的成员。

2. 建立共同愿景

管理者要有一个振奋人心的、吸引人的愿景，并且要保证做到团队成员能够共同分享未来的成果，使企业成为利益共同体，企业和员工具有协调一致的价值追求，这样才能真正激励员工为了美好的愿景而努力工作。有效的团队具有一个大家共同追求的、有意义的目标，它能够为团队成员指引方向，提供推动力，让团队成员愿意为它贡献力量。

3. 需要共同认可的目标

组织目标必须靠团队成员共同努力来完成，所以这些目标就必须是大家都能接受的，组织里的每一成员都应有机会参与组织的目标设定。个人目标必须和团队目标能相融共处并且能够相互支持。若每个人能参与选择目标，则其投入的程度将会大大提高。

4. 实行充分授权

充分授权，让员工进行自我管理，充分发挥他们的才能和潜能。同时，这样做还能吸引有抱负、有志向、重视个人发展的优秀人才来加盟。如果管理者什么都管，只能给下属造成束缚，使下属变得愈发无能，整个团队的效率也无从提高。团队对优秀的员工也不会有很大的新引力。

5. 形成相互信任的氛围

高效团队的一个特点是，团队成员之间相互高度信任。也就是说，团队成员彼此相信各自的正直、个性特点、工作能力等。要成为一名优秀的团队成员，个体必须学会与别人进行公开、坦诚的沟通；学会面对个体间的差异并解决冲突；学会把个人目标升华为团队的利益。

本单元实训与练习

【读一读】

通用汽车的组织结构创新

1916 年，随着联合汽车公司并入通用汽车，阿尔弗雷德·斯隆出任通用副总裁。作为通用副总裁的斯隆，发觉到通用管理上存在的问题。他先后写了 3 份分析通用内部管理弱点的报告。但是，总裁杜兰特只是赞赏，不予采纳。到了 1920 年～1921 年的经济危机期间，通用在经营管理上的问题彻底暴露出来了。公司危机四伏，摇摇欲坠。这时杜兰特引咎辞职，皮埃尔. S. 杜邦兼任总经理。斯隆在他的支持下，开始了改革的进程。这场改革从 1921 年一直持续了 10 年。

斯隆分析了通用公司的弊病，指出公司过去将领导权完全集中在少数高级领导人身上。他们事无巨细，大包大揽，反而事与愿违，造成了公司各部门失去控制的局面。他认为，大公司较为完善的组织管理体制，应以集中管理与分散经营两者之间的协调为基础。只有在这两种显然相互冲突的原则之间取得平衡，把两者的优点结合起来，才能获得最好的效果。因此他认为，通用公司应采取"分散经营、协调控制"的组织体制。根据这一思想，斯隆提出了改组通用公司的组织机构的计划，并第一次提出了事业部制的概念。

1920 年 12 月 30 日，斯隆的计划得到公司董事会的一致同意。次年 1 月这个计划开始在通用公司推行。斯隆在后来的 10 年中，改组了通用汽车公司。斯隆将管理部门分成参谋部和前线工作部（前者是在总部进行工作，后者负责各个方面的经营活动）的做法很为大家熟悉，这种分组在 19 世纪较大的铁路公司里已经成形。现代军队、特别是普鲁士军队也率先使用了这种组织形式。许多概念同时在工业公司里获得发展。斯隆也确实用过军事方面的例子来说明他正要在通用汽车公司里干什么。

斯隆在通用汽车公司创造了一个多部门的结构。他废除了杜兰特的许多附属机构，将力量最强的汽车制造单位集中成几个部门。这种战略现在人们已经熟悉，但在当时是第一流的主意并且出色地执行了。多年后斯隆这样说明：我们的产品品种是有缺陷的。通用汽车公司生产一系列不同的汽车。聪明的办法是造出价格尽可能各有不同的汽车，就好像一个指挥一次战役的将军希望在可能遭到进攻的每个地方都要有一支军队一样。"我们的车在一些地方太多，而在另一些地方却没有。"首先要做的事情之一是开发系列产品，在竞争出现的各个阵地上对付挑战。

斯隆认为，通用汽车公司出产的车应从卡迪拉克牌往下安排到别克牌、奥克兰牌最后到雪佛莱牌。这时 20 世纪 20 年代早期的产品阵容。以后有了改变，1925 年增加了庞蒂艾克牌，以填补雪佛莱和奥尔兹莫比尔中间缺口；奥克兰被淘汰了，增加了拉萨利，后来它也被淘汰了。

每个不同牌子的汽车都有自己专门的管理人员，每个单位的总经理相互之间不得不进行合作和竞争。这意味着生产别克牌的部门与生产奥尔兹莫比尔牌的部门都要生产零件，但价格和式样有重叠之处。这样，许多买别克牌的主顾可能对奥尔兹莫比尔牌也感兴趣，反之亦然。这样，斯隆希望在保证竞争的有利之处的同时，也享有规模经济的成果。零件、卡车、金融和通用汽车公司的其他单位差不多有较大程度的自主权，其领导人成功获奖赏，失败则让位。通用汽车公司后来成为一架巨大的机器，但斯隆力图使它确实保有较小公司所具有的激情和活力。

斯隆的战略及其实施产生了效果。1921 年，通用汽车公司生产了 21.5 万辆汽车占国内销售的 7%；到 1926 年底，斯隆将小汽车和卡车的产量增加到 120 万辆。通用汽车公司现在已拥有 40%以上的汽车市场。1940 年该公司产车 180 万辆，已达该年全国总销量的一半。相反，福特公司的市场份额 1921 年是 56%，而 1940 年是 19%，不仅远远落后于通用汽车公司，而且次于克莱斯勒公司而成第三位，后者在 1921 年时甚至还不曾出现。这是美国商业史上最戏剧性的沉浮升降之一。

【想一想】

案例 1　金谷咨询公司的组建

金谷公司原本是 IT 行业中一家颇具规模的大公司，主要经营计算机主机。但竞争的压力迫使它向新的方向发展，金谷选择了管理咨询行业，并准备将其发展成新的主营业务。

王锋为金谷工作多年，起初是技术专家，后又从事过营销工作。这次，他受命组建新的金谷咨询公司。他说："金谷的特点在于产品的范围广，而现在我们的产品是人，所以我们认识到必须雇用具有不同技能、知识背景、兴趣和个性的人来从事咨询工作。"王锋多年的工作经验使他知道该如何与客户打交道，但他缺乏为顾客服务的专业知识，所以他准备组织一个由各方专家组成的管理咨询超级联队。

首批雇用的 6 名员工都有各自的专长和特点：

刘蕴是营销方面的专家，具有名校的 MBA 学历，从事销售管理多年，近期曾参与一家咨询公司的组建工作；罗力两年前受雇于金谷公司，一直在技术发展部工作，并取得了管理硕士的学位；苏芙没有什么技术背景，但在计划、财务方面有丰富的经验；杜鹏的经验与刘蕴相仿，并在金谷公司从事过两年职工培训工作；汤宝德是这支队伍中唯一有过咨询经验的人，他在这一领域的工作经验长达 15 年；李丽是这支队伍的核心人物，不仅善于为顾客准备财务报告和计划书，还善于与人沟通。

对于金谷而言，从事咨询业的成败就在于，是否能让这支队伍在不同的领域发挥作用，并形成一种跨领域的协作氛围。

问题：

1. 王锋的招聘计划的主要目标是什么？
2. 分析新公司组成人员的特点，并预测这些特点对于他们未来的前途有何影响。
3. 该公司应采用何种组织结构？为什么？

案例2　某银行的一次失败的变革

某银行是一家等级森严大银行。在它遍布全国的营业网点中，经理和柜台出纳员有着严格的分工。出纳员负责办理客户的存款和取款手续，其他任何事情都由分理处经理来处理。最近有资料表明，他们的客户和市场份额正在被投资机构所夺走。为了扭转这种局面，从投资机构那边把客户夺回来，高层领导认为有必要让每天同客户打交道的出纳员也加入这场争夺战。于是，高层领导决定扩大出纳员的工作权限，让他们由单纯的出纳员变成出纳兼金融产品的销售员。为了实现这一战略设想，高层还决定在各个支行安装一种新的计算系统，让各个营业处出纳员都能够接触到为客户服务所需要的重要信息，使得他们能够在不请示分理处经理的情况下可以处理金融产品销售过程中的几乎所有问题。在安装新的系统之前，银行事先对全体出纳员进行了培训，使他们掌握了新的计算系统的使用。此外，他们还制定了新的工薪制度，把出纳员的收入同他们实现的销售额挂钩。在经过这样一番准备之后，银行利用一个周末，在所有分理处装上新的计算机系统。从接下来的那个星期一开始，所有出纳员都使用新的系统、按照新的要求来进行工作，即在处理存取业务的同时，同客户沟通，向他们推销金融产品。但是，时间过了一周又一周，出纳员仍旧按照他们多年以来形成的习惯进行工作(他们大多都在银行工作了十年以上)，没有向客户推销银行的金融产品。各个分理处经理为了促使出纳员完成他们的销售任务，按照新的工资和奖金办法计算他们的工资和奖金。经理们的这种做法引起了出纳员的不满，使得他们之间的关系变得紧张起来。一年半以后，这家银行不仅失去了市场份额，而且失去了顶级的员工，包括出纳员和分理处经理。

问题：

该银行这次变革的失误在哪里？你有什么建议？

案例3 日本大河精工株式会社

日本大河精工株式会社创建初期,充其量只是一家中小公司,发展到现在成为世界上最大的语句制造商,在国际市场上占有20%的份额,在国内的占有率更达31%。1962年,大河的总经理松景义男通过讲课的机会认识了东芝公司的质量管理科长衫本辰夫,并说服东芝公司总经理士光敏夫将衫本辰夫转入大河公司。于是衫本辰夫以总经理的身份转入大河,半年后就任总经理。

衫本辰夫具有丰富的经历,办事坚决、果断,一旦下了决心做好了准备工作,就全力以赴,不屈不挠。他把科学的管理思想升华到战略的高度,并获得了成功。山本辰夫把企业的中心工作转到了充实人才和提高员工素质上来。他认为提高员工的素质关键在于领导人的以身作则。因此直到现在他还是坚持每天早上7时15分到公司,以自己的实际行动作为大家的表率。他主持工作后把原来公司内部众多的委员会进行精简,仅保留了3个,其中之一就是所谓工作乐趣委员会,其目的在于从工作、工资、环境3各方面集思广益,使公司成为充满工作乐趣的团体,使员工们精神愉快的充分发挥自己的能力。此外它在公司内部的经营方面也进行一系列富有特色的改进。正是这一切,换来了大河公司今天的辉煌成就。

问题:

1. 衫本辰夫的管理方法表现了哪些组织发展的基本价值观?
2. 这些价值观对组织发展有什么帮助?

案例4 科维特公司

20世纪50年代初,弗考夫和中学时代的伙伴创办了科维特公司。这家公司在10年内把营业额从5 500万美元提高到75 000万美元,一跃成为零售史上发展最快的公司之一。在60年代初,这家公司平均每7个星期增设一家大的商店。很快扩充到了25家商店。

从一开始,科维特的管理就是集权式的。总部操纵着所有的经营活动和其他各项政策,商店经理和其他管理人员只被赋予少得可怜的权力。弗考夫经常四处巡视,直接管理相当大数量的商店,直到这一数量超出了他力所能及的范围。

科维特公司的规模越来越大,他所面临的问题也变得越来越复杂。当公司的商店还没有超过12家时,弗考夫及其总部的高级管理人员还能够亲临现场给各商店作指导。但是，随着公司的扩大，面对面的监控，控制等一系列问题变得难乎其难了。后来，科维特公司在经营上的困难开始日趋严重。最后公司不得不减少新店的增设，把注意力转向了现有的商店。最后弗考夫仍然无法拯救公司，科维特公司被斯巴坦斯工业公司收购，弗考夫从舞台中心消失了。

问题：

1. 弗考夫在科维特公司所采用的组织结构和管理方式使他获得了成功，也导致了他的失败。这是为什么？
2. 随着科维特公司的发展，当面对面的管理变得不再可行时，为确保有效的监督管理，应当怎样进行组织变革？

案例5　都城光学仪器厂

都城光学仪器厂是我国某中心城市的一家有名的工厂，主要生产照相机、测量仪器等。老厂长因年老体衰向机械厅提出了辞职。厂里经过民意测验，经过省机械厅批准，推举秦宪明为厂长。一个月后秦宪明就走马上任。

秦宪明大学毕业后就来到都城光学仪器厂担任技术员，后来又被厂里送到大学学习企业管理，获得硕士学位后回厂任厂长助理，很快又升任副厂长，并在回厂两年后被推任厂长。秦厂长早就认为都城光学仪器厂要走上兴旺发达之路，必须调整组织结构，于是在上任以后，他就进行了组织结构的调整，没想到碰到了大钉子。

都城光学仪器厂全厂职工2 400人，行政科室共56个。比如管生产的就有生产科、生产准备科、生产计划科、生产调度科等4个科室；每个科都有科长、副科长各1名，还有好几名科员。全厂科室干部800多人，占全厂职工总人数的三分之一。科室人多、推诿、扯皮现象严重。秦厂长决定将科室合并成22个，精简的干部都充实到第一线去。这一方案在厂务会上很快通过，并得到全厂职工的支持，但在实施过程中却像捅了马蜂窝，被精简的干部挤满了秦厂长的办公室和家里找他谈话，还有的坚持不执行精简方案，说情者更是络绎不绝。结果厂里科室不安心工作，造成报告、文书的大量积压，生产指挥不灵，产品质量也不断出问题。副厂长劝秦厂长停止精简机构，以免给工厂造成更大损失，秦厂长进退两难，内心非常难过。

问题：

1. 组织机构的调整为什么会遇到这么大的阻力？
2. 如果秦厂长事先对变革的阻力有充分的估计，那么他该采取什么样的措施推进这项工作的完成?

案例6 科龙丰富多彩的文化生活

科龙公司为丰富职工的文体生活,群众性的文体活动,如企业精神演讲,职工美术摄影展览、厂歌、普通话比赛、辩论会等,光是厂里的艺术团就有各种文艺人才130多人。他们自己创作、自己排演,高水准地参加顺德市企业艺术节,获得团体总分第一名,并参加广东省电视台的春节联欢晚会演出,多次在企业内部举办职工艺术节活动,引起一系列的轰动效应;该厂的篮球队、乒乓球队还因俱乐部的实力雄厚,多次代表所在地方队对外开展形形色色的联欢联谊活动,赢得社会各界的好评,日常工余闲暇时,工会、团委多次组织扑克电影、旅游、生日联欢晚会活动,每逢节日来临,篮球、乒乓球、羽毛球等竞相亮相,围棋、象棋、拔河、猜迹、钓纸鱼等文体活动也不甘落后,厂庆、剪彩、开工喜庆日、夏冬季运动会时,醒狮、抽奖,锣鼓喧天,喜乐扬扬,全厂干部、职工融洽如一家……科龙公司不断为传统文化输入新鲜的血液,扩大了企业文化的内涵,使传统文化成为长盛不衰;充实了科龙人的精神文化生活,增强了企业内部的凝聚力。融洽上进的文化氛围使科龙公司的决策者清醒地意识到,必须缩小干群之间的差别,造就一个融洽、激发上进的企业文化环境,从而提高员工的参与意识和主人翁精神。为此,科龙公司打破传统的乡镇企业的管理模式,独树一帜地取消上下班打卡制加班计时制;全面推行CIS动力,统一制服,没有白领和蓝领之分,不论是厂长还是清洁工,人人都有机会、有权利参与企业管理;不管是外地人、本地人、大学生、中学生、干部还是职工,不分彼此,大家都是科龙人。同时,广设合理化建议信箱,开展厂长经理接待日活动,领导班子开的是圆桌会议。消除企业内耗现象,经常召开员工恳谈会,使干部、职工在日常工作及生活中的一切困难、牢骚、建议都可以通过口头或文字形式淋漓尽致地反馈,达到互相沟通、互相理解、互相体谅的效果。公司领导十分重视感情投资,多为员工留一份家庭温馨。他们斥巨资2 000多万元营建300多套高级住宅,花200多万元修建一座六层楼的大学生单身宿舍。按照国际标准建成游泳池、篮球场、乒乓球场、舞厅等综合娱乐中心,职业学校环境优美,设备一流,图书馆、阅览室、计算机中心等资料齐全,检索方便;黑板报、科龙报、科技读物等内容丰富,颇具时代色彩。每逢中秋、春节,总经理都必亲自慰问外来的单身大学生,与他们共进餐,欢度节日。组织职工生日晚会,领导为当月生日的职工同庆贺,发礼品,建立职工慰问制度,凡是职工家属有生、老、病、残、死都有领导亲自上门慰问;不断地改善职工福利待遇,员工福利基金补贴条例颁布了,老有所养的愿望实现了。身为科龙人都感到十分自豪和光荣。

问题：

结合本案例，说明文化对组织发展的重要作用表现在哪些方面。

【练一练】

一、名词解释

1. 组织职能
2. 管理幅度
3. 指挥链

二、多项选择题

1. 影响组织集权或分权程度的因素有（　　）。

A. 组织规模　　B. 地理分布
C. 决策性质　　D. 主管人员的数量和能力
E. 环境特征　　F. 组织发展阶段

2. 容易破坏命令统一原则的组织结构形式有（　　）。

A. 直线制　　B. 职能制
C. 直线职能制　　D. 多维立体制
E. 矩阵制　　F. 事业部制

3. 组织过分集权的危害有（　　）。

A. 破坏组织政策的统一性　　B. 降低决策质量
C. 降低组织适应能力　　D. 伤害了组织成员的工作热情
E. 降低决策执行的速度　　F. 不利于培养高层主管后备人才

4. 影响管理幅度大小的因素有（　　）。

A. 主管人员及下属的能力　　B. 主管人员所处的管理层次
C. 下属人员工作的相似程度　　D. 主管是否配备助手
E. 工作地点的集中程度　　F. 组织环境是否稳定

5. 划分部门的标准可以是（　　）。

A. 人数　　B. 设备
C. 职能　　D. 产品
E. 地区　　F. 顾客

三、问答题

1. 组织的含义是什么?
2. 职位设计的原则或方式主要有哪些?
3. 组织设计的基本原则是什么?
4. 简要分析按专业化原则设计职位的优点以及过度专业化带来的弊端。
5. 简述管理幅度与管理层次的关系及其对组织结构形态的影响。
6. 为什么现代组织结构形态呈现扁平化的趋势?

【做一做】

1. 要求学生以小组为单位设计一个大学生创业项目团队。(要求有目标、项目名称、组成人员、团队功能、职责分工与协作机制、团队人员角色、未来发展规划等)
2. 以小组为单位在网上调研一家著名企业的组织结构,并简要分析说明该结构形式的利弊。

学习单元五

选人与用人的方法与艺术

❖学习目标与任务

1. 掌握管理人员选配的原则、渠道及利弊
2. 基本了解选聘管理人员的程序与方法
3. 基本掌握组织人员考评的主要方法
4. 初步熟悉各种用人的方法与艺术

学习任务1

掌握组织人员选配的原则、渠道及利弊

【案例引入】

内部跳槽与竞争上岗

日本索尼公司每周出版的内部小报，经常刊登各部门的“求人广告”，职员们可以自由而且秘密地前去应聘，他们的上司无权阻止。另外，公司原则上每隔两年便让职员调换一次工作，特别是对于精力旺盛、干劲十足的职员，不是让他们被动地等待工作变动，而是主动给他们施展才华的机会。

索尼公司内部跳槽制度就是这样，有能力的职员大都能找到自己比较中意的岗位，那些没有能力参与各种招聘的员工才会成为人事部门关注的对象，而且人事部门还可以从中发现一些部下频频“外流”的上司所存在的问题，以便及时采取对策进行补救。

如果一个普通职员对正在从事的工作并不满意，认为本单位或本部门的另一项工作更加适合自己，改变一下并不容易。许多人只有干得非常出色以致感动到上司认为必需给他换个岗位时才能如愿，而这样的事普通人一辈子也难得碰上几次。当职员们对自己的愿望常常感动失望时，他们的工作积极性便会受到明显的抑制，这对用人单位和职员本身都是一大损失。

问题：

1. 索尼公司的“内部跳槽”式的人才流动有哪些益处？在实施中会带来哪些问题？
2. 索尼公司的“内部跳槽”式的人才流动与我国正在推行的公务人员竞争上岗制度有哪些异同？

一、人员配备任务与原则

组织设计时就要考虑到组织内外现有人力资源的状况。组织结构设计好以后，要想使其正常运转并有效发挥预期的功能，其关键就更加是人的问题了。人作为组织中最重要的资源要素，是组织竞争的核心，因而，人员配备，现在又常常被称为人力资源开发与管理，已受到了前所未有的重视。

人员配备就是用合格的人力资源对组织设计确定的各层次各部门的职位进行填充和不断补充的过程。它包括明确组织对各类人才的需求，对组织现有人力资源进行摸底，为各职位招聘、选拔管理人才，并对他们进行考评、培训等一系列活动。

（一）人员配备的任务

1. 物色合适的人选

人员配备的首要任务就是通过外部招聘或内部提拔、培训等方式为各个职位物色到具备胜任该职位素质的人员，从而使组织系统开动运转。

2. 优化组织人员结构，提高整体效率

在组织中，其绩效高低，不仅取决于各个成员的个人素质与能力，而且还直接决定于成员之间的素质构成。通过人员配备，将群体成员加以合理组合，形成群体内部最佳的知识结构、能力结构、性格结构等，可以保证成员关系协调一致，形成优势互补，减少或避免相互排斥造成的内耗，从而提高整体活动效率。也就是要通过优化人员结构，追求“三个臭皮匠赛过诸葛亮”的效果，避免“三个和尚没水吃”。

3. 开发人力资源，充分挖掘人的潜力

人员配备的一项重要任务就是通过培训、选拔、使用、考评来发掘每个成员的潜力，实现人员与工作任务的协调匹配，做到人尽其才，才尽其用。

（二）人员配备的原则

1. 因事择人的原则

因事择人是指人员选聘应以职位的空缺和实际工作的需要为出发点，以职位对人员的实际要求为标准，选拔、录用各类人员。否则必然导致机构臃肿，人浮于事，降低工作效率，给组织带来不必要的损失。

2. 量才使用原则

量才使用原则要求在配备人员时，要充分关注每个员工的特点（如知识、经历、智力、体力、气质、品质、兴趣、爱好、特长等），把每个人都安排到能使其才能得到充分发挥的职位上。早在20世纪初泰罗就认为：所谓不优秀的工人是指那些没有得到合适工作的人。

3. 人事动态平衡的原则

由于处在动态环境中的组织是在不断发展变化的，工作中的人的能力和知识是在不断提高和丰富的。同时，组织对每个成员素质的认识也在不断地深入、全面，所以，人与事的配合需要不断地调整，使能力有发展并得到充分证实的人担任更高层次的负更多责任的工作，使能力平平、不符合职务需要的人有机会进行力所能及的活动，力求每个人总是能得到最合理的使用，实现人与事的动态平衡。

4. 程序化、规范化原则

人员的选聘必须遵循一定的标准和程序。只有这样才能保证其客观、公正、合理，既选聘到优秀的人才，又不会伤害其他员工的积极性。

二、管理人员的选聘渠道与标准

（一）管理人员的选聘渠道

管理人员的选聘渠道无非有两个：内部选拔和外部招聘。

内部来源有以下优点：(1) 管理者对组织情况较为熟悉，可大大缩短适应过程，很快进入角色。(2) 可以对备选对象进行较长时间的直接考查，对其全面了解，从而用其所长，避其所短。(3) 有利于鼓舞组织现有成员的士气，提高工作热情。因为每个成员都知道，只要在工作中不断提高能力，丰富知识，就有可能担任更重要工作，取得个人事业上的发展。但提升的前提是有空缺职位，而一般只有组织发展了，才可能出现更多的空缺职位，因而员工个人的前途与组织的发展密切相关，从而提高员工的工作热情和对组织的忠诚度。(4) 手续简单，费用低。

内部来源也有下列缺点：(1) 近亲繁殖形成思维定势，不利于组织开拓创新；(2) 易形成错综复杂的关系网，任人唯亲，拉帮结派，给组织管理带来困难；(3) 备选对象范围狭窄，可能导致管理人员素质要求下降；(4) 可能导致落选同事的不满情绪，不利于被提拔者开展工作。

与内源选任相比较，外源招聘有其优点。其优点是：(1) 来源广泛，选择空间大；(2) 外源招聘的管理者不受现有模式的约束，能给组织带来新鲜空气和活力，有利于组织创新和管理革新；(3) 有利于平息和缓和内部竞争者之间的紧张关系，从外部选聘可能使这些竞争者得到某种心理上的平衡，从而有利于缓和他们之间的紧张关系。

外部招聘管理人员的缺点是：(1) 难以准确地判断其管理才能，为克服此缺陷，一般采用试用期方法，让备选者在试用期内通过履行岗位职责，来考察其实际工作能力，以决定是否正式选聘；(2) 费用高。由于外聘员工需要通过大众媒体刊登招聘广告，并组织专家进行测评，因而需要支出大量费用；(3) 易造成对内部员工的打击。大多数员工都希望在组织中有不断发展的机会，都希望能够担任越来越重要的工作。如果组织经常从外部招聘管理人员，且形成制度和习惯，则会堵死内部员工的升迁之路，从而会挫伤他们的工作积极性，影响他们的情绪。

一个组织选聘管理人员是采用内源渠道还是外源渠道，或者两者结合，要视具体情况而定。一般而言，高层主管一般采用外源渠道；基层和中层管理者可采用内源渠道。在组织成长期多用外源渠道，稳定期多用内源渠道。

（二）管理人员选聘标准

选聘管理人员的标准，一般以管理人员以往的业绩和素质与能力两个方面作为选择依据。不能单纯以业绩为标准，因为业绩受很多因素影响，并不一定能反映管理人员现在的真实能力，更难以说明管理者的潜在能力。

在素质、能力方面，管理人员一般应符合下列要求：较高的政治素质；良好的道德品质；相应的业务知识和水平；良好的决策能力；较强的组织协调能力和沟通技能；一定的冒险精神；勇于创新；健康的身体和心理素质。

学习任务2

了解选聘管理人员的程序、方式及考评

【案例引入】

关键在于领导干部素质

某高校所属一个工厂，原先由于管理不善，员工劳动纪律松散，生产一直搞不上去。学校领导决定从青年教师、干部中招聘能人，充实该厂的领导班子。

消息传出，有一位三十岁刚出头，大学毕业留校工作的张明主动应聘。经领导研究，原班子中正副厂长及支部书记暂不调离，宣布聘任张明为分管业务的副厂长。同时，确定张明任职的当年其任务是：整顿劳动纪律，理顺生产关系，保证学校各项指令任务的完成。张明决心很大，当即立下改变面貌的军令状。

张明上任以后，针对厂里存在的问题，大刀阔斧地着手改革。

首先，他从整顿劳动纪律着手，订立各项规章制度，实行严格考核，充分利用经济手段，奖勤罚懒，打破过去吃大锅饭的状况。

第二，调整原有骨干，不拘一格用人。只要生产劳动积极，服从分配，有管理能力的都相应启用；而工作不好，不服从指挥的，则进行调离，包括一些有技术专长、但平时松散惯了的技工。另一面，在他的职权范围内，聘任了一批听从指挥，工作肯干，有

能力的工人当厂长助理、车间主任、班组长；又从社会上、甚至外省市大量聘请有技术的退休工人和一般工人，充实技术力量和劳动力，使厂里正式员工占 1/3，而返聘的退休员工却占 2/3。

第三，在业务经营上，他加强横向联系，打入社会，扩大营业范围，并从抓质量管理着手，提高产品信誉，凡是接受的生产任务，不论要求多高，困难多大，均能按质、按量、按时完成，但在收费标准上，却高于别的同行。

第四，为了扩大生产范围，搞到新设备和紧张的原料，他千方百计，通过各种渠道，采取请客送礼及付大笔劳务费等方法，最终达到他的所需，使工厂及时引进新设备，按计划开工，按时完成用户的生产任务。

第五，本人不仅能动脑筋、想办法，而且有实干苦干的精神。他经常带头与工人一起，在节假日和晚上加班加点。凡是经他提出的或同意接受的生产任务，时间再紧，困难再大，最终总能如期完成。张明任副厂长之后，工厂的生产面貌显著变化，利润大幅度增加，连续几年都超额完成上级提出的利润指标，工厂利润上升，员工奖金显著增加，该厂员工年平均奖 900 元，其中最高的达 1 200～1 300 元，而张明本人各种补贴及奖金达 1 500 元。

张明的缺点也较突出，群众反映他一要名，二要利，三要发脾气。

要名：公开伸手要职级要先进。原厂长未调离时，他对校有关领导同志讲，我改革有成绩，为什么不能当厂长？原厂长因年事已高退下去后，张明当了厂长。他又提出，既然是厂长，就应明确级别。他与别人攀比，K 某已是处级了，我为什么不能提为处级？当学校考虑改革体制，建立校办总厂时(处级)，他表示要担任总厂副厂长，否则，他领导的工厂就不纳入总厂管辖之内。评先进时，没有评到他，他意见很大，把每个组长叫来谈话，责问为什么不评他？难道他的成绩没有别人大？并向全厂宣布上次他不在，评选无效。处长做他思想工作听不进，硬是要重新选举，直到选了他事情才算了结。事后他公开对人说，这样，才使我出了口气。

要利：公开向组织要额外奖励。他的奖金已是全校平均水平数倍的情况下，还不满足，到处讲上级不关心他，说："我赚了这么多钱，为什么不另给奖励?"

发脾气：他在管理过程中，态度粗暴，常要骂人、训人。其中有的是劳动马虎，工作不负责，出了次品等不良现象；但有的却是他主观武断，缺乏民主，暴躁引起。有时他根本不顾自己的厂长身份，与工人争吵，随意训人、压人，群众对此意见很大，称他为霸王。

最近，由于张明的任期已到，需要对他进行民主评议。在民主评议中，看法不一。有的认为，他开动脑筋，大胆改革，敢于管理，严格规章制度，工厂有起色，员工奖金多，收入高，应充分肯定，至于工作中暴露出来的一系列思想意识及工作作风等问题，并非大问题。有的意见认为，张明大胆改革，敢于管理是好的，但要名要利，无组织情况也是严重的，是一匹难以驾驭的野马，是厂里的霸王。他当厂长所创的利润，有的是靠开价过高取得的，并不十分正当。他在思想作风上存在较大的缺陷，素质不是很理想的。建议应该找一名既有开创精神，又敢于管理，且善于团结同志的干部来取代更好。

问题：

对张明的素质应作何评价？

一、选聘管理人员的程序与方式

为了减少对组织内部员工士气的负面影响，无论外聘还是内部选拔管理人员，都应该引入公平竞争机制。其程序和方法如下：

1. 公开招聘。根据需聘职位的层次建立相应招聘工作机构（可以是人事部门单独组建，也可能是由各方面代表组成招聘工作委员会）。由招聘工作机构以一定的方式和媒体，在一定的范围公布待聘职位的数量，性质和对候选人的要求等信息，鼓励符合条件者应聘。

2. 初选。应聘者的数量若较多，招聘机构不可能对每一个人都进行详细的研究和考核，这样花费时间和费用就会过高。因而，需要对应聘者先进行初步的筛选。初步筛选一般依据既容易测试又是应聘者必备的基本要求来进行。比如，职位所需基本知识的测验，招聘文秘人员时的文字表达能力测验，招聘推销人员时口头表达能力测验等。

3. 对初选合格者进行全面的素质与能力考核。考核的方式主要有：

（1）知识与智力测验。目的是了解候选人基本素质的高低。知识测验要了解候选人是否掌握了与待聘职位有关的基本技术知识和管理知识；智力测验则是目前日益流行的一种评估个人潜能的基本方法，通过候选人对一些专门设计的题目的解答，来测验他的思维能力、记忆能力、思想的灵敏度和观察复杂事物的能力等。

（2）竞聘演讲与答辩。知识与智力测验只能反映候选人的知识和智力水平，不足以反映其全面素质，特别是运用知识和智力的能力。通过发表竞聘演讲，介绍自己任职后的工作打算，并回答招聘考核人员的提问，可以为候选人提供充分施展自己才华的机会。

（3）模拟情景实习。竞聘演讲只能反映候选人是否知道任职后“干什么和怎么干”，但“知道干什么和怎么干”与“实际干什么和会怎么干”并不是一回事。为了辨别候选人员是否只会纸上谈兵，还需对其实际操作能力进行分析判断。模拟情景实习是为此而发展出的西方流行的一种评选管理人员的方法。

所谓模拟情景实习，是指根据被试者可能担任的职务，设计一套与该职务实际情况相似的测试题目，然后将被测试者安排在模拟的工作环境中，要求被测试者处理设定的多种问题，并根据其处理的方法和效果来评价其心理素质、潜在能力。模拟情景实习的方法设计复杂，准备时间长、涉及专业评价人员多、费用高，但准确度也较高。适用于比较重要职位的人员招牌。模拟情景实习的具体方法有很多，如"处理公文测验"、"与人谈话"、"无领导小组讨论"、"角色扮演"等。下面主要介绍其中的两种。

① 处理公文测验。处理公文是管理人员，特别是较高层的管理人员的一项重要工作内容。处理公文的能力反映了一个人接受有用信息和利用信息进行决策的能力。运用这种方法的主要步骤是：

a. 向候选人提供"一揽子"公文，包括电话记录、下级请示报告、上级批件、公司内部报告、外部函件等。其中有重要事项，也有琐碎的小事。

b. 要求候选人在规定的时间内把这些公文处理完毕。

c. 观察候选人在一大堆公文压力下的心理与行为，是分别轻重缓急、有条不紊呢？还是杂乱无章，眉毛胡子一把抓？

d. 询问候选人处理某些公文的依据是什么？有什么设想？为什么这样做而不那样做？

e. 根据观测结果，选聘评价小组对候选人的管理能力做出集体评价。

② 无领导小组讨论。其运用步骤是：

a. 将候选人编成若干小组。

b. 向候选人提供相同的"公司"或"市场"材料，要求就公司在未来时期内增加盈利或提高市场份额制定对策。讨论时各自指定的身份相同，没有上下级关系。

c. 每个候选人根据提供的材料，开动脑筋，提出自己的看法，进行讨论。

d. 讨论中每隔一定时间通报一次市场行情和企业生产情况的变化。有时，某个问题刚刚讨论完毕，解决问题的方案刚刚确定，便立即告诉候选人情况发生了变化。这时，要注意观察每个候选人的表现。

e. 最后对参加讨论的每个人的领导能力、合作能力和应变能力进行评价。

4. 民意测验。这主要是针对内部选拔管理人员而言的。通过民意测验，了解组织成员对拟聘管理人员的接受程度。如果接受程度过低，将会严重影响其上任后的工作开展。

5. 选定管理人员。以上各项工作完成后，综合考虑每个候选人的知识、智力和能力情况，根据待聘职位的性质要求，并参考民意测验的结果，做出最后的选择。当然，为了防止上述某个环节出现漏洞，可以对中选者规定一个试用期，试用期内表现称职者，再正式聘用。

二、管理人员的考评

1. 管理人员考评的目的和作用

人员考评的目的不仅仅是列出组织的人力资源清单，更主要的是为激励、开发、合理使用人力资源提供依据。

(1) 为人事调整提供依据。组织最初为各职位配备的管理人员并不一定就能与工作要求相适应。因为无论采用什么选聘标准、程序和方法，也不可能十全十美，毫无漏洞。更何况管理工作的日益复杂对管理人员的能力提出了更高的要求，而人的能力也会随着工作经验的积累而发展。所以对管理人员考核就可以通过对一段时间以来管理人员的实际表现的考核、评价来为组织制定包括降职、提升或维持现职等内容的人事调整计划提供依据。

(2) 为管理人员培训提供依据。俗话说人无完人。虽然通过层层选拔聘用的管理人员在素质和能力上是同辈中的佼佼者，但由于各人的文化背景、成长环境、受教育程度等因素的差异，必然决定了各管理人员在某些方面存在素质或能力上的缺陷。所以对管理人员考评可以帮助组织和管理者本人了解每个管理人员的优点和不足，从而有针对性地制定相应的培训计划，保证培训确有成效。

(3) 为合理确定管理人员的报酬提供依据。管理人员考评的重要目的之一就是对管理人员的工作态度、努力程度、实际成效做出公正合理的评价，为确定其工作报酬提供依据。

(4) 促进上下级管理人员的沟通，激励管理者自我完善。通过制度化的人事考评，可以使下级更加明确上级对自己的工作和能力的要求，从而了解自己今后努力的方向；可以使上级更加关心下属的工作和遇到的问题，更加关注他们的成长；客观公正的考评，通过对管理人员成绩的肯定，可以起到正面激励的作用，通过提出缺点和不足之处，可以对管理者产生压力，鞭策着他今后更加努力工作。

2. 管理人员考评的内容

对管理人员进行考评内容包括德、能、勤、绩进行全面的考核。

(1) 德：包括思想政治觉悟、工作作风、道德水平等方面。这是决定管理人员个人影响力高低的一个重要方面。而个人影响力的高低对管理人员特别是高层管理人员能否实施有效的管理是至关重要的。有才无德的管理人员是埋在组织中的“不定时炸弹”，随时都有可能给组织造成危害。其所处位置越高，危害也就会越大。

(2) 能：即工作能力。对管理人员的能力要求是多方面的。包括体能、学识、智能和技能。体能取决于年龄及健康状况；学识包括文化水平、专业知识水平、工作经验等；智能包括记忆、分析、综合、判断、创新等能力；技能包括操作、表达、组织等能力。这四个方面既有相互联系，又有相互制约。体能、学识是基础，而智能、技能是关键。能力考评是管理人员考评的重点，也是难点。不能仅仅用决策能力、沟通能力、用人能力、创新能力等一些笼统的，甚至模糊的抽象概念去组织考评。否则，考评结果将在很大程度上带有考评人员的主观性。应借助管理学的知识设计一系列的具体的问题来说明每项管理工作，对照管理人员实际工作表现来确定这些问题的答案，从而对管理人员从事这项工作的能力作出比较客观、准确的评价。

如为了考评管理人员的组织能力，可提出如下问题：

① 他对下属的工作职责和任务是否有明确的要求，并确保下属能理解自己的任务？

② 他是否对下属在进行工作承担责任的过程中授予相应的职权？

③ 他在授权后是否能控制自己不再利用这些职权进行决策，从而干预下属工作？

④ 他是否建立了必要的信息反馈制度，并明确职权系统与信息反馈系统在管理中的地位区别？

(3) 勤：指管理人员的积极性和工作态度，包括纪律性、干劲、责任心、主动性等等。积极性决定一个人的能力发挥程度。只有将积极性与现实能力表现结合起来分析，才能发现管理人员的潜在能力。

(4) 绩：指管理人员的工作效率和效果。反映其对组织目标作出的贡献。管理人员的绩效和贡献除了取决于其工作能力以外，还受到管理环境的影响，有时这种影响还是决定性的。如组织中往往存在一些“陷阱”部门。从某一时刻起，担任该部门主管的人员纷纷落马，即使在其他部门表现突出的管理人员，来到这里也一筹莫展。因此，在绩效考评时，应力求在部门的贡献或问题中辨识出有多大比重应归因于管理人员个人的努力。这项工作同样是既非常重要又非常困难的。

3. *管理人员的考评程序*

对管理人员的考评不仅对组织的人事工作，而且对管理者个人都非常重要。因此必须保证考评的客观公正，而公正的考评要求依据一定的程序进行。

(1) 制定考评计划。进行管理人员考评必须首先明确考核目的、对象和内容，然后据此制定计划，安排考核时间、程序和方法，确定考核人员等，以保证考核的顺利实施。

(2) 进行考评前技术准备。包括：制定考核标准；选择设计考核方法与工具，如调查表的设计和准备、资料处理工具和方法等；选择考评者。

考评者可以由与被考评对象有业务联系的人来担当，包括被考评对象的上级、关系部门主管、下属。由上级领导考核，主要是看其理解能力和组织执行能力；由关系部门考核，主要是评价其协作精神；由下属考核，则主要反映其领导能力和影响能力。

(3) 实施考评。即由考评者依据考评标准对被考评对象进行评价、测定与记录。

(4) 分析考评结果。首先对全部考评表进行鉴别，剔除明显不符合要求的、随意乱填的表格，如全都打优或全都打差的表格。然后综合各考评表的打分，得出考评结论，并对其主要内容进行对照分析，看是否有相互矛盾的地方。如某管理人员绩效分很高，而能力分却很低。这时就需仔细分析考评中有无不符合实际的、不负责任的评价，检验考评结论的可信程度。

（5）反馈考评结果。考评结果应及时反馈给被考评的对象。反馈形式可以是书面通知，也可以是上级主管面谈。最合适的也许是两者结合起来：先用书面通知让被考评对象了解对自己的考评结论，以使其有比较充裕的时间思考这些结论是否有欠公正或全面，从而可以在与上级主管的面谈中进行申辩或补充。

学习任务3 熟悉常见的用人方法与艺术

【案例引入】

个性相符适才适岗

有这样一件事，在一次工商界聚会中，几位老板谈起自己的经营心得，其中一位说“我有三个不成才的员工，准备找机会将他们炒掉，一个整天嫌这嫌那，专门吹毛求疵；一个杞人忧天，老是害怕工厂有事；还有一个经常摸鱼不上班，整天在外面闲荡鬼混。”另一位老板听后想了想说：“既然这样，你就把这三个人让给我吧！”

这三个人第二天到新公司报到，新的老板开始分配工作：喜欢吹毛求疵的人负责管理产品质量；害怕出事的人，让他负责安全保卫及保安系统的管理；喜欢摸鱼的人，让他负责商品宣传，整天在外面跑来跑去。三个人一听职务的分配和自己的个性相符，不禁大为兴奋，兴冲冲地走马上任。过了一段时间，因为这三个人的卖力工作，居然使工厂的营运绩效直线上升，生意蒸蒸日上。

一、使用人才六原则

尺有所短，寸有所长，人有其长，必有其短。人才难得，是人才必有出众之处；而人才又有他的独特个性，他们一般不会随波逐流，趋炎附势，但常常对上司不亲不热，敬而远之，毕竟是一种现实存在。大才者常不拘小节，异才者常有怪癖，恃才自傲往往是通病。人才常常优点越突出，缺点也就明显。好马千里奔驰的长处，也有落拓不羁的缺点。奇人奇才既有大志雄心，往往又恃才自傲，不流俗随众，对这种人才求全责备，势必会将其埋没。

所以现代管理应有容人胸怀。有的组织管理者身边虽有人才，但他们之间矛盾多，关系紧张，有的人才本来是领导自己选来的，但过不多久便后悔不迭，最后不得不想方设法将他调离或解雇。由此可见，在许多情况下，一个心胸狭窄的管理者所耿耿于怀的往往不是人才的缺点，而且人才的特点。既是人才，必有他自己的独到见解，必对自己的观点、见解、阅历及才能充满信心，因而不会轻易附和管理者的意见。既是人才，由于忙于求知做事，自然没时间和精力去拉关系，拍马屁，有的甚至不懂人情世故，有的不知社交礼仪。有时会不顾领导情面，不分场合、地点直言不讳，这些恰恰容易被人视为狂妄、傲气。用人应该具有海量般的容人胸怀，善于理解和容忍人才的缺点，虚怀若谷，不能小肚鸡肠，斤斤计较。至于那种嫉贤妒能，武大郎开店，容不下高于自己的人，看似是无容才之量，实质是无爱才之心。一个高明的管理者，对待下属人员要善于在信任中运用他，以充分发挥他的积极性。

1. 用人要做到工作与才能相适应。要了解下级能干什么，从而委派到最能发挥其特长的地方，扬长避短，发挥人才优势；

2. 工作与人的性格相适应。对每一种工作进行精密的分析，确定这项工作的性质，难易程度，所需学历、能力、经验等，据此安排适合这项工作的人，使其发挥专长；把不同性格的人放在不同岗位上，不仅各得其所，各遂其志，更有利于长处的发挥；

3. 人员搭配要取长补短。在人员搭配上，要运用知识互补、能力互补与性格互补的原则，以便互相取长补短，共同提高；

4. 要定时进行必要的人员交流。要做到用人不疑。用人就要信任他，放心大胆地让人家去工作。对于聪明的老板来说，企业的人才就好像自己账目上的金钱，要做到心中有数，并运用恰当。

5. 允许人才选择岗位。在满足企业需要的条件下，允许个人根据自己的特长、爱好，选择岗位。

6. 要加强对各类人才的管理。建立起一套行之有效的人才选择、使用、保护、交流、升降、培训等制度。

二、科学用人与适度治人的艺术

员工是企业的主体，激发员工的积极性和创造性，充分发掘他们的潜在能力，是增强企业活力的源泉。通常企业在人的管理上，比较重视员工现实能力的激发，而疏于员工潜在能力的挖掘，影响企业人才优势的发挥。因此，能否激发和挖掘员工的潜在能力，是现代企业管理艺术的重要内容之一。它主要体现在如何用人、激励人和治理人的艺术方面。

（一）科学用人的艺术

管理者要科学地用人，需要先识人，即发现人所具有的潜在能力。欲要善任，先要知人。科学用人的艺术，主要表现在以下几个方面：

1. 知人善任的艺术。也就是用人用其德才，不受名望、年龄、资历、关系亲疏的局限。对于企业管理者来说，就是能容忍和使用反对过自己的人，有勇气选择名望和才学与自己相同甚至超过自己的人。同时要用人所长，避人所短。日本有名的企业家松下幸之助曾说："绝不容许基于私人的感情或利害用人。"他主张，管理者最好用七分的功夫去看人的长处，用三分功夫去看人的短处。在提拔干部时，对方只要够 60

分就可以提拔，若要等到 80 分或 100 分时才提拔就会错过时机。他还主张重用那些能力强于自己的人。只有这样，才能打破企业内部干部与工人的界限，不求全责备，把有真才实学的员工及时地提拔到适当的岗位上，以发挥他们的潜在才能。

2. 量才适用的艺术。要帮助员工找到自己最佳的工作位置。如果把不精通产品技术的人安排去搞新产品开发，让未掌握营销技巧不善于从事公共关系的员工去作推销人员，这种岗位角色的错位，不仅对工作不利也浪费了人才。

3. 用人不疑的艺术。中国有句古语：疑人不用，用人不疑。对委以重任的员工，应当放手使用，合理授权，使他能够全面担负起责任。当他们有困难的时候，甚至遇到各种流言蜚语的时候，管理者要做到不偏听、不偏信，明辨真伪，给他们以必要的支持和帮助。

（二）适度治人的艺术

治人的艺术，从某种意义上说，也应当包括科学用人和有效激励人。除此之外，还包括批评人、指责人，帮助人克服错误行为，做好人的发动工作。

表扬奖励员工是治人、管理人的艺术，而批评或指责人，也需要有良好的技巧。

1. 要弄清需要批评的原因。即掌握事情的真实情况，确保批评的准确性。

2. 要选择合适的批评时机。即批评一般应当及时，以免不良行为继续发展。有时先给予必要的提示，然后再视其改正情况正式进行批评，可能效果更好。

3. 要注意批评的场合。尽量避免当众批评，特别注意不要在被批评者的下级面前进行批评，以免影响他的威信以及对下属的管理。

4. 要讲求批评的态度。即批评者对人要真诚、公正、平等、理解，要帮助被批评者认识发生过失的主客观原因，并指出改正的方向。

5. 要正确运用批评的方式。例如，把点名批评与不点名批评相结合，把批评与奖励相结合等，都是十分重要的。

美国著名的管理学家李·亚科卡认为，企业的管理人员既是决策者，又是人的发动者。他说："讲到使一个企业运转起来，发动人就是一切，你可能能干两个人的工作，但你不能变成两个人。与此相反的是，你要鼓励你下一级的人去干，由他再去鼓动其他的人去干。"

本单元实训与练习

【读一读】

奥格尔维定律的由来

奥格尔维定律来源于这样一个故事。美国奥格尔维·马瑟公司总裁奥格尔维召开了一次董事会，在会议桌上，每个与会的董事面前都摆了一个相同的玩具娃娃。

董事们面面相觑，不知何故。奥格尔维说："大家打开看看吧，那就是你们自己。”

于是，他们一一把娃娃打开来看，结果出现的是：大娃娃里有个中娃娃，中娃娃里有个小娃娃。他们继续打开，里面的娃娃一个比一个小。

最后，当他们打开最里面的玩具娃娃时，看到了一张奥格尔维题了字的小纸条。纸条上写的是：“如果你经常雇用比你弱小的人，将来我们就会变成矮人国，变成一家侏儒公司。相反，如果你每次都雇用比你高大的人，日后我们必定成为一家巨人公司。”

前一句话与从大娃娃到中娃娃再到小娃娃的次序吻合，后一句话与小娃娃到中娃娃再到大娃娃的次序吻合，这些聪明的董事一看就明白了。

这件事给每位董事留下了很深的印象，在以后的岁月里，他们都尽力任用有专长的人才。

美国的钢铁大王卡耐基的墓碑上刻着：“一位知道选用比他本人能力更强的人来为他工作的人安息在这里。”卡耐基之所以成为钢铁大王，并非由于他本人有什么超人的能力，而是因为他敢于用比自己强的人，并能发挥他们的长处。卡耐基曾说过：“即使将我所有工厂、设备、市场和资金全部拿走，只要保留我的技术人员和组织人员，四年之后，我将仍然是‘钢铁大王’。”

卡耐基之所以如此自信，就是因为他能有效地发挥人才价值，善于用那些比他更强的人。卡耐基虽然被称为“钢铁大王”，但他却是一个对冶金技术一窍不通的门外汉，他的成功完全是因为他卓越的识人和用人才能——总能找到精通冶金工业技术、擅长发明创造的人为他服务。比如，世界知名的炼钢工程专家之一比利·琼斯，就终日在位于匹兹堡的卡耐基钢铁公司埋头苦干。

另一位是齐瓦勃，也是很优秀的人才。齐瓦勃本来只是卡耐基钢铁公司下属的布拉德钢铁厂的一名工程师，卡耐基在知道齐瓦勃有超人的工作热情和杰出的管理才能后，马上提拔他当上了布拉德钢铁厂的厂长。正因为有了齐瓦勃管理下的这个工厂，卡耐基才敢说：“什么时候我想占领市场，什么时候市场就是我的。因为我能造出又便宜又好的钢材。”

几年后，表现出众的齐瓦勃又被任命为卡耐基钢铁公司的董事长，成了卡耐基钢铁公司的灵魂人物。

齐瓦勃担任董事长的第七年，当时控制着美国铁路命脉的大财阀摩根提出与卡耐基联合经营钢铁，并放出风声说如果卡耐基拒绝他，他就找当时居美国钢铁业第二位的贝斯列赫姆钢铁公司联合。

压力下的卡耐基要齐瓦勃按一份清单上的条件去与摩根谈联合的事宜。齐瓦勃看过清单后，对卡耐基说：“按这些条件去谈，摩根肯定乐于接受，但你将损失一大笔钱，看来你对这件事没我调查得详细。”

经过齐瓦勃的分析，卡耐基承认自己过高估计了摩根，于是全权委托齐瓦勃与摩根谈判，并取得了对卡耐基有绝对优势的联合条件。

到20世纪初，卡耐基钢铁公司已经成为世界上最大的钢铁企业。卡耐基是公司最大的股东，但他并不担任董事长、总经理之类的职务。他的成功在很大程度上取决于他任用了一批懂技术、懂管理的杰出人才。

海潮效应的由来

海水因天体的引力而涌起，引力大则出现大潮，引力小则出现小潮，引力过弱则无潮，这就是海潮效应。人才与社会、时代的关系也是这样。社会需要人才，时代呼唤人才，人才便应运而生。依据这一效应，作为国家，要加大对人才的宣传力度，形成尊重知识、尊重人才的良好风气。对于一个单位来说，重要的是要通过完善的管理机制吸引人才。

美国通用电气公司前总裁杰克·韦尔奇是20世纪风头最劲的企业家，然而在1961年，来到通用电气还不足一年的韦尔奇却曾萌发过辞职的念头。当时他是一名普通的工程师，虽然年薪不低，但是他觉得公司的官僚主义让人窒息，平均主义式的加薪更使胸怀大志的他觉得屈辱，于是他萌生去意，接受了伊利诺伊州国际矿产化工公司的聘请。

当时，作为部门负责人的鲁本·古托夫听到韦尔奇即将离职的消息非常震惊，他决心不惜一切代价留住这位与众不同的年轻人。于是，他在韦尔奇告别宴会的前一天，邀请韦尔奇夫妇共进晚餐。在就餐之际，古托夫对韦尔奇展开四个小时的说服攻势。他保证，他将使韦尔奇不受官僚作风的纠缠，并将利用大公司的资源为韦尔奇创立一个小公司的工作环境，每月的工资涨2 000美元。古托夫恳求道："相信我，只要我在公司一天，你就能利用大公司最好的部分进行工作，最差的一部分将离你远远的。"

"这样的话，你就要经受考验啦。"韦尔奇说。古托夫回答说："我乐意接受考验，把你留下是最重要的。"第二天，韦尔奇终于做出了肯定的答复。12年之后，韦尔奇在他的年度工作报告中雄心勃勃地写下他的长期目标是要通用电气发展成全世界最有实力的公司。

【想一想】

案例1　频繁更换管理层、厨师

成都某酒店地处黄金地段，开业四年来，相继换掉了30个厨师长，10个总经理，平均一个半月换一个厨师长，不到五个月换一位老总。这些被换掉的厨师长、总经理都曾经是酒店老总高薪挖过来的，多数都来自成都大型成功餐饮企业或者知名酒店。如此频繁更换的结果是酒店年年亏损。

案例2　过度防范职业经理人

武汉某企业的王总是老板高薪聘请来的职业经理人，来了已经有三个月了。王总说，在磨合的这三个月里，他总感觉有眼睛盯着他，老板把他当贼一样防范。起初，他认为自己太敏感。但后来发生的一件事情，让他十分失望。

有一次，王总为了设计一个新的营销方案，在办公室工作到很晚。后来担心赶不上回家的公车，就匆忙收拾了设计稿准备回家继续研究。没想到，第二天一上班，老板就把他叫到办公室，警告他不要把公司的活带回家干，此事令王总莫名其妙。

一名老员工告诉王总，这位老板认为从外面请的人，不管素质有多高，能力有多强，反正是外人，不仅不能把大权交给他，而且还在公司各个角落里布满了自己的眼线，严密监视职业经理人的一举一动。

后来，又发生了一些类似的事情，令王总感到十分不痛快，不久他便递交了辞呈。

案例3　不善于听取管理层意见

广东某酒楼的一次部门会议上，一位刚上任的部门经理，因不了解老板的脾气，在会上提了一个建议："酒楼必须建立自己的企业文化，没有企业文化的企业就像失去了灵魂。只有让员工都融入到企业中去，并认同酒楼的管理模式，看到酒楼的前途和希望时，他们才会安心工作。"这位经理的话音未落，老板就凶巴巴地骂开了："我们是民营企业，不要给我谈什么企业文化，我对这个很反感。我开了几年的店，从来没有搞过什么企业文化，还不是一样挣钱。这家不行，我可以再开一家。你才来几天。"

很多知情的员工讲，这个老板虽然在开店，但总是关了开，开了关。

综合案例1　美国的人才管理政策

作为头号资本主义大国，美国的影响可谓无处不在。支撑其纵横世界、驰骋全球的固然是强大的国力、先进的科技，然而在这些因素的背后，真正的后盾乃是它所拥有的丰富的人才资源。正是这些高素质的科技、管理人才，造就了美国雄厚的实力，使它拥有了称雄世界的资本。那么，美国政府是如何实行人才管理政策的呢？概括地说，主要包括以下三点：

（一）完善的人才政策

美国在制定和完善人才政策时着重强调下面几点：

1. 进行职务分析。所谓职务分析是根据单位的目标与功能而制定的，它使每个人才准确不误地符合组织层级中对每级职务的要求，采用的是量化的评分手段，把奖酬多少与这些职务分数直接挂钩，从而使人才对晋升的期望有了具体的目标。职务分析在美国被视为人才管理基础。有了职务分析才能准确知道本单位需要或缺少怎么样的人才，然后做出人才需求计划，并进行合理的招聘与选拔；才能定期对每一职员提出要求和标准，据此来安排人才工作任务和培训计划；才能根据每一职务对本单位相对价值高低，公平地确定奖酬与福利待遇，客观评价每位人才的绩效好坏。

美国的职务分析是以能力为核心的，即单位向社会选择人才和人才在单位中合理使用，工资晋级，职务提拔等均依据人才在具体职务上所能发挥的实际能力进行评定，而人才的年龄、兴趣爱好、心理素质、人际关系等非能力因素不过分强调，关于门第出身高低更是不屑一顾，这种竞争机制能选用最合适的人才。

2. 实行自由选择。美国人才"跳槽"现象十分普遍，即使能力强、单位特别器重的人才，也有不少人不愿"终身被雇"，喜欢到新的工作岗位再施展其才华。在美国，一个人平均转换三个以上单位的情况是不足为奇的。一般人才流动率为8—10次，流动次数越多，越能被单位录取。人才频繁流动性的原因是求生存，求发展，它完全是由社会发展和需要自行调节的。

3. 实施工资奖励。在激烈的人才竞争中，美国各个企业、机构不仅实施科学合理的工资制度，做到既不过多浪费，又能不失时机地吸引优秀人才，而且各单位还积极实施合理的奖励制度，以激励人才的工作奋斗精神和创造成就。工资奖励方式多种多样，不求千篇一律。以IBM公司为例，该公司在奖励时做到量体裁衣，恰如其人。公司规定了三种不同的奖励：即杰出创新奖、杰出贡献奖和发明成就奖。杰出创新奖是指要有高度的创造性和创新性，而且能给公司带来经济效益，或具有潜在价值的新思想；杰出贡献奖是指新技术或重大科学项目对研究和发展起重要作用，能为公司创造价值；发明成就奖是指公司下属人才能够获得专利产品与技术。另外，奖励是公开的，其目的就是要使获奖人能够得到同事的公认，而且能造成人才之间竞争获奖的氛围。如果业绩平庸，非但不能获奖，更不能提薪晋升，甚至会遭到雇主与同事们的歧视。

4. 严格考核标准。美国的考核制度比较注重实绩和能力，强调以工作成绩为主，通过对雇员工作效率及工作实绩进行量的考核，成绩突出的得到晋升。这种晋升形式主要特点是：体现择优原则，在选用人员上做到公平合理、量力使用。它以明确规定的各种职位资格标准、具体达到的工作数量、质量及所用的时间，作为测量的客观进度。考核分为三等：优等，是工作超过标准，提薪一级，并拥有优先提拔机会；满意，是合乎工作标准，提薪一级；不满意，是工作没有达标，酌情减薪，降职。

（二）调整人才吸引战略

在美国的各类科技人才中，国外人才的比例亦在迅速增多，仅1989年，美国的工程博士学位获得者中有50%是国外人才，比七十年代中期增加一倍。美国为什么能够如此广泛地搜罗、吸引、争夺人才呢？其奥妙是采取了以下人才吸引战略。

1. 千方百计吸引国外人才。首先，创造"世界最优"的科研工作条件。由于科技人员一般都很看重自己的科研成果，所以美国在创造"世界最优"的科研工作条件时不遗余力地建立先进的实验室，更新仪器设备，这对希望迅速创造一流成果的人才来说，具有较大的吸引力。其次，高价吸引。美国借助经济优势，人才价格明显高于其他发达国家。再次，大力宣扬“科学家无国界”的观念。工作条件和高价是物质吸引，思想观念是精神吸引，两者相辅相成，密切配合。

2. 借用、聘用国外人才。这又分两个层次：一是通过借、聘直接为美国服务；二是在借聘过程中逐步吸引，给以“绿卡”。即使有人不愿留在美国，也尽力将其科研成果留下，或通过跨国公司转移给美国。

3. 争夺高级紧缺人才。美国的移民法和有关法令，对引进和招聘国外高级紧缺人才的控制是宽松的。美国还多次修改移民法，为高级紧缺人才入境入籍提供简便的手续。驻外使馆还十分注意收集国外人才的情报，甚至请使馆人员推荐和选用人才。

4. 研究掌握世界人才变化情况。研究世界范围的人才变化状况实际上也是为了更好地选择人才，近年来，美国在世界范围争夺人才出现了两个变化，第一是人才争夺的地域发生了变化。五十年代美国吸引人才的重点主要在欧洲，九十年代亚洲经济教育科技等事业有了长足的发展，加上亚洲人吃苦耐劳、吸引成本也较低，因而美国将重点放在了亚洲。第二是人才争夺的年龄发生了变化。在过去相当长的时期里，美国侧重争夺年龄较大资历较深的科技人才，现在则更多地侧重于争夺年轻的留学生。因为年轻人才投资少、潜力大、使用期长，故更受青睐。

（三）重视对本国人才的培养

除了积极吸引国外成熟型的人才，美国也非常重视对本国人才的培养，并为此进行了较大幅度的教育改革，使本国人才能尽快地脱颖而出。

1. 加强课程结构改革，开设一系列国际管理课程。目前，在课程设置方面，美国许多商学院所用教材都注重培养学生的国际化经营管理能力，同时也注意增加学生们关于国际知识研究的注意力。

2. 高度重视外语和涉外课程学习，使学生充分了解他国国情。在外语教育方面，美国各商学院、管理学院将外语课视为获得学位的条件，并将课程逐步推展到非传统的、超越文理科的领域。各学院都积极探索新的测验方法来评估学生的外语能力，更加注重对实际表现和效果的评价。

3. 注重海外学习和实习，积极开展国际交流与合作。在海外学习方面，美国商学院对海外留学实行开放政策。大部分学院还制定海外学习方案。有些学院把学生送派国外学校选学课程，承认学历。有些学院规定学生的业务实习要求到驻在本国的跨国公司进行。为了更好地进行国际管理教育，美国的大学都积极与外国大学建立联系，签订交流计划，以培养具有国际管理知识的专门人才。

问题：

美国人才管理政策有哪些成功经验？它对我国的人才开发有何借鉴之处？

综合案例 2　台湾裕隆汽车集团董事长吴舜文的管理技巧

“以事为中心”的泰勒学说和“以人为中心”的行为学派的有机结合创造出了吴氏的目标管理方法，其具体内容是：每年的年度计划，由员工自己提出，经可行性论证后，再分解为每月的目标。这样一来，员工的达标就不是自上而下的硬性规定，因此工作积极性就会被最大限度地调动起来，上级的督促检查也就会有的放矢，赏罚得当。这种管理机制既有西方人的科学求实精神，又有东方人的人和气氛；既体现了美国公司的管理原则，又融会了日本企业的以感情为核心的特点，因而实施起来深得人心，也卓有成效。

为了使企业能在激烈的竞争中永远立于不败之地，为了使每一个员工能够心悦诚服自动自发地把潜力与智慧、劳力奉献出来。吴舜文在推行目标管理时，特别强化管理中的民主，以人人参与的合作意识，代替强制妥协，具体说来就是利用人的上进心和尊荣感，激发员工的工作积极性。与此同时，她还特别关心员工的生活，改善员工的福利待遇。“集团激励”就是她在分配问题上的一个大胆的创新。“集团激励”是把企业的收入公开，定期结算利润，年终再加总计算。计算时请员工本人参与，让每个人都了解企业投下多少成本，应收回多少利润，哪些应归企业，哪些应按目标管理的达标情况分给员工。通过这样的参与与分配，吴舜文就把一人的企业变成了每个员工自己的企业。企业的兴衰存亡关系到每个员工的切身利益，大家都在关心着企业，积极性自然也就十分高涨了。

吴舜文对员工的关心不仅表现在薪酬高，还表现在居住条件和福利待遇上。企业的厂房里有空调，工作环境好，就连女工宿舍也都装有空调机。员工上下班有专车接送，有全日供应餐点的福利社，有供阅览进修的图书馆，还有电影院、篮球场、美容室及医疗所等服务设施。此外对已婚员工如欲购买住宅，可享受无息贷款或免息分期付款；员工有公费旅行；资助员工通过业余进修读高中、上大学或出国留学；设立子女奖学金；建立休假及退休等各种制度等等。这些措施都深得人心。

吴舜文的这种严格的“目标管理”和“集团激励”等高福利政策，吸引了人才，留住了人才。员工们热爱自己的企业，热爱自己的工作，都以自己能成为裕隆的一员而骄傲。一次，某企业想挖墙脚，在“台元”纺织厂门前贴了一张大红广告，上面醒目地写着：“高薪征求熟练女工”，但上下班的女工们都不屑一顾，无一人因其充满诱惑性的条件而要离开裕隆。

问题：

简要说明吴舜文是如何运用目标管理来实现以人为本的管理本质的。

【练一练】

一、名词解释

1. 人员配备
2. 因事择人
3. 量才使用

二、多项选择题

1. 选聘管理人员的标准一般应该包括(　　)。

A. 资历　B. 业绩　C. 学历　D. 能力　E. 血缘

2. 人员配备应该遵守哪些原则?(　　)

A. 因事择人　B. 量才用人
C. 人事动态平衡　D. 程序化
E. 规范化

3. 对管理人员的考评应包括内容有(　　)。

A. 德　B. 能　C. 勤　D. 绩　E. 个性

4. 管理人员的考评程序包括下列环节(　　)。

A. 制定考评计划　B. 进行考评前技术准备
C. 实施考评　D. 分析考评结果
E. 反馈考评结果　F. 奖惩激励

三、问答题

1. 人员配备的任务是什么?
2. 从组织内部选拔管理人员与从外部招聘各有什么优缺点?
3. 简述选聘管理人员的程序。
4. 管理人员的考评有什么作用?
5. 使用人才有哪六个原则?
6. 如何做到科学用人?

【做一做】

组织学生以小组为单位到人才市场调研,要求至少现场观察调研十家招聘单位的岗位需求和对所学专业素质、知识、技能证书和应用能力的要求,提交小组的调研报告。

学习单元六

领导方法与艺术

∵学习目标与任务

1. 理解领导的含义、领导的影响力及作用效果
2. 初步掌握领导方式与基本的领导方法
3. 组织管理中最常见的领导艺术

学习任务1

理解领导的含义、领导的影响力及作用效果

【案例引入】

保罗的领导方式

保罗在1971年从美国中西部的一所名牌大学获得会计学士学位后，到一家大型会计师事务所的芝加哥办事处工作。由此开始了他的职业生涯。9年后，他成了该公司最年轻的一名合伙人。公司执行委员会发现了他的领导潜能和进取心，遂在1983年指派他到纽约的郊区开办一个新的办事处。其最主要的工作是审计，这要求有关人员具有较高程度的判断力和自我控制力。他主张工作人员间要以名字直接称呼，并鼓励下属人员参与决策制定。对长期的目标和指标，每个人都很了解，但实现这些目标的办法却是相当不明确的。

办事处发展得很迅速，到1988年，专业人员达到了30名。保罗被认为是一位很成功的领导者和管理人员。保罗在1989年初被提升为达拉斯的经营合伙人。他采取了帮助他在纽约工作时取得显著成效同时富有进取心的管理方式，马上更换了几乎全部的25名专业人员，并制定了短期的和长期的客户开发计划。职员人数增加得相当快，为的是确保有足够数量的员工来处理预期扩增的业务。很快，办事处有了约40名专业人员。

但在纽约成功的管理方式并没有在达拉斯取得成效。办事处在一年时间内就丢掉了最好的两个客户。保罗马上认识到办事处的人员过多了，因此决定解雇前一年

刚招近来的12名员工，以减少开支。他相信挫折只是暂时的，因而仍继续采取他的策略。在此后的几个月时间里又增雇了6名专业人员，以适应预期增加的工作量，但预期中的新业务并没有接来，所以又重新缩减了员工队伍。在1991年夏天的那个"黑暗的星期二"，13名专业人员被解雇了。伴随着这两次裁员，留下来的员工感到工作没有保障，并开始怀疑保罗的领导能力。公司的执行委员会了解到问题后将保罗调到新泽西的一个办事处，在那里他的领导方式显示出很好的效果。

问题：

1. 保罗作为一位领导者的权力来源是什么？
2. 保罗在纽约取得成功的策略，为什么在达拉斯没能成功？其影响因素有哪些？

一、领导的含义及理解

所谓领导是指一种影响下级或团体实现一定目标的管理工作过程。这个定义首先是说，领导是一种有目的的管理工作过程。这种工作包括一系列的管理行动，如制定决策、建立组织、选用干部等，其目的是为了实现组织的一定目标和任务。所以管理工作是一个大概念，而领导工作是其中的一部分。其次，这一概念说明领导工作的本质是一种发挥影响力的工作。领导，就是要发挥影响力，引导和推动下级去实现既定的目标。所以领导的作用不是在于领导者自己直接动手去实现目标，而是在于影响和推动下级和下级组织去实现目标。在实际工作中，有一些刚走上领导岗位的人，当工作中推不动或下级工作不如己意时，心中着急，往往就亲自动手干起来。这种做法，如果是为了给下级起个示范和引导的作用，那是可以的；但如果是撇开下级，包办代替，那就不是在起领导作用，而是把自己降低到下级执行者的位置上去了。

如何衡量这种影响力的大小，即领导水平的高低？衡量影响力的标志是领导的有效性。它包括不可分割的两个方面，首先表现在方向上，要引导下级朝着正确的方向。这里既包括政治上的正确方向，也包括管理工作的方向。其次表现在速度和效率上，即为了影响别人实现既定目标而花费的时间和代价。所以领导有效性可以概括为如下的定性公式：

领导有效性＝目标方向×领导效率

两者的组合关系可能有下列几种情况：

第一，目标方向正确，领导效率越高，则领导的有效性就越理想。

第二，目标方向错了，即目标方向是个负数，领导效率越高则越糟糕，损失越大。

第三，目标方向虽然正确，但领导效率低，这就会降低领导的有效性；如果领导效率很低，使得目标方向落空，则领导有效性也会接近于零。

结论是，提高领导有效性，必须在保证领导的方向正确的前提下，来努力提高领导工作效率。

应当指出，领导的有效性，作为领导的能力，不是一种天生的个性，而是一种可以通过反复学习和工作而形成的后天的工作习惯，是一种通过学习和实践锻炼而养成的有效的工作方法。

二、领导的影响力分析

长期以来，人们认为职权是有效领导的关键因素。所谓职权，就是组织和上级授予处在领导岗位的人的一定的法定权力（或称行政权力）。这种职权使得领导者能够支配下级的行为、处境、得失，甚至其前途和命运。所以领导者手中的职权越大，他的影响力就越大。这种认识概括为公式，就是：

领导＝权力

我国历史上经历了长期的封建社会，这种封建家长制的领导观念至今对领导工作仍然有不小的影响。奉行这种领导观念也给领导工作带来许多不良的后果：

第一，单纯依靠行政命令。既然手中有了职权，下级就得听我的，在工作中就容易忽视对下级和职工的教育和说服工作，对下级靠“压服”，从而引起下级的不满。

第二，一切按“长官”意志办事，靠上级指示和命令过日子，忽视下级和群众的意见、要求。既然有了权力就能实现领导，权力从何而来？上级任命时授予。所以当好领导必须听从上级指示命令，完全照办，而对下级和群众的呼声则默然处之，因为权力不是群众授予的。

第三，忽视本人品德修养和能力的提高。既然行政命令就能解决问题，就没有必要通过提高领导者的品德与能力，没有必要在下级和群众中树立起威信。

第四，造就了一些不学无术、低能“阿斗”式的干部，不但影响了事业发展，更挫伤了广大群众的积极性、创造性。

因此，这种落后的领导观念不能适应现代管理的要求。著名的管理学家巴纳德把这种落后的领导观，即认为有权就能领导、权力来自上级的观点，称之为“权力授予论”。他认为“权力授予论”是不正确的。因为职权是一种强制性的影响力，使用这种方法进行领导，下级和职工可能并不接受。例如，下级可能采取阳奉阴违的办法或消极怠工的办法实行抵制；或者即使勉强接受，但由于职工缺乏积极性、主动性和创造性，使领导的指示和命令不能有效地执行；甚至在一定条件下，遭到下级和职工的公开反对。因此，奉行“权力授予论”的领导，其影响力可能不存在或大打折扣。

巴纳德提出，正确的应当是“权力接受论”。这一理论认为，领导依靠职权所下达的命令，只有当下级和职工理解了它的内容，相信它既符合企业目标又符合个人利益时，而且又是在可以办得到的情况下，才能为下级和职工所接受。只有在这种条件下才能发挥其影响力。

后来的学者又进一步发挥了巴纳德的这一理论观点并指出，领导者要有效地发挥其影响力，必要的职权是需要的，但更为重要的是要在下级和职工中树立起威信。下面我们就对领导者的影响力及心理效果作具体的分析。

三、领导影响力及效果分析

1. 影响力是指领导者在与下属交往的过程中影响和改变他人心理和行为的能力。

2. 影响力的分类(见图 6-1)：

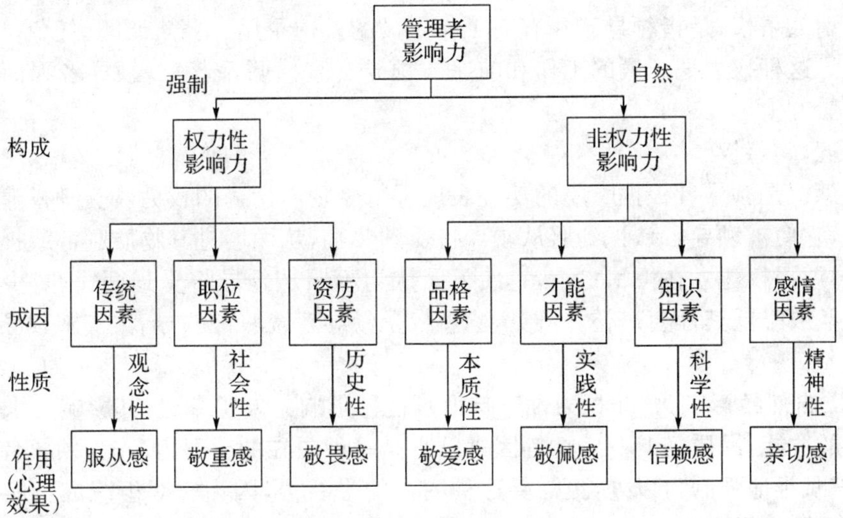

图 6-1　领导影响力构成及其效果示意图

由图 6-1 可见，领导者的影响力从性质上可分为：

(1) 权力性影响力(也叫强制性影响力)是指由社会或组织赋予个人的职务、地位、权力等条件所构成的影响力，也就是组织赋予领导者的岗位权力，它以服从为前提，具有明显的强制性。法定权随职务的授予而开始，以职务的免除而终止。它既受法律、规章制度的保护，又受法律、规章制度的制约，在领导者的权力构成中居主导地位，是领导者开展领导活动的前提和基础。组织机构的性质不同，组织层次不同，法定权的构成因素也不同。一般而言，法定权包括下述几个方面：

第一，决策权

从某种意义上说，领导过程就是制定决策和实施决策的过程，决策正确与否是领导者成功的关键因素之一。如果领导者无决策权或者缺乏决策能力，将直接影响组织目标的实现，造成组织生存危机。

第二，组织权

所谓组织权，就是指领导者在其领导活动中，根据事业或工作的需要，对机构设置、权力分配、岗位分工和人员使用等作出安排的权力。它主要包括：设计合理的组织机构，规定必要的组织纪律，确定适宜的人员编制，配备恰当的人员等。这是领导意图得以实现的组织保证。

第三，指挥权

指挥权就是有关领导者，向其下属部门或个人下达命令或指示等，为实现决策、规划中规定的目标和任务而进行各项活动的权力。指挥权是领导者实施领导决策或规划、计划等的必要保障，如果没有这种保障，领导者便无法完成其使命。

第四，人事权

所谓人事权，是指领导者在有关工作人员的挑选录用、培养、调配、任免等事宜的决定权。这种权力把下属的工作和前途与领导者直接联系起来，领导者因而形成一种重要影响力。

第五，奖惩权

奖惩权是领导者根据下属的功过表现进行奖励或惩罚的权力。奖励权建立在期望之上，它使被领导者认识到服从领导将受到奖励，从而增进其物质利益或提高其社会地位；惩罚权建立在惧怕之上，它使下属认为不服从领导将受到惩罚，减少自己的物质利益或降低其社会声誉。可见，奖惩权是领导者统驭被领导者、实施领导的必要保证。

(2) 自然性影响力(非权力性影响力)，这种影响力人皆有之，其影响力大小取决于个人的才能、品质、知识、感情等因素。它是一种内在的感召力，作为领导者除了社会、组织赋予他强制力以外，更需要这种内在的号召力，因为它对组织成员所产生的心理效果是自觉自愿，心悦诚服的。从管理上讲，榜样的力量是无穷的，所以自然性影响力更利于调动下属的积极性。与强制性的法定权不同，自身影响力不具有法定性质，而是由领导者个人的品质、道德、学识、才能等方面的修养在被领导者心目中形成的形象与地位决定的。它取决于领导者本人的素质和修养，无法由组织赋予。

构成领导者影响力的因素，包括下述几方面：

① 品德。领导者应廉洁奉公，不以权谋私；作风正派，行为端正；以身作则，平易近人；诚实坦率，言而有信。

② 学识。领导者必须有广博的知识。一个知识贫乏、事事外行的领导者是不会有威信的。

③ 能力。领导者不仅要具有渊博的知识，还要有较强的工作能力。主要包括：较强的分析判断能力，准确的决策能力，有效的组织控制能力，良好的协调沟通能力，知人善任的用人能力，不断进取的创新能力。

④ 情感。良好的人际关系是形成领导者影响力的基础条件，而情感交流是通往良好人际关系的桥梁。领导者只有具备了情感，以情感人，才能博得下属的敬重。

“将心比心”就是这个道理。

领导者的自身影响力不能由组织赋予，只能靠领导者高超的领导艺术、卓越的领导成就、务实的工作作风、宽大的胸怀、广博的知识等自身的素养和努力来取得。

3. 影响力的心理效果可以归纳为以下几个方面：

(1) 服从感。孟子说过，“善恶之心，人皆有之；恭敬之心，人皆有之；是非之心，人皆有之。”可见，人们对于“善”与“是”的服从是自人的道德发展的早期阶段就开始逐渐形成了，下级服从上级，是传统的、天经地义的。因此，服从感为领导者行使职权提供了有利的条件。

(2) 敬畏感。由于职位因素的影响，领导者可以根据组织赋予的权力发布命令，作出决定，下达指示，实施奖惩，这在很大程度上左右了被领导者的行为、处境及利益，因而人们对此产生了一种既崇拜又畏惧的情感。在实际生活中，领导者的职务越高，权力越大，人们对其敬畏感也越强烈。但也有例外，如“县官不如现管”，对某一工人来说，它可能更敬畏直接管他的车间主任。

(3) 敬重感。心理学家认为，资历因素是构成自然性影响力的重要方面，而资历就是做领导的资格和经历，一个资历深的领导往往会对下属产生这样的暗示：他有丰富的经验和光荣的历史，值得我们尊敬与重视。所以资深领导者的言行更容易在群体成员的心目中占据重要地位。

(4) 敬爱感。领导者的一言一行表现出高尚的品德和民主作风，因而受到下属的爱戴。

(5) 敬佩感。它是被领导者对领导者工作能力和绩效的肯定，因为一个有才能的领导人会给群体带来更多的利益和成功的希望，所以人们会对他的能力表示钦佩，自觉接受其影响。

(6) 信赖感。领导者作风踏实，一诺千金，言必行，行必果，因而受到人们的信赖。

(7) 亲密感。领导者平易近人，关心下属，理解人心，因而使下属感到亲近，随便。

四、如何提高影响力

由上分析，我们可以知道，领导者的权力性影响力是由社会和组织所赋予的。因此，我们可以把它看做是一个常数，而自然性影响力则取决于领导者个人的品德、知识、才能、感情等因素，这些因素可以看做是一个变量。要提高领导者的影响力必须从这四个变量出发，也就是通过学习和实践、锻炼，努力提高品德、知识、才能和情感素养。具体来说：

1. 陶冶品格。领导者品德高尚，被领导者会自然产生一种敬爱感。反过来，领导者品质出了问题，其威信会一落千丈，甚至荡然无存。因而，增强领导者的影响力，首先必须加强领导者的道德修养。《论语》上讲“其身正，不令而行；其身不正，虽令不从”,所以领导者要施加影响力,必须先正其身,在道德、品行、人格、作风等方面提高修养,以身作则,正直公道,言行一致,廉洁自律,以高尚的人格力量感染和影响被领导者。

2. 丰富知识。知识是一个人极为宝贵的财富,领导者具有真才实学,下属才会产生信赖感。一个胸无点墨的平庸之辈,是难以让下属心悦诚服地接受其领导的。古人说:“学海无涯”,因此,领导者应刻苦和潜心地学习各种知识,不断丰富和更新自己的知识,成为工作上的行家里手和通才。这样就能用自己的知识去推进工作,并有可能与群众增进了解,相互沟通,进而将其转化为现实的影响力。

3. 提高能力。领导者的能力是决定其影响力大小的重要因素。领导者的能力主要表现为决策指挥、组织协调、改革创新等方面。领导者能力较强,才会使被领导者产生敬佩感,无论顺境与逆境,下属能与领导者同舟共济,共创事业。因而,领导者应当注意自身能力的培养,使之能够适应环境与工作的需要。

4. 沟通情感。感情是人对客观事物好恶倾向的内在反映。领导者与被领导者之间建立良好的感情关系,彼此便能产生亲密感和信任感。为此,领导者要尊重下级,关心同事,建立良好的人际关系,使上下级之间拧成一股绳。

学习任务2

初步掌握领导方式与基本的领导方法

【案例引入】

让班组做主

前进通用机械厂金属加工车间主任史涛,不久前被厂里派到市经委办的第三期基层管理短训班去学习了几个星期,听到了不少专家、学者做的有关现代管理理论与方法的报告,很受启发。给他印象最深刻的是一位叫孟德的老教授关于群体决策的讲演。孟教授强调,大量国内外研究结果及实践表明,只要给广大员工以机会,他们就会集体想出高明的主意。就是说,应当充分发扬民主,让各班组去做主,制定有关他们的决策。

史涛觉得这个观点很有道理。短训班结束回到车间后,他决定要在实践中试一试所学的某些道理。于是把他本车间第二工段的25名员工全部召集来,对他们说,因为他们工段新添置了高效的、自动化程度相当高的新设备,几年前制定的老生产定额已过时,不适应新情况。现在想让他们自己来讨论一下,集体决定他们的定额该是多少才合理。

布置完了讨论议题,史涛就回车间办公室去了。他觉得自己不该参加讨论,领导在场，大家不能畅所欲言，而且显得对大家不够信任。但他坚信，群众准会定出连他本人都不敢提出的先进标准来。

一个小时之后，史涛回到第二个工段。员工们说，他们都觉得原来的定额不够合理，定得过高；现在既然授权他们自己来设置定额，经集体讨论决定，新定额比原来的降低了10%。史涛大吃一惊，讨论的结果出乎意料，使他一时不知所措。

该怎么办呢？接受大家的决定吧，定额实在太低，肯定要赔钱，对厂里也无法交代；拒绝吧，失信于民，下回谁还听你的？

史涛进退两难，只好去登门拜访孟教授，去征询他的意见。

问题：

1. 孟教授讲的领导应发扬民主，让员工有群体决策权的说法对吗？如果对，这办法有什么好处？
2. 为什么史涛的实践不成功？这次失败可以避免吗？怎样才能避免？

一、有关领导方式的基本理论

对于领导方式的问题实质是研究领导者的工作作风或领导行为对领导有效性的影响，也就是什么样的领导行为效果最佳。下面就领导行为方式及其有效性，择其主要的理论进行简单介绍。

（一）领导个性论

领导个性论认为领导行为的有效性主要取决于领导者个人特性，这是早期研究领导行为的理论。领导个性论的说法也很多，概括起来，其基本观点主要是两种：一是先天论；二是后添论。两者的共同点，都是试图研究出领导人与一般人到底有哪些不同，什么样的人才能成为一个优秀的领导人。

先天论认为，某些人天生就是当领导的料，天生就有当领导的素质。后天的培养与训练，也只是对这些“天生”者才有帮助，才起作用。因此，他们试图找出一套办法来辨别和衡量这种“天生”的特性，包括生理、人格、智力和人际关系等方面与一般人的区别。

例如，吉普的研究认为，天才的领导者应该具有：① 善言；② 外表英俊潇洒；③ 智力过人；④ 具有自信心；⑤ 心理健康；⑥ 有支配他人的趋向；⑦ 外向而敏感。

然而，研究者们经过多年的调查研究，对成功领导者的性格、品质特征难以取得统一的意见。其原因有：用来表述性格、心理特征的一些概念，其内涵不清，有时在语义上相互交叉和矛盾。例如，成熟程度、主动性、自信心等概念就难于定义，彼此间区分不清。更主要的是根据这些特征，实践上还是难以挑选领导人，甚至难以区分领导者和被领导者。彼得·德鲁克说："有效的管理者，他们之间的差别，就像医师、教员和音乐家一样各有不同类型。至于缺少有效性的管理者，也同样地各有各的不同类型。因此，有效的管理者与无效的管理者之间，在类型方面、性格方面及才智方面，是很难加以区别的。"

后添论的观点认为，一个人的领导能力和领导素质，不是天生的，而是后添的，因而人人都有可能当领导。这种后添，主要是通过学习、实践、培养、训练等。能否把当领导的可能性变为现实性，除了机遇以外，这些后添的因素都可以帮助你。但是，"先生引进门，修行在个人"，能否成为一名优秀的领导人，能否成为一位有效的领导者，关键要看自己有没有"悟性"，能不能"得道"。"悟性"有高低，"道行"有深浅，因而领导者也有优劣。

已有的领导理论告诉我们，领导行为的有效性，不仅取决于领导者自身，还取决于被领导者（即领导对象）、领导情境、领导方式，等等。正是基于这种认识，我们不仅不否定领导个性论，而且认为要十分重视领导者自身素质在领导行为有效性中的作用。当然，这种领导素质不是"先天论"，而是"后添论"。正是基于这种认识，我们认为领导行为有效性的理论是可以学习的，而且是需要学习的，同时还是需要继续研究发展的。

（二）领导方式的二维论

领导二维理论，也叫领导两构面理论。这种理论，是由美国俄亥俄州立大学企业研究所，在大量调查和广泛收集领导行为资料的基础上，经过分析、整理、研究提出来的。他们发现，领导行为可以用体制（或规定）和体贴（或关怀）两个方面来进行描述。所谓体制，主要是指领导人与其工作群体的关系有明确的规定，建立清楚的组织结构、沟通渠道和工作程序等方面的行为。所谓体贴，主要是指建立领导人与员工之间的友谊、信任、尊重和温暖的关系等方面的行为。

根据他们的研究，体制和体贴两方面的行为，不是一条线上的两个端点，而是构成二维的平面组合，并且绘制成为一个二维四象限的领导行为模式（见图 6-2）。

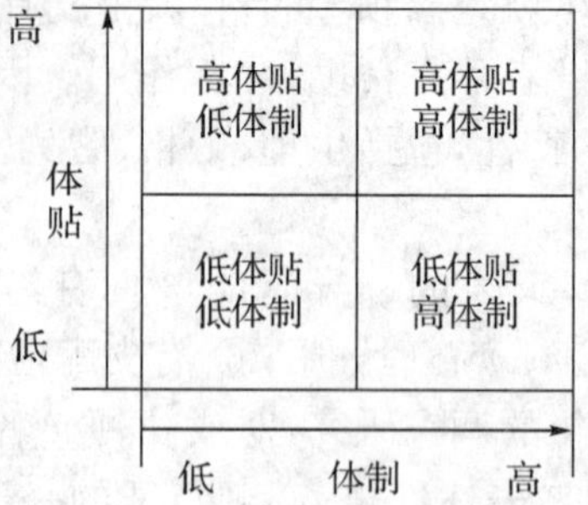

图 6-2 领导行为二维模式

从图 6－2 可以看出，一位领导人的领导行为，如果属于低体贴、高体制象限的领导者，其最关心的是任务完成情况的工作面问题；如果属于高体贴、低体制象限的领导者，其最关心的则是他与下属保持友好、信任、合作气氛的人性面问题；如果属于高体贴、高体制象限的领导人，显然对工作面和人性面的问题均很关心；如果是属于低体贴、低体制象限的领导人，则对工作面和人性面的问题均不大关心。到底是哪一种领导行为方式为最好，日本九洲大学曾专门对企业进行调查，其结果见表 6－1。

表 6－1　不同领导方式的效果调查

领导方式	产量	对公司和工会的信赖度	团结力
高体制、高体贴	最高	最高	最高
高体制、低体贴	中间	第二位	第三位
低体制、高体贴	中间	第三位	第二位
低体制、低体贴	最低	最低	最低

另一种二维领导行为模式，是所谓管理方格论，它是在对上述四象限模式研究的基础上提出来的。这种管理方格论，是把纵坐标作为对员工的关心度，并分成 9 格，作为对员工关心度的标尺；再把横坐标作为对任务的关心度，也分成 9 格，作为对任务关心度的标尺。这样就构成了一个 81 个方格图，每个方格代表一种管理行为，可以把它借用来说明领导行为。领导人利用这种管理方格理论，就可以清楚地知道自己处在什么样的领导行为模式上，从而为自己改进领导行为提供了改进的方向。由于 81 个方格太多、太复杂，为简便起见，一般就选择其中 5 个方格，作为代表性的领导行为模式，如图 6－3。

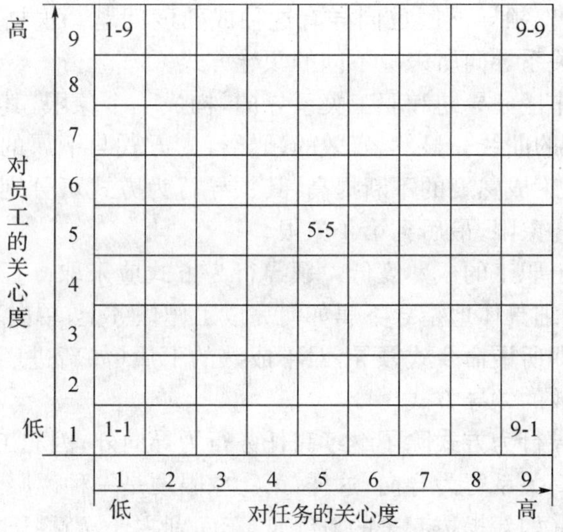

图 6－3　领导行为方格模式

图 6-3 的 5 种代表性领导行为，显然对任务、对员工的关心度各不相同，因而领导效果也不一样。

9-9 型，表明对任务、对员工均最关心，属于团队型模式；

9-1 型，表明对任务最关心，对员工不关心，属于任务型模式；

1-9 型，表明对员工最关心，对任务不关心，属于仁慈型模式；

1-1 型，表明对任务、对员工均不关心，属于放任型模式；

5-5 型，表明对任务、对员工分别均等关心，属于中庸型模式。

到底哪一种领导行为模式最佳？学者们认为，要看具体情况而定；实践也说明同一模式在不同情况下，领导效果也不一样；而领导者和管理者自己，一般都认为 9-9 型最佳。因此管理方格图的意义在于为追求有效的领导方式提供了目标和方向。

（三）适应性领导方式论

适应性领导方式论，又称为领导生命周期理论，是美国俄亥俄州立大学科曼最先提出来，后由何塞和布兰查德加以发展的。这种理论认为，什么样的领导行为方式最有效呢？除了领导者自身的因素以外，最主要的就是被领导者的成熟程度和任务成熟度。被领导者(下属)的成熟度，主要指的是下属的心理成熟度，而非生理成熟度。其中主要有事业心、责任心、成就感、工作能力与经验、受教育程度等。任务的成熟度是指下属承担某项任务的能力与动机，即是否具有承担此项任务的知识、技能和经验，是否具有承担此项任务的信心与热诚。

他们根据美国哈佛大学阿吉里斯教授提出的成熟-不成熟理论，认为一个人从小到大要经过几个阶段(一般是学龄前、小学和初中、高中和大学、参加工作)，父母要根据子女在不同的阶段的特点，采取不同方式的关心与照顾，也就是成熟度不一样，照顾的方式也不相同。领导下属也同样有这种成熟度问题。根据下属成熟程度的不同，按任务导向和关系导向所采取不同的领导方式。

图 6-4 按工作任务导向和职工关系导向，构成 4 个象限，其领导生命周期理论就是经过由①到④的曲线。显然，有效的领导行为方式与下属的成熟程度是一种非线性关系。随着职工成熟度的不断提高，其领导行为方式可分别采取从第①象限到第②象限，再到第③象限，最后到第④象限。

第①象限，由于职工的成熟度低。领导行为方式应采取高任务、低关系，即领导主要精力应放在详细具体地指导下属如何完成工作任务上，单向下达指示、命令较多而双方沟通较少，即所谓命令式领导，对不成熟的下属(如新进厂的和自觉性差的员工)这是最适当有效的领导方式。

第②象限，领导行为方式除了继续高任务行为导向外，因职工的成熟度已相应提高，便应逐渐采取高关系行为导向，这样，第②象限便是一种说服式的领导行为方式。对初步成熟的下属(如新提拔起来的班组长、车间副主任、副科长等)尤为适用。

第③象限，相应地采取低任务、高关系的领导行为方式，因职工的成熟程度进一步提高，对完成工作任务的把握性、自觉性也相应提高，因此最适宜的领导方式是参与式领导，对比较成熟的下属（如副职、资深的下属等）比较适合用该方式。

第④象限，下属已经很成熟。工作任务很熟悉，这时领导也就省心、省力多了，因而就可以采取低任务、低关系的授权式领导行为方式。如对老工人、科研人员较多的地方或对分厂厂长、高级技术人员、管理人员，就应采取这种领导行为方式。领导只要把任务目标明确，考核标准明确，其余“怎么干”的问题，就可以完全放心、放手让下属去干。

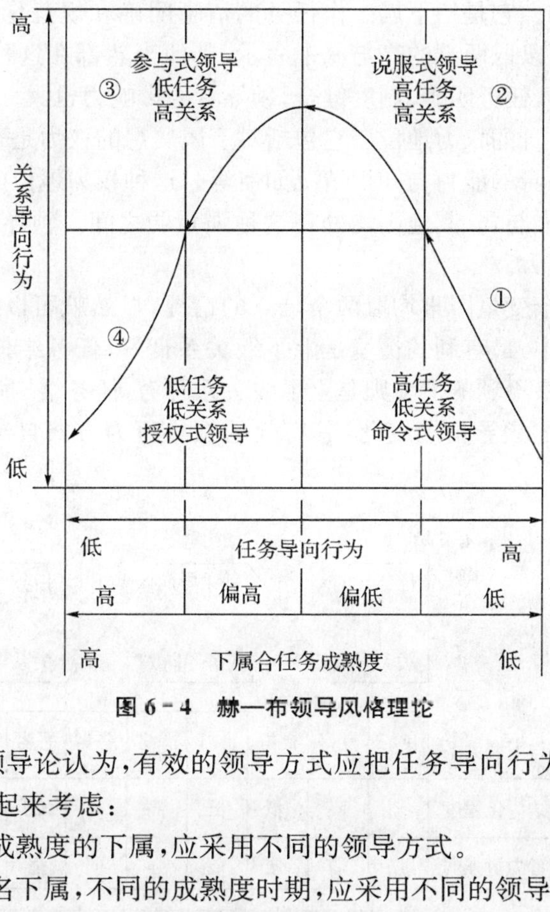

图 6-4　赫—布领导风格理论

总之，适应性领导论认为，有效的领导方式应把任务导向行为、关系导向行为和下属的成熟度结合起来考虑：

（1）对于不同成熟度的下属，应采用不同的领导方式。

（2）对于同一名下属，不同的成熟度时期，应采用不同的领导方式。

（3）对于同一名下属，同一个时期，不同的成熟度事情，应采用不同的领导方式。例如，对较成熟的技术人员在技术工作上可采取授权式领导方式，而对成本、时效等问题上可采取说服式或命令式领导方式。

（四）领导权变论

有效领导的权变理论，是费德勒研究后最先提出来的。这种权变理论认为，任何领导行为方式均可能有效，关键是要看具体情境（情况与环境）而定。所以，这种领导权变论，又叫做领导情境论。

领导权变论，不仅是考虑领导对象的成熟度不同而应采取不同的领导行为方式，而且它考虑了领导对象成熟度不同的多项变量。根据费德勒的研究，他认为主要的变量因素有以下三个：

第一，上下级关系。这是最重要的因素，可用上对下的信任度和下对上的忠诚度来表示。我们可以取两端的情况，以关系良好和关系恶劣的程度来表示，其中间则是这种关系的"连续带"。毫无疑问，受下属信任的领导者，影响力也大。

第二，任务结构。它是指下属工作任务的清晰明确和规范化程度。这种任务结构化程度，我们也可以取两端的高与低来表示，其他当然都在这种高与低构成的"连续带"上。一般而言，任务明确、制度健全，领导者的影响力也大。

第三，领导者自身的权力地位。它包括对下属奖惩的权力是否充分，上级和外界对他的支持程度，自身的能力与知识情况如何等。这种权力地位的巩固度，我们也可以取两个端点称做强与弱，其他则均处在这种强与弱之间。领导者所处职位赋予他的权力大，影响力也大。

如果把上述三个变量因素均取两个端点的情况，显然就可以组合成8种有效的领导行为方式。其中，最有利的情境是上下级关系良好，任务结构化程度高，领导权力地位坚强；反之，最不利的情境则是上下级关系恶劣，任务结构化程度低，领导权力地位软弱。随着上述领导情境变化，其有效的领导行为方式自然也就不同，见图6-5。

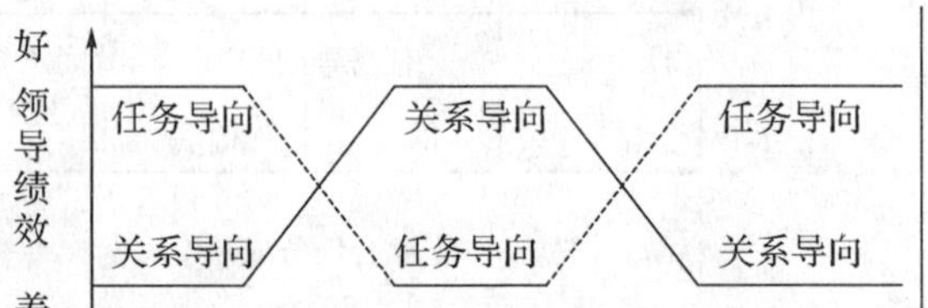

领导与下属关系	良好	良好	良好	良好	恶劣	恶劣	恶劣	恶劣
任务结构化程度	高	高	低	低	高	高	低	低
领导者力量强弱	强	弱	强	弱	强	弱	强	弱

领导情境有利性

有利 不利

图6-5 菲德勒领导权变理论模型示意图

费德勒把上述8种有效领导行为方式与两种行为导向（即任务导向和关系导向）结合起来研究，发现两种行为导向与领导情境关系的最佳领导行为方式：一是任务导向的领导者，在最有利和最不利的情境下，其领导行为方式最佳，即领导绩效最好；二是关系导向的领导者，在一般中间情境状态下，其领导行为方式最佳，即领导绩效最好。

根据费德勒权变理论可以得出以下结论：

(1) 不存在一种绝对最好的领导行为方式，只能说某种领导方式在这样的环境中效果好，另一种领导方式在那样的环境中效果好。

(2) 要根据情境不同选配不同行为导向的领导者。如情境最好和最坏时，应选配任务导向型的领导者；反之，则应选配关系导向的领导者。前者可以称之为是以工作为中心的事本管理者；后者则可以叫做以员工为中心的人本领导者。

(3) 要提高领导绩效，可通过两种途径：一是改变领导者的领导方式以适应特定的环境；二是改变领导环境，以适应领导者个人的领导方式。

二、基本的领导方法

领导方法是领导者在管理工作中思考问题、处理问题和指导工作的方式和方法。领导方法是由多种层次、多种类型的方法所构成的一个整体。从方法的适用范围大小来划分，各种领导方法可分为哲学方法、基本领导方法和特殊领导方法等三个层次。

1. 哲学方法

哲学方法是指领导者用哲学的基本原理去指导、观察、分析和处理问题的方法。由于哲学是理论化和系统化的世界观，同时又是认识世界和改造世界的方法论，所以运用哲学原理研究和处理问题的领导方法，其性质属于方法论，基本特点是抽象的、理论性的，不同于那些处理具体问题的工作方法。马克思主义唯物辩证法和唯物史观作为理论化和系统化的世界观，反映了人们对整个世界的普遍本质与规律的认识。它在整个领导方法体系中必然处于最高层次。所以，对于社会主义的管理工作者来说，应自觉地以马克思主义哲学作为最根本的领导方法。例如，运用对立统一规律、否定之否定规律、从量变到质变规律来分析问题、指导管理工作。再例如运用抓主要矛盾的办法即“牵牛要牵牛鼻子”，以重点工作来推动一般工作等等。

2. 基本领导方法

基本领导方法是适用于领导者完成各个方面、各个领域工作任务的领导方法，它同抽象的、原则性的哲学方法相比较，基本领导方法是具体的，可以操作的。具体来说，它包括调查研究的方法、群众路线的方法、科学分析的方法。

(1) 调查研究方法

就是领导者通过深入实际，对客观事物进行观察了解，获得各种详细材料，并对这些材料进行科学的加工处理，从而认识和掌握客观事物的本质及其发展变化的规律，为做出正确决策提供科学依据的方法。

调查研究在管理过程中的作用非常重要。因为任何决策、计划等职能的正确发挥和制度、政策等制定都必须建立在对组织内外环境的研究以及信息的全面、准确、及时的把握基础之上，所以作为一个领导者，必须依赖自身和借助专业机构的力量，以多种科学的调查方法如调查会、问卷调查、个别调查、整理利用二手资料、典型调查、重点调查、试点调查、全面调查、抽样调查、统计调查等并通过先进的现代信息处理手段把定量和定性研究结合起来，以提高领导工作的科学性。

（2）群众路线的方法

群众路线的领导方法，就是实行领导与群众相结合，从群众中来，到群众中去的方法。毛泽东指出："在我党的一切实际工作中，凡属正确的领导，必须是从群众中来，到群众中去。""从群众中集中起来又到群众中坚持下去，以形成正确的领导意见，这是基本的领导方法。"

群众路线方法的具体运用，可以分为三个阶段：首先，领导者要把群众分散化的意见化为系统意见，作出决策；其次是向群众宣传解释，把领导决策化为群众行动；第三是在群众行动过程中，检验、补充和发展领导决策。只有经过这三个阶段，才能在群众实践的基础上完成对客观事物的认识过程。领导者的思想与决策才会一次比一次正确。在实际领导工作中，群众路线方法具体体现为说服教育、典型示范、抓两头带中间、关心群众多作实事、领导专家职工三者结合等具体方法。

（3）科学分析的方法

所谓科学分析的方法，就是泛指领导者的认识在由感性认识上升到理性认识的抽象思维过程中，对于从实践中获得的感性材料进行加工制作的科学方法，既包括定性分析的方法，也包括定量分析的方法。

科学分析的方法主要是由以下三个部分组成的：

一是唯物辩证的思维方法，它包括一系列既相互区别又密切联系的方法，其中主要的有：归纳法、演绎法、分析法、综合法、由具体到抽象的方法和由抽象到具体的方法、历史的方法和逻辑的方法等。这些思维方法都是唯物辩证法在思维领域中的体现，它们对领导者研究分析技术、经济、管理、文化等各个方面的问题，具有最普遍的适用性，是科学分析方法的核心部分。

二是现代科学的一般方法论，主要是系统论、信息论、控制论等，简称为"三论"。"三论"是在20世纪40年代产生的、原属于自然科学的一般方法论，是现代自然科学蓬勃发展的成果。"三论"作为新兴科学，随着应用领域的日益普遍和多侧面研究的不断深入，它的理论与方法也不断丰富和发展。六七十年代，西方学者又提出"协同论"、"耗散结构理论"、"突变论"等新的理论，被称为"新三论"。其实，"新三论"仍然是以系统为研究对象，揭示了系统运动过程中不同阶段和不同状态下发展变化的规律性，从方法论上说，是"老三论"的继续与发展。数十年来，新老"三论"的理论与方法被广泛运用于自然科学和社会科学研究以及社会实践的各个领域，取得了极为丰富的成果。它在理论上将马克思主义唯物辩证法关于客观世界的普遍联系和运动发展的原理具体化了，同时又提供了一系列具体的分析方法和手段，因而是科学分析方法不可缺少的重要组成部分。

三是现代定量分析方法和手段。由于客观事物的运动和变化以及它们之间的相互关系反映为种种数量特征与数量关系，例如企业的产品定价策略和顾客的购买欲望之间、广告宣传投入及其在消费者中产生的影响之间等等，客观存在一定的数量联系，所以需要运用定量分析的方法，较为精确地研究事物的内部结构和事物之间相互联系的复杂关系，给人们提供认识客观事物的可靠数据，做到胸中有“数”。在现代市场经济条件下，由于社会生活和经济活动比以往时代更加发达、更加复杂，简单的统计计量已不能满足实际需要，所以，许多新的精确化和非精确化定量分析方法不断出现，例如线性规划、动态规划、多目标规划、对策论、排队论、网络方法、决策模型、模拟决策方法、概率统计、抽样理论与抽样调查方法等等。此外，电子计算机及其网络的产生与发展又为应用定量分析方法提供了强大的技术手段。运用这些现代定量分析方法与手段，把我们需要研究的客观事物的内部结构及相互关系转化为数学模型加以分析，就可以帮助我们较为精确地认识客观事物的性质，预测未来发展状况，在解决问题的多种可行方案中选择满意方案，从而为领导决策提供有充分依据的、科学可靠的参考意见。

科学分析方法的以上三个组成部分是一个有机整体，在实际工作中一定要注意不能把它们割裂开来，而必须紧密结合起来加以运用。

3. 特殊领导方法

特殊领导方法是只适用于某一特定领域、解决某种具体问题的方法。如决策方法、计划方法、组织方法、激励方法、沟通方法、会议管理方法、时间管理方法、用人方法、社交方法、文化建设方法等等。由于这些具体的方法在本书其他单元中以及其他专业管理课中会做专门详细介绍，所以我们在此不做展开。

总之，与基本领导方法相比较，特殊领导方法具有专业性强的特点，它只适合于解决某方面的具体问题，若用于其他方面，则难以奏效，有的根本无法使用。

学习任务3
组织管理中常用的领导方法与艺术

【案例引入】

韦尔奇的时间管理与工作效率

杰克·韦尔奇是美国GE公司历史上最年轻的执行总裁。在管理上，他对一年该做的大事是这样安排的：

每年1月初，与全公司500位高层主管，到佛罗里达州去开全年营业计划决策会议。

3月,与公司最高层的30位主管,在GE训练中心开主管会议,主要目的是检验年初所定计划的进度并交换意见。

4月和5月,韦尔奇会到GE各主要分公司和部门与公司3 000位经理人见面,用手上完整的资料,亲自评估各经理人的表现。同时,将员工意见调查表寄出,以便进一步了解员工的需求。

6月,召开年中最高层主管会议,地点在哈德逊河畔的训练中心。

6~7月,与GE部门主管在总部商讨三年计划。

9月,召开第三季度最高层主管会议。

10月,与公司前140位主管,在训练中心商定第二年年初佛州会议该注意的事项。

10~11月,最高层主管预算和人力资源评估会议。

12月,召开第四季度最高层主管会议。

问题:

韦尔奇在时间管理方面有哪些可借鉴之处?对我们有什么启发?

一、时间管理的方法与艺术

时间管理是每一位组织领导者都必须面对的重要问题,从管理资源的角度看,时间是管理的最稀有和最特殊的资源。时间具有租不到、借不到、买不到,定量供应,毫无调节的弹性,又最容易损耗,无法贮存、没有替代品等特点。"子在川上曰,逝者如斯夫",这是古人对时间稍纵即逝的慨叹。

时间对所有的人都是一样的公平的,没有谁多谁少之分,只不过有人善于充分利用时间,有人却在不经意地浪费时间。通过对时间进行计划安排,可以帮助领导者有效地利用有限的时间。

(一)有效驾驭时间的方法

作为一个组织的领导者,要想正确判断自己有效利用时间的程度,就应该选择一段时间用工作簿或日记连续地记录下每天的各种活动。这样,当一项工作完成时,会得到一个详细的时间和活动记录,然后就可以对所收集的数据进行评估,从而了解自己利用时间的有效程度。

时间管理的目的在于有效地利用时间。因此,领导者必须首先明确在一定时期内所要达到的目标、所需进行的活动以及每一项活动的重要性和紧迫性,然后据此制定工作时间表，并以此为标准进行工作。具体来说，时间管理方法一般包括以下几个步骤：

1. 列出目标。领导者首先要确定本部门在未来一段时间内所要实现的目标，并逐个列示出来。

2. 按重要程度对目标进行排序。之所以要对所罗列的目标按重要程度的大小进行顺序，是因为并不是所有的目标都是同等重要的，而且每个人的时间也是有限的，必须应该明确哪些是首先要做的最重要的事情。

3. 列出实现目标所需进行的活动。根据所罗列的目标，确定应该开展哪些活动，并将这些活动也列示出来。

4. 对实现每个目标所需进行的活动进行排序。根据每项活动的重要性和紧迫性，排出活动的先后顺序。一般来说，活动的重要程度和紧迫程度可分为四类：必须做的、应该做的、有时间就做的、可授权给他人做的。其中，必须做的是非常重要的或非常紧迫的事情，应该做的是重要并且紧迫的事情，有时间就做的是不紧迫的事情，可授权给他人做的是不重要的事情。

5. 安排活动日程。根据所排列的活动的先后顺序，每天都要列出所要进行的活动的清单，并制定相应的时间表，但一天内所安排的活动不能太多，以免完不成计划或抓不住重点。

6. 将时间表付诸实施。在工作中，要严格执行事先制定的时间表，每做完一件事，就要看看下面一件事情是什么，可以有多少时间来处理；并尽可能按时间完成，如果不能按时完成，就要重新评价其重要性和紧迫性，并据此修改工作时间表。

7. 回顾和总结。一天的工作结束之后，要回顾一下这一天的时间运用情况，总结经验教训，以不断地提高工作效率，然后，安排第二天的活动。

（二）时间管理的艺术

1. 遵循10/90法则。大多数管理者90%的决定是在他们的10%的时间里做出的，管理者们很容易陷在日常事务中。所以一个组织的管理者，要想有效地利用自己的时间，就必须确保最关键的10%的活动具有最高的优先级。

2. 掌握自己的生物周期。每个人都有自己的生物钟，在一天的不同时间段里，其工作效率是不同的。所以为了提高工作效率，管理者应该掌握自己的效率周期，并据此制定自己每天的工作计划，把最重要的事情安排在自己效率最高的时间段里，而把日常事务或不重要的事情安排在生物钟处于低潮的时段。

3. 掌握帕金森定律。帕金森定律表明：只要还有时间，工作就会不断地扩展，直到用完所有的时间。根据这一定律，管理者不能给一项工作安排过多的时间，否则，就会使工作缓慢进行，直到用完安排的所有时间。

4. 提高会议效率。在管理者的时间表中，会议占有较大的时间份额，因此，如何提高会议效率是时间管理的一个重要内容。为了有效利用时间，应在会前事先规定好会议的内容和相应的时间安排,并在会议中严格执行。

5. 避免把整块时间拆散。为了充分利用时间,一个组织的管理者,尤其是高层管理者,应把一天中工作效率最高的时间段作为整块的可支配时间来安排。在这段时间里,尽量将自己与外界隔离,减少一切干扰,如限制别人进入自己的工作场所、不接电话、不接待下属等,集中精力思考重要问题。

6. 把不重要的事集中在一起。在每天的日程安排中,要有一段固定的时间集中处理一些不太重要的事,如打电话、接待下属、处理信函、回答问题等。一般而言,这段时间应该安排在生物钟的低潮时期。

二、用人艺术

在充分了解各人长处的基础上,把工作的重要性和个人能力很好地结合起来,使每个人在各自的工作岗位上努力工作、积极进取,同时把发挥每个人的长处同组织目标很好地结合起来,使个人目标与组织目标协调一致,利于促进组织目标实现。整个组织中,尤其是每个部门中,成员之间能优势互补,取长补短,营造良好的组织气氛,这些都是用人艺术的体现。有些管理专家在实践中总结出不少的用人技巧。主要是:

1. 出以公心,适当吃亏,感恩图报。“将欲取之必先予之”、“滴水之恩当涌泉相报”。

2. 士为知己者用。即理解与信任是用人的根本所在。所谓“疑人不用,用人不疑”,就是这个道理。

3. 用人之长。常言道,“尺有所短,寸有所长”,所以扬长避短,就能充分发挥每个人的潜能。

4. 搭配使用,即以此人之长,补彼人之短,产生互补效应,提高效能。如激进的人,辅以慎重的人,大刀阔斧的应辅以精雕细琢的人。

5. 要善用有过之人。“人非圣贤,孰能无过?”所以既往不咎的态度是激发人的积极性的重要技巧。对有过之人,以正面诱导为主,反面警钟少敲。

6. 讲五湖四海,避免任人唯亲。特别要以德、才来用人。同时要善于启用非正式组织的头目,使非正式组织与正式组织二者目标的差异、冲突最小化。

7. 要破除年龄、资历、学历、家庭等方面的陈规陋习,大胆启用有才能的新人,保持组织的活力。

三、提升执行力的方法与艺术

组织提升管理水平的过程中,经常碰到布置给各级主管的工作被一拖再拖,即使完成了也与要求有一定差距情况。例如,在企业里,每一个领导、每一名管理人员都会对下属有要求,无论这些要求是否明确、合理,这些要求与期望都会有各自的结果;每一个企业都会有战略目标,同样地每一个目标都会有最终的结果。这些领导、管理人员与企业必须共同面对的现实是：结果往往与目标之间有很大的差距，或者说没有完成任务、没有达成目标。问题在哪里呢？答案是：这个企业没有执行力。

中层主管既是执行者，又是领导者。他们的作用发挥得好，是高层联系基层的一座桥梁；发挥得不好，是横在决策层与基层之间的一堵墙。企业决策层对各种方案的认可，需要得到中层的严格执行和组织实施。如果企业全体中层队伍的执行力很弱，与决策方案无法相匹配，那么企业的各种方案是无法成功实施的。

所谓执行力就是按质按量按时完成自己的工作，个人执行力整体上表现为执行并完成任务的能力，企业中不同的人要完成不同的任务需要不同的具体能力，相对于执行层主管来说应该是做事正确，相对于操作层员工定位来说，又应该是做正确的事。

提升组织各层次领导的执行力，具体可以表现为培养和提升主管的以下八项能力：

1. 领悟能力。做任何一件事以前，一定要先弄清楚上司希望你怎么做，然后以此为目标来把握做事的方向，这一点很重要，千万不要一知半解就开始埋头苦干，到头来力没少出、活没少干，但结果是事倍功半，甚至前功尽弃。要清楚悟透一件事，胜过草率做十件事。

2. 计划能力。执行任何任务都要制定计划，把各项任务按照轻、重、缓、急列出计划表，一一分配部属来承担，自己看头看尾即可。把眼光放在部门未来的发展上，放在不断理清明天、后天、下周、下月，甚至明年的计划上。在计划的实施及检讨时，要预先掌握关键性问题，不能因琐碎的工作，而影响了应该做的重要工作。要清楚做好 20％的重要工作，等于创造 80％的业绩。

3. 指挥能力。这主要是指在实践中树立和维护必要的权威，使下级能自觉地接受指挥。在管理中，尤其在行使领导职能时，要善于进行沟通，针对下属的各种有关信息，及时对其进行必要的教育和发布必要的指令。指令内容要切合实际，方法和形式能为下属理解并乐于接受。根据物质动力、精神动力、信息动力的原则，使组织中的鼓励工作和激励制度、方法等能适应广大职工多种多样、经常变化的需要，从而维护纪律、鼓舞士气，充分挖掘潜力，激发人员积极性、主动性和创造性。

指挥部属，首先要考量工作分配，要检测部属与工作的对应关系，也要考虑指挥的方式，语气不好或是目标不明确，都是不好的指挥。而好的指挥可以激发部属的意愿，而且能够提升其责任感与使命感。要清楚指挥的最高艺术，是部属能够自我指挥。

4. 监控能力。监控就是追踪考核，确保目标达到、计划落实。虽然谈到控制会令人产生不舒服的感觉，然而企业的经营有其十分现实的一面，有些事情不及时加以监控，就会给企业造成直接与间接的损失。但是，监控若是操之过急或是力度不足，同样会产生反作用。监控过严使部属口服心不服，监控不力则可能现场的工作纪律也难以维持。

5. 协调能力。任何工作,如能照上述所说的要求,制定完善的计划、再下达适当的命令、采取必要的控制,工作理应顺利完成,但事实上,主管的大部分时间都必须花在协调工作上。协调包括内部上下级、部门与部门之间的共识协调,也包括工作与生活之间的利益协调,任何一方协调不好都会影响执行计划的完成。

6. 授权能力。任何人的能力都是有限的,作为高级主管不能像业务员那样事事亲力亲为,而要明确自己的职责就是培养下属共同成长,给自己机会,更要为下属的成长创造机会。部属是自己的一面镜子,也是延伸自己智力和能力的载体,要赋予下属责、权、利,下属才会有做事的责任感和成就感,成就下属,就是成就自己。

7. 判断能力。判断对于一个主管来说非常重要,企业经营错综复杂,常常需要主管去了解事情的来龙去脉、因果关系,从而找到问题的真正症结所在,并提出解决方案。这就要求洞察先机,未雨绸缪。要清楚这样才能化危机为转机,最后变成良机。

8. 创新能力。创新是衡量一个人、一个企业是否有核心竞争能力的重要标志。要提高执行力,除了要具备以上这些能力外,更重要的还要时时、事事都有强烈的创新意识,这就需要不断地学习,而这种学习与学校里那种单纯以掌握知识为主的学习是很不一样的,它要求大家把工作的过程本身当做一个系统的学习过程,要清楚创新无极限,唯有创新,才能生存。

本单元实训与练习

【读一读】

领导授权也要讲艺术

三国诸葛亮在上后主的《自贬疏》中道:"街亭违命之阙,箕谷不戒之失,咎皆在臣授任无方"。诸葛亮忠心耿耿辅助阿斗,日理万机,事事躬亲,乃至"自校簿书",对此其对手司马懿有评价:司马懿在一次接见诸葛亮的使者时问诸葛亮身体好吗,休息得怎么样。使者对司马懿说:"夙兴夜寐,罚二十以上,皆亲览焉。所敢食不至数升。"使者走后,司马懿对人说:"孔明食少事烦,其能久乎!"果然不久,诸葛亮病逝军中,蜀军退师。诸葛亮为蜀汉"鞠躬尽瘁,死而后已",但蜀汉仍最先灭亡,仔细分析可知这与诸葛亮不善于授权不无关系。

西汉著名丞相陈平认为"……宰相者,上佐天子,理阴阳,顺四时,下遂万物之宜;外镇抚四夷诸侯;内亲附百姓,使卿大夫各得任其职也。"作为领导必须学会正确授权,诸葛亮也为蜀汉丞相,且多才多艺,工作勤勤恳恳,每日起早睡晚,各种事务都要亲自处理,亲自过问,"自校簿书","罚二十以上亲览",以至积劳成疾,过早离开人世。现代社会,领导工作千头万绪,极为繁杂,如果领导干部事无巨细都事必躬亲,即使有三头六臂，也会应接不暇，难免事与愿违。所以领导必须学会正确授权。首先，正确授权可以减少领导者工作负担，使领导不被细小事务缠绕导致身心疲劳，集中精力处理更重要更大的问题。第二，正确授权是对下属的一种信任，事无巨细的领导不仅对领导者本人不利，还会让下属感到不被信任，下属创造性力未能得到充分发掘。第三，正确授权会调动下属积极性，权力是一种重要的激励方式，赋予下属一定的权力是对有权力需要下属的满足。第四，正确的授权有利于领导发现人才，锻炼人才，培养人才。难怪诸葛亮死后，蜀国明显人才缺乏，特别是没人能主持大局，这与诸葛亮不善授权有关。第五，正确的授权有利于团队建设，正确授权有利于各级管理者之间、管理者与员工之间沟通，加强协调，团结共事，有利于发挥专长，互补不足，提高组织的整体力量。第六，正确授权有利于避免领导专断，降低错误决策风险，减小错误决策的发生，甚至减小错误决策所造成的损失。

诸葛亮不善授权的后果对现代领导而言不得不引以为戒，因为授权是领导职责的一个重要内容，也是一种领导艺术，所以领导必须学会授权艺术。

第一，必须克服害怕授权心理。即使是诸葛亮这么聪明的领导人也会害怕授权。一是领导往往自以为高明，低估了下属的能力，不信任别人，生怕别人把工作搞糟了。诸葛亮恐怕就是因为自己才智过人，和为了不辜负刘备知遇之恩的心态而缺乏授权的勇气。另一个原因则是怕下属能力比自己强，将来会夺自己的权，因而处处压抑下属的首创精神，导致形成“武大郎开店”的格局，这也是西方著名行政管理定律——“帕金森定律”之一。所以领导首先必须克服害怕授权的心理。

第二，必须正确分析分解组织的目标。领导必须根据所在组织或部门总目标进行科学分析、分解，逐级分配给下属，分步完成子目标，最后完成总目标。

第三，正确认识下属。正确授权关键的一步是对下属的正确认识，领导者在授权之前必须对下属进行仔细的观察，可通过对被授权者的同事、直接上司、直接下属、客户或朋友的评价，被授权自我评价，也即通过西方人力资源管理中的“360度”考核方法，认识被授权者的能力、工作成熟度、所处的成长阶段等。

第四，明确权责，使权责一致。授权的前提是明确职责，这也是搞好授权反馈与控制前提。若是职责不清，各司其事，就会不断发生摩擦，相互扯皮或掣肘，这是授权的大忌。所以，授权者必须向被授权者明确授权事项的目标和范围，明确被授权者的权力和相应承担的义务及责任。这样，既可以调动被授权者的工作积极性和创造性，又利于授权者工作进行评价，授权者应当信任并支持被授权者的工作，凡应由被授权者自己决定的事，授权者不要过多地干预，以使下属能充分地行使自己的权力，发挥自己的主观能动性，更好地独立完成任务。授权时还须保证被授权者的权力与责任相一致，即有多大的权力就应担负多大的责任，做到权责统一。

第五，讲究技巧。领导者在授权时必须因时、因事、因人、因地、因境、因条件不同，而确定授权的方法、权限大小、内容等。如采用目标管理方法，有利于下属实现目标的成就感。如果工作重要性较低或较为简单,可充分授权。若工作重要或较为复杂,可采用弹性授权的方法。也可根据工作不同,采用实时授权,制约授权等方法。

第六,反馈与控制。为保证下属能及时完成任务,了解下属工作进展情况,领导必须对被授权者的工作不断进行检查,掌握工作进展信息,或要求被授权者及时反馈工作进展情况,对偏离目标的行为要及时进行引导和纠正,诸葛亮分配关羽守荆州,最后关羽大意失荆州,这与诸葛亮对荆州的信息了解不够有关。同时领导必须及时进行调控。当被授权者由于主观不努力,没有很好地完成工作任务,必须给予纠正,并承担相应的责任;对不能胜任工作的下属要及时更换;对滥用职权,严重违法乱纪者,要及时收回权力,并予以严厉惩处,对由客观原因造成工作无法按时进展必须进行适当协助。

总之,随着信息经济的不断发展,社会变得更加纷繁复杂,信息剧增导致领导工作量倍增,各级领导者尤其是较高层次的领导者,必须吸取诸葛亮不善授权的经验教训,学会正确授权,减轻工作压力,提高工作效率,使得组织能更好更快地发展。

【想一想】

案例 1 王义堂现象说明了什么

不到两年换一个,换了 12 任厂长也没摆脱亏损的一家国有企业,却在一个农民手里起死回生。1994 年 5 月,当王义堂接手河南泌阳县水泥厂时,该厂亏损 123 万元,到年底,王义堂却使该厂盈利 70 万元。第二年实现利税 525 万元。第三年在原材料价格大幅度上涨的情况下,仍实现利税 470 万元。

当年水泥厂多年亏损,再任命谁为厂长呢?难!有人说:“让王义堂试试吧!”王义堂?这提议让大家一愣,他是水泥厂所在地的农民,他怎么能当国有企业的厂长呢?可再一琢磨,认为王义堂有本事,他和人合伙开办的公司,个个盈利。县里与王义堂签订了委托经营协议。王义堂交 10 万元抵押金,企业亏损,抵押金没收;企业盈利,退还抵押金本息,还可按 30%的比例得到奖励。

谈起当时厂里的情况,王义堂至今记忆犹新:全厂 413 名职工,其中行政管理人员 113 人,厂长一正八副,各自为政,一个科室有五六个人,天天没事干。来三五个客人,是一两桌相陪;来一个客人,也是一两桌相陪,20 个月吃掉 30 多万元。

上任后,王义堂把原来的 9 个正、副厂长全部免掉,但对原来的规章制度,没有改变,只是不让原来的制度成为挂在墙上的空口号。他规定,职工犯错误只允许三次,第四次就开除。不过,他到底也没开除一个人,倒是有二三十个光混汉主动调走了,因为实行计件工资后,这些人再也不能像以前那样光拿钱不干活了。于是,企业每小时水泥的产量从过去的五六吨提高到十多吨。

起初,有城里人身份的人对王义堂的严格很不满意,但王义堂早上 5 点钟就上班,一天在厂里呆十几个小时,他的责任心,最终得到了职工的认可。

针对王义堂现象，一位经济学家评论说，这是一个有普遍意义的典型个案：厂长、经理个人的道德境界在相当程度上决定着整个企业的生死兴衰。这不是纯经济学所能研究和解决的问题，在目前企业存在亏损的情况下，关注并研究王义堂现象有着特殊的意义。

问题：

1. 王义堂现象说明了什么？
2. 在当前，研究王义堂现象有何现实意义？

案例2　应管与不应管

某学校的李校长，兼教育学会的理事长、区政协委员。他因为要经常参加社交活动而不能每天都到学校，但学校的工作却井然有序。在校时，他经常与教师和学生接触，对他们反映的许多具体要求他总是让各分管的副校长、教务长、总务主任解决。

一次教职工大会上，李校长念了一张一位教师递给他的条子："你是校长，为什么遇到问题不表态，是权不在手，还是处理不了？"念完条子，李校长感谢这位老师的关心，然后明确表示："我是有职有权的。学校重大决定都是我主持做出的，这就是权力！至于执行过程中的具体问题的处理，领导成员各有分工。因此我不能随意表态。"对于李校长的解释，一些教职工仍不赞同。他们认为，领导成员多，应是校长说了算，否则，校长不成"无为而治"了么？由于有这样一些议论，李校长不在学校时，个别领导成员把一些能处理的事也搁了下来。面对这些情况，李校长除了在领导班子内统一认识外，又在教职工中通过各种方式，谈了他的看法：校长负责人不是按校长个人的意志办事，特别是有关改革的事，更不能由校长一个人决定。校长应该为他所应管，而不应该为他所不应该管。如果学校中的所有事都由校长决定，这不是有职权，而是个人专权。这不但不能调动每个人的积极主动性，还会养成一些教职工的依赖性。李校长的看法得到领导成员的赞同和教师的理解。但是仍然有少教职工不能理解。

问题：

1. 李校长的说法与做法对吗？
2. 试用领导权变理论解释李校长的领导风格。

案例3 员工的困惑

1995年底,4名上海复旦大学的研究生、教师共同创立了永华房地产策划有限公司,主要从事地产经纪、营销策划、投资咨询、房产代理销售。经过多年的努力经营,公司获得了各种荣誉,取得了不俗的业绩,业务范围已扩向全国,并成立珠三角、长三角、京津唐三大发展区域。然而,随着公司的快速成长,原有的内部管理机制开始出现问题,而最为显著的就是人员流动跳槽非常频繁。

胡高飞是永华策划机构的一名策划师,在公司有三年了,但最近他准备离职了。一日胡高飞与公司另一好友一起吃饭,吃喝之间,酒过三巡,满怀郁闷的胡高飞就将公司种种做法发表了以下自己的看法,一吐为快。

1. 关于永华策划机构的能力鉴定机制是综合技术的提升、客户的认可还是少数几个人的所谓评价,听说海尔公司有赛马的人才机制,苏宁公司则是"赛马＋相马",而我们永华策划机构主要是老板以天才的判断力加上少数群众的反映来决定一个公司的前途,至于这种评议委员会是否科学,就仁者见仁,智者见智。

2. 公司老板应该善于包容不同性格、不同特点的人才在一起共事,并不要求这些人都具有一样的温顺特点,保持他们的缺点,也就保持了他们的优点。如果老板永远只看到别人的缺点,或者因为某些缺点而对很多同志不加重用,那么,很快就会有很多更在乎技术的公司将这些人挖走,其中可能有很多永华策划机构的竞争对手。

3. 对永华策划机构行政部的评价。老板也谈到行政部给很多永华策划机构人士的印象是"服务老板、管理大众",我不做评价,我只援引永华策划机构的两三位高级领导的原话:"盒饭那么差、正常用车被无理由限制、打小报告、能力低下、他们好像是老板的管家一样……"援引新进永华策划机构的一个小年轻的话:"小张是不是老板的亲戚啊,为什么我们每次制作找他都脸色难看,没有一次给我好脸色看……"

4. 对于意见的反映问题,问题在于是否只有两三个员工有反映意见权,还是全体员工都有? 是老板愿意听取所有人的意见,还是只愿意听取比较顺耳的几句谗言呢? 而且反映意见是为了治病救人,还是为了清除异己? 是不是永华策划机构应该设立谏议大夫或监察御使一职,或者成立中统组织或蓝衣社,专门工作就是监视并评价所有的员工,可能效率会更高,作为永华策划机构这样的公司,居然此风盛行,老板还认为蛮好的。

5. 关于报销问题,永华策划机构可谓独创一套绝门大法。大法1:夜班报销打8折,永华策划机构一位新来的小丫头说:"我怯生生地和司机谈8折,司机二话没说,开车扬长而去,把我一个人丢在漆黑的夜里……"大法2:报销等半年,永华策划机构的报销就和永华策划机构的加薪一样遥遥无期,往往当老板哪天睡醒一看,桌上的报销单已经有半人多高……大法3:流程重要论,某日,老板与一班大员高谈阔论,纵论风月之时,小许将各部门已经会签好的报销单呈至面前,老板大眼一瞪:"公司没有流程吗? 你也是老员工了……"举手之劳,再等半年,心寒至此,无言以对。

6. 关于加班与调休制度，目前在许多公司已经形成了比较完善的制度流程，比如调休，比如适当的经济补偿，而在永华策划机构，似乎从来加班都是理所当然的，员工付出了超出自己体能极限的劳作，却没有任何补偿，造成的结果就是，认真敬业的员工在经过一段时间的非人折磨后迅速撤退，在小公司时期可以用老总与你同甘共苦作为一种精神安慰，但到了中等甚至大公司时期，是否需要制度化就值得商榷了。

7. 关于资源的浪费，永华策划机构有时会给新员工一种"勤俭持家"的假象，一般在下班最后离开公司时，行政部负责人甚至老板本人亲自要求，会耐心嘱咐关掉所有不必要的电灯、电脑和空调，这样一项每年也能节省了几万元钱，员工出差尽可能按照最低标准，夜间加班打 8 折报销等等，但对请来的外援动辄开万元高薪，而分公司招聘一位前台或者司机这样的小事都必须总公司行政部派一到两名人员乘飞机、住星级宾馆前往解决(有时甚至要往返多次)，而常常为工资是否多 200 元而反复开会讨论，如此运作，恐怕是跨国公司也不过如此了。这也许说明了一个道理，永华策划机构已经是大公司了，为了维护制度的严肃性必须薪水一分钱也不能加，但为了体现大公司身份可以大把花钱，也许此乃永华策划机构成功法则之一，援引一古代寓言：只许州官放火，不准百姓点灯。

问题：

1. 请从管理上分析永华策划机构目前存在哪些问题？
2. 如果你是私营企业的负责人，请谈谈如何做好管理工作？

案例 4 有业公司的外包项目

有业公司是一家刚刚成立不久的房地产开发公司，在全国房地产市场一片大好，开发热浪滚滚之时，公司的创始人张大标有感于房地产事业的蓬勃发展，而决心在房地产业的商海里大干一番。

公司于 2005 年 10 月成立，公司成立不久后，张大标利用各种关系与渠道，经过一段时间的努力，终于在宣城拿到了一块较小的地块，虽然，这一地块对于资金要求并不是很高，但对于第一次从事房地产开发，明显缺乏房地产开发运营经验的张大标来说，还是一个不小的考验与挑战。由于公司成立不久，制度、体系、公司架构、人事管理、财务管理都还没有形成，可以说有公司之名却无公司运营之实，在这样既没有现代化的企业管理制度，又没有懂得房地产开发运营的专业人才，想操作好一个房地产项目无疑是不现实的。张大标想到了需要引进一个专业化的团队才能顺利的操作项目，但对房地产的不了解以及首次投资房地产业，并且对于第一个项目的前景拿不准,使得张大标对这一团队的选择相当谨慎,因为他需要这样一个团队为他创造利润,同时为以后的发展打下基础。因此,从节约成本和项目运营角度考虑,他首先想到了通过自己的朋友,来物色在房地产业内较为专业又能够信任的人。就这样通过朋友的推荐,张大标找到了两名从事过房地产,并且比较丰富经验的专业人才来从事自己项目的营销工作,他们分别是张鹏和林坚。张鹏是一位有着多年从事房地产代理销售的资深人士,不仅能够完成项目市场调查、前期策划、营销推广、产品定位等,而且对于很多地区不同类型的房地产项目都有涉及,有着丰富的项目操作经验,在一家大型代理公司担任经理。林坚则是一位有丰富的二手房销售经验,从事二手房买卖的公司基层领导。两人通过自己的努力,在薪资方面都相对不错,可以说是白领一族。这对于张大标来说虽然是好事,但薪资方面也让他犯了难,公司还处于没营利的状态,每月都有不少的开支,如果按张鹏和林坚原有的薪资水平,加上再招聘一批基础员工,那么,公司将会大幅增加开支。这是张大标不愿意看到的,但张鹏和林坚如果明显低于原有薪资,那很有可能找不到合适的人选,对项目不利。经过考虑后,张大标决定采取项目营销外包制来解决张鹏和林坚对薪资方面的要求,由张鹏和林坚两人共同承包该项目的营销,负责项目的前期策划、营销推广、产品销售以及项目人员的管理,按销售额完成的数额与期限,来提取佣金,这对张鹏和林坚来说是一个极大的诱惑,如果顺利完成项目的营销销售工作,那么就意味着可以拿到一笔相当可观的报酬。然而,张鹏和林坚无力负担项目员工的人工以及自己不能没有收入,对这一方式不能接受,经过与张鹏和林坚协商,张大标以给予他们房地产业内较低的薪资加上这一外包的形式,并且答应由他来支付销售员工资后,最终与张鹏和林坚达成了一致意见,双方并且签订了协议。

此后,张鹏和林坚展开了大量的项目工作,张鹏擅长项目前期工作,因此,大量项目开盘前工作基本由张鹏一人来完成,并且得到了大家的认可。林坚则把后期销售部分工作承担下来,为了便于工作的开展,张大标指定张鹏和林坚为公司的策划经理和销售经理,分别负责项目的策划与销售工作,而张鹏和林坚也出于没有一个自己的实体,属于项目承包兼员工的角色,加之又是朋友推荐,也就默认了这样的认命。然而,随着项目的深入开展,张鹏和林坚对于项目的操作,开始出现了不同的意见,产生了较大的分歧,原先两人合伙承包项目操作演变成对项目操作绝对控制权的争夺。林坚负责销售方面,而最重要的也是销售业绩。林坚仗着自己是项目的销售经理,全然不顾他俩的合伙协议,多次不与张鹏沟通协商,不配合张鹏工作,如张鹏每次向林坚要销售报表,不是没有做,就是找各种理由不交给张鹏,从而导致不能开展阶段性的营销工作,使张鹏下阶段的营销方案无从下手,诸如还有擅自改变销售计划,撇开张鹏直接跟领导汇报,而事后张鹏还是从领导那里得到消息等等,使张鹏工作开展比较困难,最后不得不向他们的"上级领导"反映。而作为公司老板的张大标对于项目的一些专业问题原本就没有什么经验,使得整个营销工作陷入被动。在一次工作例会上，张鹏提出了以赠送小礼品来聚集人气，做好现场接待与来访工作，从中挖掘新客源的营销策略，很显然这需要销售来执行并且利用这个机会获取更多客源，而林坚不仅没有按照张鹏所制定的时间节点派发小礼品，还提早就把所有小礼品全部派发出去了，结果现场拥堵不堪，销售员根本就来不及做登记和进一步的沟通，所有来的人都拿了小礼品就走，从而导致没有产生真正实质的好处。由于销售由林坚负责，而张鹏的项目营销策略得不到林坚有效的执行，并且林坚以自己的一套方式去销售，从而导致前后场脱节，销售业绩越来越差，经济效益迅速下滑，张鹏看到这一局面，感到项目销售已不可能按照自己的想法得到有效执行，又会背上营销不利的罪名，最后不得不离开了有业公司。

问题：

1. 有业公司目前存在的主要问题是什么？请分析产生问题的原因。
2. 公司领导张大标应如何摆脱目前的困境。

案例5　一次重大的人事任免

某钢铁公司领导班子会议正在研究一项重大的人事任免案。总经理提议免去公司所属的、有2000名职工的主力厂——炼钢一厂厂长姚成的厂长职务，改任公司副总工程师，主抓公司的节能降耗工作；提名炼钢二厂党委书记林征为炼钢一厂厂长。姚、林二人都是公司的老同志了，年轻时就在厂里工作，大家对他们的情况可以说是了如指掌。

姚成，男，48岁，中共党员，高级工程师。20世纪60年代从南方某冶金学院毕业后分配到炼钢厂工作，一直搞设备管理和节能技术工作，勤于钻研，曾参与主持了几项较大的节能技术改造，成绩卓著，在公司内引起较大轰动。1983年他晋升为工程师，先被任命为一厂副总工程师，后又任生产副厂长，1986年起任厂长至今，去年被聘为高级工程师。姚成属技术专家型领导，对炼钢厂的生产情况极为熟悉，上任后对促使炼钢一厂能源消耗指标的降低起了巨大的推动作用。他工作勤勤恳恳，炼钢转炉的每次大修理他都亲临督阵，有时半夜入厂抽查夜班工人的劳动纪律，白天花很多时间到生产现场巡视，看到有工人在工作时间闲聊或乱扔烟头总是当面提出批评，事后通知违纪人所在单位按规定扣发奖金。但群众普遍反映，姚厂长一贯不苟言笑，没听姚厂长和他们谈过工作以外的任何事情，更不用说和下属开玩笑了。他到哪个科室谈工作，一进办公室大家的神情便都严肃起来，犹如一鸟入林，百鸟压音，大家都不愿和他接近。对他自己特别在行的业务，有时甚至不事先征求该厂总工程师的意见，直接找下属布置工作,总工对此已习以为常了。姚厂长手下几位很能干的"大将"却都没有发挥多大的作用。据他们私下说,在姚成手下工作,从来没受过什么激励,特别是当他们个人生活有困难需要厂里帮助时,姚厂长一般不予过问。用工人的话说是"缺少人情味"。久而久之,姚厂长手下的骨干都没有什么积极性了,只是推推动动,维持现有局面而已。

林征,男,50岁,中共党员,高中毕业。在基层工作多年,前几天才转为正式干部,任车间党支部书记。该同志脑子灵活,有点子,宣传、鼓动能力强,具有较突出的工作协调能力。1984年出任钢二厂厂办主任,1986年调任公司行政处副处长,主抓生活服务,局面很快被打开。1988年炼钢二厂党委书记离休,林征又回炼钢二厂任党委书记。林征擅长于做人的工作,善于激励部下,据说对行为科学很有研究。他对下属非常关心,周围的同志遇到什么难处都愿意和他说,只要是厂里该办的,他总是很痛快地给予解决。民主作风好,工作也讲究方式方法,该他做主的事从不推三阻四。由于他会团结人(用他周围同志的说法是会笼络人),工作力强,因此在群众中享有一定的威望。他的不足之处是学历低,工作性质几经变化,没有什么专业技术职称(有人说他是"万金油"),对工程技术理论知之不多,也没有独立指挥生产的经历。

姚、林二人的任免事关炼钢一厂的全局工作,这怎么能不引起司领导们的关注?公司领导们心里在反复掂量,考虑着对炼钢厂厂长这一重大人事变动提议应如何表态。

问题:

1. 根据姚成的性格特点和技术专长,对他这次任免是否合适?
2. 对厂长的领导素质、领导风格应有什么要求?林征会成为一名合格厂长吗?

案例6 反思失误

新春伊始,是许多企业回顾成绩,展望未来的时候,尤其是那些效益好的企业,更要在此时表彰一番以鼓舞士气。然而在连续几年保持高速发展的古井酒厂,此时却组织全体员工认真学习该厂《发展中的五大失误》等重要文件,并要求各单位结合本部门实际,深刻领会文件精神,找出本单位和个人工作中的不足与失误,制定措施加以改进,掀起了一个以"反思失误,提高认识,统一思想"为主题的学习热潮。

古井酒厂近年来的高速发展令人瞩目,已连续五年进入按利税排序的中国500家最大工业企业行列。特别是1994年,该厂实现销售收入5.96亿元,利税3.29亿元,各项主要经济指标创历史同期最高水平。可贵的是面对辉煌的成绩,该厂处优势而不忘看困难，谈成绩而不忘谈失误。1994 年底，在王效金厂长的亲自主持下，真务实古井人对近年来的工作进行了深刻而全面的反思，以现代规范的企业制度审视自己走过的路，总结出了发展中的五大失误，人才的增长和干部素质的提高跟不上企业的发展；跨行业开发尚未建立起一套科学的监督管理机制；营销体系和机制尚不能完全适应市场不断变化发展的需要；市场竞争机制给企业带来的不利影响没有及时得到扼制；职工在生产技术上的主观能动性、创造性发挥不够等。该厂还将这五大失误以文件形式下发各单位学习讨论。

为配合并推动各单位的学习，该厂宣传部门还采取在《古井报》开设《我看五大失误》专栏等多种形式，在全厂范围内广泛.深入地开展讨论活动。全体古井人通过这次学习讨论，从失误中总结经验、吸取教训，从而提高了认识，统一了思想，以保证在以后的工作中扬长避短，不断提高工作运行质量，为古井“1995 年进一步强化市场建设，实施名牌战略，发行 B 股，深化股份制规范改造，导入 CIS 战略，再创新辉煌”打下坚实的思想基础。

问题：

1. 读了本文之后，你对王效金厂长的管理风格有什么看法？
2. 这个案例对你有哪些方面的启示？

案例 7　康涅狄格互助保险公司的苏·雷诺兹

苏·雷诺兹(SueReynolds)今年 22 岁，即将获得哈佛大学人力资源管理的本科学位。在过去的两年里，她每年暑假都在康涅狄格互助保险公司打工，填补去度假的员工的工作空缺，因此她在这里做过许多不同类型的工作。目前，她已接受公司的邀请，毕业之后将加入互助保险公司成为保险单更换部的主管。

康涅狄格互助保险公司是一家大型保险公司，仅苏所在的总部就有 5 000 多名员工。公司奉行员工的个人开发，这已成为公司的经营哲学，公司自上而下都对所有员工十分信任。

苏将要承担的工作要求她直接负责 25 名职员。她们的工作不需要什么培训而且具有高度的程序化，但员工的责任感十分重要，因为更换通知要先送到原保险单所在处，要列表显示保险费用与标准表格中的任何变化；如果某份保险单因无更换通知的答复而将被取消，还需要通知销售部。

苏工作的群体成员全部为女性，年龄跨度为 19 岁—62 岁，平均年龄为 25 岁。其中大部分人是高学历，以前没有工作经验，她们的薪金水平为每月 1 420 美元—

2 070 美元。苏将接替梅贝尔·芬彻的职位。梅贝尔为互助保险公司工作了37年，并在保险单更换部做了17年的主管工作，现在她退休了。苏去年夏天曾在梅贝尔的群体里工作过几周，因此比较熟悉她的工作风格，并认识大多数群体成员。她预计除了丽莲·兰兹之外，其他将成为她下属的成员都不会有什么问题。丽莲今年50多岁，在保险单更换部工作了10多年。而且，作为一个“老太太”，她在员工群体中很有分量。苏断定，如果她的工作得不到丽莲·兰兹的支持，将会十分困难。

苏决心以正确的步调开始她的职业生涯。因此，她一直在认真思考一名有效的领导者应具备什么样的素质。

问题：

1. 影响苏成功地成为领导者的关键因素是什么？
2. 你认为苏能够选择领导风格？如果可以，请为她描述一个你认为最有效的风格。如果不可以，请说明原因。

【练一练】

一、名词解释

1. 领导
2. 权力接受论
3. 职位权力
4. 领导艺术
5. 领导方法

二、选择题

1. 职权具有以下哪些特征？(　　)

A. 有明确的权力范围　　B. 职位不同，权力不同

C. 与领导者个人因素无关　　D. 与职位无关

2. 领导有效性＝(　　)×领导效率。

A. 质量　　B. 控制

C. 目标方向　　D. 团队力量

3. “权力接受论”是由(　　)最先提出的。

A. 巴纳德　　B. 法约尔

C. 杜拉克　　D. 孔茨

4. 领导生命周期理论认为，当下级的平均成熟度处于不成熟阶段时，最有效的

领导方式是(　　)。

A. 命令型　B. 说服型

C. 参与型　D. 授权型

5. 领导艺术的特殊性，具体表现在(　　)方面。

A. 随机性　B. 多样性

C. 创造性　D. 经验性

6. 非权力性影响力是由(　　)决定的。

A. 品格　B. 才能

C. 知识　D. 经历

7. 领导二维理论包括(　　)。

A. 领导行为四分图理论　B. 领导行为方格理论

C. 连续统一体理论　D. 领导生命周期理论

8. 费德勒的权变领导模型影响领导有效性的环境因素有(　　)。

A. 上下级关系　B. 领导方式

C. 任务结构　D. 领导者自身的权力地位

9. 以下属于时间特点的是(　　)。

A. 可伸缩性　B. 不可估价性

C. 可储存性　D. 可替代性

10. 下列说法不正确的是(　　)。

A. 领导者授权后，下级如果在工作中出了问题，由下级承担责任

B. 领导者向下级授什么权，授多大权，要根据下级能力的高低而定

C. 领导者只能对自己的直接下属授权，不可越级授权

D. 领导者必须分清哪些权力可以下授，哪些权力应该保留

三、问答题

1. 你如何看待领导特质理论？你认为有效的领导者是天生的还是后天造就的？
2. 简述费德勒领导权变理论的基本结论。
3. 简述权力授予论的后果。
4. 领导授权应遵循哪些原则？
5. 时间管理包括哪些步骤？

【做一做】

1. 将班级学生分成若干小组，各组在老师指导下用指定专题讨论的方式来产生小组领导。
2. 假设要组织15名学生的创业团队并指定你负责筹备进行校园学生生活超市的创设与运作，请在班级初步谈谈你的具体设想计划和行动方案。

学习单元七

激励方法与艺术

∵学习目标与任务

1. 了解激励的基本知识
2. 学会基本的激励方式与手段
3. 初步掌握实用的激励艺术

学习任务1

了解激励的基本知识

【案例引入】

问题引入——什么能够激励你

对下面的15句话,每一个都圈出和你的感觉最接近的数字。结合你现在的学习或工作或过去的经历思考一下你的答案。

	非常不同意				非常同意
1. 我非常努力改善我以前的工作以提高工作绩效。	1	2	3	4	5
2. 我喜欢竞争和获胜。	1	2	3	4	5
3. 我常常发现自己和周围的人谈论与工作无关的事情。	1	2	3	4	5
4. 我喜欢有难度的挑战。	1	2	3	4	5
5. 我喜欢承担责任。	1	2	3	4	5
6. 我想让其他人喜欢我。	1	2	3	4	5
7. 我想知道在我完成任务时是如何进步的。	1	2	3	4	5
8. 我能够面对与我意见不一致的人。	1	2	3	4	5
9. 我乐意和同事建立亲密的关系。	1	2	3	4	5
10. 我喜欢设置并实现比较现实的目标。	1	2	3	4	5
11. 我喜欢影响其他人以形成我自己的方式。	1	2	3	4	5
12. 我喜欢隶属于一个群体或组织。	1	2	3	4	5

13. 我喜欢完成一项困难任务后的满足感。　1　2　3　4　5

14. 我经常为了获得更多的对周围事情的控制权而工作。　1　2　3　4　5

15. 我更喜欢和其他人一起工作而不是一个人。　1　2　3　4　5

将你的答案的得分分别填入对应的题目标号后面。

成就	权力	关系
1(　)	2(　)	3(　)
4(　)	5(　)	6(　)
7(　)	8(　)	9(　)
10(　)	11(　)	12(　)
13(　)	14(　)	15(　)
总分(　)	(　)	(　)

把每一栏的得分汇总，每一项最终得分会落在5分～25分之间，得分最高的那项便是你的主导需要。

一、三种有代表性的激励理论知识

现代企业管理的核心是对人的管理，而组织管理面临的最重要任务，就是引导和促使职工为实现组织目标作出最大的努力。然而，职工加入组织的个人目标往往与组织目标不尽一致，工作的努力程度也经常与组织的预期有差距。如何才能使职工把组织的目标视为自己的任务目标？怎样才能使职工为实现组织目标作出最大的努力？这就是激励所要解决的问题。

（一）激励的含义与基本过程

激励是人类活动的一种内心状态。它具有加强和激发动机，推动并引导行为朝向预定目标的作用。通常认为，一切内心要争取的条件：欲望、需要、希望、动力等都构成了对人的激励。

激励过程就是一个由需要开始，到需要得到满足为止的连锁反应。当人产生需要而未得到满足时，会产生一种紧张不安的心理状态，在遇到能够满足需要的目标时，这种紧张不安的心理就转化为动机，并在动机的驱动下向目标努力，目标达到后，需要得到满足，紧张不安的心理状态就会消除。随后，又会产生新的需要，引起新的动机和行为。这就是激励过程。可见，激励实质上是以未满足的需要为基础，利用各种目标激发产生动机，驱使和诱导行为，促使实现目标，提高需要满足程度的连续心理和行为过程。

（二）基本的激励理论

自20世纪20、30年代以来，国外许多管理学家、心理学家和社会学家从不同的角度对怎样激励人的问题进行了研究，并提出了相应的激励理论。通常我们把这些激励理论分为三大类，即内容型激励理论、过程型激励理论和行为改造型激励理论。

1. 内容型激励理论

(1) 需要层次理论

需要层次理论是美国著名心理学家和行为学家亚伯拉罕·马斯洛提出来的。他认为,人是有需要的"动物",需要产生了人们的动机,需要是激励人们工作的因素。马斯洛把人类的需要归为五大类。这些需要之间相互紧密联系。需要层次理论按照需要的重要性及其先后顺序排列成人的需要层次图,如图 7-1 所示:

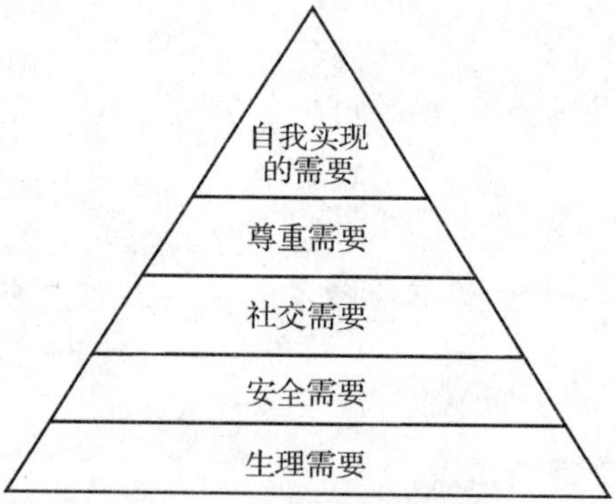

图 7-1 需要层次理论

从图中可以看出:第一层次的需要是生理需要。这是维持人类自身生命的基本需要,如食物、水、衣着、住所和睡眠。马斯洛认为,在这些需要还没有达到足以维持生命之前,其他的需要都不能起到激励人的作用。

第二层次的需要是安全的需要。这是有关人类避免危险的需要。如生活要得到基本保障,避免人身伤害,不会失业,生病和年老时有所依靠等等。

第三层次的需要是友爱和归属的需要。当生理及安全需要得到相当的满足后,友爱和归属方面的需要便占据主要地位。因为人是感情动物,愿意与别人交往,希望与同事保持良好的关系,希望得到别人的友爱,以使自己在感情上有所寄托和归属。总之,人们希望归属于一个团体以得到关心、爱护、支持、友谊和忠诚,并为达到这个目的而积极努力。虽然友爱和归属的需要比前两种需要更难满足,但对大多数人来说,这确实是一种更为强烈的需要。

第四层次的需要是尊重的需要。根据马斯洛的理论,人们一旦满足了归属的需要,就会产生尊重的需要,即自尊和受到别人的尊重。自尊意味着"在现实环境中希望有实力、有成就、能胜任和有信心,以及要求独立和自由";受人尊重是指"要求有名誉或威望,并把它看成别人对自己的尊重、赏识、关心、重视或高度评价"。"自尊需要的满足使人产生一种自信的感情,觉得自己在这个世界上有价值、有实力、有能力、有用处。而这些需要一旦受挫,就会使人产生自卑感、软弱感、无能感。"

第五层次的需要是自我实现的需要。马斯洛认为,在他的需要层次理论中,这是最高层次的需要。它具体是指一个人需要从事自己最适宜的工作，发挥最大的潜力，成就自己所希望实现的目标等等。如科学家、艺术家等往往把自己的工作当做是一种创造性的劳动，竭尽全力去做好它，并使自己从中得到满足。

马斯洛认为，一般的人都是按照这个层次从低级到高级，一层一层地去追求并使自己的需要得到满足的。不同层次的需要不可能在同一层次内同时发挥激励作用，在某一特定的时期内，总有某一层次的需要在起着主导的激励作用。人类首先是追求最基本的生理上的吃、穿、住等方面的需要。处于这一级需要的人们，基本的吃、穿、住就成为激励他们的最主要的因素。一旦这一层次的需要得到满足，那么这一层次的需要就不再是人们工作的主要动力和激励因素，人们就会追求更高一层次的需要。这时，如果管理者能根据各自的需要层次，善于抓住有利时机，用人们正在追求的那级层次的需要来激励他们的话，将会取得极好的激励效果。

需要层次与组织措施的对应关系

一般激励因素	需要层次	组织措施
1. 成长 2. 成就 3. 提升	自我实现	1. 挑战性的工作 2. 创造性 3. 在组织中的提升 4. 工作的成就
1. 承认 2. 地位 3. 尊重	尊重	1. 工作职称 2. 给予奖励 3. 上级/同事的认可 4. 对工作有信心 5. 赋予责任
1. 志同道合 2. 爱护关心 3. 友谊	归属与友爱	1. 管理的质量 2. 和谐的工作小组 3. 同事的友谊
1. 安全 2. 保障 3. 胜任 4. 稳定	安全	1. 安全的工作条件 2. 外加的福利 3. 普遍增加工资 4. 职业安全
1. 食物 2. 安全	生理	1. 基本工作报酬 2. 物质待遇 3. 工作条件

(2) 双因素理论

赫茨伯格围绕马斯洛的理论对需要进行了研究，提出了有名的双因素理论。50年代后期，赫茨伯格等人通过调查发现，对本组织的政策、管理、监督系统、工作条件、人际关系、薪金、地位和职业安定以及个人生活所需等等，如得不到基本的满足会导致人们的不满，如果得到满足则没有不满。赫茨伯格把这类和工作环境或工作条件相关的因素称为保健因素。而对成就、赏识、艰巨的工作以及工作中的成长、晋升、责任感等，如得到满足则会给人们以极大的激励，产生满意感，有助于充分、有效、持久地调动人们的积极性。赫茨伯格把这类与工作内容紧密相连的因素称为激励因素。赫茨伯格认为，保健因素不能直接起到激励人们的作用，但能防止人们产生不满情绪。作为管理者，首先必须确保满足职工保健因素方面的需要。要给职工提供适当的工资和安全保障，要改善他们的工作环境和条件；对职工的监督要能为他们所接受，否则，就会引起职工的不满。但是，即使满足了上述条件，也不能产生激励效果，因此，管理者必须充分利用激励方面的因素，为职工创造工作的条件和机会，丰富的工作内容，加强职工的责任心，使其在工作中取得成就，得到上级和人们的赏识，这样才能促使其不断进步和发展。

激励形式	需求层次	激励因素/保健因素	必要性	激励效果
工资	生存需要	保健因素	不可缺少	当没有这些因素时，会产生不满，可能导致人才流失。 有了这些因素，并不会使员工产生长久的工作激情，激励肤浅而短暂。
假期				
奖金				
住房补贴				
现场工作条件	安全需要			
劳动保护				
社会保险				
劳动保险				
人际关系	社交需要			
集体活动				
参与管理				
得到上级重视	尊重需要	激励因素	不一定全有，但总得有	在保健因素不健全的情况下，激励因素效果有限。 在保健因素健全的情况下，激励因素效果深刻而持久，创造出员工内在的积极性。
职工持股计划				
长期培养计划				
企业名望				
挑战性目标	自我实现			
独立地工作				
工作丰富化				
股票期权				
获得晋升				
企业发展前途				

（3）成就需要激励理论

20 世纪 50 年代美国哈佛大学心理学家戴维·麦克利兰提出了成就需要激励理论。它主要研究生理需要得到基本满足以后，人还有哪些需要。麦克利兰认为，人们在生理需要得到满足以后，还有三种基本的激励需要，即：

第一，对权力的需要。具有较高权力欲的人对施加影响和控制表现出极大的关心。这样的人一般寻求领导者的地位，健谈，好争辩，直率，头脑冷静，善于提出要求，喜欢讲演，爱教训人。

第二，对社交的需要。极需社交的人通常能从人际交往中得到快乐和满足，并总是设法避免因被某个团体拒之门外所带来的痛苦。作为个人，他们往往喜欢保持一种融洽的社会关系，享受亲密无间和相互谅解的乐趣，随时准备安慰和帮助危难中的伙伴，并喜欢与他人保持友善的关系。

第三，对成就的需要。有成就需要的人对工作的胜任和成功有强烈的要求，同时也非常担心失败。他们乐于接受挑战，往往为自己树立有一定难度但又不是高不可攀的目标。对风险他们采取现实主义的态度，不怕承担个人责任；对他们正在进行的工作情况，希望得到明确而又迅速的反馈。他们一般喜欢表现自己。

麦克利兰的研究表明，对主管人员来说，成就需要比较强烈。因此，这一理论常常应用于主管人员的激励。他还认为，成就需要可以通过培养来提高。他指出，一个组织的成败，与其所具有高成就需要的人数有关。

2. 过程型激励理论

过程型激励理论着重研究人们选择其所要进行的行为的过程。即研究人们的行为是怎样产生的，是怎样向一定方向发展的，如何能使这个行为保持下去，以及怎样结束行为的发展过程。它主要包括佛隆姆的期望理论和亚当斯的公平理论。

(1) 期望理论

期望理论是美国心理学家佛鲁姆于 1964 年在《工作与激励》一书中提出来的。它是通过考察人们的努力行为与其所获得的最终奖酬之间的因果关系，来说明激励过程并以选择合适的行为达到最终的奖酬目标的理论。这种理论认为，当人们有需要，又有达到目标的可能时，其积极性才会高。激励水平取决于期望值和效价的乘积：

$$M(\text{Motivation})=E(\text{Expectancy})\cdot V(\text{Valence})$$

即激励水平的高低＝期望值×效价

激励水平的高低，表明动机的强烈程度，被激发的工作动机的大小，也就是为达到高绩效而努力的程度。

期望值是指职工对自己的行为能否导致所想得到的绩效和目标(奖酬)的主观概率，即主观上估计达到目标、得到奖酬的可能性。

效价是指职工对某一目标(奖酬)的重视程度与评价高低，即职工在主观上认为这奖酬的价值大小。

这个公式表明，激励水平的高低与期望值和效价有密切的关系。效价越高，期望值越大，激励水平也就越高；反之亦然。如果一个人对达到某一目标漠不关心，那么效价是零。而当一个人宁可不要达到这一目标时，那么效价为负，激励水平当然为零。同样期望值如果为零或负值时，一个人也就无任何动力去达到某一目标。因此，为了激励职工，管理者应当一方面提高职工对某一成果的偏好程度，另一方面帮助职工实现其期望值。

(2) 公平理论

公平理论是美国心理学家亚当斯于 20 世纪 60 年代首先提出来的，又称社会比较理论。亚当斯认为，激励中的一个重要因素是个人的报酬是否公平。一个人对所得到的报酬是否满意是通过公平理论来说明的，那就是个人主观地将自己的投入（包括诸如努力、经济、教育等许多因素）同别人的相比，看自己的报酬是否公平或公正。可用公平理论公式来说明：

$$\frac{\text{个人所得的报酬}}{\text{个人的贡献}}=\frac{\text{（作为比较的）另一个人所得的报酬}}{\text{（作为比较的）另一个人的贡献}}$$

在一个组织里，大多数人往往喜欢与他人进行比较，并对公平与否作出判断。从某种意义上说，工作动机激发的过程，实际上就是人与人之间进行比较、判断并据以指导行动的过程。如果人们觉得自己所获得的报酬不公平，就可能产生不满，降低产出的数量和质量，或者离开这个组织；如果人们觉得报酬是公平的，他们可能继续在这同样的产出水平上工作；如果人们认为个人的报酬比认为的公平的报酬要大，人们可能更加努力地工作。

3. 行为改造理论

行为改造理论主要是研究如何改造和修正人的行为，变消极为积极的一种理论。该理论认为当行为的结果有利于个人时，行为会重复出现；反之，行为则会削弱或消退。这种理论主要有强化理论和归因论等等。

（1）强化理论

强化理论是由美国心理学家斯金纳首先提出来的。该理论认为人的行为因外部环境的刺激而调节，也因外部环境的刺激而控制，改变刺激就能改变行为。所谓强化是指通过不断改变环境的刺激因素来达到增强、减弱或消除某种行为的过程。主管人员可以采用四种强化类型来改变下级的行为：

第一，积极强化。在积极行为发生后，管理者立即用物质或精神的鼓励来肯定这种行为。在这种刺激作用下，个体感到对自己很有利，从而增加以后的行为反应的频率。这叫积极强化。通常积极强化的因素有奖酬，如表扬，赞赏，增加工资、奖金及奖品，分配有意义的工作等等。

第二，消极强化。又称逃避性学习。一个特定的能够避免产生个人所不希望的刺激的强化，叫做消极强化。如职工努力工作是为了避免不希望得到的结果，如不挨上级的批评，这就是消极强化。

第三，惩罚。在消极行为发生以后，管理者采取适当的惩罚措施，以减少或消除这种行为，就叫做惩罚。

第四，自然消退。当某种管理者不希望看到的行为发生后，管理者视而不见，听而不闻，既不进行积极强化，也不给当事者以惩罚。那么，职工可能会感到自己的行为得不到承认，慢慢地这个行为也就消失了。

主管人员可以根据下属的行为情况不同而采用连续的或间歇的两种不同的强化方式。连续强化是指对每次发生的行为都进行强化。间歇强化是指非连续强化，它不是对每次发生的行为都进行强化。间歇强化有四种形式，即固定间隔，可变间隔，固定比率，可变比率。

（2）归因理论

归因理论最初是在研究社会知觉的实验中提出来的，但以后随着归因问题研究的不断深入，它逐渐被应用到管理领域中。目前，在管理领域归因理论主要研究两个方面的问题：一是对引发人们某一行为的因素作分析，看其应归结为内部原因还是外部原因；二是研究人们获得成功或遭受失败的归因倾向。

心理学家威纳认为，人们把自己的成功和失败主要归结为四个方面的因素，即努力程度、能力、任务难度和机遇。这四个方面的因素可以按三个方面来划分：① 内部原因和外部原因。努力程度和能力属于内部原因，而任务难度和机遇属于外部原因。② 稳定性。能力和任务难度属于稳定因素，努力程度和机遇则属于不稳定因素。③ 可控性。努力程度是可控的，而任务难度和机遇则是不可控的。能力在一定条件下是不可控的，但人们可以提高自己的能力，在这个意义上能力是可控的。

归因理论认为，人们把成功和失败归于何种因素，对以后的工作态度和积极性，进而对人们的行为和工作绩效有很大的影响。例如，把成功归于内部原因会使人感到满意和自豪，归于外部原因会使人感到幸运和感激。把失败归于稳定因素会降低以后工作的积极性，归于不稳定因素可以提高工作的积极性等等。

总之，利用归因理论可以很好地了解下属的归因倾向，以便正确地指导和训练职工的归因倾向，调动和提高下属的积极性。

行为结果归因倾向			成功	失败
归因因素分析	内外因	内在因素：能力、努力	使人满意、自豪	使人内疚、无助
		外在因素：任务难点、机遇	使人惊奇、感激	使人气愤、敌意
	稳定性	稳定因素：能力、任务难度	有助于提高以后的工作积极性	会降低以后的工作积极性
		不稳定因素：努力、机遇	以后的工作积极性可能提高或降低	可能会提高以后的工作积极性

学习任务 2

学会基本的激励方式与手段

【案例引入】

A. 惩罚员工不是苦差

员工做事出色，然而却经常迟到，作为一个管理人，你会怎么办？

美国心理学家特克耐特说：“企业家视惩罚员工为苦差，他们宁愿逃避，希望问题会自动解决。很多时候,这样做只会使问题越来越严重。在企业内,富有经验能圆满解决纪律问题,对企业、对员工都有良好的影响。”

B. 别胡乱解雇

不逃避的企业家普遍会解雇那些问题员工。不过,特克耐特认为,这个做法对企业有一定程度的伤害。“除了损失一个有生产力的员工外,企业内的人才流失、创造力及员工归属感都会萎缩。当然在你盛怒的时候,解雇他看来是最好的做法,可是,你怎能担保聘回一个比他更好的人呢?”

其实,即使可以,你和你的企业都不免要付出更多的时间和金钱。在21世纪知识经济的年代,人才是企业重要的资产。

C. 认清惩罚真谛

“惩罚不是负面的事情,而是让员工和企业一起成长。惩罚有时候也是一种很好的训练方法。”特克耐特说。

某公司的行政总裁麦克维斯则表示:“处理这类问题,先要有一个目标——通过惩罚或训斥,你希望员工学习到什么? 确立了目的,再定出惩罚的方式。这样,惩罚对员工来说,会变得有意义得多。”的确,要员工罚抄一百次“我以后不会迟到”是没有意义的。

D. 给予解释的机会

某公司的行政总裁豪伦斯指出,改善员工行为的重点是:“他们不改变,因为他们不懂得如何改变。在讨论时,管理人应先征询他们是否有好的改善方法。不过,管理人必须事先有一个帮助他的大致方案,此举会使员工感到,你的确关心他的问题,因此,员工会欣赏你,并愿意改变。”

但是,作为管理人的你,也要有一定的心理准备。人们面对批评时,其反应多是维护自己,无论实际上他的行为是对还是错。“好的管理人应坦然接受解释。”豪伦斯道,“给他五分钟的时间,仔细聆听,然后告诉他问题所在以及解决的方法。”

E. “威胁利诱”跟进问题

要确保员工切实改善纪律问题,管理人还需要清楚员工的“死穴”所在。所谓“死穴”,便是员工在工作上最关心的地方。在讨论时告诉员工,如他不能在限期内改善他的纪律,他将面对什么后果。例如员工最关心自己在公司中的晋升机会,便可告诉他“如不改善的话,你两年之后晋升可能会有很大障碍”。这样做目的是鼓励员工努力做出改进。另外,在处理技术问题时,管理人常犯的错误是没有对问题做出跟进。

"请在一星期内,安排下一次会面时间。"管理顾问海斯勒·凯强调,轻视跟进工作,只会显得管理人不重视问题,员工也同样会敷衍了事。不过请牢记,如果在下次会面时,员工有了明显改进,切勿吝啬你的称赞。

"适当的称赞,能够加强员工继续改进的决心。"豪伦斯坚持这个做法。虽然在清楚知道纪律问题的重要性,以及处理时要注意的细节后,你可以更有信心地面对员工的纪律问题。然而,这并不代表你一定能圆满解决它。不过,管理人可以回味一下希尔哥特所说的话:"放弃是失败的表现,如果你不能令员工改进,变得更有生产力的话,你注定是一个失败者。"

问题:

1. 你较赞同哪种观点?与其他观点相比它好在哪里?为什么?
2. 适当的激励机制有利于调动职工的工作热情,你认为物质鼓励与精神鼓励哪一种效果更好?

一、激励方式与手段运用的前提:有关人性的假设

在一个组织里,主管人员有针对性地应用激励方法与手段来调动组织成员积极性的前提是对人员个性的了解和把握。虽然人是千差万别、形形色色的,即一般的人是没有的,可是在任何一个组织中却常常假定一般的人是存在的,组织制定各种规章、程序、工作进度、安全标准和职务说明书等,所有这些都隐含地假定人在根本上是一样的。当然,从有组织的工作这方面来看,这种假定在很大程度上是很必要的。但是,同样重要的是应该承认个人的特殊性,即他们有不同的需要、不同的责任感、不同的志向、不同的态度、愿望、不同的知识和技能水平,以及不同的潜在能力。主管人员如果不了解人的复杂性和个性,他们就有可能误用关于激励、计划、领导与信息沟通等的管理职能。

为了理解人的复杂性,国外一些学者如薛恩、麦格雷戈等提出了多种模式,这些模式都是以对人性的假设为根据的,即便如此,这些假设对管理者有效地运用激励方式是有重要意义的。

(一) 经济人的假设

关于经济人的假设最著名的是美国管理学家麦格雷戈提出的X理论,麦格雷戈在用组织方法对人进行分析时,把传统的关于人的假设都包括在X理论之内。X理论假设认为:

1. 人生来就是懒惰的,因此,必须由外界的刺激物加以激励。

2. 人天生的目标就是跟组织的目标背道而驰的，因此他们必须由外界的力量来控制，才能保证他们为组织的目标而工作。

3. 由于人具有非理性的感情，因此他们基本上是不能够自我约束和自我控制的。

不过，人大体上可划分为两类，一类人符合上述假设，而另一类人则是能自律和自制的，并且不那么受感情的摆布。必须把管理其他一切人的责任授予后面一类人。

管理者对人性的假设类型，将决定他们所采取的管理策略，上述对人性的假设，就必然意味着要用经济性奖酬来购买职工的劳务和服从。

（二）关于社会人性的假设

20 世纪 30 年代，梅奥通过著名的霍桑实验提出了一种对人性十分不同的观点，即提出了关于社会人的假设：

1. 社交需要是人类行为的基本激励因素，而人际关系则是形成人们身份感的基本因素。

2. 从工业革命中延续过来的机械化，其结果是使工作丧失了许多内在的意义，这些丧失的意义现在必须从工作中的社交关系里找回来。

3. 跟管理部门所采用的奖酬和控制的反应比起来，职工们会更易于对同级同事们所组成的群体的社交因素做出反应。

4. 职工们对管理部门的反应能达到什么程度，当视主管者对下级的归属需要、被人接受的需要以及身份感的需要能满足到什么程度而定。

由此假设得出的管理方式与根据“经济人”的假设得出的管理方式完全不同。这种假设要求主管人员不要把自己的注意力局限在要完成的任务上，而应更多注意为完成任务而工作的那些人的需要；主管人员应该关心的不仅是怎样对下级进行指导和监控，而且应该关心他们心理上的健康，尤其是他们对于能否被人接受的感情以及他们的归属感和身份感；主管人员应考虑给予班组集体奖酬而不仅是给个人奖酬；主管人员的作用要从抓计划、组织与控制转到在下级职工与更上一层领导之间充当中间人方面来，要倾听并力求理解下级的需要和感情，要对这些需要和感情表示关切和同情，还要在更上一层领导面前支持下级的要求，响应他们的呼声。

（三）关于自我实现人性的假设

麦格雷戈称之为 Y 理论，Y 理论的人性假设认为：

1. 工作中消耗体力和脑力，正如游戏或休息一样是自然的。一般的人并非天生就厌恶劳动。当依赖于可控制的条件时，工作可以成为满意的源泉（自然地从事工作），也可以成为惩罚的源泉（尽可能地避免工作）。

2. 外力的控制和处罚的威胁，都不是促使人们为组织目标作出努力的唯一手段，人们在实现他们所承诺的目标任务时，会进行自我管理和自我控制。

3. 对目标、任务的承诺，取决于实现这些目标、任务后所能得到的报偿的大小。

4. 在适当的条件下，一般的人不但懂得接受，而且值得去寻求负有职责的工作。逃避责任、缺乏进取心、强调安全感一般来说是经验的结果、不是人的天性。

5. 在解决各种组织问题时，大多数人具有运用相对高的想象力、智慧的能力。

6. 在现代工业社会的生活条件下，一般人的潜在智能只得到了部分发挥。

自我实现的概念，强调的是要求自主、挑战、个人成长以及充分发挥自己潜能与才智等较高层次的需要。有明确的证据表明人们追求自我实现的驱动力，对于主管人员和专业人员的行为来说是很重要的，也许是关键的方面。然而，还不清楚的是，这种动机跟较低层的职工有什么关系。

从这种假设中推演出的关于权威及心理契约的含义是很深刻的。权威不再存在于某一特定的个人，甚至也不在某一特定的职位上，而是寓于工作任务自身。让人们能自己彻底解决一项问题的挑战，正是自我实现的核心。

按照Y理论的假设，主管人员就不会太担心是否对职工给予了足够的体贴和关心，而会较多地考虑怎样才能使工作本身变得具有更多的内在意义和更高的挑战性。管理自我实现的人应重在创造一个使人得以发挥才能的工作环境，此时的管理者已不是指挥者、调节者和监督者，而是起辅助者的作用，从旁给予支援和帮助。激励的整个基础已经从外在性的转为内在性的了，也就是从组织必须干些什么事来激发职工的积极性，转到组织只是为职工的积极性提供一个表现与发挥的机会而已，而这种积极性是本来就存在的，只不过要把它引向组织的目标。在管理制度上给予自我实现的人以更多的自主权，实行自我控制，让工人参与管理和决策，并共同分享权力，

显然，Y理论的假设与X理论的假设是根本不同的。X理论是悲观的、静态的、僵化的，控制主要来自外界，亦即由上级强加于下属。与此相反，Y理论则是乐观的、动态的、灵活的，它强调自我管理和个人需要与组织要求的结合。

（四）关于复杂人性的假设

前面所说的关于经济人、社会人、自我实现的人的假设，虽然都有其合理的一面，但并不适用于一切人。薛恩于是提出了关于复杂人的假设，他认为：

1. 人类的需要是分成许多类的，并且会随着人的发展阶段和整个生活处境的变化而变化。

2. 人在同一个时间内，会有多种的需要和动机，这些需要和动机相互作用、相互结合，形成了一种错综复杂的动机模式。

3. 人由于在组织中生活，可以产生新的需要和动机。在人的生活的其一特定阶段和时期，其动机是内部需要和外部环境相互作用而形成的。

4. 一个人在不同的组织或同一个组织的不同部门、岗位工作时会形成不同的动机。一个人在正式组织中郁郁寡欢，而在非正式组织中则有可能非常活跃。

5. 一个人是否感到满足或是否表现出献身精神，决定于自本身的动机构造及他跟组织之间的相互关系，工作能力、工作性质及与同事相处的程度皆可影响他的积

极性。

6. 由于人的需要是各不相同的，能力也是有差别的，因此对不同的管理方式各个人的反应是不一样的，没有一套适合任何时代、任何人的普遍的管理方法。

薛思在做出上述假设后指出，以前人们对人性的假设过于简单化和一般化了。按照复杂人的假设，主管人员应该保持足够的灵活性，掌握高超的处理人际关系的技巧，在管理方法上，对不同的人，在不同的情况下采取不同的措施，即一切随时间、条件、地点和对象、事情的变化而变化。他称这种管理模式为“权变模式”，而麦格雷戈则称其为“超 Y 理论”。

（五）人性假设对激励的启发

人性假设是西方组织行为学家和管理学家提出来的，其中有科学的成分，也有其片面性。对于人性的几种假设都认为，应根据人的不同需要和素质而采取不同的激励方法，这一点具有普遍意义。结合我国的具体情况，运用几种对人性的假设来激励组织成员时，要注意以下几个问题：

1. 对多数人来说，现阶段劳动还是赖以谋生和满足其他各种需要的手段，人们共同的、迫切的需要仍然是改善生活状况。但人们不仅仅只是为谋生和金钱而工作，人有各式各样的需要，需要的层次也会随人们的文化水平、生活水平以及地位和年龄的变化而变化。

2. 多数人对组织任务及其管理方式的最初态度，总是从能否满足自己需要而做出反应的。但是这个态度是可以通过组织和个人的相互作用，通过采取适当的措施和教育来改变的。引导和教育得法，多数人是能焕发敬业精神，在自己的岗位上为组织目标做出贡献的。

3. 组织目标和个人目标可能不完全一致。为此组织和个人双方应当做出努力，使个人目标能更多地反映社会需求，包含更多的组织目标，而组织也必须了解洞察群众的需要，使组织目标中能包含更多的个人利益。如此才能调动积极性，有利于组织发展。

4. 激励的方法应因人、因任务而异。又由于人的成熟程度、需要层次和能力将随着生产的发展、思想文化教育以及生活水平的提高而不断增长，相应的激励方式也应当变化。

5. 不管采用哪种激励方式和方法，都应当关心人、尊重人、爱护人，应说服教育、发扬民主、适当参与、启发自觉、提倡自治。

二、管理中常用的激励方式与手段

由于激励理论多种多样，显然没有一个统一的模式和方式去激励员工。管理者必须采用以下多样化的激励方式。

（一）经济激励

经济激励，是指企业以金钱等物质奖励（包括工资、奖金、福利、晋级、股票赠与和各种实物等)作为诱因,驱使员工采取最有效最合理的行为。按照马斯洛需要层次理论,人们的需要随着较低层次的满足,不断向高层次发展。员工对金钱的需求也表现出从能满足吃饱的薪金水平到过富裕生活的薪水的需要。由此,在员工生活达到宽裕水平之前,经济激励作用是十分明显的。如果管理者能将其与员工绩效挂钩,员工对金钱追求的欲望,会促使他的行为必须符合行为规范,同时给企业带来有益的劳动成果。其中,工资的作用是保障员工的基本生活需要;奖金的作用是促进现有资源的有效利用,其依据要与个人的绩效相联系。为了达到激励的目的,普通员工、管理人员的奖金要适当拉大档次;福利应当依据岗位、职位设定,若不在其位则不能享受。

(二) 精神激励

精神激励是以精神鼓励为诱因对员工产生的激励。管理者对员工的劳动成果或工作成绩表示认同或赞赏有时更具激励作用。受人重视、得到赏识、引起注意的愿望是一个最强大的、最原始的动力之一。当员工取得了一定的成绩后,需要得到大家的承认,尤其是领导者的承认。所以当某个员工取得了一定的成绩以后,领导者只需要向其表示已经知道其取得的成绩,或再加上赞扬,就可以对其产生很大的激励。赞扬的形式多种多样,例如,①授予荣誉称号;②颁布证书、奖状等;③授予一定的特权;④对其进行宣传报道,这种激励既不必花很大的代价,效果又好,因而是一种很有价值的激励方式。

(三) 目标激励

目标激励是以目标为诱因驱使员工去努力工作。目标激励的关键是给员工确定一定的目标。根据目标设定理论,目标是一种催化剂,有了目标,员工会在工作中从满足个人目标和个人价值需要出发,为了追求目标的实现会不断自觉地努力工作,发挥自己最大的潜能。采用目标激励时,目标既不能定得太高,也不能太低,应以通过努力可以实现为前提。任何个人在自己需要的驱使下也会具有个人目标,目标激励要求把组织目标与员工的个人目标结合起来,使组织目标和员工目标相一致,如赠予或出让一部分股份给员工,使他们成为所有者、主人翁。这样会促使员工的目标和企业的目标相一致。

(四) 参与激励

参与激励就是要让员工经常参与企业重大问题的决策,让员工多提合理化建议,并对企业的各项活动进行监督和管理。员工就会亲身感受到组织对自己的重视,感受到自己是组织的主人翁,组织的前途和命运就是自己的前途和命运,个人只有依附或归属于组织才能发展自我,从而激励员工全身心投入到企业的事业中来。通过让员工参与组织管理,从而激励员工发挥自己的积极性。

(五) 关心激励

关心激励是指组织领导者通过对员工的关心而产生的对员工的激励作用。根据层次需要理论、成就需要理论、归因理论,领导者通过对组织员工的同情、关心和爱护，使员工产生很强的归属感，从而会对员工产生激励效果。当员工生活、家庭、住房等方面有困难时，领导者能时时关心员工疾苦，了解员工的具体困难，并帮助其解决；当员工遭受情感、失败等挫折时，领导者从精神上给予鼓励；当员工遭受天灾人祸等不幸时，领导者要给予安慰和救济；当员工过生日时，意外受到领导者的生日礼品如此等等，都属于关心激励的范畴。

（六）公平激励

公平激励是指组织的领导者在各种奖罚上，对每一员工公平对待所产生的激励作用。具体说应该是，同工同酬，多劳多得，少劳少得，不劳者不得，机会均等，每一员工都感到公平合理。员工要得到加薪、晋升，就必须付出相应的劳动。任何想通过讲人情走后门和请客送礼等歪门邪道的手段，都是行不通的。只有在这种公平环境下，才能调动员工的积极性和激发员工扎扎实实地努力工作。否则，员工将会消极怠工，甚至做出不利于组织的行为。为了保障公平合理，组织应制定相应的制度。

（七）权力激励

权力激励，即领导者赋予管理人员相应权力而对管理人员产生的激励作用。针对管理人员的权力需要，高层管理人员对低层管理人员要善于授权。管理人员拥有一定的权力，才能开展相应的管理工作。通过授权，调动他们的积极性、主动性和创造性激发满足感和成就感。管理人员的成就感，一方面可以在管理工作过程中体验到，另一方面还可以在达到一定的管理绩效水平后体验到。在对管理人员赋权时，领导者要努力处理好集权与分权的关系。一般说来，对下级管理人员的分权应以不失去对其有效的控制为限。

（八）晋升激励

晋升激励，即通过给员工提供晋升机会对员工产生激励作用。晋升对组织的普通员工来说，意味着工作业绩得到了承认，也是权力和地位的象征，可以满足更高层次的需要，会激励他更加努力工作。晋升对组织的管理人员来说，可能是最有吸引力的激励措施。因为晋升意味着管理人员的管理业绩得到了认可，可以享有更大的权力，满足其权力的需要；晋升可以给管理人员施展才能和创造更大成就的机会，满足其成就的需要；另外，管理者都希望得到晋升，升职被视为奋斗目标，具有较高的效价等等。所有这些都会对管理人员产生较大的激励，他们会努力工作、发挥潜能、创造佳绩。任何组织都应有一套通畅的晋升系统和健全的人才培训制度，这套制度应包括员工晋升的程序、计划、途径等内容。

（九）领导者激励

领导者激励主要指组织领导者的品德、行为给员工带来的激励作用。领导者是组织的核心，其一言一行都会受到组织员工的关注。领导者是员工的表率，是员工行为的楷模。如果领导者能以身作则，大公无私，清正廉洁，与员工同甘苦、共命运，体贴关心下属，不独断专行，发扬民主等。这样的领导者本身对员工就是莫大的鼓舞，激发员工的士气。如果再加上领导者具有较强的能力水平，使企业欣欣向荣、蓬勃向上，累创佳绩，能给员工带来较高的收益，有助于员工的需要满足和价值实现，那么，会对员工产生巨大的激励作用。

（十）惩罚激励

按照强化理论，惩罚也是一种激励。它是指组织利用惩罚手段，诱导员工采取符合组织需要的行动和放弃不良行为的一种激励。惩罚激励主要通过制定一系列的员工行为规范，并规定如不遵守这一行为规范，将根据程度大小，确定相应的惩罚标准与措施。惩罚手段很多，如扣发工资、奖金，罚款，赔偿，批评、降级、降职、各种行政处分以及刑事处罚等。这样，一方面，员工避免惩罚的需求和愿望促使其行为符合特定的规范；另一方面，通过对违规员工的惩罚，激励未违规的员工自觉、积极地遵守组织规范。

总之，激励员工的方法多种多样，每一种方法都是激励理论的具体应用，从内容、过程、结果等各个不同的角度对员工进行激励。组织管理者应针对不同人员的情况，根据普通员工和管理人员的不同，选择运用各种激励方式，以达到有效激励员工的目的。

学习任务3

初步掌握实用的激励艺术

【案例引入】

全球名企 CEO 谈员工激励之道

一、确定不同的激励层次

柳传志，中国联想集团董事长

我们面临的难题是如何调动3个截然不同的群体的积极性：经理班子成员、中层管理人员以及流水线上的雇员。我们对每个群体有不同的期望，他们也各自需要不同的激励方式。

我们的经理班子需要有一种主人翁意识。中国的许多国有企业面临一个特殊的难题：它们无法给高级管理人员分配股份。我们采取了一种不同寻常的方式。我们改革了所有权结构，使联想成为一家合资企业，这样就可以给所有的经理班子成员分配股份。另外，高级经理需要得到承认，所以我们为他们提供对媒体讲话的机会。一直到今天，我们没有一位高级经理跳槽到别的公司。

中层管理人员希望升职，成为高级经理，所以他们往往会积极地应对挑战，抓住机会展示和磨炼自己的才能。我们给中层管理人员确立了很高的标准，并允许他们自己做出决策并予以执行。如果他们工作出色,就会得到非常好的回报。

流水线上的工人需要稳定感。如果他们工作认真勤勉,就可以得到提前制定的奖金。我们还把小组的工作成绩与公司或部门挂钩,把个人的工作成绩与小组挂钩。例如,我们有时会让小组来决定如何分配全组得到的奖金,公司只提供总的指导方针。

二、加快速度克服困难

汉克·麦全内尔,美国辉瑞有限公司董事长兼首席执行官

在迅速朝一个目标迈进,尤其是当这个过程充满艰辛的时候,往往可以调动人们的积极性。知道公司正致力于迅速的决定性行动,可以鼓励创造性思维和协调一致的行动。

2000 年,在辉瑞与华纳制药公司合并的过程中,我们深切体会到这一点。我们虽然成功地收购了华纳,但我们得到的是一家因并购战而士气大跌的公司。在第一次召开过渡小组会议时,我强调必须迅速建立新的公司,尤其是必须在我们最大的竞争对手解决其并购问题之前。这是一项雄心勃勃的计划:在两家公司同意合并仅 5 个月的时候,寻找最好的做法将辉瑞与华纳融合起来,并准备作为一个浑然一体的公司来运作。

时间非常紧。我们取得一致意见的惯常程序这个时候是不管用的。所以我们允许相关人员迅速行动起来,并允许他们犯错误——只要他们的行动符合我们的基本原则:保持公司的完整性、尊重他人等。

对速度的重视使大家抛开怨恨和势力范围之争。仅以美国的销售班子为例,两家公司的销售人员提出了 200 多条改进业务和政策的建议,几乎每一条都被采纳。最终,由两家公司的优秀人才组成的几百个过渡小组形成了一个浑然一体的新辉瑞,在签订最后的文件几个小时后便完全正常运转。

三、鼓励承担风险

罗斯·皮拉里,BP 石油公司副总经理

帮助别人去尝试他自己认为有风险的事情是最困难的。20 世纪 90 年代初,我正掌管 BP 公司的美国零售业务。公司的首席执行官洛德·布朗要求我去管理 BP 研究与工程公司,使它更具商业性。布朗认为我是合适的人选,但我认为这个想法很糟糕。我是个商人,不是科学家;在我看来,我不具备领导一群数学家和地质学家所需要的能力。我为什么要接受一份几乎不可能成功的工作,拿自己的职业生涯去冒险呢?

布朗没有试图劝我,他让我开诚布公地谈谈这份工作对我个人和公司有什么风险。他还明确表示,不会让我个人承担所有风险。结果我接受了新的职位,我们成功地将这个研究性机构变成了更具商业头脑的公司。对我个人而言,这或许是我职业

生涯最有开拓性的一份工作。

这次经历告诉我，你不可能也不希望消除一切风险。但你可以帮助他人进入一个他略感不适的领域，取得非凡的成绩。最好的办法就是公开坦诚地讨论成功的可能性，明确职责与责任，将风险分散到整个团队和公司，并且不管结果如何，都要充满信心地给予支持。

四、关心小人物

赫布鲍姆，美国戴尔公司董事长兼首席执行官

处于公司最上层、挣钱最多的人往往会忘记底层的人生活多么艰难。如果领导者能使处于底层的员工感觉到他对自己的关心，整个公司都会受到鼓舞。

我第一次担任首席执行官是在总部设在宾夕法尼亚州小城石油城的魁克州立公司。在这座小城里，公司的员工过着很节俭的生活，挣的每一美元对他们来说都很重要。我记得跟这些人在一起时，曾听他们讲起即使买最基本的生活必需品——哪怕是孩子的鞋子——都要货比三家。听到这些后，我把公司分配的车退了。

如今，公司最底层的员工要靠每年2万至4.5万美元的收入供养一家人。去年，他们应该得到的奖金约为500美元，而高层管理人员的奖金是他们的许多倍。所以我向董事会提出申请，要求从自己的奖金中分给收入最低的155名员工每人1 000美元。对我和大多数首席执行官而言，1 000美元不值一提，但对于要供养孩子上学或负担父母医药费的人来说，这是一大笔很有帮助的钱。

一、让下属决定自己

美国心理学家威廉·詹姆斯曾指出，一个普通人只运用了其能力的10%，还有90%的潜力可以挖掘。20世纪60年代美国学者玛格丽特·米德则认为人只用了自身能力的6%。现在，心理学已证明，通过组织手段最多只能使人发挥60%的才能，而通过领导的有效激励，则可使其余40%的才能发挥出来。

通过激励工作把领导的思想变成与下属共识的意志，让下级、职工动员起自身的力量，这是一条正确的道路。而控制、监督不只是容易造成领导与下属之间的对立，更重要的是它很难激发下级、职工的主观能动性，而这是最危险的。

激励原则，应该是设法激励起人们设立自我奋斗目标的欲望，使其形成内在的自觉的意识压力结构，令其自我进入一个新的奋斗意境。激励的方法，作为领导，除了要进行自我激励的宣传工作，更主要的是帮助下级和职工确定他们各自的行为方向、行为目标和行动方法，并给予必要的外在条件，为其创造一个较为宽松、顺畅的精神氛围和物质环境。这种让下属自己决定自己的激励是一种自觉的、内在的自我激励。它会激发起人的一种内在强化行为。这种激励之所以会产生巨大的力量，还在于：第一，自己决定自己的激励使个人具有一种自觉的责任意识，这种责任意识较外在压力具有更强的调动潜能、调动活力的力量。第二,自己决定自己的激励体现了人们的精神层面的自觉追求,能给人以满足感。第三,自己决定自己较领导决定自己更容易利用自身优势,克服自身的短处和弱点,更好地保证目标的实现。第四,自己决定自己本身就激发了人们对领导的感谢、感激之情。这自然更利于领导者工作的开展。

二、让工作激发人的潜在能力

阿吉里斯认为,正式组织有这样几种表现:(1) 专业化分工。它把人看做是“假设”工具,是在分工上担任特定角色的工具,分工越细,工作越简单,个人的独立性越小,工作越乏味。(2) 等级层次结构。各级领导采用控制、指挥、协调、监督等手段行使各自的权力。(3) 集中统一的领导,而不管任务目标是否与职工个人的深层需要相符。以上组织的这种状况,造成了这样一种工作环境:(1) 领导决定一切,职工无权过问;(2) 职工处于依赖、被动和从属地位;(3) 职工只有短期眼光,无长远打算;(4) 职工只有相对简单的技能;(5) 工作条件使职工产生心理障碍。这种情况下,一个以婴儿方式努力工作的人会被重视,低能职工会干得出色,而个人的个性却遭到了挫折。阿吉里斯在进行了这样的分析后得出结论:个性发展和组织需求之间的矛盾是最基本的问题,这是组织领导面临的永久性的挑战。

那么,如何在工作上调动职工的积极性,激发他们的潜能呢?美国的赫克曼和奥顿设计了一个工作特点模型,这个模型对我们分析工作自身的内容是有启发的。模型分“主要的工作特点”、“主要的心理状态”和“结果”三个部分。在“主要的工作特点”之下,首先是技术多样性,工作完整性。具有如此特点的工作,可以使职工产生一种体验工作的意义心理状态,可以得到职工受到内在高激励的结果。其次,在“主要的工作特点”之下,工作自主性可以使职工体验到对工作结果的责任,产生得到“成长”的满足。最后,在“主要的工作特点”之下的来自工作的反馈,在职工心里,是他们知道工作行为的实际成果,产生职工高效工作、高满足的结果。技术多样性,包括我们还要讲到的工作内容丰富化、工作范围扩大化、职工自主选择工作等。工作完整性,主要是让职工参与工作的全过程。技术多样性和工作完整性的意义主要在于激发职工的成就感,这是对职工心理的,精神的高层次需求的满足,是很有意义的。工作自主性,包括减少指示性、控制性行为,扩大工作的深度和范围,给职工工作增加自主性和创造性。并能参与相关的决策。这对职工成长因素的激励是不言而喻的,来自工作的反馈,主要是把职工自身的工作和工作产生的社会效益联系起来,可以满足他们的成就意识,得到一种崇高的精神激励。

三、从物质刺激的泥淖里拔出脚来

片面满足职工经济利益的物质刺激会产生以下弊端:(1) 物质刺激能使人产生一种愉快的心境,但在许多情况下,人们都有一种维持现状或想再增加收入的情绪和欲望。一旦奖励消失,就会使人产生挫折的心理,而不易使人产生内在的力量。

(2) 物质刺激会使人产生一种交换观念。金钱成了付出的等价物。正如美国的赫兹伯格所讲,就想要一条小狗跳起来,你必须不断地在它眼前闪动饼干。单纯依靠物质刺激,工人的胃口会越吊越大,从长远看绝不可取,因为我们不可能月月增加奖金。(3) 物质刺激会扼制人的主体意识的发展。美国的弗鲁姆曾指出,用物质刺激的方法去控制、诱导职工做出成绩,可能会削弱他们对工作的意义和兴趣的追求、发掘。(4) 物质刺激一旦成为人们注意的中心,就会造成人的精神动力的萎缩。(5) 如果其他工作薄弱,那么领导和下属之间就形成了浓厚的经济关系。

要真正调动职工的积极性,还是应该将物质和精神结合起来。

四、学会催动人的情感

人的情感是人对现实环境是否适应自己需要的一种心理反应,当理智与情感一致起来时,就更成为理智行为的推动力。情感不只调节人的认知方向,调节人的行为,而且当人们的情感有了更多一致时,人际间的依恋性就会越来越强,集体的理解力、凝聚力、向心力即成为不可抗拒的精神力量,可见情感对人、对集体是多么重要。如何催动人的情感,可以在以下几个方面做好工作。

1. 尊重人

美国国际商用机器公司总经理小托马斯·沃森就认为,IBM公司的信条,最重要的是尊重员工。尊重不只是尊重人的人格,还要尊重人的价值,即存在价值。

2. 关心人

从心理学、意识上讲,关心包含着尊重,其深刻性也在尊重。很多领导都比较关心人,这似乎是人之常情,但把关心人作为一种工作方式却不多见,而这带来的效益却大不同于一般的关心。

3. 通情达理

用情处理既得人心,又得实惠。北京天安制药集团总裁吕克健为他的公司确定:“管理的法则是既要坚持原则,又不要使人难受。”看来是有道理的。

4. 感情回报

无论是什么人,只要他做了有益于我们的事情,只要是给我们的事业做了贡献,我们就不能忘记,而要在一定的时候给予回报。尽管回报的内容、方式不可能固定在某一点上,但这种感情的表达则是必需的。

五、补偿也是一种激励

还有许多时候,比如任何一项决策都会使一些单位、个人受益而又使另外一些单位、个人受损,至少是得不到别人可以得到的好处。再有,并非是主观的原因,客观上必须进行裁决,因而造成有的受益、有的受损的不公正现象,这也有补偿问题。这时,领导一边给予精神温暖,一边以另外的方式给予物质的补偿,这实际是激励人心、推动工作的理智之举,不管是由于合理还是不合理的原因,人们只要受到损失、损害,心理的天平就会倾斜，甚至导致失落，而补偿是校正这种倾斜、失落的好办法。

六、恰当地表扬身边的人

表扬是领导工作方式中最富魅力的方式之一，是打动人的心灵、激发人的情感、激励人的热情的极佳手段。表扬也有多种形式，当众表扬、个别表扬、直接表扬、间接表扬。用这多种形式就可扩大表扬的内容、范围，增强表扬的效果，但关键的问题是我们的意识。表扬的作用很大，也很有效。

(1) 表扬是一种兴奋剂。它启发人的内在动机，增强人的自身活力。

(2) 表扬是一种催化剂，由衷地献上你赞许的语言、肯定的评价、真诚的鼓励。这会推动人们想再次听到表扬的欲望。

(3) 表扬有一种评价作用。它使自卑者鼓起勇气，使游移者确定方位，使盲目者找到目标，使软弱者坚定意志，使成熟者强化自身。

(4) 表扬可以强化人的长处。这种正面强化，可以使人增强自己的优势动机，发挥扬长避短的作用。

(5) 及时的表扬会产生及时的行动。表扬有速度效益。

(6) 表扬可以使人的偶然行为变成持久行动。通过多次的反复的表扬激化，人的外在行为还会变成内在素质，形成持久的行动。

(7) 领导随时随处对人的有益行为进行毫不吝啬地表扬，加深与群众的联系是有很大好处的。

(8) 表扬是一种形式，领导注重采取这种形式，常而言之，无形中会产生一种强烈的依恋之情。

(9) 领导的威望越高，表扬的效果就越好。

(10) 经常运用表扬的手段，会形成一种活跃的小环境。

七、避开奖励意识误区

1. 赎买和奖励

奖励含有两重意义。一是对贡献的物质酬劳，二是对贡献的精神鼓励。过于注重物质酬劳，就容易造成贡献一分酬劳一分，奖励之中存在着贡献大小与奖励多少的对应性，奖励如果没有这种“差别境界”，就失去了它的作用。但多奖多少或少奖多少，要以调动人的积极性为标准、为对应点，而不能以单纯的贡献值为标准、为对应点。这里把握贡献和奖励的关系十分重要，两者结合点的选择，是领导艺术水平高低的表现。具体贡献，给予多少奖励，给予什么形式的奖励，在多大范围内奖励等，这都要把握好。

2. 全局和局部

通常，我们在进行表扬时，视线往往放在那些已经突出来的集体和个人上，总想用他们的事迹、思想引导他人。如果我们把视角动一下，在所有的集体和个人身上寻找他们的长处和优点，那么情况就会有所不同。实际上，任何事情只要有可取之处，就有存在的理由，就有我们加以宣传、发扬光大的必要。

3. 工作和人

“彼得原理”是说在一个重奖励的集体里，工作好的往往被提拔，结果又往往把人们引向用非所长、自己不能胜任的工作岗位上。应该说，这也是一个误区。对人的引导还不能只限于工作领域，因为人的长处不见得就表现在工作领域。如果在工作以外找到了人的长处，再把这种长处用在适当的工作上，就不只是给人提供了发展的机会，而且给工作带来了莫大的好处。

4. 过程和结果

我们的表扬，大多是在人们显示了他们的成绩之后，即是对他们一个阶段的具体表现的表扬，这是我们的惯常做法。我们反问一下，人在什么时候需要表扬？那问题就出来了。所以要在过程中发现、并表扬人的行为。这与阶段性表扬结合起来，才是科学的。

八、保护与批评

许多单位民主生活不正常，有的甚至多年没有正常的民主生活，人们普遍感到自我批评还勉勉强强，相互间的批评就很难进行。缺少正常民主生活，集体中积累的矛盾会越来越多，工作难度也越来越大，遇到一些非解决不可的问题，就只好采取行政命令或组织手段，既耽误人又伤人，还贻误工作。即从团结的愿望出发，本着爱护人、保护人的原则，指出被批评者的缺点问题，以使其心悦诚服，克服缺点，改正错误。

1. 保护与批评的前提

(1) 批评之前，批评者与被批评者要有心理沟通。因为心不通理则难顺，就很难让人家接受意见。就需要在批评之前做些具体的、私下的工作，比如接触、了解、谈心。

(2) 批评要能达到对方自我批评的目的。

2. 保护与批评的原则

(1) 对事不对人。

(2) 要对批评对象进行具体分析。这里有两层意思。一是分清问题的主流还是支流，是根本性的，还是一般性的。使批评对象明确问题的位置、分量，利于改正，也避免因受批评产生心理压力而以点概面，迷失方向。二是分清成绩和失误、长处和短处，给人以全面的评价，利于被批评，稳定情绪，增强信心。

3. 批评的方法

(1) 批评应十分谨慎。

(2) 领导要承担责任。领导真心承担责任有三个好处。一是做了表率，二是找到了自己的问题，三是便于确定下级的问题。

九、用惩罚校正方向

惩罚具有警戒、威慑、行为矫治、方向控制和引导的作用。任何一个集体都必须发挥人的自觉能动作用，也必须用一定的制度、规定进行行为约束，还必须有一定的惩罚手段，对越出行为规范的人进行适当的处理，这三者是缺一不可的。

惩罚的原则：(1) 赏小罚大。惩罚的面要小，但要抓大的典型。(2) 以是否转变人的态度作为惩处成功与否的重要标准。(3) 在人们内部一般性惩处不能损害人的自尊心，还要求细致地做好当事人的工作，充分肯定其优点、长处，通过说理使其正确对待惩处、对待自己。

本单元实训与练习

【读一读】

情感管理是重要的——风与太阳比赛寓言的启示

太阳和风看到一个穿着大衣的老人，风说："我能很快地让那老人脱掉身上的衣服。"风开始吹起来，愈来愈大，但风愈大，老人把大衣裹得越紧，风败了。太阳开始露面，以它和煦的阳光照着老人，不一会，老人渐热，脱掉了大衣。太阳对风说："要明白温和与友善有时比愤怒和暴力更强大，更有力。"在我们的工作和生活中，又何尝不应如此呢？无论做什么事情都要认真思考，切不可武断行事。其实，我们的管理工作也应如此，管理工作是一项长期艰苦的工作，需要付出不懈的努力，过去，有些人所采取的"铁面孔、铁手腕、铁心肠"的工作方法确实能适用于一时，也许能起到一定的震慑作用，但却容易使职工产生强烈的逆反心理，效果只能适得其反，就如前面所说的狂风一样，虽然用了很大的力气，却没有达到目的。我们常看到，在某一个班组出现下班后房门不锁的现象，刚对其批评并宣布处罚后，时间不长又会出现别的房门不锁的现象。一种行为的发生，总有其主客观原因的影响，只有找出发生问题的原因，对症下药，才能取得事半功倍的效果。所以在管理工作上，要多用些感情，以情动人、以情服人，真正使职工感觉到管理人员一直在关心他，爱护他，尊重他，理解他，从而自觉增加工作的积极性和遵章守法的自觉性。"情感是一种巨大的推动力"。考虑职工在工作中存在的不足和经验，对工作中好的经验和方法要加以鼓励和鞭策，存在的缺点和不足要因势利导，就好像寓言中的太阳一样，用微笑的方式对待生活中出现的一些问题，使之心服口服，积极投入到公司生产、经营工作中去，只有这样管理工作才能有一个新突破。

"柔性管理法则"的由来

"柔性管理"是相对于"刚性管理"而言的。"刚性管理"以规章制度为中心，凭借制度约束、纪律监督和奖惩规则等手段对企业员工进行管理，这是20世纪通行的泰勒管理模式。而“柔性管理”则是以人为中心，依据企业的共同价值观和文化、精神氛围进行的人格化管理，它是在研究人的心理和行为规律的基础上，采用非强制性方式，在员工心目中产生一种潜在的说服力，从而把组织意志变为个人的自觉行动。

“柔性管理”最大特点在于它能使员工心情舒畅，进而不遗余力地为企业不断创造新的业绩，从而成为企业在全球激烈的市场竞争中取得竞争优势的力量源泉。

斯特松公司是美国一家很老的制帽厂，有段时间公司的情况非常糟糕：产量低、品质差、劳资关系极度紧张。这时，当地的一位管理顾问薛尔曼应邀进厂调查。他的调查结果显示：员工们对管理层、工会缺乏信任，员工彼此间也是如此。公司内的沟通渠道全然堵塞，员工们对基层领导的做法更是极度不满，其中包含了偏激作风、言语辱骂和不关心员工的情绪等问题。

通过倾听员工的心声，认清问题的所在，薛尔曼开始实施一套全面的沟通措施，加上有所觉悟的管理层的支持，竟在四个月瓦解了员工憎恨责难的心态。员工们开始展现出团队精神，生产能力也有提高。感恩节前夕，薛尔曼和公司的最高主管亲手赠送火鸡给全体员工，隔天收到员工回赠的像一张报纸那么大的签名谢卡，上面写着：“谢谢把我们当人看。”

【想一想】

案例1　骨干员工为何要走？

张经理是A公司的人力资源部负责人，近段时间他却烦恼透顶，两位他所看重的公司业务骨干要走。主要原因是这两名员工认为他们现在所做的贡献远大于回报，而且事实的确如此。而公司则认为他们所取得的成绩是因为有公司作后盾，离开了公司他们什么也不是，又怎么会有作为？相持之下两人一气走之。

问题：

请你用有关激励理论分析此案例。

案例2　公司领导为何头疼？

北京某科技发展有限公司（以下简称公司）始建于1994年。公司创立者原先从事电脑营销工作，由于与原公司的合作出现分歧，他们认为再到别的小公司去替人打工意义已经不大，于是决定创办自己的公司。

公司创办之初非常艰难。没有资金,就向亲属借了5万元钱;没有场地,就从别的公司的营业场所中租了一张桌子,作为自己的营业场所;没有现成的客户,就从他们原先认识的朋友中开始介绍。整个公司就两个人,所有推销、搬运、验货、送货等全部工作都是两人亲自来干,辛苦自不必说。公司刚开始主要经营打印机,当时卖一台打印机的利润还是相当可观,这样一年下来,经营情况还很不错。

第二年,租了一个门市,招了一名员工帮助进货,业务量开始有起色。由于对整个市场发展的行情把握得比较好,发展速度很快,当年做得比较好的是惠普公司的外设产品。他们决定招聘一个在惠普PC和服务器产品方面有丰富经验的人加入公司,为了吸引对方的加盟,他们提出了加盟者与公司之间对所经营的惠普PC和服务器产品毛利二八分成的分配方式,并于1996年4月开始代理惠普公司的PC和服务器产品。

1997年是公司稳定发展的一年,微机和外设的销售量都有了明显的增长,人员增加了不少,公司有了自己的独立门市,并有点HP专卖店雏形的味道了。

1998年又是一个转折点,公司办公从临街门市搬到写字楼,同时又吸收一名合作者加盟,任销售部经理,公司与他毛利润二八分成。这样,整个公司的经营分成门市和写字楼两个相对独立的部分,各有一名合伙人负责,权责分明。

从公司的发展过程来看,还是比较顺利的。但随着公司业务的不断发展,公司的高层管理者也发现在公司经营中存在的问题也不少:公司各个部门之间各行其是、除去加盟者之外,其他员工士气和热情不高、公司除了物质上的刺激外,再无其他能够调动员工积极性的办法。但现实的情况是,像该公司这样的规模和经营情况的公司在物质刺激方面的余地并不大,因为利润率已经很薄了,这是IT产业中硬件销售业的总体态势。其实,即使是那些平均利润率比较高的行业中的小公司也同样存在相同的问题。公司领导者常常为这类事情头疼不已。

问题:

该公司出现问题的主要原因何在?应从哪些方面着手改进?

案例3 帕尔默机器公司

帕尔默机器公司已经处于艰难时刻,这不仅归因于经济衰退,而且也归因于自日本进口的产品所造成的竞争。在过去,劳资关系已相当糟糕。工会通常要求给工人增加高工资,而且也得到了。但是,在以往几个月内,事情起了变化,劳资双方都认识到他们的前景暗淡。

公司坚持认为它处于朝不保夕的状态中，因而要求劳方让步和削减工资。工会召开会员大会，讨论了公司的情况，尽管有一名装配工安·斯图尔特认为她的工资高，赞成减低工资，但大多数工人却不同意，也不想作出任何让步。事实上，工人对于管理部门的意图很不信任，觉得如果作出了让步，就会促使公司提出一些额外要求。经过长时间的讨论之后，有些工人同意让步，假使管理部门能作出类似牺牲的话。可是公司管理部门并不想作出任何承诺。在其后的几周内，情况愈来愈坏，解雇的事提出来了，工会同意实行一些削减，但附带有一个协议，即在公司情况好转后，员工可以某种方式分享公司的利润。

一个月后，一些大公司的行政主管的薪水调查表在一家全球性杂志上发表了，透露出这家公司的行政主管拿到的报酬大量递增。一名工人评论是："恰恰你不能够信任高层管理部门。我希望我们像日本的公司那样，在艰难的时刻，首先削减红利，然后削减高层管理部门的薪水，稍后再减少中层主管人员的薪水，至于工人的工资则是在最后减少的。"

问题：

1. 你认为工人应该作出让步并且应该同意削减工资吗？
2. 如果你是公司的总裁，你将怎样处理这种情况？

案例 4　建造"大家庭"

企业家们常常号召职工"以厂为家"、"以公司为家"，试图以此来增加企业的凝聚力，为企业创造更好的效益。但真正能让职工感到企业是自己的家，却没有那么容易。这要求企业家真正在企业营造出大家庭的环境。

香港新鸿基证券有限公司，由冯景禧于 1969 年创办，该公司在日成交数亿港元的香港证券市场上，占有 30%的份额，公司年盈利额达数千万元，冯景禧的个人财产达数亿美元。他成了称雄一方的"证券大王"。

"新鸿基"之所以能创造出世界证券业少有的佳绩，主要得益于冯景禧的"大家庭"式的经营管理哲学。"新鸿基"执行董事谭宝信介绍说："在冯景禧的掌握下，公司形成了一股难以形容的奇妙力量，这样的气氛能激发员工的创造性。在这里工作，成就肯定比别的机构大。"

实际情况正如谭宝信所说，冯景禧的"大家庭"式的经济哲学，不但使本国职工感到和谐，而且也使外籍职工感到大家庭的温暖。这样，一种奇妙的力量就自然形成，这种力量之大是难以形容的。

为了实施“大家庭式”的经营哲学，在管理方式上，他十分重视人的作用，强调发挥人的创造性。他曾声明：“服务行业的资产就要靠管理，而管理是靠人去实行的。”新鸿基集团不以拥有巨额资产为荣，而以拥有一大批有知识、有能力、有胆量、善于运用大好时机、敢于接受挑战的人才队伍为骄傲。冯景禧的管理哲学和用人艺术，既有西方人的科学求实精神，又有东方人和谐情趣的气氛；既有美国现代化管理原则，又有日本人的以感情为核心的人际关系，融东西方优点于一炉。

在管理原则上，他十分强调团结的力量，注重全公司上上下下的团结一致。他在经营业务的大政方针决定之前，总是广开言路，尤其是重视反面意见，然后加以集中，再向全体员工解释宣传，使大家齐心协力。他在实施公司的决策时俨然像一位“铁血将军”，而在体谅下属时又俨然是一个宽厚的长者。如果有哪个职工向他辞职，他首先会询问是否有亏待过他的地方？如有，就诚恳道歉、改正，并全力挽留。因为他知道，失去一个人容易，但培养一个人难。在管理作风上，他注重以身作则，平易近人。为了使员工心情愉快，他还刻意创造一种“大家庭式”的生活气氛，如组织业余球赛，在周末用公司的游艇观赏海景，亲自参加员工们的“国语”学习，等等。

许多企业的职工“吃里爬外”，对企业不负责任，“大家庭式”的管理，不失为医治这种病症的良方。

问题：

1. 冯景禧是如何提高新鸿基证券有限公司凝聚力的？
2. 你从该案例得到了什么启示？

【练一练】

一、名词解释

1. 公平理论
2. 激励
3. 强化理论
4. 需要层次理论

二、选择题

1. 公平理论公式中的“收入”包括(　　)。

A. 提升职务　　B. 地位
C. 技能水平　　D. 荣誉
E. 资历　　F. 薪水

2. 行为改造激励理论包括(　　)。

A. 双因素理论　　B. 强化理论

C. 期望理论　　D. 归因理论

E. 公平理论　　F. 挫折理论

3. 赫茨伯格提出的双因素理论认为(　　)不能直接起到激励的作用,但能防止人们产生不满情绪。

A. 保健因素　　B. 激励因素

C. 成就因素　　D. 需要因素

4. 人们受挫后的行为表现为(　　)。

A. 发牢骚　　B. 争吵

C. 忧虑　　D. 恐惧

E. 心灰意冷　　F. 神经紊乱

5. 对普通员工可采用的激励奖酬形式有(　　)。

A. 金钱　　B. 认可与赞赏

C. 带薪休假　　D. 持股

E. 晋升　　F. 惩罚

三、问答题

1. 激励理论的分类。
2. 公平理论的本质是什么?
3. 需要层次理论有哪些主要内容?
4. 根据期望理论,激励力的大小取决于哪些因素?
5. 激励的作用有哪些?

【做一做】

1. 假设你的父母、兄弟、姐妹、朋友面临婚姻危机、家庭变故、生意受挫、失恋、事业下滑、生活贫困潦倒等重大挫折时,写出200字左右关于如何激励他们面对困境,重新振作起来的短文。(要求:有挫折现状、如何沟通与帮助分析、设立激励目标、路径和具体激励措施)
2. 以学生寝室为单位,组成学习小组,每小组在充分沟通交流的基础上,写一篇关于影响学生学习积极性因素的短文。(要求有动机、环境、目的、效果等简要分析情况)

学习单元八

协调方法与艺术

∵学习目标与任务

1. 理解管理协调的含义与原则
2. 了解企业常见的各种关系协调
3. 初步掌握组织冲突管理的协调方法与艺术

学习任务1
理解管理协调的含义与原则

【案例引入】

与员工合作

一个叫胥强的老板，拥有一家广告公司。胥强善于与人沟通，能了解别人的态度、信念和想法，能用对方的观点，说服对方。他尽可能地让员工参与和他们相关的事，这使员工备受鼓舞，心中充满了受到嘉奖的喜悦，很愿意说出自己的真实想法。他还善于发现员工的动机和需求，能准确地预知各种拟定的行动方案会带来什么影响和结果，所以，他能采取能给公司事业带来最佳影响和产生最好效果的行动方案。因为胥强能和员工合作无间，员工也能群策群力，所以，公司很快就取得巨大成就。在80年代，他的公司取得了年均35%的净利润增长率。

然而另一位才干、知识和精力都不亚于胥强的老板，却因缺乏交际能力，而使业绩相当好的广告公司关门大吉。

他名叫夏海泉，80年代初，担任海泉广告策划公司的老板。夏海泉才华横溢，精明过人，也很有经商头脑，但是却不善于处理与部下的关系。他十分专断，对部下无理施压，在公司内部造成了人人自危的局面，各部门之间也摩擦不断。部下在接受任务时，不是思考如何创造性地完成，而是思考如何去讨好他，花费大量时间去揣测老板的意图。结果，4年之后，这家公司退出了商界。一家在其父亲经营下原本业绩较佳、同行无法相比的公司从此倒闭了。

问题：

1. 两家公司管理者的知识、才能大体相当，为什么经营效果大为不同？

2. 你认为沟通是如何在协调中发挥作用的。

协调的含义及作用

（一）协调的含义

法约尔认为，协调就是指企业的一切工作都能和谐地配合，以便企业的经营活动顺利进行，并有利于企业取得成功。它要求企业各部门、部门内各成员都要对自己在完成企业共同目标方面必须承担的工作和应相互提供的协助有准确的认识；同时，必须反对各自为政、互不通气和不顾企业整体利益的行为。

像企业这样的组织，是由人、财、物、技术、信息等要素共同构成的。企业要顺利运转，必须根据企业经营目标，对各生产要素进行统筹安排和全面调度，使各要素间能够均衡配置，各环节相互衔接、相互促进。这里的统筹安排和全面调度就是协调，它需要管理者的管理行为来执行。其实，这种协调就是理顺组织内部的各种关系，如部门间的关系、员工之间的关系、上下级间的关系等。同时，企业是开放的系统，在其运转过程中，必然会与外部环境发生多种关系，如企业与政府之间的关系、与消费者的关系、与新闻界的关系等。这些关系处理是否得当，也会影响企业的正常运转。所以，管理者也必须正确处理这些关系，为企业正常运转创造良好条件和环境。

总之，协调就是正确处理组织内外各种关系，为组织正常运转创造良好的条件和环境，促进组织目标的实现。因此，从一定意义上说，管理者的任务就是协调关系。协调如同"润滑剂"，是组织凝聚力的源泉之一。

（二）协调的作用

协调的作用主要表现在以下方面：

1. 使个人目标与组织目标一致，促进组织目标的实现。若个人目标与组织目标相一致，人们的行为就会趋向统一，组织目标就容易得到实现。但是我们知道，人们加入组织是为了满足个人的某些需要，如生存的需要、安全的需要、尊重的需要等，这使得个人目标往往与组织目标不能完全一致。管理者可以通过协调工作，使个人目标与组织目标相辅相成，从而促进组织目标的实现。

2. 解决冲突，促进协作。人与人之间、人与组织之间、组织与组织之间的矛盾、冲突是不可避免的，并且这种矛盾和冲突如果积累下去就会由缓和变到激烈、由一般形式发展到极端形式。如果这样下去，轻则干扰组织目标的实现，重则会使组织崩溃、瓦解。所以，管理者必须通过协调，很好地处理和利用冲突，发挥冲突的积极作用，并使部门之间、人与人之间能够相互协作、很好地配合。

3. 提高组织效率。协调使组织各部门、各成员都能对自己在完成组织总目标中所需承担的角色、职责以及应提供的配合有明确的认识，组织内所有力量都集中到实现组织目标的轨道上来，各个环节紧密衔接，各项活动和谐地进行，而各自为政、相互扯皮、不顾组织整体利益的现象则会大大减少，从而极大地提高组织的效率。

（三）协调的原则

1. 目标一致原则。协调的目的是使组织成员充分理解组织的目标和任务，并使个人目标（或群体目标）与组织目标相一致，从而促进组织总目标的实现，所以管理者的协调工作必须围绕组织总目标进行。从这个意义上讲，目标管理（MBO）是实现组织分工、协作的有效工具。

2. 效率原则。协调的目的不是掩盖、抹杀问题，也不是和稀泥，而是通过发现问题、解决问题，使部门之间、个体与个体之间更好地分工、合作，每个人都能满腔热情、信心十足地去工作，从而提高组织效率。

3. 责任明确原则。明确责任是协调的基本手段。明确责任就是规定各部门、各岗位在完成组织总目标方面所应承担的工作任务和职责范围。除了要明确自己的职责范围，还要明确互相协作的责任，提倡部门间、同事间发扬主动支援、积极配合的精神，反对各自为政、相互扯皮的恶劣作风。

4. 加强沟通原则。沟通是协调的杠杆，组织内部以及组织与外部环境之间的信息沟通越有效，彼此间的理解、支持就越容易建立，发生误会、摩擦、扯皮的可能性就越小，而组织的协调性就越强；反之，沟通效果越差，组织协调性也越低。所以，管理者在其工作中，要掌握有效的沟通技能，合理选择信息沟通渠道，积极排除沟通障碍，充分发挥信息沟通在协调中的积极作用。

学习任务 2
了解企业常见的各种关系协调方法

【案例引入】

某轻型汽车制造厂

地处某市的轻型汽车制造厂最近推出一种新型车，颇受用户青睐，订货接踵而来。但令厂领导头痛的是，从批量投产以来，装配车间工人们干活的劲头不足，装出的车返修多，月度出产计划老是完不成，影响向用户交货。

于是厂领导召集各部门主管人开会，研究解决问题的办法。

主管生产的副厂长承认装配车间工作有些问题，如工人技术素质需要提高等，但认为主要是由于机加工车间交付的零部件成套性差，一部分零部件质量不够好，缺乏互换性，影响了装配工人的劳动效率和工作程序。他埋怨说，检验部门在掌握质量标准上有些过严，导致返工多；工艺部门也有责任，部装和总装的工艺文件经常修改，工人提出的合理化建议也未被采纳。他指出，原来推出的样本是由精选的工人用精选的零部件装配出来的，一旦转入批量生产，就需有正规的工艺文件，还要教会工人去掌握，对零部件质量也有严格的要求，而我们还未做好这些准备工作。

机加工车间的主任说，交付装配的零部件都完全符合设计图纸要求，保证了质量。如果说互换性差，那是规定的公差有问题，但要修改公差，那是设计部门的事，而且一些机床的精度也可能有问题。至于交付的零部件成套性差，那是计划安排和物料供应方面的问题。

总工程师声明，零部件和汽车的设计图纸都是无可挑剔的，假如再把公差规定得严格一些，有些关键机床就需要更新。至于装配工艺的改动，那是适应工人的技术水平和工作习惯，采纳了工人的合理化建议，有些工序如能添置专用夹具和量具就更好。不过，更新机床和添置工具需要一大笔资金，财务部门早就不同意，而且这样会使汽车成本升高，影响工人效益。他断言，现在的影响不在技术上，而在生产管理系统上。

主管人事的副厂长认为，目前我国职工数量多而数量差的矛盾十分突出，当务之急是大力加强职工培训，提高职工素质。可是大家对此不重视，个别车间领导人还不愿意让工人去参加培训，怕影响生产。不抓培训，将难以组织正规化生产，掌握先进的技术装备。

总会计师补充说，根据工厂目前的财务状况，无力更新设备，如必须更新，只好靠银行贷款，这就带来还本付息问题。增添少量的装配用夹具的钱是有的，但从未有人提出过。

厂长最后小结说，大家要心平气和地研究，不能相互责怪或埋怨。现在用户订货多而我们拿不出产品来，这是全厂的头等大事，弄不好会影响产品和工厂的前途，质量是工人的生命，检验部门把关就应该严格。看来问题比较复杂，涉及的面很广，大家可继续分析，看主要的矛盾在哪里？关键性的措施有哪些？各部门应如何配合？希望大家再深入实际，调查研究，拿出有说服力的材料来，还要注意听取基层领导和职工群众的意见。下周再开会，一定要找出具体解决办法。

问题：

1. 这次协调会议包括了哪些种类的协调，可否严格区分？
2. 这次会议揭露出的矛盾是由哪些原因所引起的？
3. 如果你是厂长，你打算如何进一步去分析研究，求得问题的解决？

一、组织内部关系的协调

像企业这样的由多要素组成的、开放的组织，在其生存和发展过程中，需要协调的关系很多也很复杂，但它们大体上可以分为两部分：一部分是企业内部关系，如企业与股东的关系、产供销间的关系、上下级间的关系、生产技术准备与生产任务间的关系等；另一部分是企业与外部环境间的关系，如企业与消费者的关系、与政府部门的关系、与供应商的关系等。通过对组织内部关系的协调，可以使组织内部各种力量都统一到为实现组织目标而努力的轨道上来；通过与外部关系的协调，可以为组织发展创造良好的外界环境。

1. 对各生产要素的协调

组织要顺利地运转，必须根据组织总目标的要求，对组织各要素进行统筹安排和合理配置，并使各环节相互衔接、相互配合。在要素配置过程中，就产生了各种各样的关系，其中重要的方面有：产品销售与生产能力的关系、生产任务与原材料供应的关系、生产任务与生产技术准备的关系、资金需求与资金筹措间的关系等。

对生产要素进行协调的主要工具是计划和规章制度。在企业发展中，要编制的计划主要有企业发展总体规划、销售计划、生产计划、供应计划、生产技术准备计划、财务计划、人力资源计划等。在编制计划时，要注意三点：一是加强信息传递、沟通，使计划工作有充分、准确的依据；二是学会使用滚动式计划法，这种方法能够灵活地适应环境变化；三是实施目标管理，建立组织目标体系，并把目标的完成情况作为部门和个人绩效考评的依据。

2. 对企业与股东关系的协调

企业与股东的关系是重要的内部关系。在所有权和经营权相分离的现代企业制度下，股东出资形成了企业的原始经营资本，并交由专门的经营管理层来运营，所以没有股东也就没有企业。在企业经营过程中，如果股东都对企业失去信心而抛出手中的股票，企业价值将急剧下降并将被停业整顿。所以，良好的股东关系是企业生存和发展的基础。

协调企业与股东关系的目的，是通过加强企业与股东间的信息沟通，取得现有股东和潜在投资者的了解、信任和支持，最大限度地扩大企业资金来源。在协调企业与股东关系时，应做好以下工作：

(1) 完善企业法人治理结构，在产权清晰和责权统一的基础上，实现对企业控制权的合理配置，在企业所有者和经营管理者之间形成相互制衡的机制和有效的激励和约束机制，以最大限度地提高企业运营效率。目前，我国企业在法人治理结构方面仍存在十分突出的问题，如政企不分和产权所有者缺位。缺乏对经营者有效的激励和约束机制、“内部人控制”等。针对这些问题，在今后的改革中必须做到以下几点：通过股权结构多元化，强化所有权对经营者的约束；进一步明确董事会的权力、责任和法律地位；推行经营者年薪制，完善对经营者的激励和约束机制；理顺新老三会之间的关系等。

(2) 企业，尤其是上市的公众公司，应按《公司法》、《证券法》的要求，规范自己的信息披露行为，为投资者提供充分、准确的投资信息，包括公司财务报告报表、资金使用情况、股利政策以及公司经营方案等。通过提供信息，加强与股东及社会公众的交流和沟通，促进了解和信任。

3. 对部门之间关系的协调

企业内部各个部门是企业总目标一致基础上的分工协作关系，但是在运作过程中难免在资源分配、时间进度、任务安排的均衡性以及工作配合衔接等方面发生矛盾和问题，部门之间关系主要靠规章制度和会议进行协调管理。

(1) 完善、科学的规章制度是协调工作能够顺利进行的基本保证。企业的规章制度主要由管理制度、工作制度或程序等组成。管理制度是为了规范组织内各种关系而制定的，它明确了各部门在完成企业目标中应承担的职责范围，以及应提供的配合，是协调工作的主要依据，如生产技术准备制度、原材料供应制度、质量管理制度、财务管理制度、考核制度等。工作制度或程序主要说明工作任务及要求、工作程序、责任范围等，是每个工作岗位行为的依据。

(2) 会议也是协调的重要方式。横向部门间可采用定期或不定期的会议方式，加强彼此间的联系、沟通，如联席会、调度会、信息发布会等。通过协调性会议，使横向部门间步调一致，进展平衡，相互衔接，按期完成任务。

4. 对组织内部人际关系的协调

组织内部的人际关系主要指的是正式途径以外的非正式关系，如同学关系、非正式群体关系、亲朋关系等。这些关系一般是自愿自发的人际关系，所以往往比正规的、自上而下(或自下而上)的沟通渠道更迅速、更有效、更富于弹性，并成为增进企业与员工的感情、提高企业凝聚力的重要途径。

协调组织内部人际关系的目的，是提高员工对组织的归属感、认同感和组织凝聚力，使所有员工团结一致，共同为实现组织目标而努力。协调组织内部人际关系应坚持以下原则：

(1) 相互尊重，平等待人。与人交往最重要的是要尊重对方，不管对方是你的上级，还是下级，还是同级，都应一视同仁，不能因对方级别低或专业知识少等原因而歧视对方，也不能因对方地位显赫就趋炎附势。相互尊重是进行有效沟通的基础，也是建立良好关系的前提。

(2) 互助互利。个体都是因某种个人的需要而加入组织的，所以在协调组织内部人际关系时，要尽可能满足个体的一些需要，以此激发个体的工作热情，增强其对组织的归属感。

(3) 诚实守信。诚实守信是做人的基本原则，也是处理人际关系时应坚持的基本原则。对人诚实，才能取得对方的信任；信守承诺，才能深入交往。

二、组织与外部环境的协调

1. 企业与消费者关系的协调

市场经济下，企业与消费者可以说是唇齿相依的关系。没有了消费者，企业就失去了生存的基础。建立和维护良好的企业与消费者的关系，是企业发展中的头等大事。

协调企业与消费者关系的目的是促进企业与消费者的有效沟通，在企业与消费者之间建立起相互了解、相互信任、相互依存的关系，并使企业及时、准确掌握消费者需求变化趋势，为消费者提供有价值的产品或服务，在消费者心目中建立起良好的企业形象。

协调企业与消费者的关系，首先需要企业牢固树立消费者导向观念，在经营决策中充分考虑消费者需要，在经营管理中处处为消费者着想，只有这样才能赢得消费者的信任和支持。为协调好与消费者的关系，企业还需做好以下工作：

(1) 做好市场调查和市场预测，了解消费者需求变化趋势以及消费者对企业生产、经营、管理等方面的意见和要求，并通过提供及时、优质、独特的产品或服务，满足消费者的需要。同时，还可通过广告、专题报道等形式，向消费者宣传企业经营理念、文化、宗旨及经营状况，促进消费者对企业的了解，形成良好企业形象。

(2) 改进、完善企业服务体系(包括售前、售中、售后)。良好的服务可以使消费者高兴而来，满意而去，并导致连续的消费欲望和购买行为，其中积极的售前服务可以教育消费者和引导消费，热情的售中服务可以促进购买和消费，良好的售后服务则是企业信誉的保证。此外，还可以把服务体系作为信息反馈的重要渠道，通过它收集有关消费者的信息，改进产品或服务。

(3) 认真对待消费投诉、质询、批评和纠纷。再好的消费者关系也难免出现冲突、纠纷，而当出现这种情况时，最好的解决办法就是认真分析起因，及时、妥善地处理实际问题，认真、严肃地回答质询，调解冲突和纠纷。

(4) 积极与社会上的消费者组织进行合作，为消费者提供必要的信息，指导消费者正确识别和使用产品，根据自己需要选择产品。此外，企业还可以在这些组织的帮助下获取有关消费者的信息。

(5) 既要重视未来的新顾客，又要维系好与老顾客的关系。开拓新市场。吸引新顾客是企业不断发展的条件之一，但维系、保持住现有的老顾客同样重要，因为老的消费者是直接验证和推销企业产品的一支重要力量，起着宣传企业和产品的重要作用。维系老顾客的方法有：与他们通信、开座谈会等。通过这些活动，征求他们的意见或建议，以改进企业经营管理。

2. 企业与政府关系的协调

这里的政府不是指作为国有资产所有者的政府，而是指作为经济、社会管理部门的政府。政府控制着工商、税务、法律等监督、管理手段；同时，政府还可以通过宏观经济政策对企业施加影响。企业作为社会的一员，必须接受政府的统一监督和管理。协调好企业与政府的关系是企业对外关系的重要内容，有助于企业顺利的发展和目标的实现。

(1) 协调与政府的关系，首先要加强企业与政府的信息沟通。一方面，企业要认真学习、理解政府的方针政策、法律法规，为企业决策提供政策和法律的依据，保证企业一切活动都能够在政策法律许可的范围内进行，并随时按照政策法令的变化而修正自己的行为。另一方面，利用一切可能的时机和渠道，向政府有关部门反映经济生活中的实际情况和要求，主动提出政策建议或方案供政府决策参考，提高政府行为的合理性、有效性。

(2) 熟悉政府机构的内部层次、部门职能和办事程序，这样可以提高办事的效率。

(3) 利用一切机会，扩大企业在政府部门的影响和信誉，如利用新项目奠基的机会，邀请政府有关领导参加奠基仪式。通过这样的活动可以提高政府对企业的信心和重视程度，以便在政策上取得政府的支持。

(4) 正确处理企业利益与国家利益的关系，不能为了企业利益而不顾国家利益，甚至损害国家利益，杜绝偷漏税等违法行为。

3. 企业与新闻界关系的协调

新闻界指报纸、电视台、电台等大众传播媒介机构。新闻界通过新闻报道、新闻评论、开展社会讨论等形式来引导公众舆论。新闻界既是企业处理对外关系的一个重要媒介，同时又是企业对外关系的一个方面。企业可以借助新闻界，迅速扩大影响，塑造自己的良好形象，加强与政府、消费者等外界间的沟通。但如果社会舆论对企业不利，则可能扼制企业的生存和发展。新闻界对企业有一定的监督作用。因此，与新闻界的关系是一种只能搞好、不能搞坏的重要关系，必须认真对待。协调与新闻界的关系，应注意以下几点：

(1) 尊重新闻界人士，了解他们的工作性质和工作方式，给予工作上的方便和合作，提供真实信息，一方面宣传自己，另一方面也为新闻界提供新闻源。

(2) 经常与新闻界沟通、联络，增进双方的了解和信任。

(3) 根据新闻媒体的特点、背景，选择合适的新闻中介。

4. 企业与社区的关系

社区是指人们共同生活的一定区域，如城镇、街道等。任何组织都是在一定的社区中运作的，必然与社区及社区中的社会公众发生种种联系。这要求企业必须从多方努力，搞好与社区的关系，以取得社区的支持，使企业能够顺利地发展下去。

之所以要建立和维护与社区之间的良好关系，是因为企业可以从社区得到以下帮助或资源：

(1) 可靠的后勤服务，如水、动力和交通条件等，这样可以减轻企业的一些负担，避免大而全、小而全和企业办社会所带来的种种弊端。

（2）良好的员工生活环境。

（3）充足的劳动力资源。

（4）一定的消费和购买力。

出于以上对社区的需要，企业希望建立并维护良好的社区关系，以保证企业顺利运转。而社区是否接受企业取决于企业能否给社区带来利益。一般地，除了交纳税金、提供产品或服务外，企业还可以给社区带来以下利益：维护社区环境，增强社区吸引力；支持社区公益活动；维持社区稳定；促进社区经济发展等。

企业社区化是建立和维持良好社区关系的根本方法。企业社区化是指通过接受、汲取社区文化并以自己的行为反作用于社区，从而使企业被社区公众接受、爱戴，并融为社区一员。在实现企业“社区化”过程中，应注意以下几点：

（1）加强企业与社区之间的沟通，使企业了解社区政治、经济、文化背景，并能够及时掌握社区对企业的看法和要求，促进企业改善经营管理；同时，也使社区全面了解企业的宗旨、目标和特色，促进相互理解、相互信任关系的建立。

（2）企业要像爱护自己的家园一样爱护社区，拿出适当的人力、物力促进社区的“两个文明”建设，在安全生产、环境卫生、社会秩序、公共设施、社区活动等方面发挥中坚作用，担负起自己应尽的社会责任，从而树立一个“合格公民”的良好形象。要遵纪守法，防止发生任何危害社区公众利益的行为。

（3）妥善处理与社区间的冲突、摩擦。再好的关系也难免发生摩擦、冲突。当问题发生时，企业必须认真、妥善给予处理。处理问题要在相互理解和尊重的基础上进行，要以社区整体利益为出发点。

学习任务3

初步掌握组织冲突管理的协调方法与艺术

【案例引入】

明娟和阿苏之间的矛盾

明娟不再和阿苏说话了。自从明娟第一天到爱通公司上班，她就注意到了阿苏，阿苏总是表现得冷漠疏远。开始，她认为阿苏是憎恨她的工商管理硕士学位，她在公司的快速提升，或者是她的雄心壮志。但是，明娟决心同办公室里的每一位同事都处好关系，因此她邀请他出去吃午饭，一有可能就表扬他的工作，甚至还同他的儿子保持联络。

但随着中西部地区营销主管的任命，所有这一切都结束了。明娟一直盯着这个职位，并认为自己有很大的可能得到这个职位。她同与她同一级别的另三位管理人员竞争这个职位。阿苏不在竞争者之列，因为他没有研究生文凭，但是阿苏的意见在高层有很大的影响力。明娟的资历比其他的竞争者要浅,但是她的部门现在已成为公司的核心部门,而且高层管理多次对她进行褒奖。她相信,若阿苏好好推荐的话,她能得到这个职位。

但马德最后得到了提升去了陕西,明娟十分失望。她未能得到提升就够糟的了,使她无法忍受的是选中的竟然是马德。她和阿苏曾戏称马德为“讨厌先生”,因为他们都受不了马德的狂妄自大。明娟觉得马德的中选对自己来说是一个侮辱,这使她对自己的整个职业生涯进行了反思。当传言证实了她的猜测:阿苏对决策的做出施加了重大影响之后,她决定把她同阿苏的接触降低到最低限度。

办公室里的关系冷了下来,持续了一个多月,阿苏也很快就放弃了试图同明娟修复关系的行动,他们之间开始互不交流,仅用不署名的小便条进行交流。最后,他们的顶头上司威恩无法再忍受这种冷战气氛,把他们两人召集到一起开了一个会,“我们要待在这,直至你们重新成为朋友为止。”威恩说道,“至少我要知道你们究竟有什么别扭。”

明娟开始不承认,她否认她同阿苏之间的关系有任何变化。后来她看到威恩是严肃认真、誓不罢休的,只得说道:“阿苏似乎更喜欢和马德打交道。”阿苏惊讶地张大了嘴,吭哧了半天,却什么也说不出来。

威恩告诉明娟:“部分由于阿苏的功劳,马德被安全地踢走了,而且以后你们谁也不用再想法对付他了。但如果你是对那个提升感到不满的话,你应该知道阿苏说了许多你的好话,并指出如果我们把你埋没到中西部去,这个部门会变得有多糟。加上分红的话,你的收入仍然与马德一样多。如果你在这儿的工作继续很出色的话,你就可以去负责一个比中西部地区好得多的地方。”

明娟感到十分尴尬,她抬头向阿苏看去,阿苏耸了耸肩,说道:“你想不想来点咖啡?”在喝咖啡的时候,明娟向阿苏诉说了在过去这个月里她是怎么想的,并为自己的不公正态度向阿苏道歉。阿苏向明娟解释了她所认为的疏远冷漠实际上是某种敬畏:他看到她的优秀和效率,结果他小心翼翼,唯恐哪儿阻碍到她了。

第二天,办公室又恢复了正常。但是一项新的惯例建立起来了:明娟和阿苏在每天的十点钟一起去喝杯咖啡休息一下。他们的友好状态使在他们周围工作的同事们从高度紧张中松弛下来了。

问题:

1. 明娟和阿苏之间产生矛盾的原因是什么?
2. 威恩作为公司领导解决矛盾的方法是否可行?
3. 本案例对如何处理人际关系有何启发?

一、冲突的含义及其二重性

（一）冲突的含义及二重性

美国管理协会曾对中层和高层经营管理人员做过一次调查，调查发现管理者平均花费20%的工作时间来处理冲突；而且，大多数管理者认为，冲突管理的重要性排在决策、领导之前。那么，什么是冲突呢？

冲突广泛存在于组织的各项活动之中，影响和制约着组织及其成员个体的行为倾向和行为方式，是组织活动的基本内容和基本形式之一。冲突可以理解为两个或两个以上的行为主体因在特定问题上目标不一致、看法不相同或意见分歧而产生的相互矛盾、排斥、对抗的一种态势。

在传统意义上，冲突对组织是不利的，而且被认为是造成组织不安、紧张、不和乃至分裂、瓦解的主要原因之一，因此是必须加以克服和予以否定的因素。基于这种认识，传统的管理者都把防止和消除冲突当做自己的主要任务之一。从19世纪末到20世纪40年代，这种观点在管理学上一直占据统治地位。从20世纪40年代开始，人们对冲突的认识有所变化，即从人际关系角度看，组织中的冲突是不可避免的；由于冲突是不可避免的，所以应该接纳冲突。此外，人们从实践中还发现，冲突有时能给组织带来好处，如冲突可以使组织里一些被忽视的问题及时地暴露出来，以便管理者及早加以解决。这种观点一直持续到20世纪70年代。

现今的冲突理论则认为：冲突具有正面和反面、建设性和破坏性两种性质；没有冲突的组织将表现得呆滞，对环境变化适应慢和缺乏创新精神，因而绩效也不是最好的；而存在一定水平的冲突，可以促进组织变革，使组织充满活力，因而绩效水平可以大大提高。基于这种认识，管理者的任务不再是防止和消除冲突，而是管理好冲突，减少其不利影响，充分发挥其积极的一面。

那么，冲突到底能给组织带来哪些好处呢？概括地说，有以下几个方面：

(1) 冲突可以使对抗双方采取适当方式发泄他们心中的不满，促进双方之间的沟通，避免由于长期压抑而可能发生极端状态；

(2) 冲突可以使组织内一些平时不被重视的问题充分暴露出来，使管理者及早发现并加以解决；

(3) 冲突可以促进新思想、好建议的产生，从而促进组织变革；

(4) 组织间的冲突，可以增加组织的内聚力，使组织内部成员齐心协力，一致对外；

(5) 冲突可以促进联合，以求共同生存。譬如，现今世界上发生的大公司之间的购并，就是为了战胜他们共同的对手而进行的联手。

（二）冲突产生的基本原因

由于冲突对组织发展具有以上重要意义，因此，冲突成为组织协调的最基本内容。

无论是化解或消除冲突，还是引发或制造冲突，都需要理解冲突产生的原因。一般来说，冲突产生的主要原因有以下几种：

(1) 信息沟通出现障碍。这是冲突最常见的原因，也是大部分组织经常犯的毛病。认真分析组织中出现的问题或发生的冲突，其根源常是缺乏必要的沟通，从而使不同的人或部门间出现了信息不对等，当这种信息涉及有关个人或群体的利害关系时，冲突自然就发生了。这种冲突相对容易解决，冲突双方坐到一块谈开来，或第三方出面说明情况，冲突一般都会得到解决。所以说，这类冲突的化解或防止药方是沟通。

(2) 利益发生矛盾。这也是常见的冲突原因，但化解难度较第一种要难得多。解决的出路是找到双方接受的行为评价和利益分配标准，否则只能走谈判和妥协之路。

(3) 认识、价值观、个性具有差异。这类冲突产生原因尽管常见，但却比较难以化解。因为江山易改，本性难移，改变人的个性、对事物的认识，特别是价值观是非常不容易的。所以，有些单位喜欢要同质性的人，这虽然利于冲突的化解，但人员结构的同化却会影响组织的创造性。

(4) 竞争带来的社会躁动和人性的浮躁。我国正处于计划经济到市场经济的转型过程中，社会制度和人的行为习惯都在发生着巨大转变，对新生事物的不适应、竞争的压力等使很多人都有很强的浮躁情绪，遇事不够理性、冷静，从而较易导致冲突。

(5) 体制或组织制度上存在缺陷。体制和制度的不完善也常会引发冲突，且这种冲突消除依赖于体制的变革和制度的完善。

(6) 人们的上进心和争强好胜心理。这实际上是领导制造和引发建设性冲突的基础。

二、协调冲突的方法

面对冲突，管理者可以采取以下解决方法(见图 8-1)：

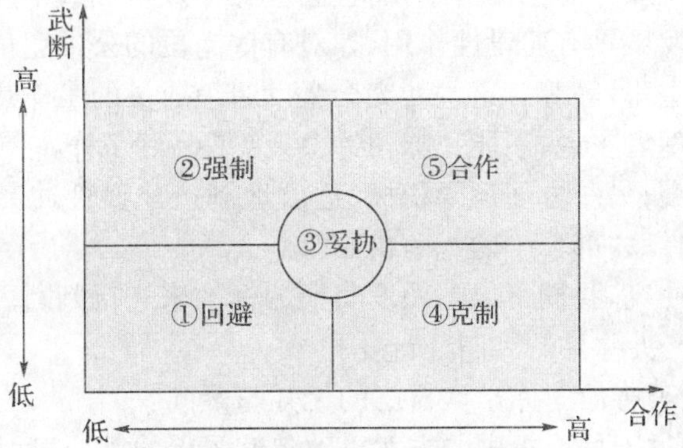

图 8-1　协调组织冲突的方法

1. 回避。这是解决冲突最简单的一种方法，即让冲突双方暂时从冲突中退出或抑制冲突。当冲突微不足道时，或当冲突双方情绪非常激动时，可以采取让双方暂时回避的方法来加以解决。由于采取回避的方法时，管理者并没有追究冲突原因，因此冲突会依然存在，并可能在某个时刻以更激烈的形式复发。所以，采取回避方法，要考虑冲突的程度和严重性，以及对组织可能产生的影响。

2. 强制解决。即管理者利用职权强行解决冲突。强制解决的优点是花费时间少，管理者的一个命令就可以解决问题。因此，当你需要对一个事情作出迅速的处理时，或当你的处理方式其他人赞成与否无关时，可以采取强制的办法。但强制解决，往往以牺牲某一方的利益为代价。

3. 妥协。即通过要求冲突各方都作出一定的让步，使问题得到解决。当冲突各方势均力敌时，或当希望就某一问题尽快取得解决办法时，可以采取这种处理方法。

4. 树立更高目标。树立更高目标的作用是使冲突各方感到紧迫感和压力。当其中任何一方单靠自己的能力不能完成目标时，冲突双方可能会进行合作并做出一定让步，为完成目标而统一起来。

5. 合作。即将冲突各方召集到一起，让他们进行开诚布公的讨论，搞清楚分歧在哪里，并商量可能的解决办法。这种方法可以使双方的利益都得到满足，因此从结果来说是最好的选择。但这种方法花费时间较多，因此此办法一般在没有时间压力的情况下采用。

三、激发与解决冲突的艺术

（一）激发冲突的艺术

只要有群体存在，就会有冲突出现。冲突实际上就是矛盾。但认真分析冲突的作用，我们会发现冲突并不总是坏事情。有些冲突对组织发展具有破坏性，如由于信息不畅引起的组织成员间的相互猜疑，分配中由于缺乏比较客观的评价方法造成相互间的攻击和不满，由于认识和价值观的不同造成工作中的相互指责和矛盾，等等。这些不仅影响到冲突双方的工作情绪，而且会对工作效率和效果产生不良影响；然而有些冲突却对组织发展具有建设性作用，如对有些岗位的公平竞争，对同一事件在决策时的不同观点和主张，等等。这些冲突会激发组织成员的工作热情，提高决策的可靠性。对于组织管理者来说，不能一味怕冲突，为了搞好工作，一方面要注意抑制和迅速化解破坏性冲突；另一方面还要积极、适度地制造建设性冲突，如适度提高内部的竞争意识，形成组织内部公平的竞争机制等。

是否需要激发冲突，我们可以参照罗宾斯的标准来进行判断。请回答下列问题：

1. 你是否被“点头称是的人们”所包围？

2. 你的下属是否害怕向你承认自己的无知与疑问？

3. 决策者是否过于偏重折中的方案以致忽略了价值观、长远目标或组织福利？

4. 管理者是否认为他们的最大乐趣是不惜一切代价维持组织单位中的和平与合作效果？

5. 决策者是否过于注重不伤害他人的感情？

6. 管理者是否认为在奖励方面，得众望比有能力和高绩效更重要？

7. 管理者是否过分注重获得决策意见的一致?

8. 员工是否对变革表现出异乎寻常的抵制?

6. 员工是否缺乏新思想?

10. 员工的离职率是否异常低?

如果其中一些或全部问题得到的是肯定的回答,则表明需要激发冲突。如果判断组织确实需要激发冲突,可以采取下面的建议:

1. 改变组织文化

激发建设性冲突的第一步就是要改变组织文化。管理者应该向下属传递这样的信息:冲突有其合法地位,并用自己的行动加以支持。例如,斯隆曾在通用汽车公司的高级管理阶层的一次会议上这样说过:“先生们,我想我们大家对这项决议都一致同意,是吗?”在场的人都点头表示同意,于是斯隆接着说:“那么,我建议推迟到下次会议再对这项决议做进一步的讨论,以便我们有时间来提出不同的意见,并对与这项决议有关的各个方面有所了解。”斯隆通过这样的方式承认了冲突的合法地位。

管理者应该对那些敢于提出异议、坚持原则、倡导革新建议、提出不同看法和进行独创思考的个体给予奖励,如晋升、加薪或者采用其他奖励措施。

2. 模棱两可

如果管理者想在一些事情上激发沟通,可以采取模棱两可的态度。比如,开会时,管理者并不表现自己的态度倾向,对某件事情的态度含糊其辞,这样就能激发下属对问题进行充分论证。

3. 空降人才

管理者可以通过外部招聘的方式引进背景、价值观、态度或管理风格与组织当前全体成员不相同的个体,通过这些新鲜血液来逐步改变组织文化。

4. 重新构建组织

因为组织本身也是冲突源之一,因此管理者可以通过调整组织结构来激发冲突。比如,管理者可以加强不同单位之间的协同机制,重新组合工作群体,加强对组织规章制度执行状况的监管等。这样就打破了现状并且提高了冲突水平。

5. 任命一名吹毛求疵者

组织在做决策或者开会时,可以任命一名吹毛求疵者,他的职责就在于扮演批评家的角色,即使他同意对方的意见也要提出对立的看法。通过这样的措施,就可以激活组织的冲突气氛,让组织成员突破思维束缚,对习以为常的思路进行反思,提出创新意见。

总之,在组织管理中,建设性的冲突又是必须存在的,管理者还需要想方设法激发建设性的冲突。

(二) 解决矛盾与冲突的艺术

当破坏性冲突出现后,组织管理者应根据其所处的状态,以恰当的方式化解之。

在一个群体中，可能因为气质的差异，而彼此之间难以协调一致；可能因思想方法、工作方法及工作作风的不同，而造成工作中的冲突。因此调解群体内部的矛盾，是各级管理者的一项经常性的任务。在调解矛盾，协调冲突过程中，必须从团结的愿望出发，与人为善，和风细雨，以理服人。根据大量的成功管理者经验，解决矛盾与冲突的主要艺术表现在以下几个方面：

1. 矛盾不积累，及时解决

解决内部的矛盾要及时，不要等问题成堆才着手解决。如果矛盾积累多了，许多问题交织在一起，互相牵制，会使简单矛盾复杂化，单一矛盾扩大化，最终产生冲突，解决矛盾的难度就要增大。有了矛盾不积累，及时解决，费力小，能达到事半功倍的效果。因此，要善于及时发现和抓住集体问题中的矛盾，善于分析矛盾的原因，积极主动地抓紧解决，不要躲躲闪闪，掩掩盖盖，更不能睁只眼，闭只眼，搞毫无原则的合作共事。

2. 正视矛盾，不回避矛盾

回避矛盾，不仅不能解决问题，反而会使问题复杂化，后患无穷。真正做到正视矛盾，不回避矛盾，就要真诚地拿起批评与自我批评的武器，大胆解决存在的各种矛盾，不当和事老，也不能和稀泥。从思想上克服那种照顾面子，不愿批评，怕伤和气，不敢批评的倾向。在批评时，要坚持实事求是，开诚布公，出以公心，与人为善，有理有据，不能凭道听途说或某种“空言”行事。

3. 复杂矛盾不急躁，善于等待

组织内部有时候矛盾很复杂。复杂的特点：一是牵扯的人较多，二是各种矛盾交织在一起，而使认识上差距拉大，难以统一。对于这种矛盾，只要情况允许，就要善于等待时机。等待时机不是消极的，而是积极创造条件，抓紧时间，进一步调查分析，采取实际步骤，把复杂矛盾理顺、简化，等待恰当时机，着手解决。

4. 单一矛盾不扩大，注意个别解决

班子内部的矛盾，有的只是一两个人之间的问题或者属于某一个人的问题。对此类矛盾的解决，就不宜扩大范围，主要领导应及时做工作，使矛盾迅速得到解决，不致影响到集体。

5. 内部矛盾不扩散，在内部解决

班子内部的矛盾不能随意向下扩散，随便乱说，而使矛盾激化，这样不利于矛盾解决。

6. 矛盾不上交，立足于自己解决

一般的矛盾通过自身能力来解决，上面插手有时反倒不利于问题解决。但有些原则性矛盾或自身难以解决的矛盾，就要求助于上级。立足于自身解决，关键是要增强自身解决问题和矛盾的能力。

7. 矛盾僵持，不硬解

有的矛盾，处于一种僵持状态，按照常规的方法，做一两次调解，难以奏效，甚至有激化的趋势，成为棘手的难题。这时作为管理者就应该寻找第三条通道，采取迂回的方法去解决。直径近、曲径远，但采取以曲为直的谋略，往往是达到目的最佳途径。这既要把握解决矛盾的目标，对人坦诚相见，又要分析原因，抓住焦点，选好突破口，因势利导。

本单元实训与练习

【读一读】

人际关系的类型、特点与作用

人际关系可分为两种方式：一种是直接关系，另一种是间接关系。直接关系就是人们通过物质或交际手段（包括语言、表情、动作等），面对面地发生联系。间接关系是人们通过物质的传递或借助书面语言、传播技术，间接地发生联系。

一、按不同的标志可以把人际关系分成许多类型

（一）按人际关系的结构分

1. 经济关系。经济关系是人际交往中最常见的一种关系。又可分为宏观经济关系和微观经济关系。前者是指集团之间、阶级之间所发生的经济关系；后者是指个人之间所发生的经济关系。人的经济活动既发生在生产组织中，也发生在非生产组织中。所以人际间的经济关系既包括生产领域中的人与人的经济关系，也包括非生产领域中的人与人的经济关系。人际之间的经济关系可以表现在许多方面，有分工合作关系、买卖关系、交换关系、分配关系等。

2. 政治关系。政治关系一般是指阶级关系、党派关系、民族关系、国际关系。但要指出的是，政治关系是人际关系的一种，并非所有的人际关系都表现为政治关系，即使某人是属于一个党派的成员或一个国家的领导人，他的每一个活动也并非都表现为政治活动，表现为一种政治关系。人际之间的交往，是否表现为政治关系，不在于其是否为某一政治组织的成员，而在于其交往是否属于政治活动的范畴，即政治关系是指人们在政治活动中所发生的人与人之间的关系。

3. 法律关系。法律关系是人们根据法律规范而结成的关系。法律关系具有明显的特点：第一，它必须以法律为存在的前提，它是根据国家的法律规定而确立和进行调整的。第二，法律关系具有强制性，它是由国家强制力来保证的，不管谁违犯了法律都要受到处罚。人际间的法律关系，对于调整、稳定和发展人际关系有着重要的作用。

4. 伦理关系。所谓伦理关系也叫道德关系，是指在道德规范调整的范围内所发生的人与人之间的关系。它与法律关系不同。首先,伦理关系不都是法律明文规定的,许多对人们行为有影响的道德伦理规范,并没有文字记载,而是在人们口头上流传,是约定俗成的。其次,伦理关系的产生比法律关系早得多,有人类就有伦理,有伦理就有伦理关系,而法律关系则是在有了阶级之后才产生的。第三,二者的作用不同,法律关系注重惩罚,伦理关系则着重于扬善去恶。第四,二者对人们行为控制所依靠的力量不同,法律关系是由检察院、法院、公安机关等国家机构执行,是强制性的;伦理关系则是在人们长期交往中逐步形成的,它潜移默化于人们内心中,是依靠社会舆论的力量,依靠人们的信念、习惯、传统的力量来维持的,是非强制性的。

(二) 按人际关系形成的纽带分

1. 亲缘关系。亲缘关系一般是指以血缘、姻缘为纽带而结成的关系,具体又包括:

(1) 人际第一关系。一个人一生下来,就产生了父子(女)、母子(女)、兄弟姐妹、祖孙等关系,这种关系就是人际第一关系,这是根据人际间的血缘纽带而确定的。人际间的血缘关系,无论是在人类的自身生产和发展中,在家庭的延续中还是在社会生活的各个方面,都占有极其重要的地位。由于家庭是社会的细胞,因而血缘关系的好坏直接影响社会,直接关系到社会教育和人才的培养。

血缘关系的特点是:①血缘关系是血肉加情感的关系,血肉关系是情感关系的基础;②血缘关系是最早最长久的一种关系,它与人类共生存;③血缘关系是发生频率最高、相互影响最大的一种关系;④血缘关系是先天赋予的。随着生产技术、商品经济、交通条件的发展,血缘关系逐渐淡化。

(2) 夫妻关系。夫妻之间关系以及夫妻在家庭中地位的变化,是与社会形态的发展、经济的发展、家庭结构的变化密切相关的。在以爱情为基础的平等型夫妻关系中,其发展要经过四个阶段:一是浪漫期,从结婚到生小孩的阶段;二是注意中心转化期,即从夫妻间的相互倾慕和注意过渡到以小孩为中心的时期,一般是从生小孩到小孩2—3岁时;三是负重期,一般指小孩3—18岁时期;四是依恋期,孩子18岁以后,孩子长大了,夫妻双方也进入了垂暮之年,心理也开始发生很大的变化,自尊感、孤独感、退化感、怀旧感增强了。

相对于血缘关系来说,以姻缘为纽带的夫妻关系是后天产生的,是可变的、短期的。在传统、保守落后、变迁十分缓慢的社会里,夫妻关系是受强有力的道德伦理等因素约束的,所以夫妻之间一般能做到白头偕老。在现代社会里,夫妻是以情感为基础的,外在的道德伦理约束相对减少,再加之社会变迁快,异性互动多等因素,离婚的现象越来越多。

(3) 代际关系。代际关系是两代人之间的关系,其有两种类型:一是民主型;二是专制型。代际关系与夫妻关系的区别:代际关系是骨肉关系,夫妻关系是姻缘关系;代际关系存在着明显的年龄差和心理差别,社会经历也不同,夫妻是横向生长的环境之差;知识结构代际是前后承接的,夫妻是同期的。

(4) 婆媳关系。婆媳关系在家庭中占有重要的位置,它是一种准血缘、准婚姻关系。俗话说:“婆媳亲,全家和;婆媳斗,全家愁。”据上海的调查,50户婆媳共处的家庭,婆媳关系好的占18%,有小矛盾的占52%,矛盾尖锐的占30%。婆媳关系紧张是一个普遍性的问题,解决这一问题是搞好家庭关系的重要内容。

2. 地缘关系。地缘关系是以地缘为纽带而结成的人与人之间的关系。地缘关系有它自己的特点,它是以地理位置而结成的关系,现代化程度越低、居住处所迁越少的地方,地缘关系就越重要;反之地缘关系就越淡漠。地缘关系主要有以下两种:

(1) 邻里关系。邻里关系是指在左邻右舍形成的人与人之间的关系,常以家庭之间的联系为表现形式。邻里关系一般限制在前后左右几家之间,范围再大的一般就称为同村关系或街坊关系。邻里关系在人们的生活中占有一定的位置,邻里关系搞得好,会对人们的生活发生正面的影响;搞得不好,会发生反面的影响。

(2) 老乡关系。老乡关系是社会发展到一定阶段,即人们外出交流比较多的产物。老乡关系具有一些正面功能,如联络感情、交流信息、促进合作等;但它也有一些反面功能,如容易形成狭隘的地方观念、容易形成拉帮结派的现象、容易感情用事而破坏组织原则等。

3. 业缘关系(也叫工作关系)。业缘关系是人们由于从事共同的、或在关联的社会工作中结成的人际关系。业缘关系可分以下类型:

(1) 上下级关系。即在职业群体内部领导者与被领导者、管理者与被管理者的人际关系。在此类人际关系中关系双方所处的地位和所扮演的角色是不同的。这种关系是由社会的有序性所决定的,不论是在古代还是现在,上下都是有序的。上下级关系有重要的功能:它直接关系到社会的稳定;与工作效率有密切的关系;良好的上下级关系使人心情愉快,不正常的上下级关系使人烦恼不安。

(2) 师生关系。师生关系是以教与学为纽带而形成的人与人之间的关系。其特点是以知识的传授和接受为媒介。影响师生关系的因素有:教师知识的拥有程度;教学水平的高低;政治立场;师生的性格;相互信任感等。

(3) 师徒关系。是指以直接传递生产技能为纽带而结成的人与人之间的关系。

(4) 同事关系与同学关系。同事关系一般指在一起工作,并且没有权力等级差别的业缘关系。同学关系是指在同一学校学习过程中所结成的关系。其有两种含义:一是指同班同学;二是指同校同学。

二、人际关系的特点

1. 社会性。这是人际关系的一个根本特点,正是这一特点把人的群体关系同动物的群体关系区别开来,把社会和自然界区别开来。社会性是指人际关系通过社会关系表现出来的属性,它是人际关系的本质属性。人际关系的社会属性首先是由劳动决定的,在劳动过程中,人们不仅要与自然界发生关系,而且相互之间要发生一定的联系和关系，它制约着人与自然界的关系。其次，不管什么人，不论什么人的活动都离不开社会，都要受到各种社会因素的制约。人际关系的社会性，是随着社会的进步而发展的，在古代，人际关系的自然性大，社会性小；而现代社会则自然性逐渐减弱，社会性逐渐增大。

2. 历史性。这是指人际关系所具有的发展变化、新旧交替的特性。它既表现在整个人类社会的发展过程中，也表现在个体或群体的相互关系上。这一特性来源于生产力和生产关系的矛盾运动。人际关系的历史性特点，要求我们用辩证、发展的观点来观察和分析人际关系，既要继承以往人际关系的合理内容和形式，又要变革不适应社会发展需要的人际关系的内容和形式。

3. 客观性。这是指人际关系是在人们的客观社会活动中确立的，具有现实性和真实性，而不是人们随意的主观现象。

4. 多样性。这是指人际关系具有多内容、多形式、多层次的特点，这就造成了社会的复杂性和人的复杂性。

三、人际关系的作用

1. 产生合力。"团结就是力量"、"人多力量大"、"人心齐泰山移"都是讲这样一个道理：许多人按照正确的方式联合起来，就会产生很大的力量，形成整体效应。在人际之间创造民主、团结、互助的心理气氛，理顺关系、消除内耗、集中精力、一致工作，是形成合力、实现整体效应的基本条件。当然，在一个人际关系紧张的群体里，内耗不断，也必然会产生"负合力"。

2. 形成互补。在一个有良好人际关系的集体里，人们之间能够互相学习、取长补短，这是在多方面的双向交流中产生能力上的跃迁和增值行为。人的经历、知识结构、能力、性格特征各自有别，互有短长，要完成一项复杂的工作，组成一个有作为的集体，必须互相配合、互相补充。一个人为了取众家之长、补己之短，就会有意识地改善自己周围的人际关系，与身边的同事顺畅地交流思想、交流智慧，产生互补行为。

3. 激励功能。在群体里，人们之间会产生一种类似共生的作用，人们之间相互激励，给群体中每一个成员带来创造的活力，造成智力、体力上的跃迁，使奇迹出现，这就是人际关系的相互激励功能。

4. 联络感情。人有合群需要，不愿意孤独、独处。良好的人际关系为人们的交往提供了条件。改善人际关系，加强感情联络，对任何人都是必要的。

5. 交流信息。良好的人际关系有助于人们之间的信息交流，在人际信息交流的过程中，人际关系结构本身也可以得到改善。

【想一想】

案例1　杨瑞的苦恼

杨瑞是一个典型的北方姑娘，在她身上可以明显地感受到北方人的热情和直率。

她坦诚,有什么说什么,总是愿意把自己的想法说出来和大家一起讨论。正是因为这个特点她在上学期间很受老师和同学的欢迎。今年,杨瑞从某大学的人力资源管理专业毕业。她认为,经过四年的学习自己不但掌握了扎实的人力资源专业知识,而且具备了较强的人际沟通能力。因此,她对自己的未来期望很高。为了实现自己的梦想,她毅然只身前往广州求职。

经过近一个月的反复投递简历和面试,在权衡多种因素的情况下,杨瑞最终选定了东莞市的一家研究生产食品添加剂的公司。她之所以选择这家公司是因为该公司规模适中、发展速度很快,最重要的是该公司的人力资源管理工作还处于起步阶段。如果杨瑞加入,将是人力资源的第一个人,因此她认为自己在该公司施展能力的空间很大。

但是公司实习一个星期后,杨瑞就陷入了困境中。

原来该公司是一个典型的家族式企业,企业中的关键职位基本上都是由老板的亲属担任,充满了各种裙带关系。尤其是老板给杨瑞安排了他的大儿子王经理做临时上级,而这个人主要负责公司的研发工作,根本没有管理理念,更不用说人力资源管理理念。在他的眼里,只有技术最重要,公司只要能赚到钱,其他的一切都无所谓。杨瑞认为公司越是这样就越有自己发挥能力的空间,因此在到公司的第五天,杨瑞拿着自己的建议书走进了王经理的办公室。

“王经理,我到公司已经快一个星期了,有一些想法想和您谈谈,您有时间吗?”杨瑞走到王经理办公桌前说。

“来来来,小杨,我本来早就应该和你谈谈了,因为最近一直扎在实验室里,就把这事儿忘了。”

“王经理,对于一个企业尤其是处于上升阶段的企业来说,要持续发展必须在管理上狠下功夫。我来公司快一个星期了,据目前我对公司的了解,我认为公司主要的问题在于职责界定不清;员工的主动权太小,致使员工觉得公司对他们缺乏信任;员工薪酬结构和水平的制定随意性较强,缺乏科学合理的基础,因此薪酬的公平性和激励性都较低。”杨瑞按照自己事先所列的提纲开始逐条向王经理汇报。

王经理微微皱了一下眉头,说:“你说的这些问题我们公司确实存在,但是你必须承认一个事实——我们公司在盈利,这就说明我们公司目前实行的体制有它的合理性。”

“可是,眼前的发展并不等于将来也可以发展,许多家族式企业都是败在管理上。”

“好了,那你有具体方案吗?”

“目前还没有,这些还只是我的一点想法而已,但是如果得到了您的支持,我想方案只是时间问题。”

“那你先回去做方案,把你的材料放这儿,我先看着,然后给你答复。”说完,王经理的注意力又回到了研究报告上。

杨瑞此时真切地感受到不被认可的失落,她似乎已经预感到自己第一次提建议的结局。

果然，杨瑞的建议书如石沉大海，王经理好像完全不记得建议书的事。杨瑞陷入了困惑之中，她不知道自己是应该继续和上级沟通还是干脆放弃这份工作，另找一个发展空间。

问题：

1. 杨瑞所遇到的问题是她还是王经理造成的？
2. 在这个案例中最关键的问题是什么？
3. 如果你是杨瑞，在不离开企业的情况下，你将如何做？

案例2 研究所里来了个老费

鲍尔敦一个人在自己的办公室里坐着。下班了，屋里静悄悄的，人全走光了。老鲍把坐姿调整一下，使自己坐得更舒服点，眼睛得意地瞅着桌子上那套光子元件头一轮测试结果的记录。

他就是喜欢在人家全走光了以后独自留下来。他被任命为这新的课题组组长这件事至今对他还挺新鲜，仍能使他深深地体验到一种快感。他的目光在盯住眼前的图表，可是脑海里闪现的却是这研究所副所长，德高望重的老学者季澜德多次对他说到的一段话："在咱们所，如今你满可以指望能有大展宏图的机会，你有多大本事就使出来吧。想干啥就干啥，没什么能限制你才能的发挥的。"想到这，老鲍就又一次感到既高兴又为难。他自言自语地说："好，这下子老子总算搞出些名堂来了，可不是开玩笑的。"他是五年前调到应用物理研究所来的。有一回，他在对几个报废的克兰逊元件做常规测试的过程中，忽然灵机触动，想到了光子耦合器的主意。季副所长知道后，很重视也很热心，很快拨出了人成立了一个新课题组，专门负责这项目的研究，想进一步开发这种装置。他荣任这个课题组长，就是理所当然，众望所归的事了。对老鲍来说，这接着发生的一连串的事，都有点像奇迹那样。"看来，我老鲍是时来运转了。"

他终于不再胡思乱想，静下心来，想埋头查阅手头的实验记录，好好地思索一番了。就在这时，他听见有谁进了屋来，而且站到他身后了。他带着期望扭头一看，满心以为准是季副所长。因为季老也常待到很晚才走，有时会折进他的屋里来跟他聊上几句。每回遇上这种情况，总使老鲍觉得那天过得特别愉快。

可是这回却不是老季，而是一位陌生人。他三十刚出头吧，高高瘦瘦的，脸庞黑中透红，似乎像个风吹日晒的农民，但却戴了一副知识分子常戴的那种秀朗框架的眼镜。他穿一件旧的部队的草绿上衣，脏脏的显得不修边幅。最古怪而显眼的是他挎着一个土黄色布包，下边带有穗子的那种。老鲍爱人小杨曾说，这准是朝山拜佛的香客才挎的那种。总之，有点不伦不类。

这位陌生人微笑了一下，就自我介绍说，"我是费士廷。请问您是鲍尔敦同志吗？"老鲍说正是，于是相互握了握手。"季副所长说我可能在这间屋子里找到您。我刚跟他谈到您这个课题，我对您这里搞的这项研究很感兴趣。"老鲍于是向旁边一张椅子摆了摆手，示意请坐。

这会老费看来不像是来访者中任何一种典型类型的人：不像大学或兄弟研究所来的，也不像是仪器仪表公司来的，更不像上级部门来的。老鲍指指桌上那堆纸说："喽，这是我们搞的试验的初步结果。我们是发现了一种新玩意的苗头，可还没弄懂是怎么回事。还没搞完，不过我可以把正在试验的那一节给你翻翻。"

老费于是接过那堆材料，专心致志地看那些图表。过了一会，他抬起头来，嘴上挂着有点古怪的笑意，微微露着牙齿，说："这看起来有点像是詹宁斯函数曲面的一段嘛，是不是？我一直在搞曲面自动相关函数之类的名堂，你想必是懂得这些的喽。"老鲍有点发懵，他对老费说的那些东西其实根本一无所知，可是他却未置可否地以含糊地一笑作答。但他随即感到有点不安，就说："来，让我给你看看咱们正在搞的那个宝贝吧。"说着就领头向实验室走去。

老费终于走了。鲍尔敦把桌上的图表、材料往边上一推，心里感到一种莫名其妙的烦恼。然后，就像突然拿定了什么主意似的，他赶忙把房门锁上了，故意绕了一圈路，好打季副所长办公室门前走过。可是那办公室已经锁上了。老鲍有点怅然若失，心里在算计着季老会不会是跟那个姓费的家伙一块走的。

第二天上午，老鲍就上副所长办公室去找季老，想了解谈老费昨天作为不速之客来谈话的事，还想问问这老费究竟是何许人也。

季副所长说："来，先坐下。我正想找你谈谈费士廷的情况。你觉得他这个人怎么样？"老鲍如实谈了自己的印象，他觉得老费好像很聪明，可能工作能力也挺强。季老听他这么说，看来也挺高兴。季副所长说："我们正在调他来这里，基本没啥问题了。他在好几个研究所干过，底子相当好。对于咱们正在搞的课题，他好像有些新点子。"老鲍听了点点头，但心里却在说，千万可别把他安排到我这个组里来呀。

季老接着说："我们还没定下来他最后放在哪个组比较好，不过他好像对你们组搞的题目很感兴趣。我想可以让他先跟你们一块干上一阵子。要是他挺合适干这活，再正式算你们组里的人。怎么样？"老鲍心事重重地点了点头，说："那好吧，他好像肚子里事先就藏了些点子了。我们希望他能待下去。有了他，我们挺高兴。"

鲍尔敦朝实验室回头走时，心境复杂矛盾，可以说是酸甜苦辣，百味俱全。他对自己说："老费来，对我们组是有好处的。他是个能干的人，准能帮我们组搞出些名堂来的。"可是，他马上又想季老上回说到过的一段话："谁在这个课题攻关里能搞出好成果，走到最前头，所里就提拔谁。"这话如今听起来，好像就有点像威胁一样。

问题：

1. 请分析老费、老鲍和季老的个性特征。
2. 季老对这样的部下应如何管理？

【练一练】

一、名词解释

1. 协调
2. 冲突

二、选择题

1. 下列关系中，属于组织外部需要协调的有（　　）。

A. 企业与股东的关系　　B. 企业与消费者的关系

C. 企业与供应商的关系　　D. 产购销关系

2. 协调组织内部人员关系的原则有（　　）。

A. 相互尊重　　B. 互助互利

C. 诚实守信　　D. 平等待人

3. 冲突产生的原因包括（　　）。

A. 信息沟通出现障碍　　B. 利益发生矛盾

C. 价值观差异　　D. 组织制度缺陷

4. 协调冲突的方法有（　　）。

A. 回避　　B. 强制解决

C. 妥协　　D. 树立更高目标

三、问答题

1. 协调的作用是什么？
2. 协调的原则包括哪些？
3. 企业需要协调的关系包括哪些？
4. 企业如何做好与消费者之间的协调工作？
5. 为什么说冲突具有二重性？

【做一做】

学生宿舍内住着4～6名年级相同、教学系相同但班级和专业不同的学生，寝室管理实行寝室长负责制，寝室长每学期轮流换。如果你是寝室长，请准备一份寝室管理和常见的矛盾与问题及解决方案在班级讲台上发言并与大家交流完善方案。

学习单元九

沟通方法与艺术

❖学习目标与任务

1. 了解沟通的含义、作用、渠道及有效沟通的原则
2. 理解组织中产生沟通的障碍与克服方法
3. 初步掌握有效的沟通方法与技巧

学习任务1

了解沟通的含义、作用、类型及有效沟通的原则

【案例引入】

本田公司的内部沟通

在世界摩托车大赛中多次夺冠而出名的本田公司，以100万元资本起家，在十几年的时间内由摩托车王国发展为汽车王国，与丰田、日产鼎足而立，成为日本汽车工业的支柱之一。本田公司在经营上值得注意的一个经验就是管理上特别重视内部团结和人际关系。

本田公司为了建立上下左右全面团结的内部构造，着眼点主要放在避免和减少上下级、同级、同事以及各个环节之间的矛盾和冲突。方法是尽力找出并消除产生矛盾和冲突的根源。本田公司规定各级管理干部都要同工人一样，上班必须穿白色工作服，戴黄色安全帽，以消除可能由于着装的差别而产生的距离。本田宗一郎作为老板也不例外，而且为了和普通职工保持亲近，他还经常在职工食堂和工人一起进餐，或者到车间同工人一起动手干活。这样，本田不但可以直接了解工人情绪和要求，掌握生产情况，还可以知道职工的许多意见，这各种各样的情况和意见经常成为本田对重大问题做出决策、改善内部管理的重要依据。

本田在他的企业内发展了一种金字塔的领导制度。本田居最高的领导地位，负责企业的决策。从工人开始，建立起一种从车间主任、科室领导到经理和董事长的等级制度，这一切都符合传统的结构。但是本田在董事长这个职位上直接观察下面的

运转情况，并且同普通工人一起劳动。这样，他就有了双重视野：从上往下看和从下往上看。而在多数情况下，他认为从下到上地进行管理和慢慢地形成决定是恰当的。本田努力推行一种“升降机”政策。他在下面研究他所做出的决定的效果、新出现的问题。然后，他又到最上层。但是他在每一层楼梯的平台上停下来，以便听取那里的意见，并亲眼目睹某一件工作和他制定的政策的进展情况。他从上面双重的角度观察一切：横看和纵看，向上看和向下看。他既似普通工人，也是车间主任、研究员、经理、董事长，而又从来不在这种来回过程中在一个地方绊住。他喜欢这样做，因为他能听到多种多样的意见。

公司中每个负责一定工作的部门通常有200名职工，经理处为每一个部门指定5名代表，他们组成经理处下属的委员会，负责该部门的工作。如果企业中某个成员想提建议，他就填写一张表格，他在这张表格上详细阐明自己的计划。表格随后被送到部门的委员会，它立即审核这条建议，如果认为这个想法明智可行，就把建议提交经理处。如果一种意见被采纳，那么发明者就会按其建议的重要程度得到一定数目的分。谁要积累了300分，就可以到国外去旅行一次。如果他一次就得了300分，还可因此获得特别奖即本田奖。为了使竞赛生气勃勃，每个车间都有1块光荣牌。职工们可以在这里感受到体育比赛时的激动。

问题：

1. 本田公司的沟通渠道有哪些？起到什么作用？
2. 结合本案例讨论信息沟通的原则和方法。

一、信息沟通的含义及目的

信息沟通是指信息的发送者通过多种渠道把信息传递给接收者，并使接收者接受和理解所传递的信息的过程。信息的发送者首先把信息，即“被沟通的东西”，包括消息、事实、思想、意图、感情和态度等，整理成信息接收者可以接受和理解的信息，然后通过各种渠道传递给信息接收者。所传递的信息应被信息接收者所接受和理解，信息沟通才能实现。

对于正式组织而言，信息沟通的主要目的是通过有效的沟通来传递组织所要传达的信息（如组织的目标、计划、决策、工作程序等），并使组织成员接受和理解这些信息。具体来讲，通过信息沟通要实现以下目的：

(1) 组织目标的确立和下达；

(2) 制定实现目标的计划以及计划的组织实施；

(3) 组织机构的设置及人员的配备;

(4) 协调组织的各项活动;

(5) 指导和激励员工有效地工作,创造良好的工作环境和工作气氛;

(6) 了解各项工作的情况,对各项工作进行有效的控制。

组织除了正式的纵向层次和横向的职能关系外,还有大量的非正式群体关系,所以组织信息沟通的另一方面是人与人之间的沟通,其主要目的是:

(1) 协调关系增进团结。沟通使组织成员间的思想感情得以交流,增进彼此的理解,有助于消除隔阂、误会、矛盾和纠纷,从而增强团结,促进良好的人际关系形成。

(2) 维护健康,鼓舞士气。成员们在沟通中彼此诉说喜怒哀乐之情,不仅得到了相互的同情、帮助、支持和安慰,消除孤独和寂寞感,同时也使自己的压抑得到了宣泄,获得了愉快的心情,有助于身心健康。并且在沟通中,人们还可以互相启发、开导、鼓舞、激励,形成群情振作,奋发向上的局面。

(3) 满足需要,改变行为。个体可以通过沟通来表达情感,寻求或表示对对方的同情与共鸣,借此形成良好的人际关系,从而满足个人心理情感上的需要。通过沟通,传达情报,还可以劝说对方改变自己的态度与行为,如当组织需要推行一项政策,或做某种改革时,与职工之间大量的信息、认识与情感沟通会有助于政策或改革顺利地推行。

可见,这里的沟通更多是强调多向的互动过程,沟通的目的不是要证明谁是谁非,而是能在一个组织里使大家能坦诚地分享自由、和谐、经验和价值。

二、信息沟通的过程和要素

信息沟通的过程是指一个信息发送者通过选定的沟通渠道把信息传递给信息接收者的过程,如图 9-1 所示。信息的发送者需要把某种意图通过一定形式把它转变成信息接收者所能理解的信息(如语言、文字、手势、表情等),然后通过一定的沟通渠道(如电话、文书、电报、电脑网络等),传递给信息的接收者;信息接收者对所接收的信息进行加工、处理、分析接受和理解,然后把所理解的信息反馈给信息发送者,以便确认其所接收的信息是否正确。有时信息沟通没有经过反馈这一阶段,另外在信息沟通过程中,还可能存在着各种各样的"噪音"干扰。

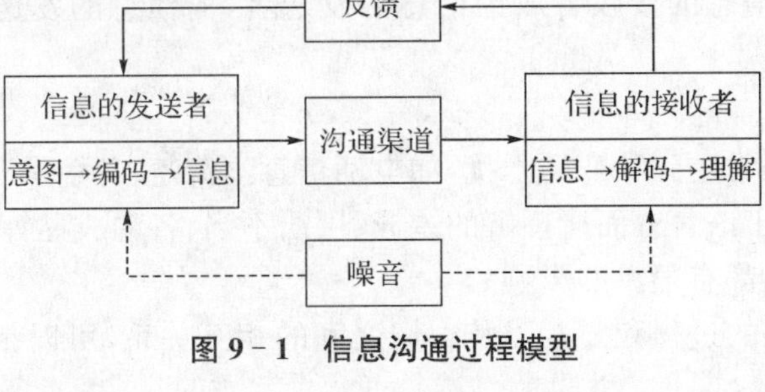

图 9-1　信息沟通过程模型

从图中信息沟通的过程看,信息沟通的要素包括:信息发送者、编码、信息、沟通渠道、信息的接收者、解码、反馈和噪音。

(一)信息的发送者

信息的发送者又可称为沟通主体,他可能是要告诉某人做某事,或者是有某个问题向某人请教,或者是向某人提供信息。例如,组织的管理者经常要安排各种各样的工作给下属,管理者就是信息的发送者。又如,企业要定期地向有关部门提供企业的财务状况和经营成果,企业就是信息的发送者。

(二)编码

信息发送者要把其意图或想法传递给信息的接收者,首先应把其意图转换成信息接收者所能接受和理解的形式,如语言、文字、图表等。例如,企业要把其财务状况和经营成果的信息提供给股东,就必须把企业经营活动的原始资料,通过会计方法的处理,编制成股东所能理解的资产负债表和损益表。

(三)信息

信息发送者通过编码把其意图或原始的资料转换成信息。信息就是所需要沟通的内容。

(四)沟通的渠道

沟通渠道指信息从发送者到达接收者的途径。信息的传递可以是口头的或者书面的,也可以通过电话、电报和计算机网络来传递。

(五)信息的接收者

信息的接收者即接受信息的人,他们在沟通过程中应注意接收信息,把原始信息全部接收。

(六)解码

信息的接收者把原始的信息转换成思想或者与发送者理解的信息相互接近的意思。只有当信息的发送者与信息的接收者所理解的信息含义相同或相近时,沟通才得以实现。否则,只是信息的传递,信息没有被接受和理解。

(七)反馈

为了检查信息沟通的效果,信息接收者应把所接受和理解的信息反馈给信息的发送者。通过反馈,使信息发送者明白其传递的信息是否被理解。反馈把信息沟通的双方转换过来,信息的接收者成为信息的发送者,而信息的发送者成为信息的接收者。

(八)噪音

信息的沟通经常受到噪音的干扰,如电话信息不清楚、环境噪音大等。除了噪音的干扰外,还有由于语言方面所理解的差异、用语不当、各种成见等因素产生的干扰,这些对有效的沟通都有很大的影响。

了解信息沟通的过程和要素以及它们之间的相互关系,可以帮助我们了解信息沟通的问题,提高信息沟通的有效性。

三、信息沟通的作用

信息沟通对有效的组织管理具有以下重要作用:

(一)信息沟通是科学管理的基础

科学管理建立在对信息的收集、传递、处理和运用上,只有充分了解国家的经济发展战略、目标、方针、政策以及国家内外经济现状和发展趋势,了解社会价值、观念变化的趋势以及市场变化的情况,了解国家政策、法规的变动情况,才能做出科学的决策。所以管理者要通过对企业内外信息的接收、传递和处理,才能反馈和沟通各方面的情况,并借以及时控制和指挥整个组织的运转,实现管理环节之间的有机联系及其协调运转。

(二)信息沟通是组织成员参与管理的重要形式

人与人之间的沟通,最重要的是相互信任。如果组织成员意识到自己的意见和建议受到重视,他们就会经常向上反映情况,把自己对本组织诸如决策、计划、投资、技术革新、福利待遇等方面的意见、建议、要求和希望发表出来,这样既有利于增强组织成员的主人翁责任感,调动他们参与组织管理的积极性和能动性,又能营造出一个人人想要做出贡献的环境。

(三)信息沟通有助于领导与职工协调配合

领导与职工之间经常进行沟通,有利于相互信任和相互尊重,更有利于相互支持和相互配合。特别是在重大的全面改革中,领导和职工都需要沟通意见改变自己的态度和行为,使双方能很好地配合,使领导做出的决策能为大家所接受;如果没有很好的沟通,职工对领导的决策、命令产生不满,双方难以协调配合,就谈不上决策目标的实现了。

(四)信息沟通能改善人际关系

任何一个组织,如果信息沟通畅通有效,那么领导与被领导、职工与职工、群体与群体之间就会减少不必要的冲突和误解,使人与人之间联系密切,感情融洽,使组织成员能齐心协力为组织目标的实现而努力。

(五)信息沟通能使组织与其外部环境建立良好的协作关系

任何组织都不是孤立存在的,组织的活动要运转顺利,必须依赖外界的支持与合作。通过信息交流,能了解外界的各种要求与愿望,如客户的需要,股东的要求,政府的规定及社会各界关切的事项等,以促使组织改善自己的管理,满足外界的需要,寻求外界的支持。

四、沟通渠道

组织中的沟通渠道有正式沟通渠道与非正式沟通渠两种类型:

(一)正式沟通渠道

正式沟通渠道是对信息传递的媒介物和线路做了事先安排的渠道,是通过组织规章制度明文规定的渠道和组织结构而建立起来的，如请示汇报制度、工作会议制度等。正式渠道一般有四种形式：(1) 下行沟通。这种沟通渠道是指信息在组织内部比较高的组织级别层次，按照组织的上下隶属关系和等级层次，向较低的组织级别层次传递的沟通过程。它可以表现为上级给予下级的命令、指示、指导、文件、规定等等，使下级了解组织的总体情况和自己应完成的任务，并努力加以完成。这种沟通往往带有指令性、法定性、权威性和强迫性，容易引起重视，并严肃对待。(2) 上行沟通。这种沟通渠道指的是信息在组织内部从较低的组织级别层次，按照组织的上下隶属关系和等级序列，向较高的组织级别层次传递的沟通过程。它通常表现为两种形式：一是逐级传递，即按组织程序逐级向上级反映；二是越级反映，指基层人员越过中层干部直接向上层领导反映意见。上行沟通则往往带有非命令性、民主性、主动性和积极性，是上级掌握基层动态和下级反映个人愿望和思想动态的必要手段。(3) 横向沟通。这种沟通指的是发生在组织内部同级层次成员之间相互的信息传递和交流，以谋求相互之间的了解和工作上、的协作配合。组织内部的横向沟通有四种不同的情形：一是组织决策层与中层之间的信息传递和交流；二是高层管理人员之间的信息沟通；三是组织内中层各部门之间的信息沟通；四是一般员工在工作上、思想上的相互沟通。横向沟通可以增进组织内各部门、各团体之间的相互了解，克服本位主义倾向，增强团体协作精神，保证组织目标的实现。(4) 斜向沟通。这种沟通指的是发生在组织内部既不属于同一隶属序列，又不属于同一等级层次之间的信息沟通，这样做有时也是为了加快信息的交流，谋求相互之间必要的通报、合作和支持。这种沟通往往更带有非命令性、协商性、主动性和双向性等特点。

(二) 非正式沟通渠道

非正式沟通是在正式沟通渠道之外的信息传递和交流，它不受组织监督，可任意选择沟通渠道。例如，员工之间私下交换意见，议论某人某事及传送小道消息，等等。现代组织管理中很重视关于非正式沟通的研究，这不仅是因为任何组织都存在着非正式沟通，想完全避免小道消息的传播是不可能的，而且非正式沟通的存在也能对管理产生积极作用，主要表现在：(1) 可使管理者了解员工所关心的事情。例如，有时小道消息更能反映群体成员的需要、意见和思想情绪动态，认真了解和分析这些非正式渠道传播的信息，对于组织改进工作是很有帮助的。(2) 有助于满足组织成员的社会需求，弥补正式沟通不灵活的缺陷。例如，小道消息的盛行往往意味着组织内部正式沟通渠道不畅，既有的沟通网络出了问题，因此，管理者还要及时注意疏通沟通渠道。

五、有效沟通的原则

(一) 准确性原则

当信息沟通所用的语言和传递方式能被接收者所理解时，接收者收到的才是准确的信息，这个沟通才有价值。沟通的目的是要将发送者的信息能够被接收者明确其意，这看起来似乎很简单，但在实际工作中，常出现接收者对发送者非常严谨的信息缺乏足够的了解。信息发送者的责任是将信息加以综合，无论是笔录或口述，都要求用容易理解的方式表达。这要求发送者有较高的语言或文字表达能力，并熟悉下级、同级和上级所用的语言，这样才能克服沟通过程中各种障碍，而对表达不当、解释错误、传递错误的给以澄清。

（二）完整性原则

主管人员为了达到组织目标的实现和维持良好的合作，必须要进行信息沟通，信息必须是完整的。这项原则的一个特别需要注意的地方，即信息的完整性很大程度上取决于主管人员对下级工作的支持，主管人员位于信息交流的中心，利用他们中心职位和权力，应起到这个中心的作用。但有的上级主管人员忽视了这一点，往往越过下级主管人员而直接向有关人员发指示、下命令，使下级主管人员处于尴尬境地，并且违反了统一指挥的原则。如果确实需要这样做，则上级主管应事先同下级主管进行沟通。

（三）及时性原则

在沟通过程中，不论是主管人员下行沟通信息，还是下级人员的上行沟通信息，以及横向沟通信息，都应遵循及时性原则。这样可以使组织制定的政策、组织目标、人员配备等情况尽快得到下级主管人员或员工的理解和支持，同时可以使主管人员及时掌握其下属的思想、情感和态度，从而提高管理水平。

（四）策略性地运用非正式组织原则

这一原则的性质就是只有当主管人员使用非正式的组织来补充正式组织的信息沟通时，才会产生最佳的沟通效果。非正式组织传递信息的最初缘由是出于一些信息不适合由正式组织来传递，所以在正式组织之外，应鼓励非正式组织传达并接收信息，以辅助正式组织做好组织的协调工作，为共同达到组织目标做出努力。一般说来非正式渠道的消息，对完成组织目标也有不利的一面。但是小道消息盛行，即反映了正式渠道的不畅通，因而加强和疏通正式渠道，在不违背组织原则的前提下，尽可能通过各种渠道把信息传递给员工，是防止那些不利于或有碍于组织目标实现的小道消息传播的有效措施。

学习任务2

理解组织中产生沟通的障碍与克服方法

【案例引入】

疏通瓶颈

近几周来,厂长愁眉不展,烟缸里的烟蒂增加了两倍,每餐半斤的饭量也减至二两,就因为油漆工段不断出现质量问题、生产定额完不成。

俗话说,三分人才七分打扮,产品的油漆质量上不去,给顾客的第一印象就不佳,哪怕使用性能再好,在市场上也难以立足,技术攻关会开了,管理"诸葛亮"会也开了,思想工作做了,奖惩制度也严格执行了。可是,油漆工段的出勤率仍不高,病假多,产量质量还是上不去。

厂长急了,油漆工段成了全厂的瓶颈口儿,怎么不让人心急如焚呢?

"我真想到油漆工段去干一阵子,看它问题到底在哪里!"厂长在中层干部会上说,"可是这两天还有几个合作项目都要我出面洽谈,暂时走不开,能不能让办公室小刘先到油漆工段去调查看看?"大家都表示同意。

小刘曾在油漆工段劳动过,对工艺流程和操作要领还是比较熟悉的,工人中还有不少他的哥儿们。到油漆工段去,小刘心里有底,事先就想好了一套加强管理、做思想工作的方案。

但小刘一到油漆工段,才发觉自己的准备完全没对上号。工人们在刺鼻的油漆味中认真地工作着,没有人偷懒取巧、消极怠工,也没有人违反操作规程。再看他们的防毒口罩、工作服、手套,有的破烂不堪,有的干脆没有用。在那里工作三四小时就头昏脑涨,难以支持。有的工人双手被腐蚀得流血,还用手巾包着咬牙在坚持操作。这才知道,那些请病假的大多是因为身体不支而无法上班。小刘不仅提不出任何加强管理或做思想工作的建议,而且被师傅们吃苦耐劳、忠于职守的精神所感动。他们在这样恶劣的环境里仍不声不响地咬着牙干着,还在不断地受到上级的批评和其他部门同事的责备。问题出在哪里呢?小刘一边操作一边向工人求教,又走访了技术科、化验室、安全科、劳资科和卫生科,最后才弄清楚:新的油漆配方腐蚀性很大,而工人的防毒劳保用品是按原来的工艺标准发放的,无法满足新工艺操作的要求。工人在无严密防毒条件下工作,当然就无法达到工艺要求和完成产品定额指标了。

小刘摸到了这个症结后,立即向厂长反映。

厂长把头一拍说:"哎!我怎么忽略了这个人命关天的大事呢!"他马上通知主管劳资的副厂长,对油漆工段劳保和防毒用品做调查,并增加力量,改8小时工作为

6小时操作,发给油漆工段工人特殊营养补贴。

采取了一系列措施后,油漆工段这个“瓶颈儿”终于疏通了。人们都称赞厂长管理有方,而厂长心里却感到惭愧。采用新的油漆配方他是知道的,新配方的腐蚀性比原来高得多也清楚,为什么没想到油漆工段工人们的切身利益呢?从此,厂长要求自己以及厂里管理人员、厂部秘书等要经常到工区现场去看看。

问题:

1. 分析疏通瓶颈的过程。
2. 案例中对瓶颈现象的初步处理为什么未能取得良好的效果?

一、组织中产生沟通的障碍

沟通者的主观偏差、信息组织的谬误、沟通网络无序等都可能给沟通造成障碍,出现沟而不通的现象,甚至引发误解、纠纷和工作差错,所以要认真分析沟通中的障碍。由于沟通一般包括三个过程:(1) 传达者将一定的信息内容传递给接收者的过程;(2) 接收者接收信息与了解其内容的过程;(3) 接收者接受或拒绝该项信息的过程。这三个过程中的任何一个受到阻碍都会影响沟通的效果,所以从沟通的过程来看,可以把信息沟通障碍大体分为三类:传递障碍、理解障碍、接受障碍。以下分别说明:

(一) 传递障碍

在第一个过程中,传达者如果没有对自己所要传达的信息内容真正了解,即不知道自己到底要向对方说什么或表明什么,那么沟通的第一关便受到了阻碍。这就是传递障碍。因此,传达者在沟通前对以下与组织有关的信息内容以及情感性的信息内容要有充分的了解:

(1) 目标、任务、问题;
(2) 现状、经验、实践;
(3) 态度、反应;
(4) 支持、感谢、抱负;
(5) 动机、目的;
(6) 其他。

(二) 理解障碍

理解障碍通常指在信息接收者接收信息后对其理解过程中由于语言、文字、符号、主观心情、观念差异等因素形成的误解、歪曲、敌视等沟通障碍。一般来说,在第二个过程中，遇到的困难可能有三项：(1) 传达差，工具不灵。传达者口齿不清、电话中有噪音，若为书面传达则可能有文字不通、字体模糊等，使信息无法有效地传递，使接收者无法了解对方所要传达的内容。(2) 心理上的阻碍。接收者对传达者怀有不信任感、敌意，或由于紧张、恐惧，或另有心思而听不进去，或歪曲对方传达的内容。(3) 思想观念的差异。个人的动机不同，其认识态度、思考方式也不同，以致传达者所说的内容，接收者无法理解。

（三）接受障碍

在最后一个过程中，传达者将某一确定的信息内容传递给接收者时，其目的在于引起对方的同情、共鸣或期待对方采纳自己的意见而改变行为，但接收者如果对传达者怀有敌意或不信任感，他将拒绝此项沟通所要求的反应，终使沟通失去效果，这就是接受障碍。例如一个主管者以强硬的方式命令其下属加班干完某件工作，而其部属平常对主管的做法就不怀好感，且认为此项命令不妥当，他便可能以拖延的态度来表示抗拒。许多管理者都认为改变下属行为的权力操在自己手里，只要命令一下便完成了沟通。事实上真正决定改变行为的主人是接收者本身，最后接收者如果不肯接受，则沟通的目的就等于没有达到。而且，真正的沟通绝不是单方向的，应该注意的是，第一与第二过程的阻碍都将减少沟通的反馈，使沟通成为单方向的行为，失去了沟通的真正意义。

从形成沟通障碍的具体因素来看，我们可以将组织管理总沟通中的障碍分为以下六个方面：

1. 观念障碍。封闭保守的观念是阻碍沟通的“第一杀手”。长期自给自足的传统小农经济使很多人不习惯社会联系，不需要分工协作，所以与别人“鸡犬之声相闻，老死不相往来”，把自己封闭了起来。僵化守旧的观念是进行沟通的第二大阻碍。所谓僵化是把已有的认识和过去的经验固定化，认为它们不可更改，不可逾越，于是唯传统、唯经典、唯权威。第三个阻碍沟通的观念是极端化、绝对化的观念。以这种观念看问题必然导致片面简单，自以为是，否定其他，听不进不同意见，因此不愿与别人沟通，也无法与别人沟通。

2. 角色障碍。在沟通中对自己的社会角色扮演不当，对对方的社会角色把握不准，都容易造成沟通的阻塞。理解角色的差异，就要逾越横亘在这些角色之间的鸿沟：(1)代沟。比如，年轻人看问题注重横比，中年人看问题喜欢纵比，当他们评价现在水平时，年长的人感到很满意，青年人则觉得不满足，于是会发生争执冲突。(2)位沟。在领导系统中，上级和下级占有不同位置，拥有不同权力。有的下级害怕上级，讨好上级，甚至欺骗上级。有的上级官架子很大，训斥下级，指责下级。这就造成表面上上下级关系融洽，实际上沟通很差。(3)行沟。隔行如隔山。不同职业熏陶的不同角色对同一问题会有不同看法。(4)性沟。男女性别导致的角色差别。

3. 语言障碍。这是沟通中最基本的障碍。比如说粤语的广东人与说吴语的苏州人连对方在说什么都听不懂，就更谈不上相互沟通了。除了语音之外，用词不当、语义不明和表达不清的语法错误也是语言障碍的重要方面。

4. 习俗障碍。它是指文化背景不同，风俗习惯不同，可能造成的沟通误会与阻塞。了解对方的文化礼仪和特殊的审美要求及待人礼节，有助于人际关系的沟通和谐。

5. 心理障碍。认识偏差、情绪失控、态度不妥，如对人有成见、胆怯、急躁、固执、蛮横等都是不利于沟通的心理障碍。

6. 组织结构障碍。一个组织的组织结构是否合理，也影响信息的传递速度和质量。如果机构庞大，层次过多，人浮于事，信息经过层层传递，必然要造成流失，同时由于各种主客观因素造成信息失真，降低了信息的时效性。一般来说，信息从基层向高层传递，细节容易被抽象掉，比较概括；而信息从上而下传递时，则逐步添加更多的细节。所以，一个合理的组织结构应该成为信息畅通的保障。如果一个组织的内部，信息经过传递到达信息宿之后已经面目全非，那么这种组织结构的管理效率将大大降低，甚至造成外部环境的恶化。所以只有结构合理、功能良好的组织系统才能促进信息沟通。

二、克服沟通障碍的对策

对于以上种种沟通障碍，管理者可以从以下五个方面采取相应的对策：

（一）做好信息沟通的基础管理

1. 信息收集。信息收集是进行信息沟通的前提，也是进行管理决策的前提。在收集信息时，应注意以下问题：

（1）在管理中，要收集到及时、有用的信息其关键在于组织成员的素质。因此，要提高信息沟通的水平，首先要提高组织成员在政治方面、知识方面和能力方面的水平，建立一支反应灵敏的信息队伍。

（2）在收集信息时，要开辟尽可能多的渠道，力求使所收集的信息完整齐备。同时，在疏通这些渠道时，又要求树立全面观念、政策观念、时效观念和求实观念。

（3）信息收集工作要求信息来源真实可靠，原始记录准确无误。

（4）在信息收集过程中，常常会遇到报喜易、报忧难的情况。因此，对信息收集工作进行控制的关键是如实报告。

2. 加工处理信息。对收到的信息进行加工处理也是对信息沟通进行基础管理的一个重要环节，而且只有通过加工处理过的信息，才能进行传递。

（1）信息的加工处理必须遵循准确、及时、系统和对实际工作具有指导意义的要求。

（2）在对信息进行加工处理时，要依据其来源及时效的不同方式，归口处理，以提高工作效率。

（3）对信息加工处理的反馈。这是确保信息准确性的可靠途径。这种反馈是双向的，即下级主管部门经常给上级领导提供信息，同时，接收上级领导的信息查询；上级领导也要经常向下级提供信息，同时对下级提供的信息进行反馈，从而形成一种信息环流。

3. 信息传递的控制。信息的生命在于传递，所以，要有效地控制信息沟通，必须努力做好信息传递工作。

(1) 信息传递要贯彻“多、快、好、省”的原则，这是一般要求，在信息传递中，这几方面互相联系，互相制约，要加强协调控制。

(2) 传递信息要区分不同的对象，选择信息传递的目标，确保信息的效用。同时，在提高信息传递的针对性时，注意信息的适用范围，考虑到信息的保密度，防止信息大面积扩散、泛滥。

(3) 要适当控制信息传递的数量。但要注意防止出现信息过分保密和随意扩散的倾向。

(4) 要控制越级传递和非正式渠道的沟通。尽可能使之成为对层层传递和正式沟通渠道的补充，共同完成组织目标。

(二) 克服沟通障碍的方法

为了克服沟通障碍，改善和提高沟通效率。许多成功的管理者在实践中，发展出了一套切实可行的克服沟通障碍的方法。

1. 管制信息流

如果对于信息不予管制，则过量的信息很可能使沟通系统负荷过度，而降低沟通的效率。因此，有必要建立一套控制系统，使沟通系统中的重要信息能得以优先传送，并有效降低无效信息的混入。也就是说，对信息流的管制实际上是控制信息的质和量。

建立控制系统，第一种方法是授权下属处理某些信息，由下属再把与目标有偏差的重要信息传递给上级主管。如果一切都按计划进行，那么主管也就不需要再看什么详细的报告了。

第二种方法是将进入信息系统的信息加以浓缩，信息发送者做口头沟通时，应鼓励他们简明扼要，书面沟通情况也应如此。如果书面报告超过两页以上，应该附上一张大约50个字的报告摘要。

第三种方法是根据何时要采取哪些行动，将沟通分类。这样，信息与信息之间就可以分出先后次序，而且也不会遗漏或忽略重要信息。

2. 运用反馈

运用反馈，可将沟通中信息被曲解或误解的程度减小到最低，并及早发现这些现象，因而反馈对整个沟通过程具有支持作用。

管理者可以通过直接或间接的询问以及测试下属(如要求下属复述和总结信息)以确认他们是否完全了解信息。例如，管理者问下属：“你了解我的意思了吗?”对方的回答即是一种反馈。当然，反馈信息越详细越好，而不应只限于“是”或“否”的简单回答。针对信息,可以采用灵活的方式来收集反馈意见,如绩效评估、薪资的讨论、对升迁的看法等等,都是重要而微妙的反馈形式。

3. 选择最恰当的沟通渠道

有时,由于采用了错误的沟通渠道和媒体,使沟通的效果大打折扣,甚至丧失了信息的重要性和准确性。简单明确的信息,利用口头沟通最为适宜,例如提示、命令或面谈。较复杂的信息,以备忘录(便笺)、报告或商业文件一类的书面沟通方式为宜。

一般说来,信息越多,信息重要性程度越高,所需要的渠道也就越广泛,或以备忘录和便笺方式辅助口头沟通,或以口头方式补充报告。但是,如果利用的沟通渠道过多,可能会遭受信息负担过重的风险,信息失真,信息相互矛盾的可能性也会增加,因而应以保证信息准确传递为目的来选择渠道。

4. 知己知彼

了解对方的背景、接触的事物、心态和各种身体语言(如疑惑的眼光)均有助于改善沟通的效果。但更重要的是尝试了解对方的理解过程,除了认清自己所表达的意思外,了解对方的想法是改善沟通的要诀。

5. 简化语言

语言表达可能成为沟通的一种障碍,信息传送者应慎重选择字眼,对信息作一番整理,使接受者能清楚地了解。简化语言,要考虑信息传递的对象,使信息表达与接收者协调一致。当然,简化语言的前提是要准确,尽量少用专业术语,因为它们可能会使圈外人不知所云。

6. 倾听

别人说话时,我们听,但往往不能够倾听。倾听是主动地搜寻对方话中的含义,然而听却是一种被动的自然状态,倾听时,信息传送者和接收者都在思考。倾听包括四个阶段:听、注意、了解和记忆。倾听并不是一件容易的事情,主动地倾听需要全神贯注。一般人讲话的速度大约是每分钟 150 个字,但是倾听的容量可以达到每分钟 1 000 字以上。很显然,两者的时间差异容许倾听者进行比较深入的思考。

若能采用换位思考的方法,则倾听的效果会更好。所谓换位思考,就是指把自己置身于对方的立场来思考。信息传送者与接收者在态度、兴趣、需求、期望等各方面均不相同,若能进行换位思考,必然很容易就能了解信息。换位思考的倾听者对信息的内容保留自己的看法和判断,并小心翼翼地倾听对方说话,目的是为了完全接收对方所表达的意义,不因自己的过早判断而扭曲原意。

7. 控制情绪

当一个人情绪激动、沮丧或不稳定时,往往会由于紧张和压力,而遗漏沟通信息,而且无法清楚正确地表达他的意见。在这种情况下,最简单的也是唯一的方法就是暂缓任何形式的沟通,直到情绪恢复平静。

8. 注意非语言暗示

非语言的暗示在沟通时占有相当大的比重，包含的范围极其广泛，从身体语言到空间关系等，不一而足。身体语言与人们的坐姿、站姿和动作有关；空间关系则指沟通时的周围环境。如果沟通者能够准确把握这些通过握手、目光接触、触摸、表情以及周围环境所表达出来的信息，并有意识地加以运用，则会在很大程度上跨越语言沟通本身的一些固有障碍，提高沟通的效果。

9. 实际沟通练习

熟能生巧，沟通能力并非全部与生俱来，而是通过一定的训练能够得以提高的。经常参加一定的沟通训练计划，观察和评价他人的实际应用，或是参加某种团体如演讲团，对提高个人的沟通技巧很有好处。有许多企业的管理者，利用录音设备练习演讲，以便自我评估改进。

沟通作为一种实用的工具和手段，仅仅掌握相关的理论知识是远远不够的，必须经过长期的实践和练习，才能运用自如。

(三) 灵活运用沟通技巧

要沟通首先要学会听，会听才能从交流中获得真正的信息：

1. 留心说话者词语的选择和运用，从中获取对方所要传送的意义。

2. 留心说话者的姿势、表情、与你的距离等非语言沟通途径，从中了解对方的心理状态。

3. 不仅被动地听，而且要主动地答，主动地问，主动地说，积极参与。

4. 与说话者进行目光接触，表示自己在耐心地、有兴趣地、聚精会神地倾听。

5. 对重要的内容做些简单的记录，让说话者感到受重视。

6. 注重对方讲话的内容，也包括他讲话时的语音、语调、语速等外在的东西。

7. 及时归纳、概括讲话者所讲的要点，重复说出，并在听的过程中给对方的讲话以补充、佐证或纠正。

8. 预测讲话者后面要讲的内容，及时给予反应。

其次在沟通中要学会表达：

1. 谈话由寻找双方的共同点开始，不应该开门见山地摆出分歧。

2. 创造一个令人舒适的、充满友好气氛的交谈环境，尽量消除对方的对立情绪。使其心平气和。

3. 学会设身处地的考虑问题，站在对方的角度上提出问题。

4. 善于通过提问来诱导对方说“是”，诱导对方承认你的观点。

5. 情真意切最能感动人、说服人。

6. 针对不同对象采取不同的语言。

学习任务3
初步掌握有效的沟通方法与技巧

【案例引入】

锯掉椅子靠背

麦当劳的创始人雷·克罗克，是美国最有影响力的十大企业家之一。他不喜欢整天坐在办公室里，而是喜欢与员工沟通。曾有一段时间，麦当劳公司出现了严重的亏损危机，克罗克发现一个重要的问题就是公司各部门的经理有严重的官僚主义，他们习惯于靠在舒服的椅背上对下属指手画脚，将大量宝贵的时间都浪费在了抽烟和闲聊上。于是，克罗克想了一个出人意料的方法，将所有经理的椅子靠背锯掉。许多部门经理骂克罗克是个疯子。但是，过了一段时间，大家都悟出了他的良苦用心。他们纷纷走出办公室，深入到基层中，及时了解情况，现场解决问题，终于使公司的亏损情况出现了转机。

一、用心沟通

管理其实很简单，只要与员工保持良好的沟通，就能够实现真正的管理。沟通是管理的先行者。假如将管理看成一个生命体，那么沟通就是贯穿于这个生命体每一个部位、每一个环节的血管，给生命体提供赖以生存的各种养分。管理的过程，实际上就是沟通的过程。管理以人为本，管好人离不开人际沟通；管理以事为基，要做好事情自然也离不开沟通。所以说，没有沟通，就没有管理。沃尔玛总裁山姆·沃尔顿正是意识到了这一点，才使得沃尔玛越做越大，成了全球最大的连锁零售企业。山姆·沃尔顿说："如果你必须将沃尔玛管理体制浓缩成一种思想，那可能就是沟通。因为它是我们成功的真正关键因素之一。"沟通就是为了达成共识，而实现沟通的前提是让所有员工一起面对现实。沃尔玛决心要做的，就是通过信息共享、责任分担实现良好的沟通和交流。

沃尔玛公司总部位于美国阿肯色州本顿维尔市，公司的管理人员每周都要花费大量时间飞往世界各地的商店，通报公司所有业务情况，让所有员工共同掌握沃尔玛公司的业务指标。在任何一个沃尔玛商店里，都会定时向每个员工(包括计时工和兼职员工)公布该店的利润、进货、销售和减价等情况，以鼓励他们争取更好的成绩。沃尔玛公司的股东大会是美国最大的股东大会，每次股东大会都尽可能让更多的商店经理和员工参加，让他们看到公司全貌，做到心中有数。创始人山姆·沃尔顿在每次股东大会结束后，都和妻子一起邀请所有参加会议的员工到家里举办聚餐会，在聚餐会上和众多员工聊天，大家畅所欲言，讨论公司的现在和未来。山姆·沃尔顿觉得让员工了解公司的业务进展情况，和员工分享信息，是让员工在工作上发挥自己最大潜能的重要途径，也是与员工沟通和联络感情的核心。沃尔玛正是借用共享信息和分担责任，满足了员工。

中国移动有句著名的广告语，叫做"沟通从心开始"。在现代管理中，沟通是管理的基础，是管理者与员工相互交往的桥梁，是减少隔膜的润滑剂。有沟通，才有理解，而真正的理解是用心来感悟的。因此，沟通必须建立在心灵的土壤上，实现心与心的互动，否则必然是不完整的、残缺的沟通。

管理者要想实现和员工心与心的沟通，必须首先突破自己封闭的心。具体而言，管理者应该用"五个心"来进行沟通：

1. 平等待人之心

管理者在与员工沟通时，必须把自己放在与员工同等的位置上，开诚布公、推心置腹，如果管理者认为自己高高在上，在组织里以老大自居，而员工只是自己的手下，就会使员工产生心理障碍，导致沟通的失败。

2. 尊重员工之心

管理者应该像尊重自己一样尊重员工，注重强调员工的重要性，强调员工的主体意识和作用。员工一旦感到自己受到管理者的尊重，就会被激发出与组织同甘共苦的心态。因此，管理者应该将尊重的心放到每个员工身上，这体现了管理者的素养，也体现了组织高尚的文化。

凯悦国际酒店是世界知名的跨国酒店集团，而且一直是全球酒店业的翘楚。然而就是在这样一家高级的跨国酒店里，其总裁会经常脱掉昂贵的西装，换上服务生的制服帮助客人提行李、搬东西，这种做法是与员工无声的沟通，他向所有员工传递了这样一条信息：我和你们是一样的，在凯悦服务绝对无损于任何人的尊严！

3. 服务下属之心

管理者应该把下属当成自己的内部客户，只有先让内部客户满足了，才能更好地服务外部客户。因此，管理者要改变自己的身份，把自己变成为下属提供服务的供给商，要做的工作就是充分利用企业的资源为员工提供工作上的方便以及个人的增值。

4. 分享之心

分享是最好的学习态度，也是最好的企业文化氛围。管理者应该与员工在工作中不断地分享知识、分享经验、分享目标、分享一切值得分享的东西。通过分享，管理者不仅能很好地表达自己的理念和想法，还能提高个人的影响力，然后用影响力和威信去管理员工，使员工愉快舒畅地工作，从而大大提高工作效率。与此同时，通过分享，管理者还能不断从员工身上吸取更多有价值的东西，形成管理者与员工之间的互动，达到管理者与员工共同进步的目的。

5. 赏识之心

在与员工的沟通中，管理者还要特别注意一点：赏识。当员工表现良好或取得成绩时，管理者应该不失时机地送上赏识。赏识是最有效的激励手段，能够激发员工的积极性，最大限度地挖掘员工的潜能。

管理者只有具备上述"五心"，才能打开员工的心灵之门，在组织内畅通无阻的沟通，从而提高员工的士气和工作热情。

二、多听取员工的意见

管理者只有高度重视员工的意见，才能调动员工进言的积极性，让他们畅所欲言。毕竟，员工是处在工作第一线的人，很多时候，他们才是问题的发现者。一个人的智慧就像一滴水，而众人的智慧则是大海。将一滴水曝于烈日之下，水会干；而将这一滴水汇入大海，那么它不仅不会干，还能"兴风作浪"。企业管理也是如此。在一个组织中，单单是管理者一个人的智慧，绝对比不上群众的智慧，所以，管理者应该积极听取和高度重视员工的意见，这样才能减少决策失误，提高管理的效率。更重要的是，员工的意见一旦得到了管理者的重视，员工的积极性就会被极大地调动起来，从而促进组织的成长和发展。

春秋时期，子产任郑国宰相。当政期间，他非常重视听取国人的意见，其中最为后人津津乐道的是"子产不毁乡校"，即他主张保留乡校，尊重百姓们的言论自由。

当时，郑国的百姓们喜欢到乡校(相当于农村的公共场所)聚会聊天，议论执政者施政措施的好坏。有一个叫然明的大夫怂恿子产说："乡校有帮人整天到晚没事干，聚在一起议论朝政，这样下去，早晚会出事的。我们干脆把它毁了算了。"

子产却说："百姓们干完活回到乡校议论一下朝政的好坏是件好事。我们正好可以通过民意来了解施政措施的效果，他们喜欢的，我们就推行；他们反对的，我们就改正。为什么要毁掉它呢?"

子产告诉然明，作为一国的管理者，如果想减少百姓的怨恨，最好的方法就是尽力为他们做好事，而不是倚仗权势来防止怨恨，制止议论。这就像治理河道一样，堵不如疏，堵只能让百姓们受到伤害。与其这样，还不如开个小口导流，将百姓的意见当做我们"治病的良方"。子产的一席话，使得然明心悦诚服，从此他再也不提拆毁乡校的事了。

作为管理者，在对待被管理者的意见方面，子产无疑是很成功的，他通过间接听取百姓们最真实的心里话，来指导自己的施政思路，矫正自己的施政措施，从而做到了有的放矢，提高了管理效率。

在我国历史上，唐太宗算是一个虚心纳谏，体察民情，了解民意的君王。他说："君，舟也；民，水也。水能载舟，亦能覆舟。"深知这个道理的唐太宗减税轻刑，对待臣下百姓做到了收放自如。结果，当时的唐朝成为世界上最强大的国家，造就了贞观之治的传奇盛世。

历史是一面最好的镜子,更是一本很好的教材。一些企业家之所以做得非常成功,与他们善待员工、倾听员工心声、重视员工意见是分不开的。在企业内部,他们通过各种能够收集员工意见的途径,如与员工聊天、手机短信、电子邮箱等,及时了解员工真实的思想状况,并加以重视,用心从员工的各种意见中淘筛企业的金点子,或者作为化解、缓和员工矛盾的润滑剂。

在这方面,印度富商、威普罗公司总裁阿兹姆·普林吉为管理者树立了榜样。普林吉认为,员工是企业各种工作的实际执行者,他们是最理解工作细节的人。因此,员工的意见对企业来说是弥足珍贵的。在日常工作中,员工可以注意到很多管理者忽视的小问题。为此,普林吉宁愿放弃参加高级酒会的机会,也要坐下来与员工一起吃饭、聊天,听一听他们对公司的意见和看法。

在民主、轻松的聊天氛围中,普林吉往往能了解到很多应该改正的动作细节。普林吉鼓励员工对公司的一切事务提出宝贵意见。这些事务大到公司的重大决策,小到工作中的琐碎小事,只要员工提出的意见是正确可行的,公司很快就会采纳,并尽快付诸实践。看到自己的意见被采纳,员工们常常感到无比欣慰和满足,对企业的责任感也油然而生。这种对员工意见的重视,不仅为威普罗公司留住了大量优秀的人才,也为企业凝聚了强大的推动力。

俗话说:“三个臭皮匠,胜过一个诸葛亮。”管理者如果能认真听取员工的意见,让所有员工充分发挥他们的聪明才智,企业的发展潜力是无限的。但是,听取员工意见并不只是设置几个意见箱那么简单,最重要的是把员工的意见落到实处。如果员工提出的意见得不到落实,企业就会对员工失去信用,从而会最终失去获得丰富信息的渠道。

三、重视非正式沟通

所谓非正式沟通,是指组织在正式沟通渠道之外进行的各种沟通活动。在现实生活中,大多数管理者往往认识不到非正式沟通的存在,就算认识到了也不会引起足够的重视,有的管理者甚至主张将组织中的非正式沟通消除或是削弱。事实上,非正式沟通具有正式沟通无法比拟的优越性。例如,组织管理中的正式沟通,一般仅限于“你问我答”式的座谈、访谈,这种沟通方式往往带有居高临下的态势,给人一种拘谨不安的感觉。这样一来,员工就会心有所虑、口有所忌,沟通效果就会大打折扣,甚至沟而不通。而非正式沟通恰好可以弥补正式沟通的缺点和不足。作为一种思想交流、情感互动和心灵互访,非正式沟通可以提供一种平视的角度、宽松的环境和无拘无束的氛围。这样一来,沟通双方特别是员工一方就能够放下心理包袱,敞开心扉,吐心声、道真言、说实情,或者为管理者提出中肯的意见和建议。此外,由于非正式沟通一般是以口头方式,具有不留证据、不负责任等特点,许多无法通过正式沟通传递的信息,往往可以在非正式沟通中透露出来。所以,它可以使管理者了解在正式沟通场合中无法获得的重要信息,了解员工私下里的真实想法和看法,从而为决策提供参照。

作为组织的管理者，要想让员工和自己之间进行畅通无阻的交流和沟通，就必须多运用非正式沟通的方式。

美国通用公司前总裁杰克·韦尔奇被誉为20世纪最伟大的经理人之一。他最大的成功就在于在通用公司建立起了非正式沟通。在韦尔奇上任之初，通用公司内部等级制度森严、组织结构臃肿。面对这种情况，韦尔奇进行了大刀阔斧的改革，把"非正式沟通"的沟通模式和管理理念引入了公司内部。在韦尔奇看来，沟通应该是随心所欲的，他的目标是使公司的所有员工都保持一种近乎家庭式的亲友关系，从而增强管理者和员工之间的相互理解、相互尊重和情感交流。

韦尔奇最擅长的非正式沟通方式是提起笔来写便笺。在这些便笺里，有的是写给直接负责人的，也有的是写给小时工的，无论是写给谁的，无一不语气亲切，发自肺腑，蕴含着无比强大的感染力和影响力。韦尔奇担任通用公司执行总裁期间，每天必做的功课之一就是亲手给各级主管、普通员工乃至员工的亲属写便笺，或征求员工对公司决策的意见，或询问他们业务的进展情况，或对他们表示关心和关注。员工则把收到和答复韦尔奇的便笺作为莫大的荣耀和情谊，倍加重视和珍惜。久而久之，"韦尔奇便笺"便逐渐升华成了一种"非正式沟通"的氛围，一条通心之路，一种凝聚力和亲和力。

再如英特尔公司的开放式沟通，管理层可以通过网上聊天，与员工进行一对一的交流，并由员工决定谈话内容；摩托罗拉总裁和各级管理层通过每周一信，就经营活动及内部各种事务与员工进行交流和沟通，以征集更多的意见和建议；三菱重工从总裁到各级管理人员乃至普通员工，则会每周召开别开生面的周六例会，通过周末聚会的方式进行沟通和交流。除此之外，一些企业还在公司的网站上设立了相关论坛、883公告等多种非正式的沟通渠道。

当然，组织管理者需要注意，过分依赖非正式沟通这种方式，也有一些难以规避的不足。因为通过这种方式得到的信息，遭到歪曲或产生错误的可能性比较大，尤其是与员工切身利益关系比较密切的问题，如晋升、待遇等，常常产生所谓的谣言。这种不切实际的信息一旦散布开来，往往会对组织造成不同程度的干扰。并且，非正式沟通方式如果不加以控制，可能会滋生小集团、小圈子，从而影响员工关系的稳定和企业团队的凝聚力。

本单元实训与练习

【读一读】

拆毁所有阻碍顺畅沟通的"高墙"

人们总是要通过一定的渠道和方式来交流信息、沟通思想、协调行动的。如果沟通渠道堵塞，互不通气，就会造成了解情况上的片面性，听风就是雨，引起认识上的偏见和感情上的隔阂。信息传递失真，也会产生误解和歧视，引起冲突。例如，在一个企业，往往由于信息渠道的不通畅，设计、供应、生产、销售几个部门就常常在工作上发生冲突。

管理在某种意义上来讲也是一种交流，管理者将管理的信息发布出来，被管理者接到信息就会按照指令做事。信息传递的顺畅与否，直接关系到管理收到的成效。

然而，在许多传统的组织中，信息传递的准确性总是会受到种种干扰。公司的老总将任务交给下面的经理，经理又根据自己的理解将任务交给下面的项目负责人，项目负责人再把下面人找来，又根据自己的理解做一番布置。在这样的信息传递过程中，不可避免地出现了信息的变形，产生了种种信息壁垒。

好在，这一局面正在改变，越来越多的管理人员意识到了沟通的重要性。

原通用公司CEO杰克·韦尔奇，当年，差点因为壁垒森严，信息不畅的弊端而离开通用电器公司。然而，在他坐上通用电气首席执行官的位置之后，所做的重大决策之一就是拆除壁垒，痛扁官僚主义。

他在1981年被任命为公司首席执行官。他打破了公司的等级制，削减公司总部职员，并且责成10万职工致力于他所认定的几大核心业务。等到这些举措给自己制造了危机之后，他又着手调动组织的感情能量和创造精神，以便利用因公司所在环境的改变的机遇。在他看来，中层管理人员的工作应当重新定义："他们得把自己看成是身兼教师、拉拉队队长和解放者三职的人，而不是只充当控制者。"

他其实是希望每一个中层管理者，可以自由组织人员，提出自己的意见和办法。

他向来主张恢复公开交流："真正的交流需要长时间地你看着我，我看着你。这意味着多听少说……就是说，人类通过旨在达成共识的不断交往过程来最终了解和接受事物。"

韦尔奇强调以价值观为基础的理性而不是非理性，这一点从他针对通用电气公司的内部决策所做的指示就可以明显地看出来。他更为强调的是共同掌握事实和决策所依据的设想，而非决策之逻辑本身："大家同舟共济，人人都拥有同样的信息……一旦人们不能得到所需的信息，混乱就产生了。"

在英语中，"沟通"一词来源于"分享"这个拉丁语词汇。进行沟通时需要特别注意的问题是，沟通必须是互相分享，必须是双向的，这样沟通才能有效。良好的沟通不仅仅是倾诉，聆听同样重要。

在微软公司，沟通的问题就不是那么难以解决。比尔·盖茨把他与员工们之间的沟通称做"弹指间的信息"。早在20世纪80年代初，比尔·盖茨就在微软安装了第一个电子邮件系统，很快，它便成为了公司内部通信和管理的主要方式。

比尔·盖茨每天要花几个小时来阅读电子邮件，并做出答复，这些邮件来自全球的雇员、客户和合作者。公司中每一个人都可以把电子邮件直接传送给他，越过所有中间层次的阻隔。他是唯一读它的人,因此谁都不必担心礼仪问题。他似乎相信人们口头上都具有报喜不报忧的倾向,而在一种不必见面的交流方式中更有可能流露真情。

盖茨认为,坏消息几乎总是从电子邮件中传出来。所以,他每天晚上睡觉之前,必定要把自己的便携式电脑和公司系统连接起来,与公司雇员交换新的信息和想法。即使是在旅行当中,在远离总部上万公里的地方,也要检查一下他在公司中的电子邮箱。他说这样才能让他放心。由于电子邮件的充分利用,使得微软所有的职员能在第一时间得到微软公司和比尔·盖茨发出的最新指示,这使得整个公司的办公效率在同一时间内高速运转起来。

不难发现,给员工提供了多少信息并不是最重要的,或者说传达这些信息的效果如何也不是最重要的。关键是,如果他们不能对此做出回应,那么就没能建立起沟通渠道,而仅仅是一个形式而已。网络的发展,实际上为沟通打开了更大的空间。我们日常沟通也可以如互联网那样迅捷。

企业内部交流的障碍及其消除往往受到多种因素的影响,主要表现在文化、组织结构和心理方面:

1. 文化方面的交流障碍。一个组织内部之间的文化水平比较接近,信息沟通就容易进行。

2. 组织结构方面的交流障碍。组织结构方面的障碍包括角色地位障碍、空间距离障碍、交流网络障碍。一般说来,组织规模越大,成员越多,处于中层地位的人员相互交流次数增加,而上下层地位的人员相互交流次数相应减少。尤其是企业经理,常常因为自恃高明,目中无人,听不得不同意见,独断专行,瞎指挥容易阻塞上下信息的交流渠道。从部署来说,他们怕得罪经理和主管,有问题往往不反映,或报喜不报忧,造成信息虚假,影响企业的健康发展。

再就是空间障碍。空间距离对信息交流及其效果有很大影响。一般说来,双方面对面地进行交流,有利于把问题搞清楚,提高交流效果。

还有交流网络障碍。在组织中,合理的组织机构,交流网络有利于信息交流。如果组织机构不合理,层次太多,交流网络不完善,信息从高层传递到基层极容易产生信息走样,并且会使信息失去时效。因此,组织要精简机构,减少交流层次,建立健全交流网络,经理要尽可能地同下级和普通部署进行直接交流,是信息传递渠道畅通。

3. 心理方面的障碍及其消除。(1) 认知障碍。信息交流中的自我认知障碍。主要表现在:过高地评价自己或过低地评价自己。在组织中,部署对自己评价过高,就会表现一种优越感,喜欢自吹自擂,对其他部署不尊重;对自己评价过低,则会表现出严重的自卑感,这两种情况都容易堵塞交流渠道。(2) 情感障碍。组织中信息交流的情感障碍,主要表现为:情感反应过于强烈和过于冷漠。情感反应过于强烈是指在交流时不分场合和对象,不顾轻重恣意纵情的现象。为了克服这种交流障碍,要学会情感的自然调节，把握情感的尺寸，既不能过分热情，也不能过于冷漠。(3) 信任障碍。在组织信息交流过程中，人与人之间，尤其是经理与部署之间关系融洽，相互信任，双方就容易交流。为了克服这种交流障碍，改善和提高交流效果，交流双方要做到相互尊重、相互信任。(4) 态度障碍。在组织交流中双方态度各不相同，会造成交流的障碍。(5) 性格障碍。信息交流在很大程度上也受性格特征的制约。所以，一个经理要有良好的品行修养和随和的性格品质才能取得组织成员的信任，才不至于造成交流上的障碍。

组织活动的核心是沟通，无论员工的职业技能多么娴熟，水平多么高超，产品的价值多么令人眩目，缺乏有效合理地沟通，任何企业都不可能完满实现其目标。

现代企业管理越来越重视沟通，管理过程已经逐步趋向沟通的过程。沟通是意见与意见的交换，是心灵与心灵的交汇，是精神与精神的交融，是企业和谐走向成功的重要途径。如果我们还没有重视到这一点，从不理会沟通的重要性，那我们将会在封闭中自生自灭。所以，我们应把工作归于务实而不是幻想。

“威尔德定理”的由来

上帝赐予我们两只耳朵，却只给我们一张嘴，就是让我们多听少说。有效的沟通始于倾听。英国管理学家威尔德说：“人际沟通始于聆听，终于回答。”威尔德的这种说法，被人们称为“威尔德定理”。

没有倾听就没有沟通，但事实表明，大多数领导者不懂得倾听。企业管理者在很多时候就是因为缺乏有效倾听而与员工间产生误解和冲突，有时还会因为没有及时发现员工问题而导致人才的流失。本田宗一郎被誉为20世纪最杰出的管理者。回忆往事，他常会说起一个令其终身难忘的故事。

有一次，一位来自美国的技术骨干罗伯特来找本田，当时本田正在自己的办公室休息。罗伯特高兴地把花费了一年心血设计出来的新车型拿给本田看：“总经理，您看，这个车型太棒了，上市后绝对会受到消费者的青睐……”罗伯特看了看本田，话还没说完就收起了设计图纸。此时正在闭目养神的本田觉得不对劲，急忙抬起头叫了声“罗伯特”，可是罗伯特头也没回就走出了总经理办公室。

第二天，本田为了弄清昨天的事情，亲自邀请罗伯特喝茶。罗伯特见到本田后，第一句话就是：“尊敬的总经理阁下，我已经买了返回美国的机票，感谢这两年您对我的关照。”

“啊？这是为什么？”罗伯特看着本田的满脸真诚，便坦言相告：“我离开您的原因是由于您没有自始至终听我讲话。就在我拿出我的设计前，我提出这个车型的设计很棒，而且还提到车型上市后的前景。我是以它为荣的，但是您当时却没有任何反应，而且还低着头闭着眼睛在休息，我一恼就改变主意了！”

后来，罗伯特拿着自己的设计到了福特汽车公司，受到了高层领导的关注，新车的上市给本田公司带来了不小的冲击。通过这件事本田领悟到“听”的重要性，也让他认识到如果不能自始至终倾听员工讲话的内容，不能认同员工的心理感受，就可能会失去一位技术骨干，甚至一个企业。

【想一想】

案例　新来的研究生

第五冶金设计院是一个大型综合设计单位，建院很早，兵强马壮，专门承包冶金系统各公司、厂、矿的大、中型项目设计，以一贯的高质量设计博得本行业的普遍赞誉和尊敬。

高级工程师马凯宁是该院现任第三设计室主任，担任现职已有七年之久，业务能力强，管理经验也颇丰富，被视为本院骨干，前途不可限量。

本室内的第七课题组由8名男工程师组成，他们共同在该组工作多年，彼此感情融洽，关系密切。该组原组长数月前调升为另一设计室副主任，组长一职暂告缺，目前先由组内资历最深的贾克乐工程师代理。

不久前，室内分配来一位新人苏黛蔽，是刚从一所名牌工科大学毕业的研究生，是本院首批分来的硕士，年方二十六，出身高级知识分子家庭，朝气蓬勃，大方直爽。老马派她到七组，立即参加了某矿山机修厂扩建工程的设计工作。同时参与这项任务的，还有同组的另三位工程师：代组长贾克乐（38岁，在本院已工作了15年）、萨欣（40岁，来本院也有10年之久）和郎逖森（32岁，来本院已8年）。

小苏是初来乍到，但为能分到五院工作，觉得很高兴。她很喜欢分配给她设计任务，觉得担子虽不轻，但却是很好的锻炼机会，提高快。也表现了对她的器重，能充分运用她刚从学校学来的新知识，一展抱负。她在工作中埋头苦干，全部身心都投到设计任务中。跟同组同事们的关系是友好的，不过无论上班时还是下班后，她很少跟他们有什么工作以外的非正式交往。

小苏对工作很认真。碰上困难问题，她会自动加班到深夜，查文献，翻资料，上计算机室，总要尽快搞个水落石出。因为她这样坚韧不拔，再加上基础扎实，所学的知识又新，所以总是比别的同事早好几天就完成了分派给她承担的那部分设计任务。她是闲不住的，总说：“我有使不完的劲。”任务一完，就坐立不安，总是又去找马主任要新任务干。有时，她就问贾工、萨工或问郎工，能不能把手头活分点给她，好帮他们加快进度。但每回都被断然回绝了。

她来工作了五个月后，有一回老贾来找马主任，说是谈谈组里一件事。他们的对话如下：

马：有啥事？请坐下来谈谈。

贾：好，马主任。我本不想打扰您，可组里好几位同志都非让我找您谈谈小苏的事不可。小苏，苏黛蔽，就是才来不久的那个什么硕士，她把咱组的人全得罪遍了，总是一副狂妄自大、不可一世的样子，好像就她是“万能博士”，啥事都懂。我们可不爱跟这种人共事。

马：老贾，这我可有点不懂了。她干得很不错嘛。设计任务总是完成得很好，没出啥差错。布置的活全都干了，还要她咋的？

贾：可谁也没布置过要她搞乱组里的气氛啊？谁允许她有权指手画脚来教导我们该怎么干活来的？我大小是代组长，也没这么干过。组里怨气挺大，再这么下去，我看全组的工作都要受影响。反正您看着办吧。

马：那好，我看就这样吧：下星期她就干满半年了，我正要找她谈一次，给她讲评一下她这半年来的表现。我一定记住你刚才讲的，可我不敢保证你们说的她那种目空一切的态度能改得了。现在的年轻人，难呀！

贾：我们也没指望她马上全改，可是她当众去指点别人该这样干，那样干，真叫人受不了。人家还以为她是在那儿做什么高级报告，用上那么一大堆什么高阶高次多变量方程，全是吓唬人的废话，啥用？她最好收敛点，不然真有人要打报告调走了。

事后，老马该怎么跟小苏谈，仔细地捉摸了一下。他知道，这老贾虽说只是代组长，实际上他早就是大伙的头，这是代表组里其他人来谈的。下礼拜四下午，老马把小苏叫到自己办公室来了。下面一段话就是他俩谈话的后半段：

马：关于你这半年来的表现，还有一方面我得提醒你一下。我刚才已经说了，你在技术方面的工作，领导上很满意；不过你跟组内其他同事的关系，可有点问题。

苏：我不明白，您这指的啥问题？

马：好吧，说具体点，你们设计组里有些人，对你那种“万事通”的态度，和总想告诉人家该怎么去干自己的活方面，很有些意见。你对人家得克制点，别公开去评论人家工作。这一组的工程师们都是挺强的，多年来的工作一直属于优秀的一类。我可不愿意你把他们搅得不能安心，影响工作质量。

苏：听我说几句行不行，主任？首先，我从来没公开批评过他们的工作，也没向您汇报过。起先，我把活先干完了，总要求帮他们干一点，这本是好心嘛，是不是？可次次都叫我少管闲事，以后我就光埋头干自己的活了，休管他人瓦上霜嘛。

马：这对嘛！这我明白。

苏：您不明白的是，在这个组干上了这几个月，我可看出来，他们明明在磨洋工嘛。这些工程师们故意定一种很慢的工作节奏，远远低于他们的能力。哪是拼命干“四化”呀，明明是“力争下游”！他们感兴趣的是上班的时候老萨那个半导体放的音乐，谈足球比赛，商量着“谢天谢地又是礼拜天”了，该怎么一块去看电影，逛商店；尽谈那些庸俗不堪的香港爱情电视连续剧。我很遗憾，让我跟他们一起那样混日子，没门！我从家里到学校，可不是这样教养的。还有一点，他们压根儿就没正眼瞧过我，以为我不过是个来破坏他们那个“快乐俱乐部”的“黄毛丫头”什么的罢了。

马：你别胡说！给工程师做鉴定，写评语，是领导上的事。你的任务就是做好本职设计工作，别干扰人家干活。你要是好好干下去，在这儿还是很有前途的；你管你的技术活，管理方面是我的职责。

小苏离开这办公室时，觉得很伤心，也挺寒心。她觉得自己一直干得很不错，而那些工程师们却远未发挥出他们的潜力，这是明摆着的嘛。她不知道该咋办，有点想哭，但马上忍住了，把头一抬，她又挺胸阔步朝设计室走去。

问题：

1. 硕士生苏黛蔽为什么积极、热情、肯干反而引起课题组人的不满和马主任的批评？今后她该如何工作和与组内人相处？
2. 马主任对待小苏的处理方法对不对？如果你是马主任，该如何做？

【练一练】

一、名词解释

1. 沟通
2. 非正式组织

二、选择题

1. 关于沟通的过程，下列说法不正确的是（　　）。
   A. 至少存在着一个发送者和一个接受者
   B. 发送者将信息译成接受者能够理解的一系列符号
   C. 接受者将接受的符号翻译为具有特定含义的信息
   D. 信息传递的有效性和接受者的翻译能力无关，只与发送者的翻译能力有关
2. 人际沟通形式多样化，沟通可能是语言性的也可能是非语言性的，下面哪个能表现出人的非语言沟通信息（　　）。
   A. 书信　　B. 文摘
   C. 面部表情　　D. 备忘录
3. 下行沟通是指（　　）。
   A. 上级将信息传达给下级
   B. 下级将信息传达给上级
   C. 同级之间的信息交流
   D. 通过上级组织明文规定的渠道进行信息传递
4. 正式沟通渠道一般有下行、上行、横向和（　　）沟通四种形式。

A. 平行　　B. 斜向
C. 交叉　　D. 双向

5. 非正式沟通的主要目的是了解员工所关心的事情和(　　)。
A. 组织目标的确立和下达　　B. 协调组织的各项活动
C. 指导和激励员工　　D. 满足组织成员的社会需要

6. 下述对于信息沟通的认识中,其中(　　)是错误的。
A. 信息传递过程中所经过的层次越多,信息的失真度就越大
B. 信息量越多,就越有利于进行有效的沟通
C. 善于倾听能够有效改善沟通的效果
D. 信息的发送者和接收者在地位上的差异也是一种沟通障碍

7. 书面沟通的优点包括(　　)。
A. 快速反馈　　B. 持久有形
C. 快速传递　　D. 效率较高

8. 课堂上有不遵守纪律,不认真听课的同学,老师用严厉的目光盯着他以示警告,这属于(　　)。
A. 非书面沟通　　B. 非正式沟通
C. 下行沟通　　D. 非语言沟通

三、简答题

1. 信息沟通对管理的重要作用表现在哪些方面?
2. 在组织管理中最普遍使用的沟通方式有哪些?
3. 简述有效沟通的原则。
4. 沟通的障碍有哪些?如何有效克服沟通障碍。

【做一做】

班级学生分成4～6组,每组10～12人,选择一名组长,要求各组服从组长管理,现要求以组为单元,在两周内拿出一份大学生创业方案,项目由各组自定,但要求各组成员能比较认同,并配合承担相应的分工责任,请组长在充分沟通取得认同的基础上三天内拿出一份如何沟通取得一致来制定创业方案的想法。(要求充分考虑学生的个性、特点、能力与目标)。

学习单元十

控制方法

❖学习目标与任务

1. 了解控制的含义、内容和基本过程
2. 初步掌握企业管理中常用的控制方法

学习任务 1

了解管理控制的含义、内容和基本过程

【案例引入】

高抬贵手与动真格的

一天，厂质管办老李在回家的路上遇到本厂的一群小伙子拿着篮球走向体育场。一个高个子拍着身边的小个子说："喂，大裁判，这场球您可要高抬贵手，赢了球大伙光彩，青岛啤酒管够，我请客！"

小个子说："不行，质量检查大员，检验质量时，你可是动真格的，两眼瞪得比牛眼儿还大。今天在球场上该我检验你，裁判你了，你就要我睁一只眼闭一只眼？没门！今天我可也要不客气，动真格的了。"

"哎！你怎么扯到生产上去了！那可是厂里的规定，我可是奉命行事，不动真格的行吗？"大个子说。

"规定？规定不是人定出来的吗？我们厂的产品在市场上只愁买不到，不愁没人要。你们高抬贵手，产量就能翻几番，多拿奖金，大家都有份。你老兄娶媳妇，不正差大把票子吗？"

"对，我们都正差的是票子，你不高抬贵手放一马让我们多拿点奖金，没钱媳妇跑了，哥们可不答应啰！"几个小伙子附和着，跟着起哄。

高个子不吱声了，停了一会才说："你们对我说有屁用，怎么不向厂长建议去？"

"厂长？厂长是神仙不食人间烟火？他就不要票子？他老伴提着菜篮子往街上一转，哪天不向厂长唠叨白菜萝卜鸡鸭鱼肉涨了价，票子不够花，伸手向厂长要'追加'？他坐在厂长的椅子上，嘴里是不会说的，其实一只眼睛早闭着，你们这些人在质

量上手抬一抬，灵活一点，厂长心里保证会夸你聪明、能干，说不定提你个副科哩！”小个子一边说一边学着厂长老伴提篮买菜的样子。小伙子们一阵哄笑。

“你怎么知道得这么清楚？你又不是厂长肚里的蛔虫？”有人打趣地说。

“你们还不信？谁不信试试。照我说的做，说不定厂长还会招你为女婿哩！”

“那你不就早该被他招为女婿啦？”

“我，我不就是矮了一点儿吗？”说着又是一阵笑声。

老李在一边也笑了。

他脑子里想到一个问题，这几天信息综合时，不少车间产量提高很快，质量却呈下降趋势，看来这不是偶然的。他从小伙子们的谈笑中，意识到一种潜在的危机感。全厂上下动真格的好不容易才争得的名牌和市场，不能让在质量上打马虎眼、高抬贵手给毁了。第二天，老李又进行了一番调查，把调查结果写了一篇题为“高抬贵手与动真格的”的调查报告。厂长看后，立即签字，要求印发给各车间、各部门，并且要求组织讨论，广泛进行提高质量意识的教育。由于发现问题早，解决问题快，厂里的产品一直在市场上保持领先地位。

问题：

案例中的老李在处理信息时有何可取之处？案例中忽视质量问题的信息会产生怎样的消极影响？

一、控制的含义与主要内容

控制是管理过程中的一个重要职能，是控制系统为实现特定的组织目标而进行的一种有意识的调节过程。组织的一切活动都是为了实现组织的目标，目标确定后，就需要层层分解，落实到各个部门、各个单位直至各个人，同时为了确保各个部门、各个单位、各个成员围绕目标去工作，就需要有控制职能。所以，控制职能是广泛渗透于各行各业管理工作之中的。管理实践证明，有效控制是实现组织目标和提高管理工作效率的重要环节，通过灵活采用各种控制技术、方法对组织进行适时适度的控制，可以促进组织快速、高效地达成目标。

所谓控制，就是不断地接受和交换组织系统内外信息，按照既定标准来监视各项活动以保证它们按计划进行并纠正各种重要偏差的过程。通过控制，组织的计划、任务和目标转化为现实。控制的目的就在于保证组织的实际生产经营活动及其成果同组织预期的目标一致。从上述控制的含义来分析，可以看出控制在管理中的职能有四方面：

1. 预警

通过采取一些措施对预计将来可能出现的状况加以控制，避免将来出现偏差或受到一些不利因素的影响，起到预警的作用。

2. 监督检验

监督各项工作是否在按计划执行，同时检验制定的计划是否正确、合理。

3. 纠正偏差

通过检验，发现企业的行动和计划之间存在偏差，采取一些措施纠正偏差。如果是计划有问题，则调整计划，如果是行动不当，则调整行动，从而使两者协调，保证系统的稳定性。

4. 提供信息

控制可以为决策提供信息，无论提供什么信息，都将帮助管理者作出决策并采取相应的行动，从而引导组织达到目标。

二、控制的内容

（一）控制的目的

作为一项重要的管理职能，控制的主要目的是保证组织在复杂多变的内外部环境中实现事先设定的目标。具体来说，主要包括两方面的内容：

1. 通过维持现有状况确保组织实现计划目标。由于组织处于复杂多变的内外部环境之中，控制工作必须随时将计划的执行情况和设定的标准进行比较，在比较分析中找出存在的偏差，及时纠正偏差，使组织的行为活动趋于稳定，并始终围绕既定的目标，沿着相对固定的轨迹发展。

2. 通过突破现有状况促进组织目标实现。现实中，某些内外环境的变化，将会对组织提出一些新的要求，甚至对组织事先设定的目标和计划方案提出挑战。此时，管理人员必须创造性地实施控制，审时度势，根据变化了的环境条件适当修正组织目标和计划方案，组织的目标和计划更符合实际的要求，为组织有效实施管理的其他各项职能奠定基础，使组织更加充满活力。

（二）控制的主体

在管理过程中，控制的主体是指各级管理人员及其所属的职能部门。任何一个组织的控制活动，最终都是由组织中的“人”执行和具体操作的，以控制活动过程中的管理人员为主体。同时，管理人员不总是置身于具体的职能部门、以特定的管理者角色实施控制行为，有时甚至是众多的管理人员在同一个部门，以一个部门整体的身份实施控制。因此，管理人员所属的职能部门同样构成控制活动的主体。

控制主体管理水平的高低是直接决定组织内控制系统作用大小的决定性因素。在控制活动过程中，管理人员所在的部门、所处的管理层次不同，实施控制的主要任务也不尽相同。一般来说，高层管理人员主要从事例外性的、非程序性的和重大程序性的控制活动，而中层和基层管理人员集中从事例行的、程序性的控制活动。

(三)控制的客体

一个组织的全部行为活动构成控制的客体。可以按照不同的标准将控制的客体划分为不同的类型。例如,按照控制客体的资源属性,可以将其区分为人、财、物和信息等;按照管理组织的层级,可以将其区分为企业高层部门、车间、工段、班组、操作工等;按照控制在管理活动中所处的环节,可以将其区分为开始阶段、进行阶段和完成阶段等。

(四)控制的媒体

控制,可以看做是控制主体对控制客体实施的行为。控制主体对控制客体的作用行为需要适当的媒介物进行传递,这样的媒介物可以称之为控制的媒体。例如,在黄金首饰加工企业,管理者通过电子监测仪监督检查进出生产车间的每一个人,以便控制黄金的流失。在这里,电子监测仪就是控制的媒体。

在现代管理过程中,由于现代化的管理设备、手段在控制中发挥着愈来愈重要的作用,越来越多的媒体参与到控制活动中。计算机管理信息系统是控制媒体的后起之秀,它在控制活动中的广泛应用,极大地拓宽了控制的范围,提高了效率。

(五)控制系统

控制系统,是指由控制主体、控制客体和控制媒体组成的具有自身目标和功能的管理系统。任何一个控制系统都包括这三个基本要素,它们构成了一个有机的整体。

三、控制的基本过程

不论控制者是工厂生产线的组长还是公司的经理或是某个城市的市长,他们所采取的控制过程基本上是一样的,如图 10-1 所示:

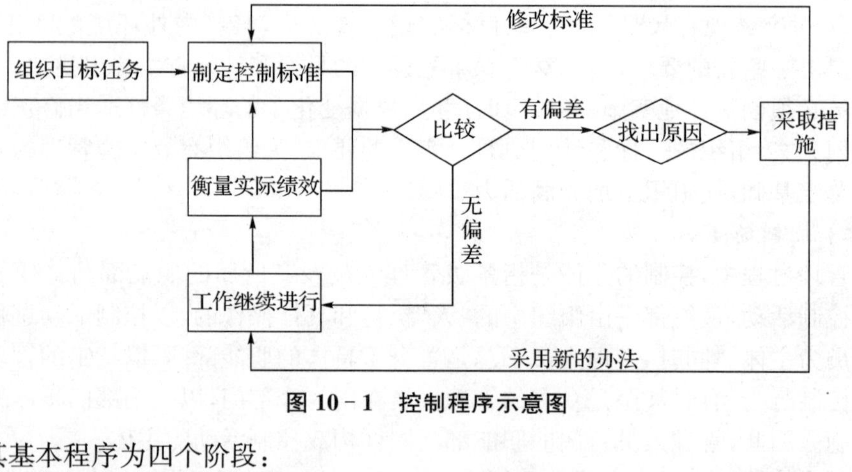

图 10-1 控制程序示意图

其基本程序为四个阶段:

(一)确定控制的标准

控制是从制定工作标准开始的。控制标准是控制能否有效实行的关键。没有切实可行的控制标准,控制有可能流于形式,所以必须根据组织的计划目标和任务的性质建立控制标准。

控制的标准有定量标准和定性标准两大类。

定量标准有：实物量标准、货币标准、时间标准、综合标准；

实物量标准：如产品产量、单位产品工艺消耗定额；

货币标准：如产品成本、销售收入、利润、应交税金；

时间标准：如生产线节拍、生产周期维修间隔；

综合标准：如劳动生产率、市场占有率、投资回报率、废品率；

定性标准指那些不能用数字衡量的标准，如企业的信誉、服务质量等。

例如，美国著名的快餐连锁店麦当劳公司在经营上有一个“质量、服务、清洁、价格”标准。在质量上，它对于食品出炉后的存放时间有详细的规定，油炸食品为 7 分钟，汉堡包为 10 分钟，咖啡为 30 分钟，超过规定的时间，所有的食品将被扔掉；在服务上，它要求 95％以上的客人在进餐馆后的 3 分钟内，服务员必须迎上前接待；在清洁上，它要求服务员必须在客人离开后 5 分钟内把餐桌打扫干净。

（二）衡量实际绩效

将实际工作成绩和控制标准相比较，发现两者之间的偏差，同时，对工作做出客观的评价，为下一步分析、纠正偏差和采取控制措施提供准确全面的信息。通常是在工作完成之后进行。但在工作进行当中，必须加强监督、检查，及时获得有关信息。这一过程要明确两个问题：一是衡量什么；二是如何衡量。

1. 衡量什么

并非所有的步骤都要进行控制，只要对一些关键点进行控制，就可控制全局。所谓关键点是指在计划实施过程中起决定作用的点、容易出错的点、起转折作用的点、有示范作用的点。对于组织来说，确定关键点很重要，因为衡量什么就决定了人们追求什么。确定衡量对象需要管理人员具有丰富的经验和敏锐的观察力。

2. 如何衡量

即用什么方式来衡量。当一个人的管理工作过重时，会发生两件事。第一，工作要分工。例如，一个医院的院长要雇用两个助理院长，对不同楼层的职工进行监督。但是即使这样对管理者有了额外的帮助，他仍需要一些控制工作的方法。这时，就会发生另一件事，即衡量的方式，一般有直接观察、口头汇报、书面汇报等方式。

直接观察是通过亲临现场获得第一手资料来进行衡量，例如生产线的组长在装配线上亲自观察每个下属的工作。这种方法简单、直接，但带有一定的主观性，需要进一步分析判断。另外，当管理者承担越来越多的责任时，会发现这种直接观察会很困难。

口头汇报有正式汇报和非正式汇报。正式汇报是在一些重要公众场合的汇报，例如会议。非正式汇报是一对一的汇报，例如电话、个别交谈等。口头汇报方便、快捷，且面对面容易沟通，但易误传，且不易保存。

书面汇报是一种正式的汇报。通常采用记录、统计报告图表等形式。比较全面准确，易于保存，但它是在计划结束后形成的，有一定的滞后性。

（三）比较分析偏差

将实际成果和预定目标相比较，弄清是否发生了偏差，如果没有偏差，或偏差在允许范围之内，则不需要做什么，工作继续进行；但如果偏差超出允许范围则要分析偏差，包括偏差的性质、程度和原因。一般来说，发生偏差的原因有：

1. 计划的不合理原因。计划制定的不合理，需改进计划本身。
2. 计划操作原因。计划在实施的过程中由于人为操作不当引起的偏差。
3. 外部环境发生重大变化、一些不可控因素：政策变化、自然灾害，使计划和控制之间发生偏差。

（四）采取措施纠正偏差

比较分析后应采取措施纠正偏差。若标准制定的不合理则修改标准，若活动中方法使用不当则采用新的方法。对于一些不可控原因造成的偏差应想办法将损失降低到最低程度。对于一些危急情况，在发生偏差的当时只能采取应急措施，但等危机过后，还要进一步根除隐患。例如洪水暴发，在发大水的当时，我们只能采取一些临时性的措施如扔沙袋、堵缺口等去抢险救灾，等大水退下去之后，还要修筑岸堤以确保长治久安。

学习任务2
初步掌握组织管理中常用的控制的基本方法

【案例引入】

某饮料公司的控制工作

徐平是某饮料企业在华东区的销售总经理，在每月第一周他都要准备一份上月按不同品牌分类的销售情况表，下表显示了7月份的定额标准和实际销售数值（以百万元为单位）

7月份销售绩效 单位：百万元

品牌	标准	实际	超(欠)
A	1 075	913	(162)
B	630	634	4
C	800	912	112
D	620	622	2
E	540	672	132
F	160	140	(20)
G	225	220	(5)
H	80	65	(15)
I	170	286	116
合计	4 300	4 464	164

问题：

1. 衡量该企业的工作绩效并与计划相比较，找出差距并分析原因。

2. 修订标准，制定下月的销售定额。

一、管理控制的方法

管理控制的方法是指管理者对控制对象实施控制的基本方法。从管理的实践来看，以下基本方法存在于各类管理活动过程之中。

1. 数量模型控制

数量模型控制是利用数学方法，根据输入要素（即各种参数）与输出之间的函数关系，建立数量模型进行控制。在生产经营活动中，有许多因素相互间存在着量与量的关系。如材料的成分、性能与产品质量之间的关系，工时与产量的关系，各种设备效率之间的比例关系等等。这些数量关系有许多是可以用一定的数学方程式表达出来的。控制就可以用这些模型进行，控制标准的输入达到标准的输出，或者改变输入来控制输出。如确立经济批量来对库存作最佳控制，利用订货点来调节库存，保证需要。建立价格与需求关系的模型，求得销售收入或利润最大的定价。利用线性规划确立投入产出模型等等。随着管理科学的发展，如运筹学、经济数学、计量管理等学科的建立，数学方法在管理上的应用越加广泛。特别是在电子计算机出现以后，解决大量的计算和分析的工作量问题，使过去在理论上正确，但实际应用很难的数学模型变成了实用的方法，使模型控制应用更广。利用数学模型进行控制，使控制更加定量化和科学化，摆脱了过去只靠个人的经验进行控制的束缚，提高了控制的效率和效果。这是控制随着科学技术进步而向前发展的必然趋势，所以今后模型控制将更为广泛地应用于各行各业的管理活动之中。建立数量模型进行控制要考虑下述条件：

(1) 各个变量之间有明确的函数关系。如化工生产中原料成分与化合物（产品）成分之间的关系，库存控制中库存量与库存成本之间的关系等。

(2) 所建立的数量模型，既要符合数学上的原理，又要符合生产、技术、经济等活动的规律性。在建立数量模型时，要按照生产经营活动本身各个要素之间的客观存在的内在联系来确立它们的函数关系，不是单纯的数学符号关系，也不是为建立公式而建立公式。如果它们之间的关系式与它们的内在联系不符，尽管在数学上看是对的，但实际上却是错误的，就会做出错误的判断。

(3) 要有实用性，不是单纯的符号运算。在数量模型建立时，要考虑实用的价值，一个符号要能代表某项实质性的经济内容，使人们能从实际生产经营活动中找得到它的数据，不是单纯的抽象推理。

(4) 要抓住主要参数建立模型。由于一项作业受到很多因素的影响，有些是很难估量的，在一个数量模型中不可能包括所有的因素，这不仅不可能，也没有实际价值。因此，往往要假定某些因素不变，选择若干主要因素进行分析。建立数量模型的具体方法随各种作业控制的具体内容而不同。如利用高等数学中微分法求极值的原理建立经济订货批量和设备的经济寿命的模型；利用盈亏平衡方法进行量、本、利的控制；利用排队论方法建立服务模型；利用线性规划建立运输模型等等。

2. 统计控制

利用统计方法对生产经营活动进行控制称为统计控制。统计控制分为概率控制和利用统计报表进行控制两类。

(1) 概率控制。一般所称的统计控制是指概率控制。它是利用数理统计和概率论的原理与方法对事物进行分析研究的一种控制方法。控制论认为，一个控制系统所接受的信息虽然很多，但是有许多信息是带有随机性质，有一定的统计分布的规律性。例如产品质量的计量特征，如尺寸、重量等等，它带有正态分布性质；不合格品率的出现带有二项分布的性质；服务对象的到达带有泊松分布的性质等等，因而可以利用概率分布的原理，对系统的活动进行研究和控制。按照统计控制原理，影响生产经营活动的因素有两大类：一类是偶然因素，它的变化虽然对生产经营过程发生影响，但这是正常的现象。另一类是系统因素，它的变动对生产经营过程影响很大，如原材料质量变化、机器设备损坏等，如果不及时处理，就会引起较大的损失，会使系统失去控制，达不到预定的目的。因此，可按照仅属于偶然因素变化发生的影响，规定一个控制界限，超过这个界限的偏差就可视为系统因素发生变化，系统的活动可能失去控制，需要采取措施，加以纠正。根据数理统计中概率分布的规律，在正态分布的情况下，在平均数上下各3个标准差的范围内，它的概率达99.73%。因此，常把3个标准差作为控制界限进行控制。这种统计控制方法不仅可用于质量控制，而且可以用于其他方面的控制。

概率控制另一种方法就是利用相关分析的方法，建立回归方程进行控制。这对于变量间没有明确的函数关系，不能建立数量模型，但在统计上有明显的相关关系的变量，更有作用。这种方法是先进行相关分析，研究变量间的分布状态，是属于线性相关，还是非线性相关，是属于指数分布曲线还是S分布曲线等等，然后根据它们的概率分布类型，利用回归分析方法建立回归方程，进行观察和控制。

(2) 利用统计报表的资料进行控制。这是一种统计分析应用方法，也是社会经济各部门、企事业单位目前经常采用的一种方法。统计报表制度本身就具有检查监督的作用。这种方法就是根据统计记录、汇总整理的资料，如各种台账和统计报表、各种统计指标，包括绝对数和相对数指标，来衡量工作进展和计划的完成情况，经过对比分析，找出偏差和原因，采取措施来调节企业的生产经营活动。统计分析方法很多，如指数法、分组法、统计调查表、动态分析法等等。

3. 会计控制

会计控制是利用会计的原理和方法，运用会计资料，如分类账、明细账、会计报表等所反映的数据进行控制。它的实质就是运用货币对生产经营活动进行监督和调节。会计控制是最早的传统的控制方法，主要是利用货币的收支来控制企业的生产经营活动。事实也是如此。在商品生产经济中，一切生产经营活动都是要通过货币交换进行的，物质生产流程与货币信息流程是统一的，后者反映前者的运行状态。如材料账反映材料的入库、投产、库存的状态。生产费用账是反映投产、在制、出产的状态等等。因而，可以通过会计记录来观察分析生产经营活动的过程，就可以进行监督。会计控制由于是利用货币进行监督，所以更适宜用于管理控制。要提高经济效益，就要加强会计控制，它在企业控制系统中是一个相对独立的子控制系统，是不可缺少的工具。

会计控制是通过会计核算与分析工作，同厂内各级的内部经济核算制度结合进行的。要及时观察、检查有关的会计资料，如控制材料库存，就要检查材料账，分析会计记录的变动情况和报表上的数据，从而发现偏差和原因，进行控制。会计分析利用的指标很多，如资金利润率、流动资金周转率、固定资金利用率、销售收入增长率等等。必须指出，会计控制不是消极监督，不是仅仅利用货币来揭发、限制生产经营中的浪费和积压等现象，更主要的是发现问题，运用财力来支持和发展生产，提高经营效果。

4. 预算控制

利用财务预算对生产经营活动进行控制称为预算控制，也是一种传统的控制方法。财务预算包括各种收入预算、费用预算、现金收支预算和投资预算等。预算控制是计划职能与控制职能的交界面。预算也是一种计划，预算编制是属于计划职能；根据预算组织有关收入，控制支出，属于控制职能。因此，实行预算控制的步骤是：

(1) 编好预算。没有预算或预算编制得不好，控制就失去作用。在编制预算时，不要主次不分，过多地考虑或细分次要的项目，应集中力量编制好几项主要收入和支出的项目；要提倡零基预算，即从头开始，不要随便按上期实际情况为始点来增减预算开支，而是重新对整个预算进行计算，重新确定每一项目的收支。

(2) 利用预算来检查各项收入和费用的完成情况和进度，及时估计达不到预算要求的可能性。

(3) 提醒及督促帮助各单位执行预算，查找发生偏差的原因，按预算进行费用开支。

(4) 在必要时也可调整预算，以适应情况变化。在可能条件下采用弹性预算。这是指某项预算费用随着另一变量而变化，如办公费随办公人员数量而变化，流动资金需要量随产值或销售收入而变化等。预算控制和会计控制一样，不是消极的控制而是积极的控制。

5. 进度控制

对生产和工作进度进行的控制称为进度控制。它是将调整进程和期限的要求结合在一起,主要是控制生产或工时,工程进度是否按期完成;各项作业在时间上能否相互衔接。进度控制通常采用甘特图或网络图进行。

甘特图在生产管理中应用极广。它把线条图上的数量标度改为时间标度,把时间进度、计划数、实际完成数三个方面结合起来,反映在一个图上。用第一个线条表示计划,用第二个线条表示实际,从而反映出计划与实际的偏差,表示超前滞后的时间,并把相关作业在时间衔接关系上表示出来。人们用这种图表一方面做计划,另一方面进行控制。

网络图在编制网络计划时属于计划职能,同时也用它进行控制。用网络图进行控制就是抓住网络计划的关键路线。我们常用的计划评审技术(PERT)和关键路线法(CPM)是网络法的一种。网络图在一定意义上也是甘特图的发展,它除与甘特图一样能表示作业进度和时间衔接的先后关系外,还可以确定出关键路线和非关键路线中的时差,即最早最迟开工或完工的时差。这样,人们可以抓住关键路线,利用非关键路线的时差,灵活调度资源,保证关键路线的按期完成,达到预期的目的。

二、企业中常用的控制技术与方法

在企业管理实践中,质量控制、预算控制、成本控制三种主要控制技术与方法最为常用。

(一)质量控制方法

1. 质量控制的含义与主要内容

企业单位的质量控制包括产品质量控制和工作质量控制,非营利单位的质量控制主要是工作质量控制,同企业的质量控制在本质上是一致的。

在企业经营管理活动中,质量具有两方面的内涵:一是产品质量;二是工作质量。二者既相互联系,又相互区别。产品的质量是工作质量的体现,工作质量是产品质量的基础和保证。企业的质量控制既包括对企业物质产品或服务产品的质量控制,也包括对企业各项工作质量的控制。

产品质量控制是企业为生产合格产品、提供顾客满意的服务和减少无效劳动而进行的控制工作。在市场经济条件下,产品的质量控制则应达到两个基本要求:一是产品达到质量标准;二是以最低的成本生产出符合质量标准的产品。这两个要求相辅相成:产品符合质量标准是产品为市场所接受的必要条件,而只有在低于社会平均劳动时间的条件下生产出的合格产品才能具有竞争力。

工作质量控制是指企业为了保证和提高产品质量,对经营管理和生产技术工作进行的水平控制。工作质量的好坏,通过企业内各单位、各部门以及每一位职工的工作态度、工作绩效等反映出来。在现代质量管理中,工作质量控制已经占据重要地位,企业越来越将质量控制的重心放在工作过程上。

2. 全面质量管理方法

全面质量管理方法是对产品质量实施监控的行之有效的方法。所谓全面质量管理,就是指企业内部的全体员工都参与到企业产品质量和工作质量工作过程中,把企业的经营管理理念、专业操作和开发技术、各种统计与会计手段方法等结合起来,在企业中普遍建立从研究开发、新产品设计,外购原材料、生产加工,到产品销售、售后服务等环节的贯穿企业生产经营活动全过程的质量管理体系。

全面质量管理体现了全新的质量观念。质量不仅是企业产品的性能,还包括企业的服务质量、企业的管理质量、企业的成本控制质量、企业内部不同部门之间相互服务和协作的质量等。企业的质量水平涵盖了企业的研究开发质量、设计质量、试验质量、制造质量、维护质量、销售质量等。强调产品质量是制造出来的,不是检验出来的。企业对质量的控制,应当将重心落在和生产制造相互关联的所有环节,而不仅仅是产成品的最终检验。

全面质量强调了动态的过程控制。质量管理的范围不能局限于某一个或者某几个环节和阶段,必须是从市场调查、研究开发、新品设计、加工制造、产品检验、仓储管理、途中运输、销售安装、维修调换等的整个过程。

全面质量管理的内容主要包括两个方面:一是全员参与质量管理;二是全过程质量管理。

(1) 全员参与质量管理

企业中的任何一个环节、任何一个阶段的任何工作,都会不同程度地影响到企业产品或服务的质量。而企业的任何一项工作都是在人的操作或者组织指挥下完成的,因此,必须把企业内部所有人员的积极性和创造性调动起来,不断提高每一个人的质量管理素质,上至企业的董事会成员、总经理和各个部门经理,下至企业的每一位操作工,都必须参与到企业的质量管理过程中,做到“质量工作,人人有责”。

全员参与企业的质量管理工作,主要是通过质量小组(QC 小组)完成的。QC 小组的概念最早是由日本管理专家提出的,是指在企业中,由工作相关、有共同兴趣爱好的人员自发组织起来,对共同感兴趣的质量问题进行定期或者不定期的研究,提出解决质量问题的措施意见,或者直接自觉地解决工作中出现的各种问题。一个 QC 小组一般由 5～10 人组成,在工作之余共同研究质量工作。

一个 QC 小组可以在一年内向企业提出数十条或者上百条的质量改进意见。由于这些意见来源于各种岗位的第一线员工,而且是共同讨论和研究的结果,因此,其中有相当部分具有重要的价值,为企业及时控制质量、改进各项工作提供了重要的依据。

全员参与还包含了全体员工都要对质量负责的含义。每一个员工,不论处于什么岗位,都必须对该岗位的工作质量和产品质量负责。例如,采购部门必须对外购原材料的质量负责；生产部门的各个工序都必须对各自的工作负有责任，上道工序质量不合格给下道工序带来损失时，下道工序可以索赔；运输部门必须确保产品在运输过程中不发生刮漆、磕伤等问题。

(2) 全过程质量管理

产品质量取决于设计、工艺准备、外购原料、制造、储存、销售等各个过程的质量管理水平。因此，全面质量管理强调，为了从根本上杜绝产品质量问题，企业必须对产品生产销售的全过程进行管理，在不同环节发现的有关信息要尽可能地在企业内部共享，以利于共同提高企业产品质量。例如，在销售环节发现的质量问题，必须及时向生产、设计等部门反馈信息，不能仅仅停留在退货这一步。

一般来说，为了保证企业对生产经营活动全过程的质量进行控制，企业对不同的部门、岗位制定详细的质量控制指标、工作规程和奖惩措施，工作的质量水平直接和自身的利益挂钩。

(二) 预算控制方法

1. 预算的含义、种类

预算是指以数字形式表示的计划，预算多数是指财务预算，即用财务数字表明的组织未来经济活动的成本费用和总收入、净收益等。

依据不同的分类标准，预算可以区分为不同的类别，主要有如下几种：

(1) 刚性预算与弹性预算

刚性预算指在执行进程中没有变动余地或者变动余地很小的预算。一般来说，刚性预算控制性强，但对环境的适应性差且不利于发挥执行人的积极性。常见的刚性预算是控制上限或控制下限的预算，如要求严格执行的财政支出预算和财政收入预算等。

弹性预算指预算指标留有一定的调整余地，有关的当事人可以在一定的范围内灵活执行预算确定的各项目标和要求。弹性预算的主要优点是在制定预算时就考虑到了未来事项的不可预知性，只确定了行为的基本原则或范围，实际执行时可以根据具体情况调整，灵活性强。缺点是灵活性掌握不好就成了失控，可控制性差。

(2) 收入预算与支出预算

收入预算是对组织活动未来的货币收入进行的预算。企业的收入预算包括企业收入总预算、产品销售收入预算、其他销售收入预算、营业外收入预算、投资收入预算等。

支出预算是对组织活动未来支出进行的预算。支出预算是企业预算中最重要的预算。企业的一切活动都要有投入，不存在没有支出的活动。企业的支出预算主要包括企业的货币支出总预算、外购材料支出预算、外购零部件支出预算、工资总预算、利息支出预算、罚没支出预算等。

(3) 总预算与部门预算

总预算是指以组织整体为范围，涉及组织收入或者支出项目总额的预算。例如，企业收入总预算、支出总预算、成本总预算等。

部门预算是指各部门在保证总预算的前提下，根据本部门的实际情况安排的预算。例如，销售部门的销售费用预算、对外招待费用预算、车间的管理费用预算、党团部门的经费预算等。

总预算与部门预算不是简单的整体与部分的关系，二者相互支持，相互补充。

2. 预算控制的一般程序

对于企业来说，预算控制一般需要经过如下程序：

(1) 深入了解企业在过去财政年度的预算执行情况和企业在未来年度的发展战略规划，以此作为企业制定预算的重要依据。

(2) 围绕企业的发展战略规划和企业内外环境条件，制定企业的总预算，主要包括收入总预算、支出总预算、现金流量总预算、资金总预算、主要产品产量和销量总预算等，并粗略编制企业的预算资产负债表。

(3) 将企业总预算中确定的任务层层分解，由各个部门、基层单位以及个人参照制定本部门、本岗位的预算，上报企业高层管理部门。

(4) 企业高层决策者在综合企业各个部门的上报预算之后，调整部门预算，甚至调整总预算，最终确定预算方案，并下发各部门。

(5) 组织贯彻落实预算确定的各项目标，在实施过程中予以监控，及时发现问题并采取相应的措施。

当然，一些企业为了使预算更加符合企业实际，可能将预算草案在企业内部多次上下传阅，征求意见并进行修改，直到满意为止。

3. 零基预算

传统的预算编制将前一时期预算水平作为下一时期预算编制的影响因素加以考虑。例如，在上一时期预算额的基础上增减一定的数额即为下一期的预算额。这种方法考虑了时间因素的连续性，但不能反映下期各项活动的真实需要，可能造成某些活动资金紧张而另一些活动资金闲置的情况。鉴于传统预算的这种缺陷，美国德克萨斯仪器公司的彼德·菲尔于1970年提出了零基预算法。该法一经提出，由于它在预算制定方面的优越性，很快为许多组织采纳。

零基预算的基本思想是：在每个预算年度开始时，把所有还在继续开展的活动都视为从零开始，重新编制预算。预算人员以一切从头开始的思想为指导，根据各项活动的实际需要安排各项活动以及各个部门的资源分配和收支。按照零基预算，预算人员在编制一项活动的预算时主要考虑以下四个方面的问题：

(1) 组织的目标是什么？预算要达到的目标又是什么？

(2) 这项活动有没有必要，不开展行不行？如果必须开展，开展这项活动能取得什么样的效果？

(3) 开展这项活动的可选方案有哪些？目前执行的方案是不是最好的？

(4) 这项活动需要多少资金？资金获取途径有哪些？按目前的方案使用是否合理？

与传统的预算管理相比较，零基预算的优点是预算编制依据科学，按照具体情况考虑预算大小，有利于资金分配和节约支出。缺点是预算编制的工作量大，费用较高。

零基预算与其说是一种预算编制办法，倒不如说是一种预算控制思想。它的核心是要求预算工作人员不要盲目接受过去的预算支出的结构和规模，一切都应按变化后的实际情况重新予以考虑。

零基预算具体做法为：

第一，建立预算目标体系。审查预算前，主持这一工作的主管人员首先应明确组织的目标，并将长期目标、中期目标、近期目标划分清楚，将可量化的目标量化，建立起一套完整明确的目标体系。

第二，逐项审查预算。以一切活动从零开始的思想为指导来审查每一个预算项目。凡是在下一年度继续进行的活动或续建的项目，负责人都要提交详细的计划执行情况报告；凡是新增加的项目都要提交可行性分析报告；所有要继续进行的活动都必须向专门的审查机构提交其活动确有必要继续开展的证明；所有申请预算的项目和部门都必须提交下一年度的计划，说明各项开支要达到的目标和能够取得的效益。

第三，排定各项目、各部门的优先顺序。在确定了需要开展的项目的范围之后，由预算部门对所有的项目按照重要程度进行排序，列出重点优先项目和非重点一般项目。如果资金有限，要优先保证重点优先项目的预算。

第四，编制预算。由预算编制人员根据审查的最终结果对预算资金进行分配，形成具体的预算。

(三) 成本控制方法

1. 成本控制的含义及基本内容

所谓成本控制，就是指以成本作为控制的手段，通过制定成本总水平指标值、可比产品成本降低率以及成本中心控制成本的责任等，达到对经济活动实施有效控制的目的的一系列管理活动与过程。

对于企业来说，成本在整个经济活动过程中发挥着重要的作用，成本水平的高低直接决定着企业能否以收抵支和偿还到期的各项债务，进而决定企业能否健康生存和发展。对于一个成本水平较高的企业来说，企业将会因为成本的原因而丧失市场竞争力，出现亏损，甚至破产倒闭。

成本控制本质上是要实现企业整体的成本控制目标，促使各个部门在明确成本责任的基础上采取一系列旨在增强管理者成本意识、提高成本效率的管理措施。表面上看，成本控制的直接对象是产品或者服务的成本开支，其实，成本控制的主要对象是管理过程中的人。因此，成本控制的关键是管理中的成本控制者，即通过成本控制者履行自身的成本控制职责，严格执行企业的成本计划。

成本控制者要担负起成本管理的重任，首先需要具有较强的成本意识。成本意识，是指管理者具有的自觉将生产经营与成本挂钩的习惯性思维。这是成本控制者能够比较准确地判断成本效率的能力和提高成本效率积极性的集中体现。

2. 成本控制的具体做法

在企业管理控制中，成本控制始终是一项重要的控制工作。将成本控制在一定的限度之内，不断降低成本水平，需要遵循必要的步骤，采取适当的方法。一般来说，成本控制按照如下步骤进行：

(1) 制定控制标准，确定目标成本。

确定目标成本的方法有：历史成本法，即以历史上本企业或者同行业的先进企业的成本水平作为目标成本；计划法，即在考虑企业的生产经营水平、企业外部环境的条件下，估算出可能达到的成本水平，并纳入企业的计划之中；定额法，即以企业在长期的实践过程中确定的各项劳动定额、消耗定额等为基础制定的企业目标成本。

(2) 根据企业的各种数据记录、统计资料进行成本核算。

成本核算所用的记录应当是反映核算期内人力、物力、财力等支出的全部原始记录，是可靠的企业成本核算和控制的依据。进行成本控制所要进行的成本核算主要有：总成本支出、可比产品总成本、可比产品单位成本、可比产品成本降低率、产品成本、主要产品单位成本等。通过成本核算，有关管理人员可以清楚地了解企业在控制期内的成本水平是否达到目标成本的要求，为分析改进提供数据资料。

(3) 进行成本差异分析。

将实际成本与事先确定的目标成本相比较，发现差异，并对差异进行类别分析。差异分析主要是通过实际与目标的比较，找出实际成本与目标成本之间存在的正负差异，并进行成本差异的原因分析，在此基础之上提出控制和降低成本的措施方案。

企业成本差异分析的主要内容有：①直接材料费用分析；②直接人工费用分析；③车间管理费用分析；④企业职能部门费用分析；⑤财务费用分析；⑥销售费用分析。

(4) 及时采取措施，降低成本。

在成本差异分析的基础上，科学地比较不同的成本控制措施方案的优劣，在对比分析的基础上选择最优的成本控制方案，并全力组织实施。可采用的方法主要有：价值工程法、投入产出分析法等。

本单元实训与练习

【读一读】

控制系统

控制系统意味着通过它可以按照所希望的方式保持和改变机器、机构或其他设备内任何感兴趣或可变的量。控制系统同时是为了使被控制对象达到预定的理想状态而实施的。控制系统使被控制对象趋于某种需要的稳定状态。

例如，假设有一个汽车的驱动系统，汽车的速度是其加速器位置的函数。通过控制加速器踏板的压力可以保持所希望的速度(或可以达到所希望的速度变化)。这个汽车驱动系统(加速器、汽化器和发动机车辆)便组成一个控制系统。

一、控制系统的几种分类方法

1. 按控制原理的不同，自动控制系统分为开环控制系统和闭环控制系统。

在开环控制系统中，系统输出只受输入的控制，控制精度和抑制干扰的特性都比较差。开环控制系统中，基于按时序进行逻辑控制的称为顺序控制系统，它由顺序控制装置、检测元件、执行机构和被控工业对象所组成。主要应用于机械、化工、物料装卸运输等过程的控制以及机械手和生产自动线。

闭环控制系统是建立在反馈原理基础之上的，利用输出量同期望值的偏差对系统进行控制，可获得比较好的控制性能。闭环控制系统又称反馈控制系统。

2. 按给定信号分类，自动控制系统可分为恒值控制系统、随动控制系统和程序控制系统。

给定值不变，要求系统输出量以一定的精度接近给定希望值的系统。如生产过程中的温度、压力、流量、液位高度、电动机转速等自动控制系统属于恒值系统。

随机控制系统，给定值按未知时间函数变化，要求输出跟随给定值的变化，如跟随卫星的雷达天线系统。

程序控制系统，给定值按一定时间函数变化，如程控机床。

二、应用领域

1. 工业方面

控制系统已被广泛应用于人类社会的各个领域。在工业方面，对于冶金、化工、机械制造等生产过程中遇到的各种物理量，包括温度、流量、压力、厚度、张力、速度、位置、频率、相位等，都有相应的控制系统。在此基础上通过采用数字计算机还建立起了控制性能更好和自动化程度更高的数字控制系统，以及具有控制与管理双重功能的过程控制系统。在农业方面的应用包括水位自动控制系统、农业机械的自动操作系统等。

2. 军事技术

自动控制的应用实例有各种类型的伺服系统、火力控制系统、制导与控制系统等。在航天、航空和航海方面，除了各种形式的控制系统外，应用的领域还包括导航系统、遥控系统和各种仿真器。

3. 其他

在办公室自动化、图书管理、交通管理乃至日常家务方面，自动控制技术也都有着实际的应用。随着控制理论和控制技术的发展，自动控制系统的应用领域还在不断扩大，几乎涉及生物、医学、生态、经济、社会等所有领域。

【想一想】

案例1 麦当劳的管理控制

麦当劳公司以经营快餐闻名遐迩。1955年，克洛克在美国创办了第一家麦当劳餐厅，其菜单上的品种不多，但食品质量高、价格廉、供应迅速、环境优美。连锁店迅速发展到每个州，至1983年，国内分店已超过6 000家。从1967年，麦当劳在加拿大开办了首家国外分店以后，国外业务发展很快。到1985年，国外销售额约占它的销售总额的1/5。在40多个国家里，每天都有1 800多万人光顾麦当劳。

麦当劳金色的拱门允诺：每个餐厅的菜单基本相同，而且“质量超群，服务优良，清洁卫生，货真价实”。它的产品、加工和烹制程序乃至厨房布置，都是标准化的，严格控制的。为此它撤销了在法国的第一批特许经营权，因为他们尽管盈利可观，但未能达到在快速服务和清洁方面的标准。

麦当劳的各分店都由当地人所有和经营管理。鉴于在快餐饮食业中维持产品质量和服务水平是其经营成功的关键，麦当劳公司在采取特许连锁经营这种战略开辟分店和实现地域扩张的同时，就特别注意对各连锁店的管理控制。如果管理控制不当，使顾客吃到不对味的汉堡包或受到不友善的接待，其后果就不仅是这家分店将失去这批顾客及其周边人光顾的问题，还会波及影响到其他分店的生意，乃至损害整个公司的信誉。为此，麦当劳公司制定了一套全面、周密的控制办法。

麦当劳公司主要是通过授予特许权的方式来开辟连锁分店。其考虑之一，就是使购买特许经营权的人在成为分店经理人员的同时，也成为该分店的所有者，从而在直接分享利润的激励机制中把分店经营得更出色。特许经营使麦当劳公司在独特的激励机制中形成了对其扩展中的业务的强有力控制。麦当劳公司在出售其特许经营权时非常慎重，总是通过各方面调查了解后挑选那些具有卓越经营管理才能的人作为店主，而且事后如发现其能力不符合要求则撤回这一授权。

麦当劳公司还通过详细的程序、规则和条例规定，使分布在世界各地的所有麦当劳分店的经营者和员工们都遵循一种标准化、规范化的作业。麦当劳公司对制作汉堡包、炸土豆条、招待顾客和清理餐桌等工作都事先进行翔实的动作研究，确定各项工作开展的最好方式，然后再编成书面的规定，用以指导各分店管理人员和一般员工的行为。公司在芝加哥开办了专门的培训中心——汉堡包大学，要求所有的特许经营者在开业之前都接受为期一个月的强化培训。回去之后，他们还被要求对所有的工作人员进行培训，确保公司的规章条例得到准确的理解和贯彻执行。

为了确保所有特许经营分店都能按统一的要求开展活动，麦当劳公司总部的管理人员还经常走访、巡视世界各地的经营店，进行直接监督的控制。例如，有一次巡视中发现某家分店自行主张，在店厅里摆放电视机和其他物品以吸引顾客，这种做法因与麦当劳的风格不一致，立即得到了纠正。除了直接控制外，麦当劳公司还定期对各分店的经营业绩进行考评。为此，各分店要及时提供有关营业额、经营成本、利润等方面的信息，这样总部管理人员就能把握各分店经营的动态和出现的问题，以便商讨和采取改进的对策。

麦当劳公司的再一个控制手段，是在所有经营分店中塑造公司独特的组织文化，这就是大家熟知的“质量超群，服务优良，清洁卫生，货真价实”口号所体现的文化价值观。麦当劳公司的共享价值观建设，不仅在世界各地的分店，在上上下下的员工中进行，而且还将公司的一个主要利益团体——顾客也包括进这支建设队伍中。麦当劳的顾客虽然被要求自我服务，但公司特别重视满足顾客的要求，如为他们的孩子们开设游戏场所、提供快乐餐和组织生日聚会等，以形成家庭式的氛围，这样既吸引了孩子们，也增强了成年人对公司的忠诚感。

问题：

1. 麦当劳公司所创设的管理控制系统是由哪些基本要素构成的？
2. 麦当劳在质量控制上采取的主要方法有哪些？

案例 2 汤姆的目标与控制

汤姆担任 A 工厂的厂长已经一年多了。他刚看完了有关工厂今年目标实现情况的统计资料，厂里各方面工作进展的很不顺利。他为此气得说不出话来。

汤姆记得自己就任厂长后做的第一件事就是亲自制定了工厂的一系列发展计划。具体地说，他要解决工厂的浪费问题、职工超时间工作问题以及废料的运输问题。他规定：在一年内要把购买原材料的费用降低 10%～15%；把用于支付工人超时间工作的费用从原来的 11 万美元减少到 6 万美元；把废料运输费用降低 3%。他把这些具体目标告诉了下属有关方面的负责人。

然而，他刚看过的年终统计资料却令他非常失望。原材料的浪费比去年更严重；

职工超时间工作的费用也只降低到9万美元，远没有达到原定的目标；运输费用也根本没有降低。

他把这些情况告知了负责生产的副厂长，并严肃批评了这位副厂长。但副厂长争辩说："我曾对员工强调过要注意减少浪费的问题，我原以为工人也会按我的要求去做的。"人事部门负责人也附和着说："我已经为消减超时的费用作了最大的努力，只对那些必须支付的款项才支付。"而运输部门的负责人则说："我对未能把运输费用减下来并不感到意外，我已经想尽了一切办法。我预测，明年的运输费用可能还要上升3%～4%。"

在分别和有关方面的负责人交谈后，汤姆又把他们召集起来布置新的要求，他说："生产部门一定要把原材料的费用降低10%；人事部门要把超时间费用降到7万美元；即使是运输费用要提高，但也绝不能超过今年的标准。这就是我们明年的目标。我到明年底再看你们的结果。"

问题：

1. 汤姆就任后制定的计划属于什么计划？
2. 你认为导致汤姆控制失败的原因是什么？
3. 汤姆制定的明年的目标能完成吗？为什么？

案例3　丰田生产方式：全系统性生产产品质量体系

全面质量管理包括两层含义：第一层意思是指产品生产全过程的质量管理；第二层意思是指全体职工参加的全员管理。美国的全面质量管理一般侧重于第一层意思，主要是要求发挥组织技能的作用，而日本引进全面质量管理之后，结合具体条件，更侧重于第二层意思，即特别重视发挥人的作用，这是日本汽车企业质量管理的最大的特点。

产品生产全过程的质量管理包括7个阶段：(1) 产品规划；(2) 产品设计；(3) 试制、试验；(4) 生产准备；(5) 批量生产；(6) 产品制造、质量检查；(7) 销售服务。每个阶段都有严格的质量要求和检查规定。最终的目的是向用户提供高质量的产品和服务。从(1)到(4)是保证新产品质量的关键，规划、设计和生产准备工作如果做不好，制造技术再好也无济于事。(5)和(6)是投产后保证加工制造质量的阶段。(7)是售后保证用户使用质量的阶段。

生产准备阶段质量保证活动的基本目的是正确掌握设计意图，充分保证设计的质量要求。新产品投入批量生产后，质量问题就由丰田式的生产管理予以保证。在丰田生产方式中用的零配件有无次品。另外，在总装生产线上，每个工人的职责都有明确的划分，一旦发现产品出现质量问题，或在规定时间内不能完成操作，工人就要拉起停机绳，当传送线到达它的位置时就会停止运行。班长或组长会马上过来，查看出了什么故障，采取相应的解决措施。通常在下一步组装件到达该生产线之前，故障已被排除，生产线重新启动。在丰田的工厂里，工人被灌输的质量哲学是：拉动这根绳子潜在的意义远远大于它的实际意义。

可见，丰田生产方式的质量管理是以保证百分之百的优等品为目的的，一旦出现不合格品，不惜停止生产线的运行来找出原因所在，获得彻底的解决，以求达到不再出现同样的质量事故的目的。为了保证质量，丰田公司还视超产为最严重的一种浪费情形。在很多工厂，工人往往努力超产，因为他们一旦达到指标就可以轻松了，结果产品质量忽高忽低。但在丰田公司根据质量要求设计的程序却是一道道工序有条不紊地进行，没有上下波动，给客户的数量正合适，结果是工厂平稳运转，每个人都在忙碌。曾在丰田公司工作的美国密歇根大学日本技术管理教程主任约翰·舒克就说过，丰田质量体系需要大量详尽地计划、严格的纪律、勤劳的工作和对细微之处的专注。

所谓全体职工参加的全员管理，是指在整个质量管理推行的过程中，要充分发挥全体员工的积极性与能动性。丰田公司质量管理最大的特色就是在吸取欧美全面质量管理方式的基础上，大力开展全员质量管理。欧美实行全面质量管理，主要是依靠专职的专家发挥作用，总经理之类的高层领导人不一定要懂得质量管理。丰田公司根据本企业的特点，一开始就采取了总经理、中层负责干部、技术人员以及广大工人共同学习，并由全体职工共同参加质量管理的方式。这就使得质量一词具有更加广泛的含义，它包括了服务的质量、系统的质量、部门的质量、公司的质量以及最高负责人决策方针的质量等。所谓全员，也不仅仅是指企业的全体人员，而且包括整个公司、整个系统及其所属的一切部门。产品质量成了一个企业技术水平、制造水平、组织管理水平以及经营水平的综合反映，而全员质量管理也就有了综合质量管理的味道。

为了更好地贯彻执行质量管理体系，丰田公司还建立了"三结合"的运作方式：

(1) 从组织上来说，是"高层领导＋转业干部＋职工群众"的三结合。

(2) 从活动的内容来看，是"质量保证＋降低成本＋安全和保养"的三结合。

(3) 从开展运作的方式来看，是"质量保证活动＋降低成本＋合理化建议"的三结合。

在20世纪50年代丰田公司就曾向全体人员公开征求体现丰田精神的标语，以此激励员工的参与意识，最后当选的是"优良的品质、崇高的思想"。从此以后，这条标语就成为丰田人长期的努力目标。

问题：

1. 丰田公司产品质量体系的最大的特点是什么？
2. 丰田公司的管理经验可否为我国企业所用？为什么？

案例 4　邯钢的目标成本控制

钢铁行业是多流程、大批量生产的行业，生产过程的高度计划性决定了钢铁行业对生产流程的各个工艺环节必须实行高度集中的管理模式。为了严格成本管理，钢铁行业对生产一般依据流程将整个生产线划分不同的作业单元，在各个作业单元之间采用某些锁定转移价格的办法。邯钢在成本管理方面率先引入市场竞争机制，建立了以市场竞争力为导向分解内部转移成本，再以此为控制指标，落实到人和设备上，将指标责任与奖罚挂钩的独特的成本控制体系。

对邯钢而言，要挤出利润，首先要确定合理现金、效益最佳的单位产品目标成本。公司根据一定时间内市场上生铁、钢坯、能源及其他辅助材料的平均价格编制出企业内部转移价格，并根据市场价格变化的情况每半年或一年做一次修订。各分厂根据原材料的消耗量和模拟市场价格核算本分厂的产品制造成本，也以模拟市场价格向下道工序“出售”自己的产品。获得的“销售收入”与本分厂的产品制造成本之间的差额，就是本分厂的销售毛利。销售毛利还需要做以下两项扣除：一是把公司管理费分配给分厂作销售毛利的扣除项，一般采用固定的数额(根据管理费年预算确定)；二是财务费用分厂负担，一般根据分厂实际占用的流动资金额参考国家同期同类利率确定。做这两项扣除后，就形成了本分厂的“内部利润”。

如三轧钢分厂生产的线材，当时每吨成本高达 1 647 元，而市场只能卖到 1 600 元，每吨亏损 47 元。经过预算，这 47 元全部让三轧钢分厂一个生产单元消化根本做不到。如果从原材料采购到炼钢、轧钢开坯和成材，各道工序的经济指标都优化到历史最高水平，就有可能解决问题。比如为使产品的包装质量符合公司要求，修卷减去的线材头尾一个月达上百吨，由此造成的损失超过 6 万元。为了降低成本邯钢对卷线机进行了技术改造，在充分保证包装质量的前提下，轧用量降低了 40%，吨材成本下降 8 万元。其他流程环节也纷纷采取不同手段降低成本，开坯的二轧钢厂挖潜降低 5 元/吨坯，生产钢锭的二炼钢厂挖潜降低 24.12 元/吨钢，原材料外购生产每吨由 780 元降到 750 元以下，这样环环相扣，$8+5+24.12+(780-750)>47$，就可以扭亏为盈。

总厂分别给各生产单位下达了目标成本，其中给三轧钢分厂下达了吨材 1 329

元的不赔钱成本指标。面对这一似乎高不可攀的指标,分厂的领导班子感到压力非常大,但又提不出完不成的理由。因为这既是从市场倒推出来的,又是比照自己的历史水平和先进水平测算出来的,再下调就意味着邯钢就要出现亏损。面对新的成本目标,只能扎实工作,努力实现。

三轧钢分厂组成专门班子,将工段进行层层分解,将总厂下达的成本指标用倒推的办法,测算出各项费用在每吨成本中的最高限额。比如各种原材料消耗,各项费用指标等,达到840多元(时价)1吨的铁水,小到仅0.03元的印刷费、邮寄费,横向分解落实到各个科室,纵向分解落实到各个工段、班组和个人,层层签订承包协议,并与奖惩挂钩,使责权统一,使每个单位、每个职工的工作都与市场挂钩起来,接受市场的考验,形成全厂纵横交错的目标成本管理体系。

为促使模拟市场核算这一机制的高效运转,当然需要严格的奖惩机制保驾护航。在考核方法上,公司通常给分厂下达一组目标成本和目标利润。分厂制造成本低于目标成本,即形成成本降低额或称贷差。作为计奖或不"否决"奖金的依据,反之则"否决"奖金。实际内部利润大于目标利润的差额,通常也被当做计奖。在现实中,有的公司以考核成本降低额为主,有的以考核内部利润为主。在保证基本收入的前提下,加大奖金在整个收入中的比例,奖金约占工资的40%～50%;设立模拟市场核算效益奖,按年度成本降低总额的5%～10%和超创目标利润的3%～5%提取,仅1994年效益奖就发放了3 800万元。结果,三轧钢分厂拼搏一年,不仅圆满实现了目标,而且扭亏为盈,当年为总厂创利润82.67万元。

这种以市场为基础的内部成本倒推分解法,把产品成本、质量、资金占用、品种结构等因素纳入完整的考核体系中,给了成本中心更大的责任和压力,使分厂在有限的决策权之下,有了除降低成本以外的增利手段;可以使分厂了解假如自己是一个独立企业时的盈亏水平,增强企业的危机感和紧迫感,减轻企业推进降低成本目标时遇到的阻力;由于实行优质优价的定价原则,可鼓励分厂提高产品质量以增加"销售收入",也使分厂有了寻求质量与成本最佳结合点的权力。利息作为内部利润的扣除项,有利于量化资金占用水平,鼓励分厂压缩资金占用;通过对不同产品的合理定价,可以鼓励分厂结合市场需求调整产品结构。采用项目成本倒推分解这种方法,从根本上改变了各个流程成本控制与总成本控制之间的关系,使个人的晋升与发展也与自己对总成本控制的贡献相关联,从而形成了良性循环。

问题:

1. 什么是成本控制?主要过程是什么?
2. 邯钢是如何进行成本控制的?

【练一练】

一、名词解释

1. 控制
2. 控制系统
3. 数量模型控制
4. 质量控制
5. 预算
6. 成本控制

二、选择题

1. 控制必须是(　　)的统一。

A. 目标　B. 手段　C. 方针　D. 收入　E. 成本　F. 行为

2. 控制活动要有(　　)予以保障。

A. 计划　B. 人员　C. 组织机构　D. 关系　E. 规章制度　F. 行为

3. 控制的基本程序包括的阶段有(　　)。

A. 随时评估后果　B. 从各种后果中循踪追迹　C. 有效发挥专家顾问的作用　D. 注意封闭的相对性　E. 注意讲究方法性　F. 评估的单项性

4. 控制在管理中的职能主要有(　　)。

A. 预警　B. 监督检验　C. 纠正偏差　D. 提供信息

5. 控制系统由(　　)等要素组成。

A. 控制的目标体系　B. 控制的主体　C. 控制的客体　D. 控制制度　E. 控制技术方法　F. 控制原则

三、问答题

1. 怎样理解控制的含义？
2. 控制的内容包括哪些？
3. 控制的过程包括几个阶段？
4. 如何运用数量模型控制。
5. 质量控制的含义及其主要内容。

【做一做】

系学生会计划利用本月的一个星期六和星期日组织 50 名学生志愿者到市郊公园配合园林局进行绿化植树活动，打算种植 300 棵树，为确保此项活动顺利完成，请帮助学生会拿出一套行动计划和详细的控制方案。

学习单元十一

危机管理方法

∴学习目标与任务

1. 了解危机的含义、特点和产生的基本原因
2. 初步掌握危机管理基本原则和危机预防的方法
3. 初步掌握危机处理的基本程序和方法

学习任务1

了解危机的含义、特点和产生的基本原因

【案例引入】

法国碧绿液公司销毁全部产品

信誉对工商业界来说是至关重要的事情。当一种产品有了几年历史，并在世界上有了名气之后，对其信誉的维护是一件倾其全力犹嫌不及的大事。法国著名的碧绿液矿泉水公司在产品发生信誉危机之时的所作所为不乏使人赞叹、给人启发。

法国矿泉水产量居世界第一位，1990年总产量48.5亿升，出口占全部产量的1/4。在众多的矿泉水品牌中，碧绿液是其中的佼佼者。这种矿泉水的水源来自法国南部著名的加尔省委尔热兹，水质纯净，矿物质含量丰富。碧绿液至今已有87年历史，是法国餐馆、宴席必备的高级饮料。碧绿液的包装也很别致，圆肚细颈的翠绿色玻璃瓶晶莹剔透，惹人喜爱。碧绿液年产10亿瓶，其中60%销往国外。在美国、日本和西欧各国家，这种绿色小瓶已经成为法国矿泉水的象征。

今年2月初，灾从天降：美国食品及药物管理署宣布，对碧绿液抽样检查发现，一些瓶装的矿泉水中含有超过规定值3倍的化学成分——苯，长期饮用可能致癌。消息一出，无疑是对碧绿液声誉的迎头一击。碧绿液矿泉水公司是1976年开始进军美国市场的，当时美国人对其国内生产的各种饮料甜度太高而不满，碧绿液趁此机会向美国人推荐了这种清凉淡雅的天然矿泉水。首先得到了运动员的喜爱，接着便被热衷体育的广大美国人所认可。第一年销售300万瓶，第二年就上升到2100万瓶。

到了80年代初，美国矿泉水市场的85%被碧绿液占领。根据美国人喜欢在矿泉水中加入果汁的习惯，这个公司还推出了果味矿泉水，在美国大受欢迎。1988年碧绿液在美国的销售额在5.5亿美元以上。

产品信誉受到突如其来的严重威胁，怎么办？把不合格产品收回、说明原因、表示歉意或在宣传上大事化小，小事化了，这似乎是保持信誉的通常办法，但是碧绿液公司却没有这么做。就在报纸宣布这一消息的第二天，公司总裁古斯塔夫·勒万召开记者招待会，作出一项令人震惊的决定：公司收回2月9日以后出厂、行销世界各地的全部产品，就地予以销毁，其直接损失在2亿法郎以上。

一些人对此大为不解，在美国发现的不合格产品充其量不过十来瓶，而且医学专家认为，喝一瓶含苯量超过标准的矿泉水并不比吸一支香烟的情况严重，何必为此大动干戈？勒万的回答是："以绝对纯清而赢得国际信誉的碧绿液，在其质量和形象上不能允许有丝毫的怀疑！"如果说，发现含苯量过高还算不上什么大新闻的话，那么"回收和销毁全部产品"倒成了当天的头号轰动新闻。商业界人士说，这是一种疯狂，更是一场信心战。果然，碧绿液公司的股票跌价16.5%之后，在宣布全部回收的第二天，股票交易所的牌价便回升了2.5%。公司的这种敬业精神还得到了法国政府总理的特别赞扬。紧接着，公司还以准确的事实和数据指出了发生事故的原因，以安定人心。公司总经理宣布，这是一项人为的技术事故，在净水处理中由于滤水装置没有定期更换，使滤水能力下降而造成含苯量过高。这就排除了水源被污染的因素。公司还宣布了对滤水系统作新的技术处理的重要措施。

后来的情况表明：公司的这种异乎寻常的措施迅速恢复了市场对碧绿液的信心。在法国，喝惯了碧绿液的顾客由于商店货架上这种产品的突然减少或消失而出现了抢购风。在英国、意大利、香港等地几乎没有受到影响，即便是在美国，84%以上的消费者依然不愿改变自己饮用碧绿液的习惯。勒万的这场心理战看来首战告捷，接下来便是一场恢复信誉，巩固市场阵地的宣传攻势。碧绿液重新上市的那一天，巴黎几乎所有的报刊杂志都用了整整一个版面的篇幅刊登广告，画面上就是那只人人熟悉的绿色玻璃瓶，唯一不同的是瓶子下端的商标上印有"新产品"几个鲜明的字样。文字说明这样写道："出于对产品质量的追求和对消费者的尊重，我们加强了技术管理以保证其纯度。'新产品'这个标签就是这种纯洁度的标志。从今天起，顾客们将能够买到它。"同一天，第一批新产品也空运到美国纽约。法国驻纽约总领事馆举行碧绿液重新投放市场的招待会。那些被勒万总裁异乎寻常的举动吊起了胃口的报纸、电台、电视台的记者们蜂拥而至。第二天，碧绿液美国分公司总经理仰首痛饮碧绿液的照片出现在报端，这是一种无形的广告。据说，由于美国人十分崇敬历史，因此在投放美国市场的碧绿液瓶上印有1863年的字样，因为这一年，拿破仑三世颁发敕令，恩准委尔热兹的泉水装瓶出售。

不久，碧绿液的广告也在电视屏幕上出现。观众们在一个白色背景上看到了这只小绿瓶，一滴水从瓶口沿着瓶身流淌下来，犹如眼泪一般。画外音是：碧绿液像是一个受委屈的小姑娘在呜咽低位，一个如同父亲般的声音娓娓地劝慰她不要哭："我们仍旧喜欢你。""小绿瓶"回答说："我不是在哭，而是在高兴啊！"这幅寓意深长、充满人情味的画面是巴黎有名的广告设计师雅克·塞格拉的精心之作。巴黎的报界在评论碧绿液矿泉水公司的这一惊人之举时，认为这是危机管理中一个范例。看来，这的确是一门值得研究和借鉴的学问。

当今世界，风云变幻。这种千变万化的市场环境使任何组织都并存着机遇和风险。不仅企业会发生危机，医院、学校、科研院所、政府机构都有可能发生危机。近几年发生的"松花江水污染"、"冠生园陈馅月饼"、"三氯氰胺牛奶"、"肯德基苏丹红"、"高露洁牙膏致癌"、雅芳"直销试点"风波等都说明了，危机不可避免地存在于现代企业经营管理的各个阶段，中外企业都不可能幸免。忽略这些危机或不能有效地处理这些危机，都会给组织带来重大损失，甚至会使企业从此走上衰亡。因此，现代管理中，必须要重视对危机管理的研究和处理。

一、危机的含义、特点

对于危机的定义众说纷纭，一般指一种对组织基本目标的实现构成重大威胁，要求组织必须在极短的时间里做出决策，并紧急回应的突发性事件。这些事件及产生的后果可能会对组织及其员工、产品、服务、资产和声誉等造成巨大损害。

认识危机的特征是有效处理危机的前提，危机一般具有以下几个主要特征：

1. 突发性

危机爆发前一般都有预兆。危机是由一系列小的事件，小的偶发因素逐步发展起来的。危机爆发是质变，平时细小的变化是量变。由于对一些细小的变化、偶尔的小事件视而不见，习以为常，疏于防范，一无所知，人们对危机发生缺乏思想、行为、心理上的准备。因此，危机的突发性反映在组织对危机的爆发始料未及，出乎组织的意料之外。

2. 危害性

由于危机的发生常常出乎组织的意料之外，是一种瞬间发生事件，所以，它会使组织的管理者、组织的内部和外部公众带来一定的思想混乱和惊慌失措。在这种混乱和惊慌的状况下，往往会使组织决策失误、举措不当、行动不力。由此破坏正常的工作、学习、生活和秩序、严重威胁组织的生存和发展、甚至还会影响社会的稳定性。危机产生的危害性、破坏性是显而易见的。

3. 大众性

大众传播的发展，使组织危机的信息会以最快的速度向社会传播，成为社会大众关注的热点。在信息全球化的今天，这一刻在东半球发生的事件，下一刻已在西半球传播。信息全球化使一个组织危机信息传播已跨越了地域、跨越了空间、跨越了国界。为此，有人说，当今社会有关危机的传播比危机本身的发展还要快。事实确实如此，因为一个组织的危机信息往往会成为大众热切关注的焦点，由于大众传媒推波助澜，一些在局部发生的危机很可能演变为全球性的危机。关于这一点，跨国公司要引起特别注意。

4. 紧迫性

对于组织而言，危机一旦爆发，紧迫性十分强烈。这种紧迫性主要体现在：第一，危机潜伏期积蓄的危害性能量在短时间内突然释放，这就要求组织必须采取果断措施，给予及时处理。任何犹豫不决的表现，都会失去处置危机的最佳时机，从而使组织遭受更大的损失。第二，危机事件有一定的传导作用。如果对危机释放的能量和发展势头不能进行有效的遏制，就有可能产生一系列意想不到的、不良的连锁反应，导致危机的不断深化和蔓延，使组织陷入更加被动的局面。第三，现代科学技术使危机信息传播广、速度快。组织如果不能在危机爆发的第一时间做出积极反应，就会使社会公众不能很好地理解和支持组织，使组织的声誉和形象受到极大的损害。

5. 转化性

危机会给组织带来危害。但如果组织的危机管理到位，危机处理得法，完全有可能将危机转化为发展的机会。面对危机，不同的组织由于采取的危机管理方法不一样，往往会有不同的结果。“三流的企业在危机中消亡，二流的企业能够顺利地度过，只有一流的企业能够在危机中得到发展和壮大。”要将危机转化为发展的机会：一是要求现代组织在危机爆发中，发现组织管理中的薄弱环节，并有效地加以克服，避免同样危机再次爆发。二是危机爆发后，组织要积极行动，如果决策果断正确，措施得当，沟通得法，取得社会公众的理解和支持，就能使组织化险为夷，并使组织在危机中提高信誉，今天的危机就成为了明天组织发展的新的机会。

二、企业产生危机的主要原因

在各种组织危机中，企业危机最为常见，产生的影响和带来的后果最为严重。所以下面主要以企业为对象，简要分析现代企业在经营活动中可能引发危机的各种因素：

1. 企业内部环境因素

(1) 由于企业产品质量、产品价格、产品服务不当，给消费者的利益带来严重损害而产生的危机。

(2) 由于企业决策失误，重大营销举措不当，致使消费者利益严重受损，集体上访而引发的危机。

(3) 自身素质低下、管理缺乏规范、经营决策失误、法制观念淡薄而产生的危机。

(4) 劳资争论及罢工而产生的危机。

(5) 股东丧失信心而产生的危机。

(6) 具有敌意的兼并或股票市场上大股东的购买而产生的危机。

(7) 恐怖破坏活动而产生的危机。

(8) 组织内人员的贪污腐化而产生的危机。

(9) 安全因素而产生的危机。

2. 企业外部环境因素

(1) 由于突发性事件,如飞机误班、列车误点、轮船误航等造成企业不能按时、按价履行职责,造成消费者利益受损而引起的危机。

(2) 由于新闻报道失实,使社会公众、社会团体对企业产生误解、严加抨击而产生的危机。

(3) 同行业之间不良竞争、恶性竞争而诱发的危机。

(4) 由于不可抗拒的自然灾害,如水灾、地震、火灾而引发的危机。

(5) 由于企业处理与消费者之间的纠纷不当而引发的危机。

(6) 企业不实行为、虚假宣传而诱发的危机。

以上种种企业危机,轻则造成企业信誉、产品信誉下降,重则危及企业的生存。由此可见,在瞬息万变的市场竞争环境里,现代企业必须要树立危机意识,在企业危机发生时,要运用公众关系的原则和方法,及时地、有效地处理各种危机,能使企业的经营转危为安。

当企业面临各种危机时,不同的危机处理方式将会给企业带来截然不同的后果。成功的危机处理不仅能成功地将企业所面临的危机化解,而且还能够通过危机处理过程中的种种措施增加外界对企业的了解,并利用这种机会重塑企业的良好形象,即所谓因祸得福,化危为机。与此相反的是,不成功的危机处理或不进行危机处理,则会将企业置于极其不利的位置,如以新闻媒介为代表的社会舆论压力使得企业形象严重受损;危机来源一方的法律或者其他形式的追究行动将使企业遭受到巨大的经济损失;企业员工因为无法承受危机所带来的压力而信心动摇甚至辞职;新老客户纷纷流失等等。

学习任务 2

初步掌握危机管理基本原则和危机预防的方法

【案例引入】

南京冠生园:信誉的破产

2001 年中秋节前,南京冠生园用陈馅翻炒后再制成月饼出售的事件被媒体披露曝光。一时民众哗然,各界齐声痛斥这种无信之举。南京冠生园月饼顿时无人问津,很快被各地商家们撤下柜台。许多商家甚至向消费者承诺:已经售出的冠生园月饼无条件退货。

面对危机，南京冠生园还是没有表现出应有的诚信。先是辩解称这种做法在行业内非常普遍，绝不是我冠生园一家；在卫生管理法规上，对月饼有保质期的要求，但对馅料并没有时间要求，意即用陈馅做新月饼并不违规。随后又匆忙发出了一份公开信继续狡辩，却始终没有向消费者做任何道歉，其所作所为不仅令消费者更加寒心，也进一步将自身信誉丧失殆尽。信誉的缺失使多年来一直以月饼为主要产品的南京冠生园被逐出了月饼市场，公司的其他产品如元宵、糕点等也很快受到"株连"，没人敢要。

不久，江苏省和南京市卫生防疫部门、技术监督部门组成调查组进驻该厂调查，该厂的成品库、馅料库全部被查封，南京冠生园食品厂被全面停产整顿。尽管有关部门后来通知商家南京冠生园的月饼经检测"合格"，可以重新上柜，但心存疑虑的消费者对其产品避之唯恐不及，冠生园月饼再也销不动了。

生产难以为继的南京冠生园从此一蹶不振，2002 年 2 月 4 日，终于向法院提出破产申请。因"陈馅月饼"事件在全国掀起轩然大波的南京冠生园以"经营不善，管理混乱，资不抵债"为由向南京市中级法院申请破产，法院受理此案并正式启动了破产程序。

"南冠破产"谁之过？各方人士对此表露出不同心态：有人固执地将其破产的原因归于媒体的曝光，是"他杀"；也有人说这是企业丧失信誉的必然结果，属"自杀"。

认为"他杀"者振振有词："好端端一个企业要不是媒体曝光，怎么会倒？"笔者惊讶地发现，南京冠生园遭媒体"棒杀"一说在一些政府官员、企业管理者和普通市民中竟颇有些市场。

然而，对于南京冠生园申请破产一事，更多的人则认为是咎由自取。多年里一直冲着冠生园这个老字号买月饼的杨老先生至今仍感到气愤："像这样把信誉当儿戏，不把消费者放在心里的店家，无论是老字号还是新店面，终究要完蛋。"作为同行的南京桃源食品厂厂长孙学钰说，表面看来，"南冠"垮于媒体曝光，而根子上是企业本身失去了起码的诚信，不重视产品质量，只想着获取不法利润，结果既害了消费者，又害了自己。

一位业内人士则认为，"陈馅事件"让人看到南京冠生园除了缺乏诚信外，其经营上也存在很大的偏差，首先该公司主营产品单一，没有创新，一季月饼管一年；其次，积存如此大量的陈馅，也说明其对市场的预测不够准确。

"南京冠生园的破产其实是信誉破产。"南京经济学院工商管理系副教授戴庆华一针见血地指出，媒体曝光只是导火线，并非因果关系，而其信誉缺失迟早会出现这种结局，南京冠生园以牺牲信誉为代价攫取利益，无异于杀鸡取卵式的自杀行为。

南京冠生园因为信誉破产，最终落得企业破产的事实再次告诫世人：信誉是现代市场经济运行中一种重要的新的资本形态，是一个企业精神财富和生命所在；企业失去信誉，纵然一时得利，日后也必吞苦果。生存和发展必当用心地守护信誉。

这一案例还让更多的商家受到了震动。有关专家认为，人们从惨痛的教训中真正体会到诚信与否对于企业存亡的决定性作用，这在建设信用社会的今天无疑是值得欣慰的进步。

问题：

面临严重的突发危机事件，企业应当如何应对并妥善化解？

一、危机管理的基本原则

管理学家诺罗. R. 奥基斯丁曾经说过："每一次危机既包含导致失败的根源，又孕育着成功的种子。"发现、培育，以便于收获这个潜在的成功机会，就是危机管理的精髓。危机管理已经成为现代组织管理的重要组成部分。

美国管理学家史蒂文·芬克将危机管理定义为：对于企业前途转折点上的危机，有计划地消除风险与不定性，使企业更能掌握自己前途的艺术。

日本管理学家藤中定美将危机管理定义为：所有危机管理就是针对那些事先无法预想何时发生，然而一旦发生却对企业经营造成极端的各类突发性事件的事先、事后管理。

我国管理学家苏伦伟将危机管理定义为：危机管理是指组织或个人通过危机检测、危机预控、危机决策和危机处理，达到避免、减少危机产生的危害，甚至将危机转化为机会的目的。

以上定义尽管表述不同，但都强调了以下三个方面：第一，危机管理包括危机前、危机中、危机后的全过程管理；第二，危机管理的目的首先在于预防危机的发生，其次是减少或消除危机带来的危害；第三，危机管理需要有周密的决策和计划。

有效的危机管理必须遵循一些基本原则，这些基本原则对危机管理起到积极的指导作用。

1. 预防为先原则

有效的危机管理由三个部分组成：危机预防、危机处理、危机善后处理。对于现代企业而言，危机预防是危机管理的重中之重，危机是客观存在难以控制的，但危机预防是主观能动的，在危机还没有爆发之前，就筑起一道预防危机的大堤无疑是十分需要的。不容置疑，发生危机迅速加以处理和解决，这是值得称赞的，但解决危机的过程也是企业"伤筋动骨"的过程。对于大部分企业来说，危机处理需要有相当大的付出。因此，最好的危机管理应该关口前移，从事先抓起。企业应该全面树立"预防为先”的危机管理理念，致力于培养企业员工“安而不忘危”的危机意识。在管理的体制、机制等方面避免危机的发生，在管理的制度、方法上化解危机在量变中的矛盾，在危机还未质变时将其平息。预防为先的危机管理理念可以使企业在危机管理中花费最少，得益最大。

2. 公众利益为先原则

危机一旦发生，企业必须要维护公众利益，在公众利益为先的理念指导下进行危机处理。企业要努力承担责任，只要不伤害企业的根本利益，企业都应该想社会公众所想，做社会公众所做。实际上，公众利益为先的原则就是企业以长远发展利益为危机管理的原则。企业要想获得长远的发展利益，在危机处理时，就应更关注社会公众的利益。企业今天对社会公众利益的关注，必然会赢得社会公众明天对企业的回报。

3. 不激化矛盾原则

不激化矛盾，不扩大事态这是危机管理的又一条重要原则。危机发生时，企业与有关的公众处于一种对立的状况下。在这种状况下，往往会发生语言、行为等方面的冲突。危机管理不激化矛盾的原则要求现代企业在面临危机时，必须要克制、克制、再克制，绝不能有过分解释、讨个公道的想法和做法。千万要避免这样一种情况：由于过分解释，从形式上看企业似乎挽回了影响，实际上却激化了矛盾，扩大了事态，使企业与“危机公众”之间处于更加对立的状态。一定要记住，在企业危机中，“公道话”不能出自企业之口，最好出自大众传媒、社会公众之口。

4. 快速反应原则

企业危机发生后，要求企业立即采取有效措施进行迅速处理。企业应该在危机发生的第一时间里对危机作出反应。能否在危机发生后作出快速反应，这是危机管理取得成功的必要条件。因为危机一旦爆发，大众传媒、有关的社会公众、有关的组织团体都会迅速介入，任何犹豫，任何迟缓都有可能给企业带来极大的损失。所以，企业危机爆发后，企业要以最快的速度成立危机处理小组，立刻配置危机处理必需的设备和工具。迅速开展危机调查，分析危机的原因及影响的程度，制定危机处理的基本原则，全面实施危机管理预备案。

5. 全局性原则

企业在危机处理中，局部利益要服从全局利益。企业要从全局的角度考虑危机的处理。有时从局部看不甚有利，但从全局看却是有利的，在这种情况下，企业要果断决策、敢于牺牲局部利益，保全全局利益，牺牲短期利益，保全长远利益。因此，在危机管理中，胸怀企业全局，着眼未来发展是十分重要的。

6. 及时沟通原则

企业危机发生后，企业必须及时的、全面的、客观的发布危机信息，保持与特定社会的双向信息交流，让广大社会公众明白事实真相，争取他们的理解、同情和支持。对重大危机信息的发布犹豫不决，发布片面或倾向性很强的信息等不仅不利于危机的处理，反而会激化矛盾，形成更大的冲突，使企业陷入更深的危机。有效的危机管理要求企业在危机发生后，应该及时、主动地向社会发布信息，向新闻媒体开放危机现场（如果有可能、有需要），争取社会舆论，争取社会公众。

二、危机预防的方法

现代社会在发展过程中，都有可能遇到危机，但这并不意味着危机是不可预防的。实践证明有危机并不可怕，而没有危机意识才是可怕的。只要企业危机意识明确，预防措施到位，危机完全是可以预防的。至少能在危机形成初期，将其熄灭。即使危机真正发生了，由于事先有预案，也可以做到安然处之，有备无患，将损失降到最小的程度。强化企业人员的危机意识，防患于未然，是实现企业健康的、可持续发展的必然途径。

1. 制定危机管理计划

现代企业在实施危机管理时，要根据企业的性质、特点制定危机管理计划。在计划中明确怎样预防危机发生，危机一旦发生后如何做出有针对性的应对等。危机管理计划可以帮助企业有效地预防危机和处理危机。

危机管理计划包括以下内容：

（1）根据自身的历史、自身的性质、自身的特点来界定危机。

现代企业的危机类型有以下几种：生产安全事故、环境保护问题、劳资争议引发的群体性激烈行为（如罢工等）、产品质量、恶意兼并，由于产生的负面影响、企业商业机密、技术机密外泄、政府政策的变化、企业高层管理的贪污腐化等。

（2）确定危机管理的目标

组织危机管理的基本目标是采取积极措施，预防危机的发生，及早发现危机，将危机消灭在萌芽状态，一旦危机爆发，妥善处置，将危机造成的损失降到最低程度。在可能的情况下，变危机为发展的新机遇。确定不同的危机管理目标。为了使危机管理目标更具操作性，企业一定要做好目标制定阶段性的分析工作。

（3）成立危机管理小组

成立管理小组是企业实施危机管理的组织保证。在危机管理计划中，要明确危机管理人员的构成，以及每一个成员的岗位职责。

就企业而言，危机管理小组是一个跨部门的管理机构，一般由企业管理层的主要领导、企业公共关系部的领导、企业安保部的领导、企业法律顾问等构成危机管理小组的核心层。危机小组的其他成员包括财务人员（保证危机管理的财务支出）、技术人员（保证危机管理的质量）、后勤人员（保证危机管理的后勤物质）。企业还可以根据实际情况，聘请社会名流和专家参加危机小组的工作，企业要明确危机管理小组的职责，要授权危机管理小组在企业发生危机时行使一定的权力。在企业危机发生时，危机管理小组有权调动企业所有的资源，有权代表企业做出承诺和声明，有权协调各方面关系，对利益相关者进行信息沟通，控制危机、消除危机的消极影响等。在企业危机发生前，危机管理小组的主要任务是制定危机管理计划，对各有关部门人员进行危机处理能力的培训，对群体员工进行危机意识的教育，对各种潜在的危机开展预警等。

危机管理小组成员必须提供 24 小时的联络方式，包括电话、手机、传真、电子信箱等，以确保危机管理小组成员之间，成员与领导、有关部门之间的联络畅通、信息畅通。

一个完整的危机管理小组应该至少有以下五种类型成员：

① 危机主管。危机主管是危机管理的最终决策者，通常是由企业的总裁、首席运营官等企业最高领导者担任。企业最高层领导担任危机主管，有利于保证危机管理的权威性。危机主管必须具备战略眼光和工作勇气和胆略。

② 公关人员。公关人员是危机管理的具体指导者和执行者，公关人员负责危机公关程序的制定和实施，策划一系列公关活动、维护和增强企业形象，使得危机转化为发展契机。

③ 新闻发言人。在危机管理中，新闻发言人要代表企业负责对外沟通，统一对外发布危机信息，形成有利于企业的传播和舆论氛围。

④ 法律人士。在危机管理中，企业的法律顾问熟悉企业日常活动中可能出现的法律问题，使企业在法律程序上保证正确性。在调解无效的情况下，企业的法律顾问应尽早通过法律途径解决危机，以避免危机的进一步恶化。

⑤ 投诉处理人员。接受消费者投诉是沟通信息、对外树立企业良好形象的重要环节。这是危机管理的第一道门槛，对消费者的投诉进行适当的疏导和解决，就能将由投诉引起的危机消灭在萌芽状态下。投诉处理人员在危机管理中，一定要注意自己的言行举止，任何过激的言行都会给危机管理带来极大的负面影响。

(4) 危机沟通策略

① 确立新闻发言人。在危机管理中，企业的新闻发言人是代表企业对内、对外进行信息沟通的主要渠道。新闻发言人是企业危机管理中的一种基本的信息发布制度，它体现了危机信息发布的公开性和透明性原则。企业的新闻发言人应该具备良好的职业素质。企业的新闻发言人一般由企业公共关系部门的负责人担任。在严重的危机中，辅以企业相关高层领导担任发言人。在危机信息发布中，企业新闻发言人一要明确发言立场；二要有充分的新闻背景材料，要有简明扼要的书面资料供媒体记者随时取阅。必要时运用数字信息或电视录像等多媒体资料，这样就能够更直观地帮助传递发言人要表达的信息；三要从媒体的角度预备一些可能会提到的问题，这样当“题外题”出现时，也能从容作答。

② 确立企业内部、外部信息沟通的模式和策略。对内的信息沟通可以通过会议、研讨会、内部刊物、领导直接下基层与员工进行面对面的沟通等方式进行。通过沟通，可以使全体员工了解危机真相，增强战胜危机的信心。对外的信息沟通可以通

过大众媒体、信息发布会、对外刊物、消费信箱、网络等形式进行。通过沟通，社会公众和企业的特定消费者都能知道危机真相、企业对危机的态度以及企业在危机中已经做出的努力，以此争取社会各类公众的理解和支持，为战胜危机创造良好的舆论环境。

③ 成立危机新闻中心。在企业发生危机时，危机新闻中心的作用是让媒体及关注危机事件的受众有直接的信息渠道。危机新闻中心由专人负责，这样可以使新闻媒体和有关公众能源源不断地从危机新闻中心获得有关危机的信息，有效地防止谣言传播。

制定企业危机管理计划必须是刚柔结合。危机管理计划的刚性主要反映在危机管理的基本原则、危机管理的程序、危机管理的资源保证、危机管理的整体协调等。危机管理的柔性主要反映在危机管理计划的条款不能定得过死，应有较强的灵活性，制定企业的危机计划还必须有备选方案，以备第一方案失效时，第二方案能紧接而上。当今世界一些大的跨国公司，甚至制定三套以上的危机管理计划以供选择。如果有多种方案备选，应排定不同方案的优先次序，然后将适用性、适应性都较强的方案排为首选方案。

制定企业危机管理计划还必须注意突出重点。当企业同时面临多种危机时，当一种危机引发其他危机时，为了避免多种危机并存的混乱，企业应根据危机的实际情况、危机中的主次矛盾，确定主要矛盾优先解决的方案。

(5) 危机管理中的员工培训

为了提高企业群体员工的危机管理技能和意识，企业有必要针对员工开展有针对性、有重点性的危机管理培训。培训的内容主要是危机意识教育、危机防范教育、危机处理教育、危机案例教育等方面。

2. 建立危机预警系统

建立危机预警系统有助于企业及时地收集和评价有关危机的各种信息，提前发现发生企业危机的先兆，进行有效的危机预防。

危机预警系统是指企业采取定量与定性相结合的方法，对企业危机的诱因、企业危机的征兆进行监测与评估，并由此发出危机警示的管理活动。企业需要对各种风险因素进行综合分析，在此基础上，根据企业的实际，将容易引发企业危机的现实风险和潜在风险中较为严重的确定为风险监控对象。同时，建立相应的预警指标系统，并根据不同的指标确定不同的预警标准。在对各种渠道收集的信息进行综合分析时，要对危机的危险程度进行评估，一旦危险程度超过预警的标准，就要及时发出危机预报，随即开展危机预控。

通常，当企业危机即将爆发时，以下几种预警信号必须要引起组织高度重视。

(1) 不断地有媒介打电话询问事件发展的情况，事件发生的事实真相以及企业准备采取的行动。

(2) 围绕事件的谣传不断,利益相关者纷纷询问,要求了解事件的真相。企业很难预料正在发生的所有事件。

(3) 不明真相的公众对企业猜测纷纷,形势有失控的趋势。

(4) 致使危机恶化的事件接二连三地出现。

(5) 政府相关人员对企业进行了负面的评论。

(6) 媒体要求企业对事件做出反应,消费者要求了解事件真相及解决问题的方法。

(7) 企业感觉陷入包围之中,感觉到说也不好,不说也不好。

(8) 企业领导层对事件处理出现了不同的声音。

3. 建立危机评估系统

危机评估系统的职能是对监测到的危机信息进行归纳整理,然后通过定量、定性的科学研究方法对相关信息进行分析,对未来可能发生的危机类型和危害程度做出评估。

在对一些相关信息整理、归类的基础上,企业要对一些重要的危机信号引起格外关注,并采取强有力的措施,将其消灭在萌芽状态。

主要危机预警信号与潜在危机的对应关系

预警信号	潜在危机
员工有不满情绪	工作地点暴力事件
令人失望的财务结果	消极的媒体报道:员工流失
顾客抱怨	使其问题产品回收;失去业务;产品可靠性公诉
年龄过大的CEO或高层决策者	严重的决策失误
忽视代理人、会计师或税务代理的建议	罚款或处罚;丧失信用丢失市场份额;糟糕的财务表现;声誉受损
不健全的环保过程	严重的质量问题;事故;失去业务
研究和投资的减少	工作业绩不佳,过多集中于组织内部和责任分摊
没有持续的计划	由于缺乏战略/战术和长期计划,使工作业绩不佳
没有危机管理计划	危机管理不当

(资料来源:[美]杰弗里·R.卡波尼格罗.危机顾问.杭建平,译.北京:中国三峡出版社,2001,第57页)

学习任务3

初步掌握危机处理的基本程序和方法

【案例引入】

百事可乐罐中有针头事件及处理

1993年6月10日,西雅图一家电视台报导,当地一对夫妇在一个百事可乐罐中发现了一个注射器针头。很快,第二起投诉又出现在西雅图。这种情况促使FDA

(美国食品和药物管理局)发布了一个地区性的声明,提醒消费者在饮用百事可乐前将其倒入玻璃杯。这条警告引起了全国媒介的注意,24 小时内,在全国各地发现百事可乐罐中有针头的消息见于各种媒体。

媒体的报道引起了公众的紧张,公众对针头已被感染的可能性的恐惧,以及危机对 7 月 4 日达到假日最大销售额预期目标的负面影响,都使百事可乐公司面临前所未有的挑战,其商标及声誉受到严重威胁。由于并未在生产线上找到这一系列奇怪事件的起因,FDA 宣布不回收产品。然而媒介方面不习惯厂方在如此规模的产品污染事件发生后持此种态度,开始持续报道"受害者"的申诉并坚持向公司寻求答复。

百事可乐久已制定的危机反应计划已被研究和测试过十年。随着公司业务增长和结构的变化,公司的危机计划已由消极的产品回收转为精密的网络传播。在一系列改进后,公司通过对计划的真实运用和模拟演练,发现有效的传播是成功解决危机的关键。在这次危机中启动的计划已在先前的一些地区性事务中获得成功运用,如工厂危机、包装缺陷和产品污染。基于这些认知与经验,百事可乐公司的公关人员策划并实施了危机小组反应方案以终止丑闻和重建公众信心。在为期一周的危机中,当西雅图的瓶装供应商开始着手调查问题所在以回复媒介及公众时,百事可乐的危机反应计划就开始实施了。危机小组不懈工作,向公众证明百事可乐产品和生产流程的安全性,以维护品牌信誉和公司业务。公司确定了一个由生产界、法律界等专家组成的危机小组,目标是向公众说明,公司的产品绝对安全,这些人认为的针头事件在逻辑上是不可能发生的,而且回收产品不能解决任何问题。整体策略是积极回应媒介,保持公开坦诚的态度,尽早和经常地向公众通报事实,并和 FDA 紧密合作以调查出现注射器事件的真正原因。公司建立了集中的传播渠道,使相关信息直达所有受到影响的公众——消费者、媒介、调查官员、瓶装供应商、股东、雇员和客户(零售店、饭馆和所有百事可乐的销售通道)——使他们逻辑和理性地来查出真相。由于危机不断升级,已形成全国性的事件,公司没有预先设定预算。执行危机计划共花费了约 500 000 美元。

随着事实的不断澄清和 FDA 调查的不断进展,危机经历了四个阶段。危机小组一直在监测媒介报道,不停发布新的新闻以更新与公众的沟通。在第一阶段,公司迅速行动以调查清楚问题的来龙去脉,并排除了生产线上的破坏可能。西雅图的瓶装供应商发布了现场采访,允许当地记者到工厂参观高科技的瓶装线并举行新闻发布会向公众保证将找到答案。随后,在危机发展成为全国性的事件,且被"媒介捕风捉影的报道的恶性循环"(FDA 语)所推动时,为抵制这种现象,危机小组发布了大量信息——录像新闻、新闻发布会、消费者谈话节目、厂商建议、员工公告、商业信函、照片、图片和采访——来传达给那些能帮助百事可乐公司和 FDA 迅速结束丑闻的人。百事可乐公司还靠电视来尽可能快地传达到最广泛的受众。小组还请了公司长期的录像制作商和媒介顾问,来制作录像以传达信息。

这些信息通过卫星向全国发送，引导消费者到厂房中去见证生产线的高速与安全，证明同时在不同地点出现这么多投诉是非常不合情理的。百事可乐公司的首席执行官出现在主要的广播新闻节目中，宣布公司“99.99%确信”这些针头不可能出现在工厂中。6个媒介关系经理共处理了2 000多个来自报纸、广播和电视记者的电话；24个消费者专家在40个志愿者的协助下，回答了成千上万的消费者的电话。公司每天通过传真向百事可乐公司的400家瓶装供应商发送两次建议，并派6人去为他们和人事部门提供当地事务的咨询。FDA由于在人为损害产品事件调查处理方面的经验，成为百事可乐公司的首要危机顾问。FDA的各级官员都全力投入调查针头事件的工作中来，而百事可乐公司则全力证明其包装及生产线的绝对安全性与防污染性。

针头风波在7天之后平息了（调查表明，这起事件是一些居心不良的人制造的，旨在向百事可乐公司索取赔偿，他们依法受到了惩处）。尽管危机使百事可乐公司的销售额下跌，损失了2 500万美元，但到夏季开始复原，并在季末取得了五年以来的最高销售额，比上年同期增长了7%。无论在收银台前还是在危机后做的态度与认知调查中，消费者都投了百事可乐公司的信任票。即使在危机的最高潮时期，仍有94%的消费者认为百事可乐公司对危机的处理是负责的。且有75%的人说由于百事可乐公司对事件的处理方式，他们对百事可乐产品感觉更好了。由于FDA、瓶装供应商和消费者空前联合地抵制在全国范围内回收百事可乐产品，危机反应计划取得了巨大成功。在拨打百事可乐的成千上万的电话和数以千计的信件中，消费者表达了他们对公司的支持。而全国的媒介也反省了他们的错误，正是他们使丑闻升级，并误导消费者与企业，对毫无事实根据的投诉产生恐慌。美国众议院在国会记录中也赞扬了百事可乐公司在遏制这起全国性丑闻时采取的迅速、有效的措施。

一、企业危机处理的基本程序

1. 危机管理小组迅速到位

企业危机发生后，应按危机的类型，迅速启动危机管理预案。危机管理计划中的危机管理小组迅速到位。如果没有危机管理小组需要立即成立危机管理小组。重大的组织危机，应由组织主要领导担任危机主管。危机管理小组承担危机中的很多工作。但必须强化三方面工作：一是谈判沟通，二是宣传沟通，三是公众来访接待。

2. 迅速查明危机的事实真相

企业危机发生后，企业要迅速查明危机的事实真相。事实真相主要有三个方面：一是危机的基本情况，二是危机发生的后果，三是危机的现状。

(1) 危机的基本情况。它包括危机的性质（比如是产品的质量还是企业与消费者的纠纷？是自然灾害还是企业行为不当造成的重大伤亡事故？……）、危机发生的地点和范围、危机发生的基本原因、危机发生的时间或发现的时间。

（2）危机的后果。人员伤亡程度、企业财产及公共财产损失的程度、社会舆论对企业经营有哪些不利的影响、企业的生存和发展可能出现些不利因素。

（3）危机的现状。危机是否得到控制？如果得到控制，有哪些特别的措施？危机是否还在发展？如在发展，将采取什么对策？采取某种对策后，是否会引起新的危机？

迅速查明危机的事实真相，有助于企业制定正确的处理危机的方案。

3. 对危机进行客观全面的评估

在查明危机的事实真相后，要对危机进行客观全面的评估。危机评估是制定有效危机处理方案的前提危机评估主要内容有：危机已经对企业造成的实际损失的程度，危机是否有蔓延的可能、危机对企业的发展战略带来哪些不良影响、有关社会公众对危机的反应等。

4. 制定危机处理方案

对于已经制定危机管理计划的危机类型，企业的危机处理小组应结合危机事实真相和评估，对原有计划进行一定的调整。然后，尽快启动危机处理预案。对于尚未制定危机管理计划的危机类型，危机处理小组应根据危机调查事实和评估结果，尽快制定危机处理方案。危机处理方案的主要内容有：确定危机处理的目标和原则，选择合适的危机处理策略，制定对受害者赔偿、致歉等措施，明确危机沟通的对象、方式，明确危机处理所需人、财、物的支持等。

5. 实施危机处理方案

根据危机处理方案的具体要求和时间节点，危机处理小组迅速到岗，各司其职，实施危机处理方案。如果危机还未在媒体曝光，危机处理的重点是控制事件的影响。要在合理、合法的前提下，尽快地与危机的受害者达成相关协议，避免事态进一步扩大。如果危机已经在媒体曝光，危机处理的重点就是引导社会舆论，转变社会公众对企业负面的态度。加强信息沟通，强化媒体公关，让社会公众了解事实真相，引导媒体客观、公正地报道和评价危机，努力维护和强化企业的信誉和形象。

6. 评估危机处理的结果

在危机基本平息后，企业要对危机处理结果进行评估。评估包括以下内容：

（1）危机发现是否及时？

（2）危机处理的基本目标是否达到？

（3）危机处理的策略选择是否客观、可行？

（4）危机沟通策略选择是否合适？

（5）危机沟通是否及时、准确、全面？

（6）危机的受害者是否得到有效的安抚？

（7）危机处理中企业有关部门、有关人员是否统筹协调、形成合力？危机处理所需要的人、财、物是否得到保证？

(8) 危机工作小组的工作成效如何?

(9) 危机会有哪些发展趋势?

通过以上评估,发现企业危机管理中存在的问题,进一步完善企业的危机管理,提高企业危机管理,特别是危机处理的能力和水平。

7. 做好危机处理的善后工作

为了使企业尽快地从危机的阴影走出来,需要做危机处理的善后工作。

(1) 尽快消除危机的消极影响

企业通过举办各种社会活动等形式,传递企业接受批评、勇于开拓进取的决心。要吸引社会公众的关注,消除各种对企业不利的影响,获得社会公众更大程度的理解和支持。同时,企业也要努力消除危机可能对员工、股东等内部公众造成的心理不良影响,要鼓舞内部公众的士气。

(2) 进一步提高企业危机管理技能

要将危机中所得到的经验、教训及危机过程进行筛选、总结,制定成形象生动的危机例案,作为对员工进行危机教育的内容,提高企业员工的危机管理技能。同时要根据危机处理的实际,完善原来的危机管理计划,以此不断提高企业危机管理的能力。

(3) 进一步改进管理制度,减少管理隐患

从针对危机中暴露出来的管理问题,企业有必要进行调整和改革。通过调整和改革,进一步完善制度、规范程度、消除隐患,绝不犯同样的管理错误。

二、危机处理策略和方法

1. 企业领导要观点明确,态度坚定

企业领导对处理危机的观点要明确,态度要坚定,并要让企业员工感受到企业领导的这种观点和态度,以提高企业上下处理危机的信心。

2. 及时发布信息

企业要及时向企业员工、社会公众发布危机信息,阐明企业处理危机的基本原则、立场,争取社会舆论、社会公众、企业员工的同情和支持。危机发生后,企业的领导、企业的有关人员要下到危机第一线,调查危机的真相。在掌握危机的事实真相后,有针对性地与公众进行信息交流,争取危机中大多数人的同情和理解。

3. 认真听取公众的意见

企业的各级领导、有关人员下到危机第一线,认真听取公众的意见。要与危机的发动者、参与者进行直接的信息交流,做好耐心细致的说服工作。对公众的合理建议表示理解,避免矛盾激化和情绪对立。

4. 迅速做出反应

久拖不决是危机处理的大忌。危机发生之后,伴随着大众媒体的介入,企业往往处于公众的一片指责声中。企业必须认识到,只有诚恳的态度才是挽救企业的有效

途径，傲慢无礼或推诿责任只能招致公众的更大反感。企业应就危机处理的相关事宜进行诚恳的表态，抓紧对事件的真相进行调查。在确认自己的责任之后，以快刀斩乱麻的凌厉手段，尽快给公众满意的答复。否则，不但对企业声誉造成损害，而且会给竞争对手以可乘之机。

5. 主动纠正错误、赔偿损失

企业在发生危机，特别是出现重大责任事故，导致公众利益受损时，应进行妥善的善后处理，尽快纠正错误，赔偿受害者的物质和精神损失：第一，迅速改正错误，采取有力的方法纠正过失。不惜代价迅速收回存在问题的产品，关闭造成污染或引发安全问题的生产场所，以表明企业解决危机的决心。第二，第一时间在媒体刊登公开致歉信，或直接登门拜访受害者及其家属，争取社会公众的谅解，安抚受害者及其家属。第三，对受害者及其家属给予相应的物质补偿。

6. 争取社会知名人士的理解和支持

主动与社会政界、教育界、文化界、经济界等知名人士进行信息沟通，保持“热线”联系，随时通报事态发展的情况，争取他们的理解和支持。在适当的时候，要让社会知名人士发表一些有利于缓和矛盾、平息事态、解决危机的客观意见。

7. 主动与政府有关部门联系，争取支持

政府部门的权威是任何其他机构或个人所难以比拟的。在危机发生后，公众往往希望了解事实真相，尤其是在公众对企业有所怀疑的时候，政府部门公正的声音、权威的论断能够为企业澄清事实，使公众对企业形成正确的认识。不少企业在危机发生后，没有意识到政府部门的特殊作用，不主动寻求政府的帮助，使企业的危机处理十分被动。更有甚者，一些企业在危机发生后，不注意配合政府部门开展工作，对企业形象及企业的可持续发展造成极为不利的影响。

消费者保护协会、行业协会、环保组织等机构具有准政府部门的性质，在公众心中也具有很大的公信力。在危机处理过程中，充分利用这些社会中介组织的力量，可以有效地帮助企业扭转不利的舆论环境，对于企业重塑良好的形象非常有利。有较多人参与、且有激烈行为的企业危机，如处理不当会引发复杂的社会事件，因为参与的人有不同的社会背景和动因。因此，必要时，企业要主动与有关政府部门、公安司法机关联系，以便及时阻止和打击个别有碍社会稳定的不良行为和破坏行为。

8. 寻找解决危机的突破口

企业领导、企业公关人员、营销人员要认真策划、积极寻找解决危机的突破口，尽快打破僵持局面。如果需要对话，应准备对话程序。

9. 危机中处理好与新闻媒介的关系

企业危机发生后，企业应及时地与有关新闻媒体取得联系，告诉企业危机的事实真相，阐明企业处理危机的基本方针、基本原则，努力争取新闻媒介的同情和支持。必要时可以邀请新闻记者参观危机现场，便于他们写出全面、客观、公正的报道。企业要积极配合新闻记者的采访，提供一切可能提供的条件。新闻媒介是社会舆论的代表，它有权获得一切能引起社会团体、社会公众关注的重要信息。企业危机发生后，必然会引起新闻媒介的关注和兴趣，所以处理好与新闻媒介的关系，帮助新闻媒介客观、公正、全面地报道危机的事实真相，有助于缩小事态、缓和冲突、控制局势。企业在危机中要主动向新闻媒介提供真实的信息，与记者保持密切的联系。

(1) 与记者取得联系

危机发生后，企业要及时与记者取得联系，从缓和冲突、平息事态的角度出发，尽可能向他们提供一切可能提供的信息，要创造条件，让记者深入到危机现场进行采访。

(2) 迅速回答记者的提问和质疑

迅速两个字对记者十分重要。企业迅速回答记者的问题和质疑就是对记者工作的最大支持。因为危机发生后，社会公众都在等待危机消息，所以记者必须赶在截稿前发出消息，否则会延误发稿，不能及时向社会发出信息。

(3) 对记者谅解和合作的态度

企业危机发生后，社会对危机信息需求剧增。频繁的采访写稿难免会影响记者的情绪，有时会出现一些言语和情绪上的冲动。这时，企业接待人员要保持清醒和冷静，不应计较记者的态度，而应善言对待，谅解合作，尽可能与他们保持良好的协作关系。须知，在危机中往往是“成也记者，败也记者”。

(4) 一时难以回答的问题，争取推迟回答

如果记者提出的问题使企业一时难以回答，而这个问题又牵扯到危机的事实真相。此时，企业绝不能胡乱作答，而应推迟回答。在推迟回答的这段时间里，企业应积极地与有关部门、有关人员联系，了解情况，仔细推敲回答的口径，然后将有关的回答和信息传递给有关的记者或新闻媒介。企业在与新闻媒介打交道时，对一些疑难问题要有先见之明，做好充分准备。这样，企业在答记者问时，就能做到从容不迫、应付自如。

(5) 尊重新闻媒介

在企业危机中，新闻媒介会不断发出报道。此时，企业千万不能提出要审阅记者的报告稿，而应充分尊重新闻媒介，理解新闻媒介的工作程序。如果担心报道失实，应通过适当的途径、适当的语言，提请新闻媒介某些报道要点上加以注意。必要时，可以将基本事实、基本观念打印成文供记者参考。一旦发现报道失实，立即与新闻媒介取得联系，讲清利弊，请新闻媒介自己做出更正。

(6) 一视同仁地对待每一家新闻媒介

企业在发布信息，应邀请所有对危机关注的新闻媒介，要一视同仁地对待每一家新闻机构、每一位新闻记者，绝不能明显的有亲有疏，否则会节外生枝。在企业危机中，多一个朋友，多一份力量，尽可能减少对立面。

10. 果断处理企业危机中的谣传

企业危机一旦产生，特别是严重的危机发生后，谣传是毁坏企业形象、破坏企业组织的恶魔。谣传产生的恶果有时更甚至于危机本身。谣传可以使企业一夜之间变成人人唾弃的"孤家寡人"。因此，在危机中，企业要预见谣传产生的可能性。谣传一旦产生，企业应沉着应战，力挽狂澜，全力以赴地把谣传消灭在萌芽状态中。

在企业危机中，一旦产生了谣传，不要惊慌失措。应事当危至须从容，以积极、慎重的态度果断地处置谣传。

企业危机中辟谣的对策：

(1) 制定辟谣方案。在制定辟谣方案时，分析谣言流传的范围、造谣者的意图，以及谣言给企业、社会造成的影响。在认真分析的基础上，寻求防止谣言流传、扩散的最佳方案。

(2) 分析谣传的起因，有的放矢地进行信息发布。必要时，可以揭露谣传的阴谋。对于有些无足轻重的谣传可以置之不理，让其自生自灭。如谣传企业只给予50%的质量赔偿，而实际上企业将给予60%的赔偿，类似这种谣传，只要将事实公布，就不攻自灭了。

(3) 选择恰当的媒介，及时提供全面的、确凿的危机真相，澄清社会上的误传。

(4) 对危机中重大问题的处理既要谨慎又要果断刚毅，不能犹豫不决，踌躇不前。辟谣的最好方法是让事实讲话，让行动证明。

(5) 邀请本地区行政首脑、知名人士、舆论界权威，以及一切有社会影响的人，共商辟谣对策，争取他们的理解和支持。

(6) 必要时，企业可以动员一切力量，包括全体员工、全体员工的亲友、同事、朋友，以及一切对企业友好态度的人们，通过多渠道、多层次来宣传危机真相，对付谣言传播。

(7) 一般而言，在发布事实真相时，不要重复谣传的内容，否则无异于是在扩大谣言的流传，加深谣传对人们的印象。哪里发现谣言，就在哪里及时地公布事实真相，不要盲目扩大辟谣的范围。

(8) 认真听取企业员工的各种意见，在企业内部广泛地开展双向信心交流，增强企业的凝聚力，使全体员工提高辟谣的信心。

总之，组织有多少成功，就有多少失败，有多少机遇，就有多少挑战，组织危机客观地存在于组织发展的各个阶段。因此，现代组织必须要增强危机意识、危机管理计划，尽管避免或减少组织危机的发生。

本单元实训与练习

【读一读】

达・芬奇家居"造假门"危机形成及其影响

达・芬奇家居是国内最具影响力的高端家具品牌，以价格昂贵著称。达・芬奇家具之所以能将这些家具卖到如此高的天价，是因为他们一直标榜自身企业销售的家具是100%意大利生产的"国际超级品牌"，而且使用的原料是没有污染的"天然的高品质原料"。而在2011年7月10日，中央电视台《每周质量报告》揭露达・芬奇公司销售的这些天价家具有相当一部分根本就不是意大利生产的，该公司所用的原料也不是达・芬奇公司宣称的名贵实木，经过检测，消费者购买的达・芬奇家具甚至被判定为不合格产品。此次达・芬奇的"造假门"对达・芬奇品牌形象的损害是致命的，一夜之间，"达・芬奇"高端形象破灭，公司的销售额下降了80%～90%，广州、上海、北京等地区的达・芬奇消费者"集结"维权，初步统计索赔金额将超过亿元，或将创下国内消费索赔的最高纪录。深层次追究其影响，此次达・芬奇"造假门"事件对家具行业的影响将日益凸显，高端家具整体行业正面临严峻信任危机，不少目标市场与达・芬奇相近的洋品牌，更是订单骤降、销售停滞。

达・芬奇家居公司的应对措施分析：

(1) 反应速度太慢，危机公关迅速反应原则应用不当。当消费者和媒体发出第一声质疑时，达・芬奇家居就应该迅速做出反应，尽可能地向媒体、大众做出积极正面的回复，只有这样，才能够及时避免不必要的损失，重新树立消费者对产品的信心。可是达・芬奇家居直到事情出现三天后，才召开新闻发布会，第一封道歉信才出现，这样的反应速度太慢，错过处理危机的最佳时机。而且在发布会上并没有发布相关的弥补措施，只是一味地在"是不是进口和国产方面"做相关的辩解。如果达・芬奇家居选择在第一天去开通自己公司的微博并附上致歉信，关注达・芬奇家居的粉丝不可能是现在的3000多人，而应该是十几万人，甚至更多。

(2) 错误面前拒不承认，开诚布公原则处理不当。自"造假门"出现之后至今，达・芬奇家居接连发布了声明、道歉信、媒体公开信，举行了一场新闻发布会，虽然其也想积极面对，但是似乎错估了形势，第一时间的采访、发表声明、发布会的"哭诉"都拒不承认产地造假和拒不道歉。在"道歉声明"中，达・芬奇仍规避产地造假，并避谈退货补偿，一直在那里发信狡辩，这显然是一种失策的公关方法，是违背开诚布公的原则的。在整个事件的过程中，达・芬奇的态度和表现没有给大众任何同情和原谅的余地，这接连的应对最终把达・芬奇家居推向了更大的信任危机中。

(3) 自身内部公关机制不合理，统一口径及时补偿原则应用不协调。每一场危机的根本都在于企业内部缺少一个合理的危机公关机制。在整个危机过程中，达・芬奇家居在对员工的信息管理上明显的不够合理，企业员工在对危机的表态上前后不一。在新闻发布会上达·芬奇声明所有家具均为进口的同时，一名销售主管突然改口承认：他们代理的好莱坞这个品牌的家具有一部分是在国内生产，这严重违反了统一口径原则，必然为危机发展起到恶化的影响。此外，危机出现后，达·芬奇的公关部门并不能搞清楚此次危机的症结所在，一味地辩解本公司的所有家具都是进口的，而没有表达出企业对消费者的态度、对消费者的赔偿的真诚，解决问题定位不准，必然引起消费者更大的反感，造成企业名誉的大幅下滑，与顺应民意和及时补偿原则相悖。

【想一想】

案例　MOTO爆炸事件

2007年6月19日，位于甘肃省金塔县一名电焊工正在作业时，揣在上衣口袋的摩托罗拉手机突然爆炸，并导致该工人肋骨断裂并刺破心脏而死亡——震惊全国的第一桩手机爆炸致死案就此发生。

事件影响：尽管事故的发生原因很快被证明是死者使用的手机电池不是原装，且在高温环境下使用，但是这起严重的事故还是将摩托罗拉拖入了危机的深渊之中——在此后的一两周时间中，几乎全国所有媒体都在报道、追踪此事的发生、发展情况，而在各大门户网站、BBS、博客上，更是掀起阵阵讨伐摩托罗拉手机的舆论狂潮。MOTO手机事件之所以对摩托罗拉形成严重的危机压力，首先是因为事故致人死，属于最高等级的危机事件；其次则是因为诸多媒体对此事件的强烈关注兴趣——国内首例手机爆炸致人死案，所以媒体都在围绕着这核心进行报道、挖掘甚至是猜测。

MOTO处理过程：危机事件发生之后，摩托罗拉反应迅速，派出公关总监杨伯宁奔赴事故发生地调查。

但在接下来的危机处理中，摩托罗拉的做法却明显失误——摩托罗拉先是否认爆炸手机是摩托罗拉品牌，接着又称是非原装电池之祸责任不在手机。接着，在广州市场的抽检中，摩托四款手机电池均不合格，摩托罗拉即刻发布澄清声明称所有抽检的电池均是假冒产品，并称摩托罗拉产品制造线质量是可靠的，不会存在质量缺陷。

可以看出：摩托罗拉进行危机处理的逻辑思路大致如下：

手机爆炸——否认——称是电池之祸——电池不合格——否认/澄清——宣称产品质量可靠。这种逻辑思路明显使媒体及公众的关注视角始终集中于摩托罗拉身上，使企业对危机事件的处理变成一场有罪或者无罪的辩解博弈，事件的典型示范性有增无减，媒体的关注热情随着摩托罗拉的每一次辩解而延长，危机负面影响日益增强，理应措施：MOTO面对的此次危机，“将典型性事件转变为非典型事件，化解媒体报道的过度聚焦”则是摩托罗拉危机管理的要点之一。而成功危机管理的要点之一就是要化解媒体对危机事件典型性的过分关注，并逐渐将媒体视线引向其他方面，使负面报道慢慢平息，或者是创造新的关注焦点使媒体舆论转向。

2005年苏丹红危机事件中，当亨氏在危机的泥潭中苦苦挣扎时，肯德基却主动引火上身，向媒体坦承自己的二款产品中含有苏丹红。在真诚向消费者道歉的同时，肯德基更重要的举措是向外公布导致自己产品含有苏丹红的源头——其配料供应商田洋公司身上，于是所有的舆论关注焦点立即聚焦到这家并不知名的“苏丹红元凶”公司身上，肯德基的负面报道转瞬即过。一场本极具爆炸性的典型危机事件，在肯德基的巧妙处理下，变成了非典型性的危机事件——危机责任的分散使得肯德基避开了媒体的长时间炮轰。

在处理手机爆炸案危机事件中，摩托罗拉最重要的一点是分清典型事件与非典型事件的分界线，将事件从受媒体长时间聚焦批评的典型事件转化为媒体关注力较弱或分散的非典型事件。

问题：

你认为摩托罗拉公司在危机管理方面有哪些失当之处？正确的危机处理应当采取什么思路？

【做一做】

请班级学生组成4～5个学习小组，每组设计一个模拟危机事件（如质量问题曝光、投诉、企业安全事件、不利于组织的负面新闻等），并以小组为单位经过讨论后拿出书面危机解决预案并上台交流发言。

附录一

管理案例与管理案例分析方法

运用管理案例在课堂上进行分析、讨论、交流并在此基础上进行归纳总结，是广泛盛行于欧美国家管理院校MBA的教学方法。美国哈佛大学商学院不仅是管理案例教学法的起源地，也是公认的管理案例教学法取得成功的典型。据资料统计，美国最大的500家公司的总经理、董事长等高层主管，绝大多数拥有MBA学位，其中相当比例出自于哈佛商学院。20世纪80年代末，管理案例教学法逐步引入我国高校管理教学与成人管理院校干部培训。目前，人们虽然对案例教学这一名词较为熟悉，但对什么是管理案例、管理案例的性质特点、教学过程如何实施、教学效果如何评估等方面的认识仍然较为肤浅，下面结合高职管理学教学改革的要求，对管理案例教学进行简要介绍：

一、管理案例及分类

管理案例一般是指工商企业管理过程发生的真实事实材料。这些事实材料由环境、条件、人员、事件、数据、时间等要素所构成。将这些事实材料加工成供课堂教学和学生分析讨论所用的书面文字材料，就成为了管理教学案例。

根据目前出版的案例教材和收集的案例资料，我们可以对管理案例从不同角度进行分类。首先，依据案例编写的方式的不同，可分为描述性管理教学案例和判定性管理教学案例。(1) 描述性管理案例。就是通过调研将工商企业经营管理的整体问题或某一部分问题(包括成功的经历和经验与失败的过程和教训)，具体地、生动地加以归纳叙述。这类案例最大的特点是运用管理实践的事实来印证管理基本理论与方法，使人们通过这类案例的分析能够获得某种经验性的思维方式。最为典型的是中国管理科学院采取“企政研三位一体”结合方式进行调研撰写的《中国企业管理案例库》。现实中，人们常常把描述性案例与实例相混淆，实际上它们之间具有很大的区别。从案例教学来讲，二者之间的主要区别在于两个方面：描述性管理案例反映管理实践的全过程，而实例只反映管理实践过程中的某一个侧面或一个环节；描述性案例通常有解决某一问题(决策、计划、组织等)的所有基本事实(人、财、物、时间、环境、背景等材料)和分析过程，而实例往往仅是表达某一问题的解决方法和运用某种方式的效果。很显然，描述性案例应属于管理教学案例法范畴，而实例只能归于课堂讲授教学法范畴。(2) 分析判定性案例。这类案例是通过描写企业面临的情况(人、财、物、时间、环境等)和提供必要的数据，将企业决策所面临的各种环境、因素、问题及意义写成书面材料，使学生如临其境。现在许多翻译出版的西方管理案例书中，许多都是这类判定性案例。这种案例的编写像录相机一样将某一组织面临的全部景况从不同侧面实录下来，然后整理成为文字数据资料，搬到课堂，供学生分析研究，帮助组织进行决策。这类案例最接近实际，它往往是主次方面交叉，表面现象与实质问题混淆，数据不完整，环境不确定，人们观察与思考具有多维性等。由于判定性案例存在着描述组织实况方面的非完整性、解决问题途径的多元性和环境因素模糊以及未来发展的不确定性等问题，所以给在传统学习模式熏陶下的学生分析研究和在传统教学思维惯性中的教师用管理理论方法来组织引导学生对案例进行分析讲解带来了较大的困难。但是如果我们跳出传统思维方式的巢穴，利用案例教学培养学生的感觉能力、反应能力和思维能力，即对案例中企业面临的问题或机遇的敏感程度，对企业内外环境因素所发生变化的对策思路，的确是很有好处的，因为它能增强学生独立判断现实问题或机遇的能力。通过这类案例的分析和讨论，还能增强教师和学生的思维、逻辑、组织和归纳能力，并摆脱对权威教科书理论或标准答案的心理上的依赖。而这一切对学生今后迈向真正的管理实践是大有裨益的。

其次，我们还可以再根据案例编写涉及范围的大小，将管理案例分为专题性的案例和综合性的案例。(1) 专题性案例是集中描写组织管理活动中某一个方面的问题，如计划、组织、营销、质量、公关、人力资源等案例。这种案例针对性强，往往可以利用比较成熟规范的理论方法来进行分析、讨论，所以应该说这是一种比较简单的案例。目前这类管理案例教学已广泛运用于管理院校的教学中，在培养学生运用理论方法解决实际问题、锻炼学生分析归纳能力、尤其是加深对理论的理解、方法的运用等方面，都取得了显著的效果。(2) 综合性案例是将企业经营作为一个整体，对企业人、财、物、供、产、销、市场环境、竞争对手等各个方面详细描述，供学生全面分析研究，并要求学生根据资料(有些资料不全需进行必要的假设)来寻求问题的关键，拟出决策的依据标准并进行决策。综合性案例一般比较复杂，目前主要试用于大学管理专业高年级、研究生或企业高层领导干部教学培训中。应当讲这种案例教学仍处于试验阶段，效果有待验证。同时还应指出案例教学能否成功，除了取决于有相当数量的合适案例外，还取决于教师如何掌握案例教学的过程，以及按正确思路去引导学生进行案例分析这两个基本因素。这两个方面的问题我们将在后面讨论。

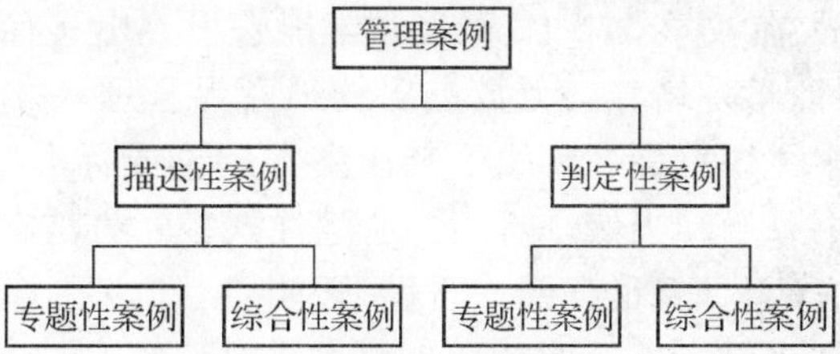

管理案例分类图

二、案例教学法的性质与特点

管理案例教学虽然源于西方，就我国运用该方法的原始驱动力看，该方法的运用主要产生于对传统灌注式教学法的深刻反思。从性质上讲，它也是完成管理专业教学任务(目标)的一种方法。具体来说，它是在学生掌握一定的管理理论知识与方法的基础上，将实际调研撰写的或采编的管理案例引入课堂教学，通过学生的分析讨论和教师的组织引导，来达到提高学生对管理问题的思维敏捷性、逻辑性和创造性这种综合素质、能力的教学目标。

管理案例教学与传统的灌注式管理教学方法具有根本性区别。其区别表现在以下几方面：(1) 学生观的对立，案例教学基于学生是认识的主体，而灌注式教学基于学生是认识的对象，而否定学生在认识中的主体作用；(2) 在教与学的关系上，案例教学强调学生学习的主导性、积极性、主动性与教师的组织、引导性、启发性相统一，而灌注式教学则强调教师的主导作用，忽视学生的主观能动性；(3) 就教学目的看，案例教学目的主要不在于传授知识，而在于培养学生运用理论方法去发现问题、解决问题的能力，并通过分析、讨论、交流提高学生思维能力与创造力。案例教学鼓励学生求异，即沿着不同思路得出不同的结论，或沿着不同思路得出相同的结论，从中选择最佳方案，同时案例教学也鼓励学生提出与教师或教材不同的见解，充分发挥学生的潜能与智慧，提高学生的素质与能力。需要强调的是培养学生的思维创造力不仅是案例教学的主要任务，也是学校培养跨世纪管理人才的重要目标之一。同时这一思想也与现代国际教育追求的目标相接轨，在国际教育界“为创造力而教”、“为创造力而学”的呼声愈来愈强烈，这正是知识经济时代和日益激烈的现代市场竞争对人才质量的规定。而灌注式教学认为教学就是教师向学生传授知识与技能，强调智力、能力只能在知识获取中得到提高；(4) 教学内容方面，案例教学的教学内容就是通过学生对案例的分析、讨论和教师的组织、引导来开启学生的思路，激活学生的思维，促使学生积极思考、主动质疑，提出新方法，提出新见解，培养学生的思维能力和创造力，而灌注式教学则以传授知识为主要内容，强调多而繁，面面俱到，教学活动变成了“教书”活动，教师只要把教学大纲中规定的基础理论知识和基本方法传授给学生就完成了教学任务，学生只要接受了这些知识和方法(通过作业、考试等检验)就完成了学习任务。可见，这种教书活动偏重于死记硬背和机械训练，忽视学生的独立分析与解决问题能力的提高；(5) 在教学效果上，案例教学能够培养出具有分析和解决问题能力的创造性人才，哈佛商学院培养出无数杰出的工商界管理人才就是明证。而灌注式教学培养出来的学生往往只是一些腹中装满书本理论或标准答案，面临管理实践问题时却无所适从的书呆子。当然，应该看到，灌注式教学方法在传授系统性知识方面(概念、定义、原理、方法)具有很强的连贯性、逻辑性，所以在管理专业低年级教学中仍具有不可替代性。我们讨论案例教学与灌注式教学的不同只是想说明管理案例教学方法的特点，而并不是想用一种方式全盘否定或代替另一种方式。一般地，管理案例教学主要应当运用于已初步掌握管理基本理论与方法的在校工商管理类各专业学生或企业管理人员的培训学习。

三、管理案例的分析的目标

管理案例分析是管理案例教学中最重要的环节，这不仅因为案例教学中，学生成了教学的主体，而学生的主体作用是在对案例进行深刻剖析基础上通过进行口头或书面交流讨论发挥出来的，而且更为重要的事实是，只有让学生亲手去做大量的案例分析，才能使他们真正掌握和悟出企业管理的要旨和精髓，使他们建立起管理理论同实际情形相结合的平台。

在传统教学模式熏陶下的教师和学生，总习惯性地认为案例分析的目的应是寻求标准答案，即结果，一个好的案例也应存在一个唯一解。其实，现实管理实践中，任何决策都是在特定的时间、具体的环境、某些不完善的信息，面临某一特定的难题或机会，由某一特性的领导人物进行立断或由集团群体经过讨论做出的。这一决策是否正确，不仅取决于对企业内外环境信息(人、财、物、技术、市场、政策、法律、竞争对手、消费者等)及变化的正确判断，而且更重要的是决策的实施是否具有从上至下一整套高素质的人员进行得力的贯彻、以及能否根据环境因素变化进行适应性的调整。所以决策是否正确往往需要由相当一段时间所带来企业经济效益的变化情况来进行验证，而绝不可能像在学校做完一个题目后就可以从教师的讲课中或从某本教科书中找到参考答案来验证自己的结果。因此，我们认为案例分析的目的也不在乎寻求某一标准答案，因为案例的基本含义就是对某一经营过程或实际的环境的全面描述，包括时间、地点、人物、具体问题情节等。所以对案例进行分析的真正意义在于运用管理理论知识去灵活辨别、解释案例过程的前因后果，提高创造性地处理各种问题的本领，并就行动方案做出满意的选择。

具体来说，通过案例分析应达到以下三个方面的目标。

(1) 通过对一定数量的不同行业、不同市场竞争状况、不同环境、背景、不同产品技术特点的企业案例分析，使学生逐步积累起不同行业、企业的产品性质和经营特点的经验并培养出观察和分析各类组织经营活动的技巧，最终为学生提供将管理理论同实践相结合的平台。

(2) 增强学生灵活运用管理理论、方法独立判别组织面临的机会和解决现实问题的能力，逐渐使学生在心理上摆脱对教师或教科书标准答案的依赖。

(3) 增强学生在大量阅读文字、数据、报表、材料中归纳、概括关键问题的能力，这点对学生今后走向企业管理岗位尤为重要。

四、案例分析方法

我们前面说明，案例分析没有标准答案，但这绝不意味着学生分析案例可以信口开河。事实上，案例分析是一个非常严谨的阅读、观察、思考、判断、归纳和决策的过程。我们认为，如果在这一过程中，能遵循一定的分析程序与方法，对达到案例分析的目的是很有裨益的。下面我们在参考国内外大量的案例教学资料并结合我们案例教学的经验后，对如何指导学生具体分析管理案例提出以下看法。

（一）描述性管理案例的基本分析方法

1. 阅读案例。细致地通读案例是案例分析的基础，因为只有细致阅读案例，才能了解公司经营的一般状况和各项具体内容。一般来讲，在进行案例讨论前，无论是教师还是学生，都应反复阅读并做些笔记，记下主要事实、人物、过程、特点、成绩、问题及论点，使在案例分析讨论前，师生熟悉案例材料，对其中事实、内容耳熟能详。

2. 概括问题。由于描述性管理案例对企业经营状况、过程、优劣势、成绩与问题已从方方面面用大量的文字、报表数据进行阐释说明，所以对教师和学生来说应在细致阅读基础上运用所学的管理理论与方法，对案例材料中叙述的主要情况如公司的性质、产品特点、经营状况、市场地位、主要优劣势、取得的业绩、存在的问题等等用书面语言进行扼要的概括。值得说明的是，许多描述性管理案例繁文缛节，提供了过分详细的统计、会计报表、调查分析、会议记录、过程描述等，因此要求教师与学生在进行概括问题时，一定要根据需要分析讨论的主要问题对材料进行取舍，重新用理论进行提炼、归纳和解释，而这一能力只有在大量的案例书面分析训练中才能得到实质性的提高。

3. 借鉴与启示。对描述性案例进行分析的最后一个阶段就是在对案例材料主要的问题进行理论概括的基础上，进一步思考根据案例分析得出的经验、教训、成绩、问题等重要结论对其他行业、产权性质、产品规模、市场特点相同的企业具有哪些借鉴与启示，如在管理预测、决策、新品开发、市场促销、公关等方面，同时要弄清借鉴案例中的经验与教训时应注意的环境背景条件。

总之，指导学生进行描述性案例分析只要切实认真地把握以上三个过程就能达到案例教学目的和良好的教学效果。

（二）判定性案例分析的基本方法

判定性案例无论是专题性的还是综合性的，其分析难度都比描述性案例要大，因为许多案例原始材料庞杂，体例极不规范、系统，行文多有语言啰唆、叙述重复、表格琐细、背景资料不全，表面情况、现象与内在实质混同等等问题，但这类案例更接近工商企业管理实际。不难设想，当你被任命为一个公司总经理后，不正是要面对凌乱繁杂的公司内外环境因素进行决策吗？根据国内外案例教学的经验，对判定性案例可按以下基本方法进行：

1. 认真读懂每一个案例。读懂案例的目的，不仅在于熟悉公司的一般情况，而且还在于对隐藏在现象后面的实质问题和相联系的广阔背景材料（如行业背景、宏观经济政策、产业政策、市场竞争状况、行业标准等）有充分的思考和调研准备。

2. 进入角色分析。进入角色分析就是要求学生设身处地进入案例中的组织决策者角色，对全部已知事实材料进行认真估价、详细区别、筛选、分类，按其对决策问题的重要性进行排列和取舍，同时对各种现象之间的关系进行分析，以把握组织决策问题的内容结构。

3. 寻找出关键问题。正如弄清病因就可对症下药一样，对案例分析来说，看透了问题也就是解决了问题的一半。所以寻找出与案例中需要具体决策内容相关的关键问题就显得非常重要。但许多案例往往是大量的数据表格和表面现象或无关紧要的事实的陈述。因此就要求学生对现象进行去伪存真、由表及里、由此及彼地分析、判别和推理，使决策依据的事实能够建立在有充分证据的重大信息之上。例如企业销售下降，可能是产品不对路，也可能促销不力或者是市场饱和，或者是厂商关系不协调等等因素所致，所以必须要找出主要问题的原因，不能含糊笼统。

4. 提出多种决策方案。根据前面三个步骤，就可以让学生提出几种方案以供选择，除了根据案例中不同的解决办法，不同人的意见、想法来设计出不同方案外，还应让学生充分运用想象力、创造力和综合力对方案进行设计。想象力、创造力就是在案例背景资料不全的情况下让学生大胆进行假设，勇于创造出一些新的决策方案思路。综合力就是让学生在比较案例中不同意见、观点的优劣基础上，取长补短，设计出决策方案。

5. 做出决策标准，进行决策并提出建议。这是对判定性案例进行分析的最后一个阶段。决策标准就是进行决策时所依据的判断准则或现实规则。标准往往是多元的，可以是利润，也可以是市场份额，或者是组织员工士气和树立企业长远的形象等等。关键要依据组织的目标而定。所以在分析案例时要对组织发展方向和战略目标有充分的认识。进行决策就是对每项选择方案思路的优劣进行衡量、评估后，确定对某一方案的选择，并解释为何进行这种选择。提出建议就是为了确保决策实施，在人、财、物、运行机制、制度等环节的各方面和如何适应外部环境等方面提出改进或保障措施。

我们认为，如果在管理案例教学中对学生在判定性案例的分析时能按上述过程与方法进行书面训练，就能为下一步的课堂案例讨论奠定良好的基础。

五、实施管理案例教学过程必须把握的几个重要问题

案例教学法是工商管理专业开放教育与人才培养模式改革试点教育中的一种非常有用的教学方法。这种新教学方法在理论联系实际、培养学生综合能力、发挥学生学习的主动性、活跃课堂气氛等方面均有很好的作用，因此案例教学在工商管理专业高年级的课程中受到学生的广泛好评。国外大学的 MBA 案例教学的实践证明，它在培养学生的分析判断能力、表达能力、写作能力、辩论能力等方面，均具有传统灌输教学所不具备的优势。但是案例教学要想取得较好的效果，还必须综合案例教学方法本身的客观规律性。下面我们在参考国外大学工商管理案例教学方法的基础上，并结合我们在历届工商管理专业教学过程中从事案例教学的实践，试就案例教学实

施过程中要注意的几个重要问题作一些讨论。

1. 把握好教师在案例教学中的作用

教师在案例教学中发挥什么样的作用，这是每一个准备采用这种教学方法的教师需要首先明确的问题。

为了回答教师在案例教学中应发挥的作用这个问题，我们首先来看一看案例教学的过程和组织形式：(1) 教师布置要学习的案例；(2) 学生利用课余时间进行预习和准备(包括阅读案例、拟出分析提纲)；(3) 进行小组讨论；(4) 然后各小组推选代表作全班发言并组织全班课堂讨论；(5) 教师总结。根据需要，教师有时还要求学生课后撰写书面分析报告。由上可以看出，这种教学方式突出了两个环节：一是自学，包括个人阅读分析案例，准备分析提纲；二是互学，包括小组讲座和课堂讨论。在这两个环节中，都是以学生为主体的。以学生为主体还是以教师为主体，是案例教学法与传统教学方法之间的根本区别所在。传统教学方法以传授系统知识为主要目标，所以采用了以教师为主体的课堂讲授方式；而案例教学法以提高学生独立解决实际问题的能力为目标，所以采用了以学生为主体的自学与互学的方式，因为这种能力只有通过学生自身的努力与体验才能获得。所以，习惯于传统教学方法的教师在使用案例教学法时要特别注意角色和任务的转换。

强调案例教学以学生为主体，并不是说教师在教学过程中仅是一个可有可无的旁观者，恰恰相反，教师在整个教学过程中发挥着更为重要的作用。案例教学中教师的作用主要体现在三个方面：(1) 根据教学的需要选择适当的案例；(2) 在课堂讨论中，发挥好导演的作用。虽然课堂讨论是以学生为主体，而且基本上应由学生自己控制讨论的进程，但这并不意味着放任自流。讨论中必要的引导是教师必须做好的工作。(3) 归纳总结作用。教师在案例讨论结束应简明扼要地把学生讨论的观点加以归纳总结，并适当加以补充完善，同时也可对学生未触及的(疏忽的)重要问题和资料进行必要的提示，引发学生更广泛更深入的思考。值得说明的是，案例讨论过程中教师还应避免充当两类角色：(1) 不要充当讲演者。案例教学中教师应当始终意识到学生才是讨论的主角，教师的作用只是开路搭桥、穿针引线，如果教师一发言就是长篇大论，那就喧宾夺主了。(2) 不要充当裁判员。讨论中出现不同观点的争论时，教师不要轻易出来仲裁，评论是非。因为这样做会抑制讨论的气氛，而且会让学生对教师产生依赖，更何况教师的见解未必总是正确的、全面的。

总之，教师在课堂讨论中既不能放任自流，也不宜干预过多。他们要起到积极的，然而又是辅助的作用。

2. 选择适当的案例

为了使案例学习获得应有的效果，教师需要选择适当的案例。这项工作应该在课程开课之前做好，这样便于把课堂讲授与案例学习通盘加以考虑，使案例成为整个教学内容的有机组成部分。在案例的选择中，应该考虑以下几个问题：

(1) 案例内容与课堂讲授内容的相关性。国外的管理教科书常常在每章后附有一个或几个案例，这样使用起来很方便，本教材也采用这种方法。每章后附一些小型专题案例，内容大致与本章学习内容相关，最后在教材下篇给出一些综合案例或大型专题案例，采用案例教学时，教师应当事先根据教学内容的要求，预先熟悉案例资料，同时还可补充一些合适的案例。如果所选择的案例在其分析过程中需要用到一些还没有介绍过的管理理论和方法，教师应在布置学习之前作必要的讲解，以便学生能在分析过程中正确运用。

(2) 案例的难度要适当。所谓案例的难度，是指学习、分析一个案例的难易程度。按照加拿大西安大略大学管理学院教授米切尔·林德斯和詹姆士·厄斯金的意见，案例的难度可以从“分析”、“概念”和“陈述”三个维度来考察和量度，并据此提出了“分析—概念—陈述”三维立方体模型。在这个模型中，林德斯和厄斯金又把每个维度按难易程度分为三个等级。这样把三个维度的不同难易程度加以综合，共有九种组合：111，112，…，333。在九个组合中，“111”是难度最小的，“333”是难度最大的。在“111”这个组合中，分析、概念和陈述维度都是一级难度。这种案例一般篇幅较短，提供的资料少，表述清楚；涉及的概念(理论、技术)比较简单易懂；案例中已经对决策问题、备选方案以及所做的决策作出明确的阐明。分析这种案例，只需学习者对案例中所做出的决策和行动方案作出评价就可以了。而在“333”这个组合中，分析、概念、陈述维度都是三级难度，这种案例篇幅较长，提供了大量的资料，表述往往不是很清晰，甚至还会遗漏关键的信息；涉及的概念、理论、技术难度大，并且往往是各种概念的复杂组合；没有明确存在什么问题，而只是提供了背景情况。分析这种案例时，需要从错综复杂的关系中找出存在的问题，分析时需要作出某些假设，有时还需要对资料进行计算、推导。其他 7 种组合的难度介于“111”和“333”之间。虽然上述三维立方体模型对案例难度的度量比较粗糙，但在编写案例或为满足教学需要选择案例时，仍不失为一种有用的工具。

在编写或选择案例时，应当选择什么样的难度为好？这需要考虑以下因素：

① 教学对象。这是确定案例难度时最重要的考虑因素。如果教学对象是没有实践经验的年轻学生，应选择难度较小的为宜；而对于具有丰富实践经验又掌握了一定管理理论的工商管理专业高年级学生则可选择具有一定难度的案例。

② 教学阶段。一般说来，案例教学应该循序渐进，对初次接触案例者或者在一门课程开始时，应使用难度较小的案例，而以后可逐渐提高难度。

③ 用于案例分析的时间。如果用于课堂考试，由于时间较短，不宜用篇幅较长、难度过大的案例，而平时用于学习讨论的案例则可不受此项限制。

(3) 其他方面的考虑。例如专业性较强的案例不宜采用，否则在阅读案例时首先需要弄明白很多专业术语，这在时间上很不经济。又如，过于陈旧的案例最好不要用，因为案例中涉及的时代背景、行业情况、市场情况等均已发生很大变化，学生在分析、讨论时难免会产生脱离现实之感。另外,还应注意尽量选用国内的案例,由于文化的差异,行业背景的不同以及翻译方面的问题,国内学生一般对国外的案例不能很好地适应。

六、组织好案例教学实施过程的各个环节

案例教学是以学生为中心和主体的教学方法。在教学过程中取得学生的支持和配合,是案例教学取得预期效果的前提。由于案例教学法引入我国的时间较短,大多数学生对这种新型的教学方法比较陌生。因此,有必要在案例教学实施之前安排一定时间给学生介绍一些案例学习的有关知识,内容可包括案例法的起源、作用,案例法与传统教学方法的区别,实施案例教学的主要环节和要求,以及如何撰写案例分析报告等。

案例教学的实施是一个完整的过程,能否组织好其中的各个教学环节,将直接影响到案例教学的成败。根据我们的实践体会,应该重点抓好以下三个环节:

(一) 预先准备

为使学生有充分的个人准备时间,教师应该在案例讨论前几天将案例分发给学生,并对学生提出明确的要求。准备阶段的教师应对学生提出三点具体要求:(1) 要求学生仔细阅读案例,弄清楚案例资料中提供的背景、各种事实以及它们之间的联系,有的案例提供了图表、数据,则还需要进行必要的分析、计算;弄清情况是进一步分析的基础。对篇幅较长、比较复杂的案例,只读一遍是不行的,至少要阅读两、三遍,甚至更多。(2) 分析案例中存在的问题及主要矛盾,并结合所学的基本理论和方法,站在案例中决策者的立场上,提出处理矛盾、解决问题的途径和方案,即做出决策。在分析、决策的过程中,特别要强调基本理论和方法的运用。不运用管理基本理论、方法的案例分析,无助于学生运用所学理论解决实际问题能力的提高,也违背了案例教学的初衷。(3) 要求写出分析提纲,为参加小组讨论做好准备。

(二) 小组讨论

小组讨论是案例教学的重要环节,通过讨论可以达到相互交流、相互启发、相互补充的目的,使分析更加深入,方案更加完善。小组讨论人数以 5～7 人为宜,应指定一名认真负责的学生为组长,负责讨论召集工作。教师应深入小组参加讨论会。组织小组讨论应注意以下几点:(1) 人人都要发言,都要对讨论分析作出自己的贡献;(2) 提倡独立思考、各抒己见,使问题能得到充分展开;(3) 由于每个人知识结构、工作经历的差异,看问题的角度也会不同,因此讨论中不必强求意见一致和统一;(4) 每个讨论小组可指定一人做记录,以便组长可归纳小组成员的不同分析意见和观点。各组在讨论结束后应推选 1～2 名学生作为本组代表在全班课堂讨论中发言。

(三) 课堂讨论

全班课堂讨论是案例教学的最后一个重要环节。课堂讨论可以集中全班的智慧,从各个角度对问题进行深入的分析,通过各种不同观点之间的相互碰撞和较量,

达到相互启发、共同提高的目的。因此,课堂讨论的质量直接影响到案例教学的效果。

典型的课堂讨论可按下列次序层层展开、层层深入:

(1) 列举事实,阐明观点。用案例中提供的背景、事实、数据,并结合所学的理论来阐明自己的观点或假设。

(2) 诊断问题,分析原因。有哪些矛盾和问题? 主要矛盾和要解决的主要问题是什么? 为什么会产生上述矛盾和问题?

(3) 制定对策,做出决策。广开思路,列出各种解决问题的备选方案,并权衡各种备选方案的利弊、得失,确定一个满意的方案作为决策方案。

(4) 实施行动方案。实施上述决策方案具体要做哪些事情,同时还要对方案的风险性及相应对策做出说明。

但是实际的课堂讨论是很难按照上述次序有条不紊地进行的。课堂讨论中经常可能出现下列情况:一是冷场,无人带头发言或者一两个学生发言后便"后继无人";二是离题,讨论场面热烈,但却离题甚远;三是在枝节问题上纠缠不休,无法深入讨论;四是少数学生滔滔不绝,"垄断"了整个讨论会。为了避免以上情况的出现,要求教师必须认真对案例进行备课,对分析讨论的形式、内容、程序等进行周密的分析研究,对讨论中可能出现的冷场、离题、争论等事先作出预计,并考虑好处理办法。

在课堂讨论中唱主角的是学生,教师的主要作用是引导。简短的开场白后,教师在讨论中绝大部分时间都在静观讨论的动态,只是在必要时用几句简洁明了的话语进行引导或提出启发性的问题,把讨论引向正轨,使讨论层层深入。案例讨论并无固定模式,完全由案例的性质、内容难度和教师的组织和引导来决定,例如可以先由各小组代表各自作系统的分析,然后全班针对他们的发言提出自己的不同见解;也可以按列举事实、简明观点、诊断问题、分析原因、制定方案、做出决策、实施行动方案等一般程序来层层分析、层层推进;还可以采用"角色辩论"的方式,由各组代表分别充当案例中的某一角色进行辩论。

课堂讨论结束时,需要教师做出小结。实际上,学生在课堂讨论中获得收获,主要是通过自身的参与——包括自己发言以及倾听别人的观点获得的,即收获来自于讨论过程之中。从这个意义上说,案例讨论的小结并不是十分必要的。国外不少上案例课的教授都不做小结,但我国的学生一般都希望教师做出简明扼要的归纳总结。教师在作课堂讨论小结时,应注意四点:

(1) 将学生的发言扼要地做出归纳,并进行必要的理论补充,使学生的观点看法能通过总结上一个层次。

(2) 不要对讨论中不同观点、方案的优劣、是非进行裁决,更不要企图提出一个最优方案,因为管理实践中往往不存在什么最优方案。

(3) 不就事论事,而要把具体的事例上升到一般的高度,总结出几条具有启迪性的结论,同时还可以启发学生从哪些方面或运用哪些理论进一步对问题进行深入分析。这样做可以使学生的认识得到进一步提高和升华。

(4) 学生往往对案例中事件发展的现状或结果非常关心,教师如果知道这些情况,切不可在讨论时“泄漏机密”,而应在讨论结束时的小结中将情况披露给学生。这时学生会有豁然开朗的感觉,效果比较好。

七、处理好案例教学法与其他教学方法的关系

工商管理案例教学法具有许多独特的优点,但这并不意味着它是完美的、万能的管理教学法。实际上、在具体的教学实践上,案例教学法有其不可忽视的局限性。

(1) 案例教学法在系统知识的传授方面具有很大局限性。案例是对一个企业的特定管理情景的逼真描述和介绍,它只是一种具体的、个别的管理情景。因此,从案例学习中获得的知识是具体的、孤立的、零散的,缺乏系统性。因此,案例教学不能替代系统理论的讲授。

(2) 并非所有的管理课程都适合于采用案例教学法。一般而言,对于“管理学基础”、“企业战略”、“组织行为学”、“市场营销学”、“人力资源开发与管理”等综合性强的课程比较适合使用案例教学法,而一些专业性、方法性很强的课程,如“管理信息系统”、“现代管理方法”等课程,则难以找到使用案例的机会。

(3) 教学对象方面的局限性。使用案例教学需要教学对象具备两个基本条件:一是掌握了一定的管理基本理论和方法;二是有一定的实际工作经历和经验。这两个条件对于成人学生来说是基本具备的,但对于应届高职学生来说,一般是不具备的。因此,在高职高年级学生中一般只在管理学课程中安排适量的、难度较低的并有针对性的专题案例为好。

(4) 案例法强调实践性,但是这种“实践”毕竟是间接的。这种间接的实践与学生亲临企业开展调研实习所获得的直接实践相比较,就相形见绌了。当然,采用案例法可使学生在较短的时间内“接触”很多个企业,就这个方面而言,的确是一种理论与实践相结合的教学方式。

(5) 案例分析因为没有标准答案,对案例报告或试卷的评分有一定的难度,在评分中,难免带来一定的主观性。

任何一种教学方法都不可能是十全十美的。因此,我们在管理教学中应该处理好系统理论讲授、案例教学、企业调研实习等各种教学方法的关系,根据不同的教学对象和教学目标,注意各种教学万法的综合运用,做到博采众长,兼收并蓄,合理运用。只有这样,才能不断提高教学质量,才能培养出知识、能力全面发展的合格人才。

附录二

实践中产生并常用的管理定律

一、彼得原理

彼得原理是彼得根据千百个有关组织中不能胜任的失败实例的分析而归纳出来的。其具体内容是："在一个等级制度中，每个员工趋向于上升到他所不能胜的地位。"彼得指出，每一个员工由于在原有职位上工作成绩表现好(胜任)，就将被提升到更高一级的职位；其后，如果继续胜任则将进一步被提升，直至到达他所不能胜任的职位。由此导出的彼得推论是："每一个职位最终都将被一个不能胜任其工作的员工所占据。层级组织的工作任务多半是由尚未达到不胜任阶层的员工完成的。"

彼得原理有时也被称为"向上爬原理"。这种现象在现实生活中无处不在：一名称职的教授被提升为大学校长后，却无法胜任；一个优秀的运动员被提升为主管体育的官员，而无所作为。对一个组织而言，一旦相当部分人员被推到其不称职的级别，就会造成组织的人浮于事，效率低下，导致平庸者出人头地，发展停滞。因此，这就要求改变单纯的根据贡献决定晋升的企业员工晋升机制，不能因某人在某个岗位上干得很出色，就推断此人一定能够胜任更高一级的职务。将一名职工晋升到一个无法很好发挥才能的岗位，不仅不是对本人的奖励，反而使其无法很好发挥才能，也给企业带来损失。

二、酒与污水定律

酒与污水定律是指把一匙酒倒进一桶污水，得到的是一桶污水；如果把一匙污水倒进一桶酒，得到的还是一桶污水。在任何组织里，几乎都存在几个难弄的人物，他们存在的目的似乎就是为了把事情搞糟。最糟糕的是，他们像果箱里的烂苹果，如果不及时处理，它会迅速传染，把果箱里其他苹果也弄烂。烂苹果的可怕之处，在于它那惊人的破坏力。部门变成一盘散沙。组织系统往往是脆弱的，是建立在相互理解、妥协和容忍的基础上的，很容易被侵害、被毒化。破坏者能力非凡的另一个重要原因在于，破坏总比建设容易。一个能工巧匠花费时日精心制作的陶瓷器，一头驴子一秒钟就能毁坏掉。如果一个组织里有这样的一头驴子，即使拥有再多的能工巧匠，也不会有多少像样的工作成果。如果你的组织里有这样的一头驴子，你应该马上把它清除掉，如果你无力这样做，就应该把它拴起来。

三、木桶定律

水桶定律是讲一只水桶能装多少水，这完全取决于它最短的那块木板。这就是说任何一个组织，可能面临的一个共同问题，即构成组织的各个部分往往是优劣不齐的，而劣势部分往往决定整个组织的水平。水桶定律与酒与污水定律不同，后者讨论的是组织中的破坏力量，最短的木板却是组织中有用的一个部分，只不过比其他部分差一些，你不能把它们当成烂苹果扔掉。强弱只是相对而言的，无法消除，问题在于你容忍这种弱点到什么程度，如果严重到成为阻碍工作的瓶颈，你就不得不有所动作。

四、马太效应

《新约：马太福音》中有这样一个故事：一个国王远行前，交给 3 个仆人每人一锭银子，吩咐道："你们去做生意，等我回来时，再来见我。"国王回来时，第一个仆人说："主人，你交给我的一锭银子，我已赚了 10 锭。"于是，国王奖励他 10 座城邑。第二个仆人报告："主人，你给我的一锭银子，我已赚了 5 锭。"于是，国王奖励他 5 座城邑。第三仆人报告说："主人，你给我的 1 锭银子，我一直包在手帕里，怕丢失，一直没有拿出来。"于是，国王命令将第三个仆人的 1 锭银子赏给第一个仆人，说："凡是少的，就连他所有的，也要夺过来。凡是多的，还要给他，叫他多多益善。"这就是马太效应，反应当今社会中存在的一个普遍现象，即赢家通吃。对企业经营发展而言，马太效应告诉我们，要想在某一个领域保持优势，就必须在此领域迅速做大。当你成为某个领域的领头羊时，即便投资回报率相同，你也能更轻易地获得比弱小的同行更大的收益。而若没有实力迅速在某个领域做大，就要不停地寻找新的发展领域，才能保证获得较好的回报。

五、零和游戏原理

零和游戏是指一项游戏中，游戏者有输有赢，一方所赢正是另一方所输，游戏的总成绩永远为零。零和游戏原理之所以广受关注，主要是因为人们在社会的方方面面都能发现与零和游戏类似的局面，胜利者的光荣后面往往隐藏着失败者的辛酸和苦涩。20 世纪，人类经历两次世界大战、经济高速增长，科技进步、全球一体化以及日益严重的环境污染，零和游戏观念正逐渐被双赢观念所取代。人们开始认识到利己不一定要建立在损人的基础上。通过有效合作皆大欢喜的结局是可能出现的。但从零和游戏走向双赢，要求各方面要有真诚合作的精神和勇气，在合作中不要耍小聪明，不要总想占别人的小便宜，要遵守游戏规则，否则双赢的局面就不可能出现，最终吃亏的还是合作者自己。

六、华盛顿合作规律

华盛顿合作规律说的是一个人敷衍了事，两个人互相推诿，三个人则永无成事之日。多少有点类似于我们三个和尚的故事。人与人的合作，不是人力的简单相加，而是要复杂和微妙得多。在这种合作中，假定每个人的能力都为 1，那么 10 个人的合作结果有时比 10 大得多，有时甚至比 1 还要小。因为人不是静止物，而更像方向各异的能量，相互推动时，自然事半功倍，相互抵触时，则一事无成。我们传统的管理理论中，对合作研究得并不多，最直观的反映就是，目前的大多数管理制度和行为都是致力于减少人力的无谓消耗，而非利用组织提高人的效能。换言之，不妨说管理的主要目的不是让每个人做得更好，而是避免内耗过多。

七、手表定理

手表定理是指一个人有一只表时，可以知道现在是几点钟，当他同时拥有两只表时，却无法确定。两只手表并不能告诉一个人更准确的时间，反而会让看表的人失去对准确时间的信心。手表定理在企业经营管理方面，给我们一种非常直观的启发，就是对同一个人或同一个组织的管理，不能同时采用两种不同的方法，不能同时设置两个不同的目标，甚至每一个人不能由两个人同时指挥，否则将使这个企业或这个人无所适从。手表定理所指的另一层含义在于，每个人都不能同时选择两种不同的价值观，否则，你的行为将陷于混乱。

八、不值得定律

不值得定律最直观的表述是：不值得做的事情，就不值得做好。这个定律再简单不过了，重要性却时时被人们忽视遗忘。不值得定律反映人们的一种心理，一个人如果从事的是一份自认为不值得做的事情，往往会保持冷嘲热讽，敷衍了事的态度，不仅成功率低，而且即使成功，也不觉得有多大的成就感。因此，对个人来说，应在多种可供选择的奋斗目标及价值观中挑选一种，然后为之奋斗。选择你所爱的，爱你所选择的，才可能激发我们的斗志，也可以心安理得。而对一个企业或组织来说，则要很好地分析员工的性格特性，合理分配工作，如让成就欲较强的职工单独或牵头完成具有一定风险和难度的工作，并在其完成时，给予及时的肯定和赞扬；让依附欲较强的职工，更多地参加到某个团体工作；让权力欲较强的职工，担任一个与之能力相适应的主管。同时要加强员工对企业目标的认同感，让员工感觉到自己所做的工作是值得的，这样才能激发职工的热情。

九、蘑菇管理

蘑菇管理是许多组织对待初出茅庐者的一种管理方法，初学者被置于阴暗的角落（不受重视的部门，或打杂跑腿的工作），浇上一头大粪（无端的批评、指责、代人受过），任其自生自灭（得不到必要的指导和提携）。相信很多人都有过这样一段蘑菇的经历，这不一定是什么坏事，尤其是当一切刚刚开始的时候，当几天蘑菇，能够消除我们很多不切实际的幻想，让我们更加接近现实，看问题也更加实际。一个组织，一般对新进的人员都是一视同仁，从起薪到工作都不会有大的差别。无论你是多么优秀的人才，在刚开始的时候，都只能从最简单的事情做起，蘑菇的经历，对于成长中的年轻人来说，就像蚕茧，是羽化前必须经历的一步。所以，如何高效率地走过生命的这一段，从中尽可能汲取经验，成熟起来，并树立良好的值得信赖的个人形象，是每个刚入社会的年轻人必须面对的问题。

十、贝尔效应

英国学者贝尔天赋极高，有人估计过他毕业后若研究晶体和生物化学，定会赢得多次诺贝尔奖，但他却心甘情愿地走了另一条道路，把一个开拓性的课题提出来，指引别人登上了科学高峰，此举被称为“贝尔效应”。

这一效应要求领导者具有伯乐精神，敢于提拔任用能力比自己强的人。

亨利·福特十分重视培养和提拔年轻的工程师，这使得当他面对突然被挖墙脚的窘境——底特律新建厂的韦恩公司抢走了他的两名得力助手法兰德斯和伍德林格之后，能够迅速在新秀工程师们强有力阵容的支持下，顺利生产出 T 型车。他的别克汽车在新工厂就是 37 岁的年轻建筑师阿尔巴顿·康的杰作。福特 93 分钟的造车秘诀是如何诞生的呢？也和阿尔巴顿·康有关。那是在设计海兰德公园工厂的时候，康征求福特的意见：“把工厂设计成长 865 英尺(约 260 米)、宽 75 英尺(约 23 米)的四方形四层楼建筑，以钢筋混凝土为材料，可以吗?”“好的!”福特对康是相当信任的，毫不犹豫地同意了他的建议。“玻璃占建筑物外观总面积的 75%。”康继续说。当时，对一般人来说，这个设想简直是不可思议的，几乎所有的墙面都由玻璃围成了，而福特却对此赞叹不已。福特满心喜悦地说：“机械厂房设在另外一边，是一幢玻璃屋顶的一楼建筑。此外，总厂和这幢玻璃屋顶的机械房在天井中有钢梁相通，上有吊车，这样，制造完成的引擎或变速器就可以利用天井中的吊车搬到总厂了。”“对呀，成品就可以由高处向下自然滑动，人则可以不动，只要产品移动就可以了。”福特 93 分钟的造车秘诀就这样诞生了。

参考文献

1. 沈波,等.管理学概论.南京:东南大学出版社,2008

2. 吴友富.新编现代管理理论与实践.上海:上海外语教育出版社,2006

3. 白山,刘微.管理员工的十九个大原则和190个小技巧.北京:当代世界出版社,2008

4. 展坤. 赢在中国的186则管理实践.北京:中国社会出版社,2009

5. 杨加陆,林东华.现代管理学.上海:上海三联出版社,2003

6. 沈波,李岩,蒋新宁,肖立刚.管理学基础.北京:企业管理出版社,2001

7. (美)哈罗德·孔茨,海因茨·韦里茨.管理学.北京:经济科学出版社,1995

8. (美)约瑟夫·普蒂,海因茨·韦里茨,哈罗德·孔茨;丁慧平,孙先锦,译.管理学精要——亚洲篇.北京:机械工业出版社,1999

9. 苏勇,何智美.现代组织行为学(第1版).北京:清华大学出版社,2007

10. 李维刚,白瑷峥.管理学原理(第1版).北京:清华大学出版社,2007

11. 陈琳.管理原理与实践(第1版).北京:国防工业出版社,2007

12. 孙成志.组织行为学(第1版).北京:中央广播电视大学出版社,2001

13. 王重鸣.管理心理学(第1版).北京:人民教育出版社,2006

14. (美)杜拉克.有效的管理者.北京:中国财政经济出版社,1988

15. (法)H.法约尔.工业管理与一般管理.北京:中国社会科学出版社,1982

16. 何钟秀.现代管理学.杭州:浙江教育出版社,1998

17. (日)占部都美.现代管理论.北京:新华出版社,1984

18. 小詹姆斯.H.唐纳利.管理学基础.北京:中国人民大学出版社,1981

19. 韩岫岚. MBA管理学.北京:中央党校出版社,1999

20. 苏慧文,等.管理学原理与案例.青岛:青岛海洋大学出版社,1999

21. 郭显光.现代企业管理.北京:中国物资出版社,1999

22. 单宝玲.现代企业管理原理.天津:天津大学出版社,1998

23. 吴培良.企业领导方法与艺术.北京:中国经济出版社,1997

24. 杨晓滨,张丽华.现代管理培训与案例教学.北京:中国人事出版社,1999

25. 徐二明.工商管理培训案例.北京:中国经济出版社,1998

26. 赵国俊,陈幽泓.机关管理的原理与方法.北京:中国人民大学出版社,1999

27. 周三多,蒋俊,陈传明.管理原理.南京:南京大学出版社,1998

28. 韩岫岚，王绪君. 管理学. 北京：经济科学出版社，1999

29. 许庆瑞. 管理学. 北京：高等教育出版社，1997

30. 贺梅生，傅尔基. 现代企业管理学——基础与应用. 上海：华东理工大学出版社，1998.12

31. 张红，徐学军. 新编企业管理学. 上海：华南理工大学出版社，2000

32. 斯蒂芬·P. 罗宾斯. 管理学. 北京：中国人民大学出版社，1996